U0945570

图书在版编目（CIP）数据

贺美英教育文集 /《贺美英教育文集》编辑组编 . — 北京：清华大学出版社，2019
ISBN 978-7-302-51552-4

Ⅰ.①贺… Ⅱ.①贺… Ⅲ.①清华大学 – 学校管理 – 文集 Ⅳ.① G649.281-53

中国版本图书馆 CIP 数据核字（2018）第 243932 号

责任编辑：周 菁
封面设计：王红卫 李明山
责任校对：王荣静
责任印制：杨 艳

出版发行：清华大学出版社
网 址：http://www.tup.com.cn，http://www.wqbook.com
地 址：北京清华大学学研大厦 A 座 邮 编：100084
社 总 机：010-62770175 邮 购：010-62786544
投稿与读者服务：010-62776969，c-service@tup.tsinghua.edu.cn
质量反馈：010-62772015，zhiliang@tup.tsinghua.edu.cn
印 装 者：三河市龙大印装有限公司
经 销：全国新华书店
开 本：170mm×240mm 印 张：26.25 字 数：364 千字
版 次：2019 年 7 月第 1 版 印 次：2019 年 7 月第 1 次印刷
定 价：98.00 元

产品编号：076275-01

自强不息 厚德载物

自强不息 厚德载物

賀美英

出版说明

2000年，清华大学成立政策研究室后，确定了为改革开放以来已经离任的历届学校主要领导编辑出版教育文集的任务。后经调整，这项工作转由清华大学校史研究室承担，在清华大学校史编辑委员会的指导下进行。此项工作的目的，是为总结学校的办学经验、研究清华大学历史乃至中国高等教育发展史，提供有重要保存价值的文献资料。《贺美英教育文集》就是这个出版计划之一。

贺美英，出生于1937年12月，四川金堂人，教授。1956年，入清华大学电机系学习。1958年加入中国共产党，曾任半脱产政治辅导员。1963年，毕业留校工作，曾任校团委学习劳动部部长、校团委副书记。1971年，任自动化系车间党支部书记、学生工作组组长。1977年后，历任自动化系党委副书记、书记，校党委常委。1986年，任校党委副书记（1988年兼任副校长），分管学生思想政治工作及工会工作。1993年，兼任校工会主席、校党委组织部部长。1995—2002年，任中共清华大学第十届党委书记。1999年，任清华大学教育基金会理事长。2002年，任清华校友总会常务副会长、清华大学校史编辑委员会主任。1993年，当选中共北京市第七届委员会委员。1997年，当选中共十五大代表和中共中央纪律检查委员会委员。2003年，当选第十届全国政协委员。

《贺美英教育文集》收录的文章按内容分为“学校改革发展稳定的总体部署”“政治理论学习和思想政治工作”“干部、人才队伍建设和党的基层组织建设”“对学校相关部门工作的意见”“学生思想政治教育和管理”“纪念文章与纪念活动讲话”六个方面。在每个方面，除了个别篇章为方便内容上的参照而有跳跃外，基本按发表的时间排序。

清华大学校史研究室

2018年5月

目 录

CONTENTS

一、学校改革发展稳定的总体部署

二、政治理论学习和思想政治工作

三、干部、人才队伍建设和党的基层组织建设

四、对学校相关部门工作的意见

五、学生思想政治教育和管理

六、纪念文章与纪念活动讲话

一、学校改革发展稳定的总体部署

中国共产党清华大学第十次代表大会闭幕词*

（1995 年 9 月 19 日）

各位代表、同志们：

中国共产党清华大学第十次代表大会，按照预定的议程，胜利完成了各项任务，现在就要闭幕了。

我们这次代表大会得到了国家教委党组和北京市委的关心和指导。开幕式上，朱开轩同志和李志坚同志代表教委和市委做了重要讲话，表达了上级党组织对我们清华大学的殷切期望。大会期间，各位代表以对党对人民高度负责的精神认真审议了三个报告，大家畅所欲言，既对上届党委的工作给予充分肯定，又对学校工作和党的建设提出了许多积极的意见和建议。大会选出了新一届党委会和纪委会。大家对新一届党委和纪委寄予很大的期望。我代表新一届党委和纪委的全体同志向大家保证，我们一定尽全力工作，决不辜负各位代表和全校党员的信任！

我们这次大会开得既严肃认真，又生机勃勃，是一次充分发扬民主的大会，也是动员全校党组织和广大党员团结起来，为完成学校“九五”事业发展规划而奋斗的动员大会。这次大会的圆满成功是我们

* 中国共产党清华大学第十次代表大会于 1995 年 9 月 15 日至 19 日在清华大学举行。会议审议通过了方惠坚同志代表学校第九届党委会所作的题为《加强党的工作，建设世界一流的社会主义大学》的工作报告、王大中校长所作的题为《抓住机遇，深化改革，为实现“九五”发展规划而奋斗》的报告和学校第九届纪委会的书面工作报告。会议通过无记名投票产生了包括贺美英、王大中同志在内的学校第十届党委会和纪委会。本文是贺美英同志在大会闭幕式上致的闭幕词。

全体代表共同努力的结果，也是为大会服务的各方面工作人员努力的结果。后勤的同志奋战100天，在党代会开幕前完成了大礼堂的整修工作；大会工作人员为准备大会文件、简报、选票等加班加点，默默无闻做了大量工作。在这里，我代表主席团向我们全体代表和为大会服务的全体同志表示衷心的感谢！

我们这次大会是在学校发展的一个重要时刻召开的。在全国科技大会上，中央提出了“科教兴国”的战略；国家正在制定“九五”规划；今年国家开始启动“211工程”，这些都为我校的发展提供了难得的机遇。通过历届学校领导班子和全校教职员工几代人的努力奋斗，我校在人才培养、教学改革、科研开发、队伍建设、后勤服务、实验基地和校园建设、国际交流和合作等各方面都取得了很大的成绩，给今后学校的发展奠定了较好的物质基础，也使学校在国内外具有较高的声誉，得到海内外校友、爱国人士的支持，为我校完成“九五”规划创造了良好的外部环境。当然，我们也面临着许多困难。我国还是发展中国家，穷国办大教育，要创办世界一流的大学是非常不容易的。我们是害怕困难、无所作为，还是迎难而上创造条件、克服困难，这里有一个精神状态的问题。在20世纪末的最后五年，也就是实现“九五”规划期间，我们若能充分认识并利用有利条件抓住机遇，我们学校各方面工作就能上一个大台阶，去迎接新的世纪。若是害怕困难、萎缩不前、丧失机遇，学校就要落后，我们就要犯历史性的错误。我们相信，只要我们把学校的每一个支部、每一个共产党员都动员起来，团结全校的师生员工，振奋精神，齐心协力，锐意改革，我们的“九五”规划就一定能实现，到2011年把我校建成世界一流的有中国特色的社会主义大学的目标就一定能够达到！

我们正面临世纪之交，我们学校的教职工队伍也正处于新老交替的时期。在这五年中，我校“文革”前毕业的大多数教师都要退出一线，许多老职工也将退休，需要大批中青年骨干接替上来。能否完成好新老交替，是今后学校发展的关键问题。搞好新老交替是这一届党委的重要任务。我们希望各院系、各部处、各单位的老同志、老教师要热情关心青年同志的成长，努力搞好“传、帮、带”。青年同志要尊重老同志、老教师，并严格要求自己，摆正个人和集体的关系，更快地成长起来，把我校“严谨、勤奋、求实、创新”的学风保持下去，把我校工作中集体作战、无私奉献、锐意改革、勇于创新的传统坚持下去。我们相信，只要我们各级党组织上下齐心、共同努力，我们一定能够顺利完成好新老交接任务，使得我们的事业后继有人，一大批年富力强的中青年同志会接替上来，坚持共产主义理想，坚持社会主义方向，并以新的工作面貌迎接21世纪的到来！

这次大会以后，党委书记方惠坚、副书记黄圣伦、纪委书记朱爱菁等一些老同志将不再参加新党委的工作。他们在清华工作了几十年，对学校党的建设和学校的发展付出了辛勤劳动，作出了重要贡献。让我们向他们多年来为学校发展所作的贡献表示崇高的敬意和感谢！我们衷心希望所有离退休和退居二线的老同志能继续关心和支持新一届党委的工作，把好传统和好作风传给年轻的同志，为清华大学的建设和发展再作贡献！

这次大会闭幕后，希望各位代表将这次党代会的精神和所提出的各项任务，带回各个单位，贯彻到工作中去；更紧密地团结群众，带领师生员工认真学习、贯彻建设有中国特色的社会主义理论和党的基本路线，努力实现《清华大学“九五”事业发展规划》，把学校党的建设和各项改革工作推上一个新水平。

争取进入“211 工程”是一个建设的过程 *

(1995 年 11 月)

“211 工程”的实施对我国高等教育事业具有重大意义，为各高等院校的发展提供了难得的机遇。我校经过近两年的努力，在 1994 年 10 月通过了“211 工程”预审，今年将进入项目评审阶段。两年来的工作使我们深切体会到，争取进入“211 工程”是一个建设的过程。

首先要确定学校的发展目标。1985 年召开的清华大学第七次党代会，提出了争取把我校建成世界一流的有中国特色的社会主义大学的远景目标。当时，这个目标没有时限。后来经过调研，与现实世界一流大学情况相比较，搞清我们已有的基础和存在的差距，我们得到了这样的结论：由于我校生源好、教师教学认真，在本科生的培养和毕业生质量上不亚于国外一流大学，但在研究生特别是博士生的培养上还有差距；我校在某些科研领域达到了国际先进水平，但相当多的学科还有较大差距；在办学经费、设备更新等方面差距更大，但经过改革开放十几年的发展，我们也具备一定的条件。在此基础上，只要有国家的支持，发挥社会主义制度可以集中力量办几件大事的优势，加上全校师生员工共同努力，经过一段时间的不懈奋斗，我们可以在人才培养、科学研究和学校管理方面赶上世界先进水平。据此，我校于 1993 年提出了力争到 2011 年（建校 100 周年）把我校建成世界一流的有中国特色的社会主义大学的目标。

“文革”后十几年，学校恢复了理科，建立理学院已经 10 年；建

* 本文发表于《北京高教研究》1995 年第 6 期。

立经管学院也已 10 年；陆续建立了一些文科系、所，于 1993 年建立了人文社会科学学院，开始具有综合性的学科结构。特别是经过“七五”和“八五”的建设，我校已经办成既是教学中心又是科研中心的大学。“八五”期间学校年均科研经费已达到 1.2 亿元以上；研究生教育有了很大的发展，在校研究生已达 4200 人，其中博士生 1400 人。学校对外交流也有了很大的发展，留学生人数逐年增加，每年在校召开的国际会议有 20 多次。因此，我们提出学校应向着综合性、研究型和开放式的方向发展。这是我们在争取进入“211 工程”中提出的目标和方向，是在学校发展建设中逐步认识、逐步明确的。

在确定目标后，学校又提出“坚持方向，坚持改革，提高水平，提高效益，优化队伍，增强实力”的方针。目前我国还是发展中国家，国力还不强，即使我校进入了“211 工程”，国家经费的投入也是有限的。因此，我们只能是树起“211”这面旗帜，树立起高的目标，动员各方面力量在改革中求发展。

我们认为，“211 工程”首先是一个人才培养工程，而不单是一个科研工程，所以教育改革和人才培养是我们实施“211 工程”的首要任务。我们在这些年教育改革的基础上，于 1993 年全面实施了学分制，放开辅修课组，把教师的课时补贴改为岗位津贴。今年 11 月，我们又召开了第 20 次教学讨论会，对人才培养模式的改革、教学体系内容方法的改革、如何提高学生的创新能力和全面素质、如何加强工程类型硕士生培养以便更好地面向国民经济第一线、如何提高博士生培养质量等专题进行研讨，准备开始新一轮的教学改革。

在学科建设上，要按建设世界一流大学的战略目标调整我校学科整体结构。学科布局着眼于未来，面向 21 世纪，根据国情，从学校实际出发，逐步形成结构合理，优势突出，理工结合，文、法、经管相互促进的学科布局。我们的指导思想是：发展原有工科的优势，加强理科建设，加速发展经管学科，建设小而精、有特色、高水平的人文社会学科。根据学校可能争取到的有限资源，学科建设不可能全面开花，只能突出重点，把那些有条件达到一流水平的重点学科促上去。经过多方讨论酝酿，学校决定重点抓好我们已有一定基础的、综合交叉的、跨系的7个“学科群”——信息科学与技术、核能与核技术、能源工程、先进制造技术、材料科学与工程、生命科学与工程、环境工程与人居环境。学校准备集中人力、物力，重点建设这7个学科群及部分重点学科。这些“学科群”也只能采取逐步建设、有条件的先上的办法。如信息网络系统，在学校自筹资金建立校园网的基础上，集中了计算机系、电子系的一批骨干教师，学校投资做了全国教育与科研网的前期研究工作，取得了较好的成果，从而争取到全国教育与科研网的中心建在清华，给信息学科群的建设创造了条件。同样，在基地建设、队伍建设、国际合作、校园建设等各个方面，我们都是边建设、边争取项目，为争取进入“211工程”创造条件。今年12月，国家计委、教委将对我校“211工程”立项及各个子项目进行专家评审。几年来的实践使我们更加明确，争取进入“211工程”重要的在于建设。

发扬党的优良传统 建设社会主义一流大学 *

(1996 年 6 月 27 日)

今年 7 月 1 日，中国共产党成立 75 周年。这 75 年，是我们党日益发展壮大的 75 年，是党领导中国人民开创历史新篇章的 75 年，是马克思主义在中国取得伟大胜利的 75 年。在这不平凡的 75 年里，在马克思主义与中国的实践相结合的历史上，已经实现了“两次飞跃”。第一次飞跃，以毛泽东同志为代表的中国共产党人找到了新民主主义革命的正确道路，创立了毛泽东思想，领导全国人民推翻了三座大山，结束了中国半殖民地、半封建的历史，建立了新中国，消灭了剥削制度，确立了社会主义制度；第二次飞跃，发生在党的十一届三中全会以后，以邓小平同志为代表的中国共产党人，找到了建设有中国特色社会主义的正确道路，创立了邓小平建设有中国特色社会主义理论，确立了在建设社会主义新时期“一个中心，两个基本点”的基本路线以及实现社会主义现代化“分三步走”的经济发展战略。目前，我们正在以江泽民同志为核心的党中央的领导下，坚持以邓小平同志建设有中国特色社会主义理论为指导，为把我国建设成富强、民主、文明的社会主义现代化国家而奋斗。党的十四届五中全会以及八届人大四次会议召开之后，中国共产党领导全国人民实施《关于国民经济和社会发展“九五”计划和 2010 年远景目标纲要》，积极推进经济体制和经济增长

* 本文是贺美英同志在清华大学庆祝中国共产党成立 75 周年暨清华大学党组织建立 70 周年大会上的报告。在这个报告中，首次提出了清华大学党组织“爱国奉献、又红又专、实事求是、联系群众”四个方面的光荣传统。这是经过全校党组织广泛讨论、征求意见后总结出来的。

方式这两个根本转变，实施“科教兴国”和“可持续发展”两大战略，正确处理改革、发展、稳定三者的关系，带领全国人民以新的成就跨越世纪并实现中华民族新的伟大振兴。我们中国共产党人应该引以为豪的是，在国际共产主义运动遇到严重挫折的历史关头，“风景这边独好”，在世界范围内，中国共产党是世界上少有的以执政党的地位跨世纪领导社会主义建设的无产阶级政党。

作为伟大中国共产党的一个基层组织，清华大学党组织从 1926 年成立第一个党支部，至今已有 70 年的历史。我们清华大学共产党人感到十分欣慰的是，第一，从党组织的建立到现在，虽经反动势力无孔不入的破坏，但是 70 年来清华大学党的组织活动从来没有中断，没有停止过为民族求解放、为人民谋幸福而进行的前仆后继的斗争；第二，在清华大学党的组织内部，在解放前严酷的白色恐怖之中，从来没有出现过出卖组织、出卖同志的可耻叛徒；在新中国成立后，绝大多数党员与党中央的正确路线保持一致，为社会主义现代化建设作出了积极的贡献。

回顾党的历史，总结、继承和发扬体现在清华党组织和广大党员身上的优良传统和作风，以便进一步团结全校师生员工，为把清华大学建设成世界一流的、有中国特色的社会主义大学而努力奋斗，这是对党的生日的最好纪念。以下分三个方面和大家一起讨论关于发扬党的优良传统，建设社会主义一流大学这个主题。

一、关于清华大学党组织初建和发展的历史回顾

在清华大学党组织成立以前，施滉、冀朝鼎等学生中的先进分子已开始寻求真理、探索救国的道路，传播先进思想，并建立了“唯真学会”“超桃”等进步组织，主张改造社会，倡导在学生中间开展进步活动。1926 年 11 月，清华大学第一个党支部建立，从此清华学生有了正确的领导。此后，党组织不断发展，由于党员品学兼优，作风朴实，善于联系群众，有着广泛的群众基础，他们的活动受到了许多师

生员工的支持，也得到了师生员工的保护。虽然当时白色恐怖活动猖獗，反动势力处心积虑、变本加厉地对他们加以迫害，但清华共产党组织的活动从来没有中断。1927 年，蒋介石发动“四一二”反革命政变。面对白色恐怖，清华党组织始终领导党员和进步青年坚持斗争，为北平地区党组织的恢复和地下革命斗争的发展作出了贡献。清华党组织本身也得到了锻炼，学校进步力量进一步壮大。1929 年冬，清华共青团支部成立，胡乔木同志就是当年清华共青团支部成员之一。

1931 年，“九一八”事变发生，日本帝国主义侵占了我国东北三省，并虎视眈眈地把侵略的魔爪伸向华北。在生死存亡之秋，清华党组织团结全校爱国青年，投身于如火如荼的抗日救亡运动之中。张甲洲、于九公、冯仲云等一些共产党员投笔从戎，去东北组织抗日游击队，成为著名的抗日将领。1935 年，北平爆发了震撼全国的“一二·九”爱国民主运动，清华党组织是这次运动的领导核心。清华地下党员姚依林（原名姚克广）是北平学联的领导骨干，蒋南翔同志当时任清华党支部书记。在日寇铁蹄肆意蹂躏东北、虎视华北、山河破碎、国难当头、中华民族危急的历史关头，蒋南翔奋笔疾书，鞭笞当局的不抵抗主义。他在清华大学救国会《告全国民众书》中大声疾呼，发出了“华北之大，已经安放不得一张平静的书桌了”的愤怒吼声，唤醒民众千百万，起到了振聋发聩的作用，激励着一批热血青年投身于抗日救亡运动的行列之中，走上了与工农相结合的革命道路。经过“一二·九”运动的洗礼，清华大学涌现出一批优秀的共产党员，如杨学诚、黄诚、姚依林、蒋南翔、李昌（原名雷骏随）、纪毓秀、凌则之、康世恩、荣高棠、杨述（原名杨德基）等。

1937 年 7 月，抗日战争全面爆发，学校辗转南迁至昆明，与北京大学、南开大学组成西南联合大学。清华的共产党员，有的奔赴抗日前线，有的随校南迁，与北大、南开的党员共同组建党支部，领导西南联大的爱国民主运动。1940 年 3 月，联大党支部扩建为党总支，党员增加到 83 人，约占云南省党员总数的 1/3。在党组织的领导和影响下，西南联大成为大后方的“民主堡垒”。由联大党组织领导的“一二·一”

爱国民主运动受到了毛泽东、周恩来的高度评价，我校闻一多教授就是在这次运动中“拍案而起，横眉怒对国民党的手枪，宁可倒下去，不愿屈服”，表现了我们民族的英雄气概。

抗日战争胜利后，西南联大于1946年5月结束。复员后的清华大学党组织按照当时“转地不转党”的原则，形成了“南系”和“北系”共存的局面。由西南联大随校复员到清华的党员受南方局领导，称为“南系”；从北平各大、中学校转入清华的党员受北方局领导，称“北系”。分别成立了党支部，后来又分别扩展为党总支。在上级领导机关的协调下，“南系”“北系”配合得十分默契，共同领导着清华的学生运动，表现出高度的一致。“反内战、反饥饿”的爱国民主运动开展得轰轰烈烈，得到了广大师生员工的理解和支持。在解放战争期间，清华大学被称为“国统区中的解放区”。党组织为迎接解放，保护清华园，团结广大教职工留校工作，发挥了积极作用。

解放后，清华党组织由地下活动转为公开活动，成立了统一的清华大学党总支。1949年6月28日，清华党组织正式向全校公开，在二校门公布了当时在校185名共产党员的名单，在全校引起了很大的震动。

清华党组织公开后，承担起团结全校师生员工改造旧教育、建设新清华的历史重任。在解放初期，积极引导师生参加土改、抗美援朝、参军参干、思想改造等各项运动，组织师生学习革命理论和党的方针政策。著名哲学家艾思奇三次来校讲授社会发展史，指导大家学习唯物论、辩证法，认识社会发展规律，留下了“艾思奇三进清华园”的佳话，促进了师生世界观、人生观的转变。

1950年3月，清华党总支改选了新的委员会，翌年2月成立了中共清华大学委员会。1956年5月，召开了中共清华大学第一次代表大会，产生了新的党委，校长蒋南翔当选为党委书记。遵照中央精神，学校实行党委领导下的校长负责制。党的组织在学校的建设、发展和提高中发挥了越来越重要的作用。在蒋南翔同志的领导下，清华大学坚持社会主义教育方向，坚持党的教育方针，坚持德、智、体全面发展的培养目标，批判地继承和发扬清华建校以来的优良传统，进一步促进了学校的发展和提高。

在“文革”期间，清华党的组织建设和思想建设都遭受到很大的破坏，党组织一度瘫痪。但许多党员从党性出发，自觉不自觉地抵制林彪、“四人帮”的错误方针和路线，虽然招致林彪、“四人帮”一次一次的打击，但也在一定程度上抑制了林彪、“四人帮”的倒行逆施，减少了“左”的错误在教育战线造成的损失。

“文革”结束后，党中央派遣刘达同志到校。以刘达同志为书记的校党委，旗帜鲜明地坚持实事求是的思想路线，领导团结全校师生员工进行“拨乱反正”，使我校各方面工作走上正轨。在党的十一届三中全会精神指引下，清华大学进入了一个崭新的发展阶段。在改革开放的新形势下，清华党委认真总结了清华大学发展的历史经验，继承和发展清华党组织的优良传统，不断加强和改善党的领导，坚持正确的办学方向，明确提出了“一个根本、两个中心、三方面结合”（把培养人作为根本任务，建设好教育、科研两个中心，实行教学、科研、生产三结合）的办学指导思想和“着重提高，在提高中发展”的方针。在这期间，清华党组织和广大党员坚持党的基本路线，坚定地同党中央保持一致，发挥了政治核心和先锋模范作用。党的组织建设取得新的成就，1993 年和 1994 年，清华大学党委分别被评为全国和北京市“党的建设和思想政治工作先进集体”；1995 年，被评为北京市“先进基层党委”。近几年来，全校各单位不断涌现出许多优秀的共产党员，他们的先进事迹在清华园里传颂，是我们学习的榜样。

二、继承和发扬清华党组织的光荣传统，进一步发挥党组织的政治核心作用和党员的先锋模范作用

清华大学党组织是伟大的中国共产党的一个基层组织，她包含中国共产党党性所决定的一切特征，也在清华园这片古老的土地上折射着以知识分子为主要成员、以热血青年为群众基础的特有的风采。今

天，我们回忆起清华党组织 70 年的历史时，我们想得最多的是：什么是清华党组织的光荣传统，在建立社会主义市场经济体制的新形势下，我们应该如何继承和发扬这些传统，使清华党组织永远成为推动学校事业发展的核心力量，使清华的共产党员永远成为学校各项工作的模范。

1. 爱国奉献，在不同的历史时期为实现党的中心任务建功立业、进取献身

清华大学的前身本是一所留美预备学校。美国政府决定“退款办学”的初衷，是为了培养其在中国的代言人。但清华建校后一直植根于中华民族的优秀文化传统之中。清华党组织从她成立的那天起，就把自己的行动和国家的兴亡、民族的荣辱紧紧联系在一起，并率先垂范，在清华园内培育起以天下为己任的浩然正气，演绎出不同时期爱国青年报国奉献的历史长卷。

在争取人民民主、解放全中国的斗争中，清华党组织团结进步师生，进行革命活动。在黎明前的黑暗中，一批清华学子为人民解放事业而捐躯。小说《红岩》中刘思扬的形象曾经感动过多少人，而他的原型就是西南联大时期经济系的刘国鋕。

新中国成立以后，清华大学继承并发扬了爱国奉献的优良传统，为建设祖国、振兴中华而拼搏，一步一个脚印、踏踏实实地为祖国的繁荣富强作出了新的积极的贡献。20 世纪 60 年代，清华学生立志“到基层去，到边疆去，到祖国最需要的地方去”，核研院平均 23 岁半的师生在地处北京远郊的荒野发出了“用我们的双手开创祖国原子能事业的春天”的誓言。80 年代，在新的历史条件下，化七二班又响亮地提出“从我做起，从现在做起，为社会主义现代化建设多作贡献”的口号，并成为全校师生的实际行动。

在社会主义建设的各条战线，科学技术发展的各个领域，到处都有清华人奋斗的身影：祖国三大象征之一的国徽的设计和制造，耸立在天安门广场的人民英雄纪念碑的设计，华北地区最大的水利枢纽工程密云水库的设计和建设，我国第一支硅晶体管的研制，我国第一台数

控机床的研制，第一座自己设计、自行调试运行成功的原子能反应堆，都是我校党内外专家与青年师生共同奋斗的硕果，也是他们报国奉献的纪录。另外，我国“两弹一星”的研制成果、航天科学技术的发展、第一座万吨水压机的诞生、石油战线打翻身仗等，都记载着清华人的功劳。

不同的年代，不同的场合，爱国有不同的表现，但有一点是共同的，那就是清华党组织总是从党、从国家和人民利益的高度考虑清华的事情，清华的共产党员总是要求自己站在报效祖国的最前列，以天下为己任，为完成党在不同历史时期的任务建功立业，英勇献身。

今天，清华师生员工的爱国主义精神体现在哪里？清华共产党员为党的事业而奋斗的精神又体现在哪里？我们认为，在建立和完善社会主义市场经济的条件下，爱国主义精神主要应该体现在以下几个方面：首先，最根本的一条就是要把学到的知识和增长的才能用来为祖国的社会主义现代化建设事业服务。解放初期，我校留学国外的学者冲破重重障碍回到祖国参加社会主义建设，应该成为青年一代的楷模。我们支持清华学子出国深造开阔视野，但出国不是目的，学成归来报效国家才是目的。其二，要着眼于国家的长远利益，为振兴民族工业作出积极的贡献。国有大中型企业是国家的命脉，清华要在改造和发展国有大中型企业方面作出自己应有的贡献。其三，要正确处理国家、集体、个人三者之间的关系，捍卫国家利益，维护集体利益，为提高我国的综合国力而努力奋斗。其四，要实施科教兴国的战略，发挥清华既是教育中心又是科研中心的双重功能，在实施科教兴国的战略过程中大显身手。其五，从较高的层次上，要讲奉献精神，努力把学校建设成为社会主义精神文明的高地，在实现两个根本转变中努力拼搏，建功立业。在回顾清华党组织 70 年传统的时候，我们应该像前辈那样，站在报效祖国的前列，发愤图强，勇往直前。

2. 又红又专，努力实现全心全意为人民服务的宗旨

清华党组织历来把又红又专作为对党员的基本要求。过去，许多地下党党员就是品学兼优的学生，深得教授们的心爱。解放后，清华

大学从 1953 年起建立了半脱产学生辅导员制度，一批品学兼优的学生成为清华首批“双肩挑”的实践者。解放初期，学校教师队伍里教授、副教授中党员还很少，清华党组织提出，社会主义大学的大师应是相信马克思主义的，强调要扩大马克思主义思想阵地和组织阵地，促使“两种人会师”，即党员教师要努力钻研业务，提高学术水平，成为教授；同时要帮助非党员教授和副教授提高觉悟和政治思想水平，吸收其中一些合乎条件的人入党。这样，两种人就能在又红又专的方向上共同前进。在这样的思想指导下，清华党组织一直把又红又专作为对党员的基本要求。在党组织的一贯要求下，清华党员和干部在繁重的社会工作中，刻苦钻研业务，许多人不仅是党政管理的骨干，也是解决教学科研难题的能人。一批长期从事党政管理工作的干部曾经是各学科的业务尖子，而今日的许多教授、学者也曾多年担任过党的基层组织的书记或委员。正是他们的榜样作用，在清华园里树立起不尚空谈、不计报酬、全心全意为人民的良好风气。

邓小平同志在讲到加强政治思想工作时提到：“清华大学提出一个很重要的问题，就是学生从到学校第一天起，就要对他们进行政治思想工作。他们这样做很见效，现在学校风气很好。清华大学的经验应当引起全国注意。又红又专，那个红是绝对不能丢的。”同时他还指出：“专并不等于红，但是红一定要专。不管你搞哪一行，你不专，你不懂，你去瞎指挥，损害了人民的利益，耽误了生产建设的发展，就谈不上红。”

邓小平同志对于红专关系的论述为我们在新时期坚持又红又专指明了方向。在以经济建设为中心后还要不要又红又专？我们的回答很明确：要！我们清醒地看到，在实现了工作重心和经济体制的转变以后，“又红又专”似乎已被淡忘，但是几十年的实践已经证明，要实现党的全心全意为人民服务的宗旨，必须又红又专。江泽民同志去年以来反复强调“讲学习、讲政治、讲正气”无疑是对忽视政治、丧失立场、沉溺于个人名利和享受的一些干部和党员的一声猛喝。

无论是过去还是现在，又红又专的“红”都不是空洞的言辞，对于清华的共产党员来说，它有十分丰富的内涵。它意味着共产党员始终要坚持坚定正确的政治方向；要以马克思主义的世界观和人生观为指导，从而正确地处理政治与业务、理论与实践、个人与群众的关系；要忠诚党的教育事业，为提高民族素质，发展祖国科学技术文化而努力工作；要以求实创新和强烈的一流意识实践党的全心全意为人民服务的宗旨。

在现代科学技术飞速发展的今天，对于共产党员在业务上的要求越来越高。学习和钻研业务，把握科技发展的前沿，是党和人民利益的需要。在这场世界范围的国家综合国力的较量中，共产党员理所当然地应该冲锋在前。近年来，学校里涌现的许多优秀的共产党员正是以他们在各自领域中一流的业绩，为党旗增添了光彩，受到广大群众的称赞。

3. 实事求是，正确地、创造性地贯彻党的方针政策

在几十年的风雨中，由于大环境的影响，清华党组织也曾有过这样那样的错误。比如，在“左”倾路线影响下，清华地下党也搞过“飞行集会”；在反右斗争扩大化时，清华也错划过右派等。但是清华党组织坚持马克思主义、坚持实事求是的思想作风，依靠历史唯物主义和辩证唯物主义正确分析和认识问题，尽可能地减少错误和损失，努力把握前进的方向，使清华大学健康发展，使清华的学生健康成长。在对中国高等教育和知识分子的整体估计比较偏“左”的年代，清华党组织提出“三阶段两点论”，历史地分析和看待清华几十年的办学经验，使清华优良的学风和校风得以继承和发扬；在一些“左”的影响面前，清华党委坚持了马克思主义实事求是的作风，冷静分析，不搞“随风倒”，抑制了“高教四清”等一些有损于党的教育事业、有损于党的知识分子政策的事情；打倒“四人帮”以后，在“两个凡是”尚未被否定的情况下，清华党组织就从学校的实际出发，拨乱反正，大胆起用清华原有干部，使清华迅速建立起正常的教学和科研秩序；改革开放以来，清华历届党委坚持从教育规律出发，从清华大学的实际出发，提出了“着重提高，在提高中发展”“一个根本、两个中心、三方面结合”等一系

列指导思想和工作方针，避免办学过程中的大起大落，使学校稳步发展，并在高层次人才培养方面取得了很大的进展；在建立社会主义市场经济体制的新形势下，面对经济大潮，清华党组织没有盲目搞所谓的“把学校推向市场”，不搞“高收费，卖文凭”。学校一方面加大改革力度以适应经济体制转变，同时坚持从高等教育培养学生的客观规律出发，坚持把培养人放在首位，在培养人的过程中把德育放在首位，以“坚持方向，坚持改革，提高水平，提高效益，优化队伍，增强实力”作为学校发展的方针。

思想路线的正确与否决定一切。但在错综复杂的事物中如何分析“实事”的真正面目，在“左”的和右的各种影响下，勇敢地去求这个“是”并不是一件容易的事。这需要为追求真理锲而不舍的精神，需要为维护党和人民的根本利益而承受来自各方面的压力，也需要有修正错误、敢于承担责任的勇气。

在改革日益深入的今天，继承和发扬实事求是的传统，正确地创造性地贯彻党的方针政策显得尤为重要。我们既要克服过去一些“左”的思想的束缚，抓住当前学校发展的难得机遇，深化改革，加快学校的发展；又要保持高度的政治敏感性和辨别力，旗帜鲜明地坚持社会主义办学方向，抑制形形色色的错误思潮，为祖国社会主义建设事业培养优秀的建设者和接班人。

4. 联系群众、团结奋进，发挥党组织的政治核心作用和共产党员的先锋模范作用

从清华第一个党支部诞生起，清华党组织就一直深深扎根于人民群众之中，引导知识分子走与工农相结合的道路。清华党组织在群众中极高的威信来自她的主张正确，真正代表着群众的利益，来自共产党员以身作则的榜样。在白色恐怖的年代里，知名教授和普通工友都冒着杀头的危险掩护许多地下党员和进步学生。在解放前夕，清华党组织依靠自身严密的组织、坚强的领导和200多名共产党员的工作，并通过党的外围组织、学生自治会、各种进步社团，团结了学校绝大多数的爱国师生。解放后，党组织进一步成为团结师生员工的核心力量。

学校党组织在抗美援朝、社会主义改造和社会主义建设中都走在前面，以团结百分之百的精神，做深入细致的思想工作，无论在什么样的困难和挫折面前，清华党组织始终是团结师生员工的核心力量。“文革”后，清华党组织彻底否定了“文化大革命”的错误路线，带领全校师生员工克服了派性和“文革”对学校严重破坏所造成的种种困难，使学校工作迅速走上正轨。清华党组织联系群众、依靠群众的传统和作风在改革开放以来，进一步得到了制度上的保证。一年两次的教代会和工代会，是由群众代表讨论和决定学校重大改革措施的重要会议；每学期，学校党政领导都要向民主党派领导人通报情况，征求意见；共青团在学生思想教育第一线积极发挥作用。

密切联系群众、理论与实际相结合、批评与自我批评是我们党的优良作风。清华党组织在70年的成长过程中，也充分体现了这样的特色。今天，在人们对社会风气怨言甚多的时候，清华各级党组织和广大党员仍然坚持实践着这些优良传统。清华的干部没有那么多的“官本位”，唱“正气歌”的是多数，争名夺利的现象一直受到正确舆论和优良作风的抑制。一大批基层干部和党员以个人更多的辛劳赢得同事和同学们的尊重，换来了清华干部和群众、党委和行政的团结一致。改革开放以来，清华党政领导班子都是按照中央规定年限顺利进行换届的，从来没有发生派别之争，党政之间不论在实行校长负责制的体制下，还是在党委领导下的校长负责制的体制下，都是配合默契的。清华各级基层党组织是团结师生员工共同前进的核心，清华绝大多数党员以自己的先锋模范作用展现着共产党员的先进性。

清华大学党组织的好传统是多方面的，这里所概括的也许不是很全面，但是这几点在清华大学党组织70年的发展过程中是接力相传、不断丰富提高和发扬光大的，是一代代清华大学师生尤其是共产党员用生命、热血、青春年华来实践的，是清华大学最为宝贵的财富，也是我们在新的历史时期向新的目标奋进的精神支柱。

三、加强党的建设，团结全校师生员工，为创办世界一流大学而努力奋斗

列宁曾经说过：“纪念盛大革命节日的最好办法，是把注意力集中到我们还没有完成的任务上。”近两年来，我校制定了“九五”事业发展规划和“211 工程”总体规划，并且逐步明确了全校师生员工共同的奋斗目标，就是到建校 100 周年之时，争取把清华大学建设成世界一流的有中国特色的社会主义大学。

今年是实施我校“九五”事业发展规划的第一年，“211 工程”也将启动。党的组织在新的形势下要充分认识到自己的重大责任和历史使命，团结全校师生员工，作好一篇大文章——建设世界一流的有中国特色的社会主义大学。为此，我们要借鉴国际上高等教育的有益经验，进一步明确学校的发展目标和模式。

一是要把我校办成综合性大学，这是由教育规律本身所要求的，也是科学技术发展的趋势所决定的。就教育规律而言，综合性大学不但有利于促进文理渗透、学科交叉，而且会造成一种有利于学生全面发展、健康成长的文化环境；就科学技术发展的趋势而言，仍然是向着分化和综合两个方面继续发展。但分化得越细，学科越来越多，就越需要综合交叉。因此，近十几年来，综合的趋势更加明显。教育工作必须适应科学技术发展的新趋势，加强综合性，单科是很难发展和提高的。

二是要把我校办成研究型大学。邓小平同志早就注意到国际上高等教育发展的趋势，明确提出重点大学应该成为教育中心和科学研究中心。“两个中心”的思想为我们创办研究型大学指明了方向。科学研究要面向国民经济主战场，也要加强基础研究，使清华大学成为先进科学技术发展的智力源、辐射源和孵化器。

三是要把我校办成开放式的大学。当今世界，所有一流大学都是开放式的，不与世界先进水平接轨，连什么是一流水平都不知道，关

起门来说一流，只能是无稽之谈。在继承和发扬中华民族宝贵遗产的同时，博采各国之长，吸收和借鉴世界上一切优秀成果和先进技术，加强对外的学术交流和科技合作，走向世界，面向未来。学校还要打破围墙，面向社会开展远程教育，发展继续教育，提高办学效益，这也是开放式大学的重要方向。

学校的根本任务是培养人。用什么观点培养人，培养对象是否能真正成为社会主义事业的建设者和接班人，是至关重要的。我国现代化建设是在国际形势深刻变化的条件下进行的。在日趋激烈的国际经济竞争和综合国力的较量中，我们面临着发达国家在经济与科技等方面优势的压力。我校培养的人才能否顶住这种压力，对教育工作的成败得失是一个严峻的考验。为此，我们必须遵从党中央的要求，讲学习、讲政治、讲正气，引导学生沿着正确的方向健康成长。

共产党是工人阶级的先锋队，它集中了中华民族的优秀分子，形成了无产阶级的党性。在我们学校里，无论是民主革命时期，还是社会主义建设时期，共产党员中也同样集中了师生员工中素质好、觉悟高、无私奉献的先进分子，他们是学校的骨干。要把清华大学办成为祖国社会主义事业培养优秀的建设者和接班人的综合性、研究型、开放式的大学，既有很多难得的有利条件，也有不少不利条件。为此，我们清华大学党组织必须不断加强自身建设，继承和发扬党的优良传统，以党组织的政治核心作用和党员的先锋模范作用来团结和带领全校师生员工与我们共同努力奋斗，知难而进，逢山开路，遇水架桥，以期达到成功的彼岸。

人类社会在不到五年的时间内就要进入新的世纪了。面临世纪之交，党和国家已经确定了《“九五”计划和2010年远景目标纲要》，清华大学给自己确定的目标正是在2011年争取建成世界一流大学。能与国家宏伟的跨世纪纲领同步发展，清华大学的广大师生员工备感自豪与责任的重大，清华大学党组织将团结全校师生员工为实现学校发展的总目标而努力奋斗。

机遇、挑战与任务 *

(1996 年 8 月 26 日)

一、关于这次三堡会的中心议题

我们在 1993 年三堡会上提出并讨论了到 2011 年争取把清华大学建成世界一流的有中国特色的社会主义大学的奋斗目标。在 1995 年的三堡会上，我们在人才培养上明确了以本硕贯通的培养模式带动教学过程改革的思路；在学科建设上规划了建立一些跨系跨专业的学科群，提出增强实力，学科交叉，建立布局合理的学科体系；在队伍建设上提出实行“十百千”工程。在此基础上明确了学校要按“综合性、研究型、开放式”的模式办学，形成了学校的“211 工程”整体规划和“九五规划”。一年来，我们学校各方面工作都取得了很大进展。从这个学期开始，我们在机类、电类的几个系和化工系实施本硕六年贯通的教学计划。除这七个系，其他系也积极作了准备，排出教学计划，与教务处进行了讨论。由此将带动总体教学体系、教学内容、教学方法的改革。学校规划的七个学科群也正在一个个地落实组织、人员和经费。1995 年，我校科研有了很大发展，经费在委属学校中排第一。我们在引进和培养高层次人才上，也取得了进展。基建方面，“九五”我们规划了三个 10 万平方米（教学科研用房、住宅和科技园区各十万平方米），进展也较快、较顺利。基础设施上，电增容问题已解决，全国教育科研网已建成，校园网进一步扩大完善。去年科技产业也有很大发展。党的工作方面，我们用一年时间进行了新时期党员标准的讨论并进行了总结，形成了

* 本文是贺美英同志在 1996 年暑期全校中层党政干部会上的讲话。

“党员行为规范”；“七一”党委表扬了先进党支部、先进共产党员和党务工作者。今年，我校党组织被中组部评为全国基层先进党组织。

今年三堡会主要是各项工作怎么落实的问题。今年重点讨论人才培养和队伍建设。培养人是学校的根本任务，队伍建设是我们各项工作的基础，没有人什么事也干不成。队伍包括教学、科研学术骨干队伍，干部队伍和辅导员队伍。这当中干部队伍是更加紧迫的问题，辅导员队伍是后备队，希望重点讨论这两个问题。在讨论这两个问题之前，我们希望就 21 世纪学校面临的机遇和挑战来“务务虚”：我们有哪些有利条件，有哪些困难和问题，做些跨世纪的战略思考。因为从总体上看，学校的同志也好，系里的同志也好，存在的问题是“太实”，看眼前的问题比较多、看具体事务多。因此，这次三堡会还是要“务务虚”，从世界和我国发展进行前瞻性的讨论来看看学校发展中的问题，我们的薄弱环节在哪儿。所以准备用一天的时间作无主题的、敞开的讨论。

二、面对 21 世纪，学校所面临的机遇和挑战

21 世纪即将到来，我们处在世纪之交的前夜，世界上有战略眼光的政治家、科学家、经济学家、教育家都不约而同地把目光转向新世纪。就教育而言，不少技术先进的国家都在超前研究教育在新世纪的地位和作用，迎接经济发展、社会进步和科学发展对本国的挑战。美国对未来教育开展了多方面的研究，日本政府专门提出教育白皮书——《建立新的高等教育体系，向 21 世纪迈进的教育方针》，英国政府也提出了教育白皮书——《21 世纪的教育和训练》等，都对 21 世纪教育给予了很大的重视，寄予了很高的希望。我国政府、国家教委和教育理论界对 21 世纪的教育也十分关注。第一，制定了《教育发展纲要》，通过了《教师法》和《教育法》，最近正在制定《高等教育法》，已送到了人大常委会。第二，提出了两个战略，一个是“科教兴国”战略，另一个是“可持续发展”战略。这两个战略与教育密切相关。第三，在教育上制定了两个工程，得到了国家的批准。一个是对落后、边远地区的基础

教育工程，这个工程国家通过得非常顺利，原来国家教委提出30亿元，结果通过的是39亿元，国家投资39亿元，加上地方各省市的配套投入，总计100亿元。另一个是“211工程”，这是高等教育的工程，国家拿出25亿元，加上各部委、地方的配套投入，也接近100亿元。

我校第一个通过“211”审查，并作为重中之重，清华、北大为第一个层次，已通过立项评审，并获批准。说明学校的声誉好，在社会上的影响好。这从三个方面表现出来：①学生生源好，质量高，且长盛不衰；②在毕业分配上，社会需求一直旺盛，今年社会上分配不景气，我校的分配比仍很高；③得到社会各方面的捐赠支持。这些是我们重要的机遇和有利的条件。

江泽民同志在接见四所交大领导时的讲话中提出，“一是教育要全面适应现代化建设对各类人才培养的需要；二是要全面提高办学的质量和效益”，这就是我们教育面临的任务——一个适应，一个提高。当前，市场经济、新技术革命、对外开放这三方面对教育提出了更高的要求，也将促进教育发生巨大变化，也给我们思想工作提出了许多新的课题。这几方面将要发生的变化，这些变化对教育的影响和我们应采取的对策，都值得去认真研究。这些，我们可能现在还估计不足，想得也不够，但已经感觉到了。

（1）市场经济。我国经济体制从传统的计划经济体制向社会主义市场经济体制转变，经济增长方式从粗放型向集约型转变，中央文件中称之为两个具有全局意义的根本性的转变。这两个转变对教育将产生怎样的影响，提出什么要求，我们怎样适应这个变化，都是非常值得研究的大问题。例如，市场经济要求人才培养上要有更强的适应能力和竞争能力。今后按传统计划经济设立的专业框架受市场需求变化的影响就会比较大，市场对各种人才的需求有的会多，有的会少；对课程，随着社会的进步，有些内容如计算机、网络等就会增加，成为大学必要的基本课程；有些就要收缩、取消；专业也会有生有死。另一方面，我们还要考虑历史、现实和未来三者的关系。有一些专业，过去很热，现在冷下来，有一些现在不热的专业，但未来会很需要，因此我们培养的人才要求有更强的适应能力和竞争能力。又如学生就业问题，过去统一分配，现在是双向选择，进入人才市场，学生有更多的选择机会，这是一件很好的事情；但是学生选择职业时受物质待遇、个人利益影响，造成人才流动上不很均衡。国家希望我们培养的人能适应现代化建设各方面的需要，特别是关系国家命脉的大中型企业、国防安全、国家机关等重要部门的需要，我们满足不了。这里有一个宏观调控、合理控制流向和学生自然去向的矛盾。如何掌握好，涉及我们的政策和思想教育的问题。再如，市场经济使得学校与社会、学校与企业的关系也发生了巨大的变化，会变得空前的密切。产、学、研的结合上，可以有更大的发展，这是很好的机遇。去年，我们成立了学校与企业合作委员会，促进了这个结合，使我们与经济更加紧密相连，这对我们学校相关的应用性、工程性科研成果提出更高要求，必须更实用、更可靠，能够更好变成产品，否则我们的经济纠纷会大大增加。市场经济使得学校和政府的关系也发生变化，今后学校完全靠政府拨款生存的现象不会存在了。市场经济还引起收费制度的改革等。

（2）新技术革命。很多人估计，21 世纪科学发展孕育着重大突破，如信息通信技术、纳米技术、新材料、生命科学、新的药物等。我们规划了七个学科群和一些重点学科，可能还需要研究世界动向和我们自己的条件、情况，在这些学科中寻找突破点，特别是跨学科的突破点。新技术革命特别是信息技术的发展，光盘、多媒体技术尤其是信息高速公路的建立，使我们大大缩短了与世界的距离，我们的教育方式、教育手段都会引起革命性的变化。现在世界上预测 21 世纪教育所提出的“没有围墙的大学”“虚拟学校”“远程教育”等都将变成现实。我们如何利用现代化的手段，为社会作出更大的贡献？最近我们学校正在筹划远程教育工作。同时，现代化的手段给学生创造更好的学习条件，学生可以有更大的学习自由度，学生可以在网上选到国外的课件、其他学校的课件。用现代化的手段，可以使最好的教师上大课，减少教师人数，提高教学质量。新技术革命要求人才有多学科知识和新的技能，要求学生有更高的创造能力，这方面学生有时候已走在教师的前面了。学生反应灵敏，特别是反映在使用计算机和用网的能力方面。总之，新技术革命对我们学科建设、教育改革提出了新的挑战。

（3）对外开放。现在国门打开了，我们了解了世界，大大加速了我们科技的发展。信息高速公路的建立更加速了对国外动向的了解。过去图书馆订购国外杂志，从国外到我们这儿慢的要半年，快的也要一两个月；后来订阅光盘缩短到只要几个星期，现在学校图书馆的 OCLC 系统与美国图书中心联网，新的杂志、材料几个小时就传过来了。同时，对外开放及信息网络的开通也使国外敌对势力西化、分化、和平演变的企图随之以各种方式影响我们，这对我们学生思想教育工作也提出了更难更重的任务。开放对我们教师、学生提出了更高的要求。我们要参与国际事务，就要对世界文化有更深的了解，并且要具有批判能力，辨别是非的能力。

下面针对当前面临的形势，对今后的工作提出几个问题，供大家讨论。

1. 关于人才培养和学科建设

人才培养的目标和规格，应该有个说法，有个提法。

在落实六年本硕贯通教学计划中，要着力抓专业结构的调整，抓教学体系、教学内容和教学方法的改革；适应市场需要，展宽专业面，专业上要有增有减，减少必修课，增加选课自由度；课程内容应更新，砍掉过时的、为某个教师因人而设的课程；利用新的教学手段；改进对学生成绩的评价办法，包括保送研究生的办法。过去分数占的比重特别大，全面能力、创造性怎么体现？即学生成绩评价只看平均分数，是否也应看斜率是升高还是降低的问题等。

最近有同志从日本回来，提供了一个资料，日本文部省组织“大学理工科培养创造性人才的产学恳谈会”，邀请日本企业界人士和教育界理工科资深校长、教授 20 人左右，开了 10 次会，提出理工科大学要从质和量两个方面进行整顿，有七个提案：按照培养创造性人才方面进行课程改革；改善研究生院的教育和研究环境；积极运用多媒体技术推进教育改革；导入大学考试的多样化机制；提供提高学生学习兴趣的实践机会和环节；利用多媒体强化教育研究等。在人才培养上，这些问题我们可以研究一下。

在学科建设上落实“211”“九五”工程和规划，就要研究重点学科突破点，按此来组织人、财、物；理科在基础研究上重点不在扩大规模，而是在水平上要有所突破；经管学科以 MBA、CPA 为主加快发展，适应社会需要；文科的发展不在追求学科齐全，我们学校工科基础强，建人文社会学科应研究学校的优势，注重学科间的融合，打破文理工间的界限，走自己创新的路子。日本东京工业大学就建立了社会理工学院，他们提出 21 世纪面向全球的社会问题和环境问题，需要社会科学与自然科学之间的融合，这种思考值得我们学科建设借鉴。

在人才培养上，我们面临的一个很大问题是人才流向的问题。市场经济使得学生的自然流向受物质待遇、个人利益的驱动以及社会的影响。国家希望我们有一部分毕业生、高层次人才到国家关键企业、重点部门、国防部门去工作。这方面我想说几句。第一，我们对现状要有正确的分析。现在有两种说法，有一种说法：“清华大学招收的是最好的学生，清华的不出国谁出？”另一种说法：“清华成了留美预备学校了。”这两种说法都有一定的片面性。事实上，毕分办做了个统计，出国和去国有企业、事业单位、三资企业的比例大体是正常的。另外，清华的学生好，出国多一些也是符合实际的，是正常的。第二，对于学生出国，我们还是要坚持做工作，包括系主任、书记亲自做，我们的工作基点不是放在许不许出国的问题上，主要应该放在帮助学生树立正确的出国目的，反对盲目性。对出国要有选择，对到国外一流大学去学习先进知识，我们当然支持，我们还选派一些青年去学习呢。对那种为出国而出国，出去就是一切，甚至为出国不择手段、不讲信义、弄虚作假、搞假信、涂改成绩单等，要反对。要教育出国的学生在国外要做对中国有益的事，学成后回国服务，报效祖国。要在这些方面对学生进行教育。对到国家重点单位，我们各系要心中有数。系里对口的单位，包括大中型企业，也包括部分三资企业，各系确定二三十个人，每年轮流往这些单位派一些人去，要有针对性地早做工作，并且要有政策导向，如助学金、奖学金、贷款，学生到一些重点单位，毕业可不还贷款等。对学生做工作和不做工作是不一样的，有的系做了，就有一些学生去国有企业和重点部门。另外，还可动员用人单位来做毕业生的工作，有的系这样做了，效果比较好。第三，我们可否增加招生，招收的人数多了，到国有企业的人数也会多，少量增加一些人数也还是有可能的。第四，开展远程教育，对企业的骨干进行工程硕士的培养，进行嫁接，为企业培养高层次人才。

2. 关于队伍建设

这个问题陈希同志要讲，我就不多说了。对于队伍建设问题，一要有紧迫感，二要有一流意识。当然解决队伍问题，住房和待遇问题是关键。在住房问题上，李岚清同志专门抓、抓得紧，还是很有希望的。

3. 关于加强管理，进一步推动管理改革

1992 年的三堡会上，我们讨论了关于学校内部管理改革的意见，提出了分流的思想。这几年又进行提高教学质量和效益的改革、人事制度的改革。这些改革取得了一些进展，但力度还不够。现在全国国有企业处在调整时期，机构臃肿，下岗人员很多，而学校好像这方面的感觉和压力不大，还有膨胀的趋势。这么大的队伍，待遇很难提高。因此在落实“211 工程”“九五”规划时应重提加强管理的问题。在内部管理体制改革上、在分流上还得加大力度，把人事制度改革和聘任与教学、科研、管理改革结合起来。另外，我们各部门、各系都涉及财和物，这方面要大大加强管理，建立制度、提高透明度，包括企业和后勤，要进行审计，每年定期对单位审计，防止“跑冒滴漏”。审计并不是有了问题才审计，是帮助各单位加强财务管理，这也是对干部的一种爱护。我们应向管理要质量，向管理要效益。我们“211 工程”就是没有改善教职工待遇的钱。今年学校财政预算还有很大困难，我们还要在节约上下功夫。我们每年流水几个亿，节约一个百分点就是几百万。我们的创收单位、产业要加强管理，努力增收，我们只能靠多创收、多节约来改善待遇。总之，要提高对管理的认识。朱镕基同志的报告专门讲了这个问题。不是所有制问题，资本主义企业、三资企业也有大批倒闭的；国有企业也有办得好的。关键在管理，学校各单位也一样，管理改革还要坚持。

4. 关于精神文明建设

今年十月底，可能召开十四届六中全会，议题是加强思想道德文化建设。我们是穷国办大教育，我们学校也是在有限的物质条件下制定“九五”规划、“211 工程”，争取办成世界一流的大学。光看钱是很困难的。所以，我们要实现把我校建成世界一流大学的目标，除了靠一定的、有限的物质条件支持外，就要靠一股气、一种精神力量。毛主席讲“人是要有一点精神的”。借助十四届六中全会将提出的思想道德、文化建设、精神文明建设，我们学校还是要在教师中、在干部中讲一讲精神的问题。我们面临干部的新老交替时期，学校的优良传统能否在年轻干部队伍中继承下去，是否也有个讲讲传统的问题？最近举行的 26 届奥运会给了我们新的启示。我们是发展中国家，可我们的体育健儿在激烈的竞争中夺金摘银，虽然尚属第二集团，但是已经走到了有些发达国家前面。体育运动与教学科研虽有不同，赶超周期也有长短，但我国体育健儿在运动场上表现出来的那种“更快、更高、更强”的精神，是值得我们学习借鉴的。改革开放给我们带来了生机和活力，我们花了十几年的时间理清了学校改革发展的思路，但是改革的各项措施要真正到位而不被扭曲，还要有强大的精神力量的支持和政治保障，因此我们一直强调要把改革开放带来的生机、活力与我们原有的政治优势结合起来，才能完成我们建设世界一流的社会主义大学的目标。

在今年 6 月 27 日庆祝中国共产党成立 75 周年大会上，我们回顾了清华大学党组织建立 70 周年的光荣传统，提出了四条：①爱国奉献，在不同的历史时期为实现党的中心任务建功立业；②又红又专，努力实现全心全意为人民服务的宗旨；③实事求是，正确地、创造性地贯彻党的方针政策；④联系群众，团结奋进，发挥党组织的政治核心作用和共产党员的先锋模范作用。这些概括得是否全面，还需要大家进一步讨论。在我们落实“九五”规划、“211 工程”的过程中，我们还是要有这种精神，真抓实干。同样条件的两个单位，干部和党员的精神状态不同，工作作风不同，工作效果就会相差很远。所以我们干部的精神状态是落实“九五”规划的一个关键。我们还得讲传统、讲精神。

加强学生思想道德教育 加大教学改革力度 *

(1997 年 8 月 18 日)

高等学校担负为国家培养社会主义建设者和接班人的任务。在这个意义上说，我们培养什么样的人，涉及下世纪中国前途和命运的问题，走什么路的问题。我们讨论过多次，清华培养人才的目标是什么？"文革"前提"红色工程师"，现在专业、学科增加了，有的同志提各行 leader（领导）、科学家等。我个人觉得，不要在名词上争论，企图用一个词来概括。清华建校 86 年来培养毕业生八万多人，其中绝大部分是各行业的技术骨干，有的也成为党和国家的高级领导干部。科学院院士 289 人，工程院院士 70 人，加起来 350 多人，也只占八万多的千分之五左右。大量的是各条战线骨干，如教师、工程师、总工、厂长、经理，也有一些政府部门的干部。我想我们培养的人才，应是"名牌产品""登山队"，应是在科学技术、生产经营、治国安邦各个领域的骨干和中坚。提高学生培养质量就关系到未来国家各条战线骨干的质量，涉及我国今后的发展和方向问题。这些年特别是近几年，我校培养人才的质量如何？我们刚刚组织了一次大规模的调查，社会上总的反映清华学生政治素质、业务素质都还是好的，但对当前大学生的政治思想素质、知识结构和能力也提出了不少意见，所以我们在人才培养上还有大量的工作要做。我想重点提出三个问题来讨论。

* 本文是贺美英同志在 1997 年暑期全校党政干部会上讲话的一部分。

一、关于加强学生思想道德教育

要培养各条战线骨干、中坚，不仅智力上是一流的，有杰出的知识和技能，而且政治思想、道德等非智力因素也应是一流的。在改革开放中，特别是在建立社会主义市场经济体制过程中，面临复杂的国际社会环境和各种政治势力的较量，国内社会也有各种各样的矛盾需要综合处理。所以我们培养的人才，要能政治坚定、思想清醒，具有处理社会复杂问题的知识和能力。在这方面，这几年我校加强了邓小平建设有中国特色社会主义理论的教育、形势教育，特别是爱国主义教育和社会实践活动，学生思想面貌还是好的。特别是对党和政府的路线、方针、政策的认同度很高，政治上是好的、稳定的，对改革开放、社会主义市场经济、宏观调控支持率很高。但是在人生价值观的取向上明显向个人利益倾斜，哪里待遇高、条件好就上哪儿去，理想、信念淡薄，责任心、事业心不够，不讲信义的事情屡屡发生。特别在毕业分配的去向上，我们感到压力很大，成了心病。很多国家的重点企业、重点单位去不了毕业生，有些校友反映找不到清华的接班人了。有些单位去了人也留不住，出国、跳槽的都有。假如几百家大企业、国家重点部门没清华人，清华还怎么谈对国家的贡献呢？在对毕业生的调查中，有两点特别值得注意：一是绝大多数用人单位认为学生思想道德素质最重要；二是认为清华学生业务能力普遍突出，但喜欢单干，不安心工作，流动性大。前一点反映用人单位需要爱国、敬业、具有合作精神的毕业生；而后一点恰恰反映出清华学生在敬业、与人合作上有缺陷，事业心、责任心不足。无锡、常州的人事局干部反映，清华学生业务能力不错，但位势高，一个企业形势好的时候可以在这儿干，企业有困难时就跳槽走了，不能共患难、努力把企业搞上去，这就很难成为企业的接班人，难成大器。这些意见都是很诚恳的。还有就是反映我校学生出国的多，回来的少，培养的人不能为国家作贡献。我校今年本科毕业生自费出国的约占13%，比去年又有所增加，但我们出国回来的学生远没有这么多。

我想清华学生存在的这些问题不是孤立的，具有普遍性，其产生的原因也很复杂。第一，它是从计划经济体制向社会主义市场经济转轨、过渡时期发生的，背景是社会价值观的多元化和世俗化，个人主义、享乐主义、拜金主义蔓延，出现了理想信念淡化、道德滑坡的问题；第二，西方资本主义国家影响加大，特别是西方国家科学技术的飞速发展，使一些学生不能正确认识资本主义制度，视西方国家为理想国；第三，家庭、社会环境中一些向个人、金钱倾斜的价值观从小对学生的影响有时胜过学校的教育；第四，学校的政治思想教育还有缺陷，缺少在改革开放、市场经济条件下对学生进行人生观、价值观教育的有效办法。虽然我们也做了不少工作，但效果不够明显。我们应该研究总结、创造新形势下进行德育的有效途径。

加强德育的问题，在我们校系干部中要统一思想，共同来做。加强爱国主义、集体主义和社会主义教育，全面进行人生观、价值观的教育。加强德育不只是党委系统的事，更不只是学生工作系统的事，一定要党、政齐抓共管，特别是教务部门要管。系主任也要管，要亲自做。各系要针对自己专业的重点企业，有意识做个别工作，输送一些人去。发动全校教师加强教书育人，这方面有一些教师比较好，但总体上差距还很大。教师队伍价值取向也有很大变化，存在不少薄弱环节。在学生择业、出国问题上，任课教师、班主任、导师怎样对他们施加影响，作用非同小可。我们有的教师往往不鼓励学生到国民经济关键部门工作，也不引导鼓励学生正确对待出国、学成后回国服务。有的还起反作用。我们有两个青年教师在国外获得博士学位后回校工作，教研组有的老师却对他们说：你干吗回来，国外多好。所以教书育人和加强教师的思想工作要同时做。

加强社会实践和社会工作的锻炼，要在实际工作中锻炼学生的办事能力，学会为人处事，与人团结协作，学会表达自己的思想，这是提高学生能力很重要的方面。加强“两课”改革，邓小平建设有中国特色社会主义理论要进课堂；本着学马列要精要管用的原则，要有针对性地解决学生的思想问题；要开设当代国际政治与经济的新课等。朱开轩同志在第六次高校党建会上重申培养又红又专的社会主义建设者和接班人的方针，包括要求高校培养一批优秀的青年马克思主义者。他还强调：80年代初干部革命化、专业化、年轻化，是在革命化的基础上专业化、年轻化；现在90年代末，干部队伍的调整是在年轻化、专业化的基础上着重解决革命化的问题。新加坡总理李光耀在接见中国新华社记者时说，21世纪中国能不能发展，取决于三个因素：第一，中国的下一代有没有信仰，我想他说的应该是青年人有没有远大理想；第二，中国的下一代有没有责任感，如果谁给钱少一些就不干活，那么中国就很难继续发展；第三，中国的下一代能不能实现廉政，如果不能制止腐败，中国也很难发展。这些看法值得我们深思，他说的危险也是有现实性的。所以我们应有强烈的政治责任感和紧迫感来加强学生的德育工作。

二、关于转变教育思想，加大教学改革的力度

这方面有一个专门报告，我只是简单提一提。我们正站在21世纪的门槛上，面临全球经济和综合国力的激烈竞争。在人才培养上如何适应新世纪的需求，应具有怎样的知识结构和能力，怎样把信息革命带来的新技术和手段用于教学，需要我们认真研究。要借我们实行本硕衔接、转变培养模式的机会，大力进行课程结构、课程内容和教学方法的改革。

我们在这次调查中也听取过用人单位和毕业生对教育教学的意见，反应比较强烈的有几点：①专业过细、过窄，适应性差；②教学计划、课程僵硬，学生学习上选择机会少，灵活性不够；③一些课程内容陈旧、教学方式死板；④教学以灌输知识为主，对工作能力和创新能力培养不够；⑤课程太多、负担太重，工程师应该具备的实际工程经验、经济管理、市场、质量、安全、环境以及人文方面的知识能力欠缺。

这次按本硕贯通、四六衔接调整教学计划，各系还是很认真的。

但有些还是压缩饼干，前瞻性也不够。我认为我们应大大压缩学时，砍掉一些课程，这样才可能增加新的内容。最近，工程院对工科教育进行调研，提出工程教育改革要突出综合性——技术和科学的综合，经济、社会、政治和技术的综合；多样性——客观世界发展和工程技术的发展都是多样的；灵活性——毕业生面临多种机会，应培养有创造性的工程师；适应性——时代、科技、经济都发展很快，社会需要不断更新，学生要有很好的适应性。我觉得这几点对于我们调整课程结构和内容是有参考价值的。要在培养学生能力和创造性的环节上下功夫，认真改进教学环节和教学方式。要加强经济、管理、环境、法律、人文知识和素质的培养。总之，要把转变教育思想，进行课程结构、内容、方法的改革作为一件大事来抓，把以灌输知识为主的教育转变到提高学生全面素质的教育上来。

三、关于如何对学生进行评价

我觉得在评价学生的标准上不能只看分数，还要看综合能力。有一些学生分数很高，能力也很强；但也有一些学生死读书，分数高，但工作办事、动手能力、创造性都很差。我们在推荐研究生的工作中，对学生的实际能力缺乏了解和考查。国外很多学校在大学生、研究生的录取上，都不只看分数，有的学校是分数达到一个基本线，在此基础上对有几项其他方面成果的首先加以考虑，如科技创造、社团工作以及其他方面的特长等。我们本科生录取上不可能大改。过去研究生保送只看分数，排名次差几分甚至零点几分，这样是分辨不出能力来的。研究生录取已做了一些改革，增加了综合考量、面试等。所以我们在奖学金评定、研究生保送等工作中应研究更科学的评价标准，加快调整。因为政策就是政治，起着导向的作用。

关于学生全面素质培养问题*

（1998 年 2 月 16 日）

提高学生全面素质的问题确实不是个新问题。毛主席最早提出了要让学生德智体全面地、生动活泼地发展，有过一系列讲话。现在我们叫作全面素质，实际也是德智体各方面提高学生素质问题。从五十年代到现在，我们的认识上确实要拓宽一点儿。从我们教育工作者来说，教师也好，各部门领导也好，或者做学生工作的同志也好，在一些观念上可能需要再拓展一些，想得更宽一些、更广一些。

最突出的就是在人才观念上。因为长久以来学校及各系的领导学理工的较多，很多时候认为人才就是在我这个专业上分数考得很高，论文写得很好，或者哪方面做得很好，这就叫人才。我们学校从建校到现在，八十多年历史上培养的人才是多种多样的。人的才能多种多样，因此人才也是多种多样的，我们学校的培养模式也应是多种多样的。历史上孔夫子培养人是“因材施教”，“文革”前蒋南翔校长也强调“因材施教”，我们现在也很重视“因材施教”，坚持“因材施教”在人才观念上就要拓宽一点。比如说我们学校培养了很多科学家，科学院院士里清华校友占了将近 1/3，工程院院士清华校友占了将近 1/5，这是人才；出了很多国家领导人和各个部门的领导干部，这是人才；出了大量工程师、企业家，这也是人才。另外，我们学校还出了一些艺术上的名家，像胡芝凤，1964 年念工物系，迷上了京戏，做梅兰芳关门弟子，后来唱《李慧娘》在全国是第一角，我觉得也是清华贡献了人才。我们在这方面是比较宽松的，当时教务处讨论同意胡芝凤去跟梅兰芳

---

* 本文是贺美英同志在清华大学教育思想大讨论第四次专题讨论会上发言的部分内容。

学戏，还保留她学籍两年，给了她这样的发展机会。那时我们还出了张立华，全国自行车赛冠军。1964 年，我在团委工作，他们系里就要不要给他评“三好学生”引起了争论，因为他学习不是最拔尖的，相当于中等，但拿了全国体育冠军。艾知生同志就说：“你们也去拿个冠军回来,那我也给你‘三好学生’,行不行？”我们对各种人才都要珍惜，发展他们，爱护他们。近年来校园歌曲中流行的《同桌的你》《睡在我上铺的兄弟》这两首歌是我校电子系学生高晓松创作的，在全国很有影响。这两首歌作得不错，让人听了会引起学生时代的美好回忆。那么你说他是不是也是一种人才呢？我觉得这种人我们也要“因材施教”，帮助他成才。不一定将来成就他去做电子专家，他也可以有其他发展方向。总之，对青年学生要非常爱护，要有比较宽广的人才观，用“因材施教”的各种不同方法来培养各式各样的人才。

另外一点就是智力因素和非智力因素，或者是不是也可以说是业务素质和非业务素质对一个学生成才的影响问题。这个也值得我们教育工作者很好地研究。从我参加做学生工作，还有到外面调查包括去年到外面去做毕业生状况调查的感觉来说，同学在外面表现得好和不好，非智力因素占的成分非常大。当然业务素质很重要，是基础。但假如有很好的非智力因素，可能会使他的业务发挥得更好；而非智力因素不好，也可能会出现很多问题。像倪天增去上海设计院工作时，作为同去的一批清华人的带队，他很受上海设计院的同志重视。他却很谦虚地说：“我不是最好的，还有某某同学功课比我更好。”他的这种自我介绍在上海设计院引起很强的反响。后来搞方案，院里最后选了一个同济大学毕业生的方案，他会后主动留下来和那个同志讨论，并将他的方案里好的东西补充了进去。他自己也出了很多优秀成果。后来做上海市副市长，受到非常高的评价，被称为“风雨市长”“公仆”。我觉得他发挥作用不完全是业务因素，思想政治品德因素、心胸比较开阔起了非常重要的作用。我们有些学生出去后业务上可能很拔尖，但不能与人合作，只能干一个人干的事情，发挥不了作用。前不久清华有位青年教师不能正确对待矛盾，心理素质不行，不能和大家交流思想，最后做了蠢事。最近认识的几个在摩托罗拉公司工作的同学也反映，有个清华少年班毕业的，后来又在科学院念完博士，在单位里却业务上不去，主要是因为他不愿学新东西，是非智力因素的问题，而不是智商问题。在培养学生上，不仅要考虑智力因素的培养，还要注重非智力因素的培养。这一点我觉得非常重要，应该努力去做这方面工作。几次做毕业生调查，毕业生共同反映，希望我们的学生要做到四句话："政治坚定，道德高尚，业务优秀，身心健康"。用人单位大概也是这几方面的要求。我们应该这样全面提高学生素质，来做好我们的培养工作。

为了提高学生全面素质，我们应该创造条件，做多方面工作。过去我们已做了很多，比如说我们设学生社会工作奖学金、社会工作指导中心，让学生都担负一些社会工作；各种社团，有文艺的、体育的；课外科技活动；社会实践活动等。刚才很多同志讲到"第二课堂"，是我们培养学生全面素质的传统做法。我们这方面虽已做了很多，但可能还有一些不足，一个是深度不够，一个是广度不够。有件事让我印象深刻。在一个毕业班的座谈会上，有一个少数民族同学谈了一点体会，说他进校时很腼腆，家里也很困难，进校后得到很多关心和机会。老师帮他得到了助学金，以后又当了学生干部，以后又做了辅导员，毕业时免试推荐做研究生。这个同学后来留校，现已做了一个系的副系主任。他自己感触很深，说自己得到了这么多机会锻炼，后来表达能力、办事能力、学习都上来了，各方面都很好，而其他很多同学就没有这个机会。前几年机械系有个博士，是武术队队长，又做过辅导员，在全国大学生田径运动会上拿了名次，很轰动。他毕业时和我谈起来，说他有一个很深的感触，觉得清华给大家敞开门创造了很多条件，只要你有兴趣，努力去争取，就有条件培养自己全面成长。他觉得在清华八九年的这段生活对他的全面提高非常重要。我们在培养全面素质上应该向这方面努力，对此我简单地说三点意见。

第一，要让学生全面成长需减轻学生的课程负担。这方面要想通一点。在座的都是老师，大家回忆一下，我们大学里上的那些课最后起作用的到底有多少。有一些课是培养能力的，那是非常重要的；有些纯粹是记忆性的，以后可以去查。现在很多课程要改进，像有的老师讲课中注意培养同学参与意识，作业题是开放的，没有标准答案的，还有论文式的，这样的课程还太少。所以我们老师要改进教学方法，改进考试方法，现在很多考试就是让同学背，实际上这对老师来讲是最省力的也是最无能的方法。因为它不能辨别学生学习的优与劣，不能从平时辨别，也不能通过考试来辨别，只好去考犄角旮旯的题目。结果谁笔记记得好，谁背得好，谁就考得好。我觉得教学及考试的方式方法要改革，要压缩学时，减轻负担，让同学自主学习，激发他们的创造性和积极性。

第二，要学生主动地、生动活泼地在实践中锻炼。好多素质不是讲课能够培养的，要在实际工作里锻炼。比如，组织能力、团结协作的能力必须在实际工作中锻炼、培养。要创造更多的实践环节让同学来锻炼。为什么我们文艺社团代表队里出了很多人才呢？因为在那些环节里头，比如说文艺社团合唱队里，就不能一个人别出心裁，必须合作，注意合声；一台演出要有主角、配角。在这些活动里就锻炼了学生的能力。这些不是讲出来的，不是艺术教育中心的老师给他讲团结协作就能团结协作，而是在艺术实践里锻炼出来的。这样的“第二课堂”确实是很重要的。现在已经有了一些环节，但还要扩大，要加深。比如说社会实践、课外科技活动、各种社团、代表队、各种研讨会、竞赛，这些方面都要发展起来。团委这次在团代会上提出来一个“素质拓展规划”，这是一个很好的计划，我很赞成。不仅团委要做这方面工作，我希望我们各个系各个部门都能在这方面创造更多的机会和条件来培养学生全面素质。

对学生来说，希望能提高参与的积极性，现在的同学一方面说评价体系要公平，我参与了就要给予承认；另一方面也要想得开一点，在没得到承认时，也要有这个勇气。哪方面有特长，就要有勇气去参加、去发展，可能奖学金今年拿不到，但还要努力往这方面去发展自己。有些事是无心插柳柳成荫的，你得到了这个，不定什么时候就起作用了。艾知生同志讲，他当广电部部长时有一次出国，在欧洲一个国家参加音乐会，他马上就能说出是肖邦的曲子，外国人很佩服。他不是当了部长后才学的，学生的时候就有了这方面的素质，到时就起作用了。我们已有了一个很好的开始，这次本科生及研究生各班讨论素质的培养问题，非常热烈，参与的积极性很高。有些班并没有布置要讨论，也都讨论了，提了很多意见。

另外，我们系与系之间也要让学生增加一点交叉学科的知识，互相有点了解，不一定要开课，不要一提到什么素质就加一门课，课加得太多结果都无效了。可用多种方式，如讲座、交流。这次团代会就组织团代表参观了学校的各个实验室新的项目，同学很受启发，有两条感触。一是被当作主人看待，各实验室都非常客气，非常欢迎，有主人的感觉。还有就是扩展了知识，看到了好多新的东西。很多同学在清华可能待了五年、七年甚至于八九年，都在你那一个系，甚至就在你那个专业的实验室，别的实验室通通都不知道。所以那次学生代表团去香港的时候，我就说去之前一定要同学先在咱们学校里看看，免得出去后看人家这好那好，实际上我们很多东西比香港好。先看看自己的再到香港去感觉就会不一样。所以在这方面我们的教育形式可以多种多样。

第三，我们教师要认真做好教书育人的工作。这点同学提得也是比较强烈的。本科生的意见是觉得见不到老师，除了课堂上，平常离得很远，觉得和老师交流太少；研究生是觉得对老师间的矛盾、不和，全都知道，清清楚楚。努力提高教师的素质，加强和学生的交流，做好教书育人的工作，是很重要的。刚才有的同志在这个方面提出了一些很好的意见，我很赞成。

在纪念清华大学解放50周年座谈会上的讲话

(1998年12月15日)

同志们、同学们:

今天我们在这里聚会,纪念清华大学解放50周年。刚才,一些当年亲眼目睹清华园解放、亲身参加迎接北平解放斗争的老同志给我们上了生动的一课。

清华园的解放是在著名的平津战役中完成的。从表面上看,清华园解放的过程是顺利而平静的,这里没有发生激烈的搏斗,更没有枪战和炮击。1948年12月15日,解放军进驻海淀镇,而清华园里平静如常,很多师生员工是三天后从解放军贴在西校门的一纸文告中得知清华解放这一消息的。但是,在这平静、顺利的背后,却存在着跌宕起伏、令人难以平静的历史诗话。

首先,清华解放的过程充满了党的关怀,直接体现着我们党对中华文化和知识分子的尊重。50年前的今天凌晨两点,毛泽东主席亲笔批示并以军委名义急电前线部队领导,指示“请你们通知部队注意保护清华、燕京等学校及名胜古迹等”。在这样一个决定中国命运、使中国历史发生大转折的伟大决战中,我们党和她的领袖仍在牵挂着清华园中的学子和教职工。可以说,从清华回到人民手中的那一刻起,清华的师生员工就蒙惠于党的文化政策和知识分子政策。

再者,清华解放的过程凝结着英勇善战的中国人民解放军指战员的智慧和鲜血。在50年前的大决战中,我解放大军横扫千里,势如破竹。当我军前锋部队抵达万寿山、圆明园遗址一带时,国民党守军妄图利用清华、燕京两所名校园负隅顽抗，公然把大炮拉入了清华。在这种情势下，我军一方面向东迂回，打下清河，形成截断清华园敌军退路之势，迫使敌军连夜撤出学校；另一方面，前线指挥部命令部队不得打炮，战士们靠步枪、刺刀、手榴弹与敌人进行近战和肉搏，消灭了圆明园的敌人守军。解放后的新清华之所以充满了活力，是由于人民及其子弟兵用鲜血和生命护卫了她。

其三，清华解放的过程是清华大学地下党组织领导进步师生进行革命斗争历程的继续。我校于 1926 年建立共产党的地下组织。从这时起，虽经曲折磨难，但党的组织始终没有断线；虽有高潮和低潮，但党组织领导的斗争始终没有停止。在清华解放前夕，我校地下党组织开展了一系列迎接解放的活动。他们团结广大师生员工，宣传党的政策和革命形势；调查学校资财，逐项估价并登记造册，防止敌人破坏转移；查看学校周围地形、道路并绘制成图，以配合解放军的行动；监视校内少数国民党、三青团特务分子的活动；组织纠察队巡防护校，储备粮食，保卫水电设施；领导学校师生反对国民党南京政府妄图将学校“南迁”的阴谋；等等。当国民党军队拉着大炮强行进入清华园时，我校地下党组织带领纠察队和广大学生包围了这几门大炮，向敌军提出了强烈抗议，与我军的钳型攻势相配合，将敌人逐出了清华园。

其四，在解放清华乃至解放北平的过程中，充分体现了我们党和军队对清华人的信任。在清华解放的整个过程中，人民解放军对我校秋毫无犯，没有派出一兵一卒进驻清华园，表明了党对清华地下组织和广大师生员工的无比信任。50 年前的 12 月 17 日，毛泽东主席更致电前线部队：“尤其注意与清华、燕京等大学教职员学生联系，和他们共同商量如何在作战时减少损失。”根据这一指示，18 日晚，两位解放军指挥员在张奚若教授带领下来到梁思成教授家中，诚请梁先生在军用地图上标出北平重要文物古迹的位置，以便在不得已进行攻城时加以保护。据说毛泽东在看这张地图时，发现图中标记的还包括远离城区的潭柘寺，深为梁先生对祖国文化遗产的厚爱感动，并从此建立了他和梁先生个人之间的信赖关系。

同志们、同学们！清华解放，标志着具有悠久文化源头和革命斗争传统的清华大学获得了新生。从清华建校到今天，我校已经为祖国培养了毕业生近 10 万人，其中解放前的旧清华培养的不足 3000 人，绝大部分是解放后的新清华培养的；清华的历史上产生了一大批优秀的学者、专家，他们中的大部分是产生于解放后的新清华，有一些是到了解放后才真正发挥出了自己的作用；现在中央和地方担任重要领导工作的大批校友，几乎都是解放后清华培养的；清华为国家建设作出了应尽的贡献，许多重大工程项目上都刻有清华的名字，而这些工程中的绝大部分是解放后清华参与建设的；我们学校有为国内兄弟院校羡慕、也受到国外朋友称赞的校舍、实验室和美丽的校园，而这些中大部分也是解放后发展建设起来的。没有解放，就没有清华人的大进步，就没有清华事业的大发展，就没有今天充满朝气、蓬勃向上的清华大学。

我们今天纪念清华解放 50 周年，纪念这个难忘的日子，应该得到什么启示呢？

第一，我们要饮水思源。永远不忘党和人民对清华的关怀、爱护，永远不忘那些解放了清华和全北平、全中国的英雄和烈士。我们永远要以报答党和人民之恩的心境来努力学习和工作。

第二，我们要认真加强党的建设。清华的顺利解放是与清华地下党组织的不懈斗争、创造条件紧密联系在一起的。我们今天党组织的规模和活动条件都远胜于 50 年前，我们没有理由不加倍地努力工作，把清华的党组织建设好，为将来学校的大发展创造更为有利的条件。

第三，我们要发扬清华的优秀传统。清华人最值得夸耀的传统就是爱国主义。清华人还有一个最值得骄傲的传统，那就是我们进行革命斗争的传统。清华产生了一批老一辈革命家，有许多革命先烈，他们为人民的自由、民族的解放贡献了毕生。我们永远以他们为荣。

第四，回顾历史是为了未来的发展。我们要把清华历史上一切优秀的、值得今天汲取借鉴的东西发扬光大，我们决不淡忘我们的先人，决不抹杀我们历史上的光华。但是，我们回顾历史是为了未来更好地发展。解放前后清华的巨变说明，新清华既然能够在过去的基础上取得今天巨大的发展，今后我们也完全有能力在今天的基础上，去创造更辉煌的明天。

今年是清华解放 50 周年，又是我国改革开放 20 周年。这两个日子都对我校具有重大的意义。这些日子标志着我们祖国的进步，也是我们学校发展中的转折点。我们今天纪念这些日子，要通过回顾历史而增强信心，在下个世纪的前 10 年与祖国共同大踏步前进，实现我们在建校 100 周年时把清华建成世界一流大学的目标。

走改革开放之路 建世界一流大学 *

(1998 年 12 月 29 日)

1978 年 12 月召开的党的十一届三中全会，揭开了我国改革开放和社会主义现代化建设的历史新篇章。改革开放是中国的第二次革命，20 年时间只是“弹指一挥间”，但这 20 年间所发生的巨变对于我国的发展同建立新中国一样具有重要而深远的意义。

在 20 年的历史性变化中，包含教育战线特别是高等教育战线的大发展。20 年来我校所经历的变化就是极好的例证。今天，当我们回忆刚刚从“文革”的阴影中走出来的清华园时，那种满目疮痍的景象仍然历历在目：冤假错案堆积如山；没有正常的教学秩序，科研工作几乎停顿；许多实验设备积满了灰尘，甚至被麻雀做了窝；清华学堂破败不堪；主楼无人管理，冬天水管爆裂，地面结满了冰；教师们的生活、住房条件恶劣，一千多人得了血吸虫病……如果说教育战线是“文革”的重灾区，那么清华大学就是十足的“重中之重”。面对惨遭蹂躏的清华大学，广大师生员工忧心忡忡。

但是，具有光荣传统的清华人从未被任何困难吓倒过。在党中央和邓小平同志的直接关心下，刘达同志于 1977 年到校，新组成的校党委依靠学校广大干部、党员和教职员工，拨乱反正，冲破“两个凡是”的束缚，推翻“两个估计”，坚决地平反“文革”中以及历史上的冤假错案，果断地进行各方面的整顿，使学校的工作很快有了转机。经过全校师生员工的奋发工作和努力学习，今天的清华不仅一扫 20 年前的

* 本文是贺美英同志在清华大学纪念党的十一届三中全会召开 20 周年大会上的讲话。

困境，而且成为清华历史上发展最好的一个时期。

“文革”中,学校招收学员的数量很少。1977 年恢复招生时,为从“文革”严重破坏中得以休养生息，学校对招生规模加以限制，但从 1979 年开始，就达到了每年招收本科生 2000 人的规模。现在，我校本科在校生总数大体稳定在 1.1 万人左右，今后随着本硕衔接培养的实行，本科学制为 4 年，本科生年招生名额有所增加，总数仍基本稳定。

从 1959 年到“文革”前，我校每年招收研究生 100 人。1978 年，我校开始恢复招收研究生，1980 年在校研究生人数为 751 人。1984 年，清华成立研究生院，标志着我校进入了成批培养高层次人才的阶段。到 1998 年 9 月，我校在校研究生数达到 6304 人，其中博士生 2005 人。

“文革”前的 1965 年，我校本科教育发展到 12 个系、40 个专业，基本都是工科。1978 年，学校工作走入正轨后不久就开始进行专业调整和新学科的建设，现在我校本科共有 5 个学院、29 个系，在以较大力度扩大专业面、减少专业的前提下，现有 37 个专业和 8 个二学位，涵盖工科、理科、文科和经管学科。

我国建立学位制度后,我校硕士、博士授予点的发展很快。1981 年，学校有硕士点 60 个、博士点 31 个，到今年 9 月，按专业目录调整后的数字，我校有硕士点 108 个，博士点 86 个。

高等院校的继续教育是改革开放后兴起的，我校在这方面起步较早、发展较快。1985 年,我校成立了全国第一个继续教育学院；1997 年，又在普通高校中率先开展了远程教育。到目前为止，我校举办的各种类型的进修班、培训班、研究班近千个，培训学员近 5 万人。

1978 年夏天，邓小平同志在听取清华工作汇报时，作出了著名的“两个中心”的指示。20 年来,我校在把“办教育的中心”办好的同时，也努力将自己建成“办科研的中心”。1981 年，全校承接各类科研项目 438 项，科研经费 1140 万元；而近年来每年承担的科研项目达 1500 项左右，科研经费以每年 20%的速度增长，1997 年超过了 3.5 亿元。现在,我校折合全时从事科研工作的人数已达 5000 人,其中教师 2000 人，博士生和硕士生 3000 人；我校有三个国家级的综合研究基地，四个国家工程研究中心，15 个国家重点实验室。我校平均每年通过鉴定、上报登记的科研成果 150 项，获得专利 90 项左右。截止到 1997 年年底，总计获得国家三大奖 234 项，省部级奖 1289 项，其他各类专项奖 1101 项。

20 年前，邓小平同志针对“四人帮”的荒谬论调，重申了科学技术是生产力的马克思主义观点，在新的历史时期提出了如何促进科技成果向现实生产力转化问题。20 年来，我校在这个方面也取得了很大的进步。现在，我校约 30% 的专利技术和 60% 的科技成果得到了不同程度的应用，约 10% 的科技成果在应用中取得了较好的经济效益。我校于 1983 年设立了“科技成果推广应用效益显著奖”，表彰年增利税 100 万元以上或年增产值 1000 万元以上的项目，至今已奖励了 208 个项目，累计产值超过了 2000 亿元，经济效益达 480 亿元。学校现已与 10 多个省市、40 多个地级市签订了合作协议，并通过“清华大学与企业合作委员会”与国内外近百家大中型企业建立了联系和合作关系。

“文革”前，毛泽东主席在与外宾谈话时曾提到过“清华大学里有工厂”，但那时的工厂规模很小，主要是为了验证书本知识和承担教学实习任务。经过“文革”的磨难，到 1978 年，我校有 11 家校（系）办的工厂，总资产 3200 万元，经营收入仅 1800 万元，而从业人员却达 1700 多人，人均生产率仅 1 万元。经过 20 年的发展和调整，截至 1997 年年底，全校具有法人资格的经济实体有 32 家，其中年经营额过千万元的 11 家，过亿元的 4 家。全校产业年总产值达 15 亿元，实现利润超过 1.8 亿元，分别比 20 年前年增长了 117 倍和 130 倍。人均生产率则达到 110 万元，比 20 年前增长 110 倍。预计今年全校产业的总创收将突破 20 亿元，总创利将突破 2 亿元。

20 年前的 6 月 23 日，邓小平同志在听取我校工作汇报时，作出了扩大派遣留学生的重要指示。当年 12 月我国向美国派遣出了新时期的第一批留学人员 50 人，其中有我校教师 9 人。到现在，学校派遣各类出国人员已达 12000 人次。20 年来，我们聘请外国专家近 2600 人，来清华访问的各国来宾 80000 多人，与世界上 25 个国家和地区的 109 所大学签订了校际交流协议，与 MIT、哈佛、牛津、剑桥等世界著名大学以及 IBM、微软、通用汽车、通用电器、摩托罗拉、西门子、菲利浦、松下、东芝、日立等世界著名企业建立了良好的合作关系。

“文革”10 年，给我校带来的恶果之一就是人员的膨胀、人才的积压和结构的失调。“文革”前的 1965 年，我校共有教职工 5931 人，到 1978 年已经增加到 9375 人。其中教师有 3899 人，仅占教职工总数的 42%。经过 20 年的不懈努力，到 1997 年，在学校规模和任务大大扩大和增加的情况下，全校教职工总数已下降到 6802 人，其中教师 3540 人，占教职工总数的 52%。在 1978 年的教师队伍中，有正高级职称的 66 人，占 1.7%；具有副高级职称的 80 人，占 2%；具有中级职称的 777 人，占 20%。在 1997 年的教师队伍中，具有正高级职称的有 876 人，占 25%；具有副高级职称的有 1351 人，占 38%；具有中级职称的有 985 人，占 28%。当然，这样的结构也不尽合理，学校总的人员还是偏多，对人员的分流、调整仍是今后的重要任务。

解放初，我校校园面积 92 公顷，建筑面积 11 万多平方米。“文革”前 17 年增至 42 万平方米。十年动乱，校园遭到严重破坏，教学、科研的建筑面积几乎没有增加，盖的少量教职工住宅也因标准偏低、配套设施临时应付而存在不少问题。近 20 年是我校基本建设和校园建设的大发展时期。1982 年，校园面积是 212 公顷，现在已增加到 329 公顷；新增建筑面积近 60 万平方米，总数已达 120 万平方米。新的建筑包括：一大批新的系馆及教学、科研用房；三、四、五教学楼；14~30 号学生宿舍楼；10~15 号学生食堂；体育中心和学生文化活动中心；一大批产业用房；甲、丙所、干训楼等接待用房。1978 年以来我校新增的教职工宿舍达 30.65 万平方米。

70 年代末，学校只有步进电话 1000 门，到 80 年代末发展到 6300 门，1996 年成立了清华大学电话支局，实现了电话通信社会化，电话增容至 20000 门。现在全校住宅电话的拥有量达到了 95%以上，今年电话进了学生宿舍。20 年前，学校的大部分人还不知道“微机”为何物，80 年代初我校的个别单位开始引进，那时的微机是要“坐”软卧、“住”空调房间的。到 1998 年第三季度，我校现有微机总数为 9548 台，这里还不包括学校公司的微机和学生宿舍的1400台微机。微机的普及使我校校园网的建立具有良好的环境，全国教育科研网的网络中心也建立在我校。现在，计算机网络已经成了我们教学、科研和办公不可缺少的工具。

20年前，邓小平同志听取我校工作汇报，在听到在校不少学员还要补习中学课程时感到很担忧。当时学校学生的一般情况的确很令人担忧。在“文革”的环境下，流行的口号是“上、管、改”，主课是“阶级斗争”，没有正常的教学秩序，学生的学习受到很大损失。进入改革开放新时期后，我校不仅有全国最好的生源，而且对在校生开展了行之有效的政治思想工作，得到了中央和邓小平同志的肯定。现在，我校的学生从总的方面看，文化素质和专业水平都是高的，是富有创造力的，精神面貌也是健康的、蓬勃向上的。我们的学生不仅在校内外乃至国际的各种专业竞赛中经常获奖，而且建立了TMS学会、求是学会等学习、研究马克思主义理论的社团，学习理论，关心政治，关心国家大事、世界大事已在学生中蔚成风气。“爱国、成才、奉献”“以中华富强为己任，为民族经济作贡献”“学小平理论，与改革同行”，已成为大多数学生的行为准则。

20年来，我校的党建工作和精神文明建设工作也取得了较好的成绩。我校连年被评为北京市和教育部的“党建和政治思想工作先进单位”，学校党委还被中组部、中宣部等单位评为全国优秀党的基层组织；我校长期被北京市评为“文明校园”，并被命名为“北京市文明单位标兵”。

以上并不全面的数字反映了我校20年来所取得的巨大发展，这些成就的取得要归功于全校的共产党员和广大师生员工，归功于十一届三中全会以来我们党正确的路线、方针、政策，归功于十一届三中全会所开创的我国改革开放的新的历史时期。

回顾改革开放20年我们学校所走过的道路，总结十一届三中全会以来我们在执行党的路线方针政策、贯彻党的教育方针、办好建好清华大学的经验，最突出的有这样几条。

第一，坚持解放思想、实事求是的思想路线不动摇。党的思想路线在现代迷信盛行的情况下遭到了严重的破坏，在“文化大革命”中更是被践踏殆尽。粉碎“四人帮”后提出要拨乱反正，但是不破除现代迷信，不恢复党的思想路线，所有的拨乱反正都无法真正进行。正是在这种历史背景下，20 年前，邓小平同志支持兴起了真理标准的大讨论，在党的十一届三中全会上重新确立了解放思想、实事求是的思想路线。这是党的十一届三中全会最大的成果之一。

从我校的情况看，历史的过程也是如此。清华大学在“文革”中是“四人帮”苦心经营的据点之一,在“文革”后期长时间为“四人帮”的爪牙迟群、谢静宜所把持。尽管“四人帮”一伙的倒行逆施早已为广大师生所深恶痛绝，但是在粉碎“四人帮”后的一个时期内，我校揭批“四人帮”的活动却冷冷清清。为什么会产生这种情况？最主要的原因就是离开了党的思想路线，受现代迷信的禁锢。“文革”中“四人帮”在清华炮制的各种“经验”，有许多经过党的领袖的圈阅或批示。如果不打破禁锢，没有解放思想、实事求是的精神，很多被颠倒的是非就不能纠正，大量的冤假错案就不能平反，拨乱反正在清华就无法进行。正是在这个关头，在邓小平同志的关心下，刘达同志到校，新的历史时期的第一届清华大学党委成立了。党委高高地举起了“解放思想、实事求是”的旗帜，勇敢地突破了“两个凡是”的禁锢，推翻了“两个估计”的重压，对“文革”中清华发生的重大事件作了旗帜鲜明的表态，对遭受“四人帮”迫害的干部很快进行了解放，恢复工作；为了调动广大知识分子的积极性，党委不仅对“文革”中产生的冤假错案进行了彻底推翻，而且对历史上的错案也进行了甄别平反。后两届党委又在全校开展了“彻底否定无产阶级文化大革命”的讨论。由于这几届党委大胆解放思想，积极开展工作，清华的拨乱反正进行得比较彻底，广大教职工群众被压抑的积极性得到了比较充分的发挥，使清华的整顿恢复阶段比预想的要顺利得多。

贯彻“解放思想、实事求是”的思想路线，首先是解放思想。这是我们总结 20 年来坚持党的思想路线所得到的一个重要结论。解放思想不是离开实际的胡思乱想，而是要使我们的思想不为各种错误、陈旧的思想框框束缚，不断符合变化着的客观实际。在这个意义上，解放思想不仅不会违背实事求是，而恰恰是实事求是的保证。相反，如果离开解放思想而空谈实事求是，就会使它成为保守僵化的遁词。这一点不仅对我们党的工作是极为重要的，而且对我们的行政管理工作乃至科学研究工作都是具有重要现实意义的。

贯彻解放思想、实事求是的思想路线，就要一切从我校工作的具体实际出发，全面贯彻执行党的基本路线和教育方针，踏踏实实地做好各项工作，不跟“风”，不赶“浪头”。这是总结 20 年来坚持党的思想路线得到的又一个结论。多年来，我们从学校实际出发所作出的一些决策、所出台的一些改革措施，基本上与中央的精神是合拍的，即使有一些提法、举措暂时不为人们理解，但经过一段时间的实践后总的都受到领导和群众的肯定。80 年代中，我们不为社会上盲目扩大招生规模的做法影响，坚持“着重提高，在提高中发展”的方针，稳定本科生规模，着重提高教学、管理质量，大力发展研究生教育。实践证明，这对提高学校的办学层次和提高科研水平是非常有远见的一步。在 1989 年发生政治风波期间，我们坚决与党中央保持一致，一方面，旗帜鲜明地反对资产阶级自由化；另一方面，对参与动乱、有过错误言行的学生，从爱护、帮助的愿望出发，进行了严肃、耐心的思想工作，对青年人在处理上采取了慎重、宽大的方针。这种态度，在不丧失原则的前提下团结了绝大多数学生。1992 年，我们顶住了社会上一部分学生经商、一些学校盲目设立商业类专业之风，把影响严谨勤奋学风的商业气氛排拒在校园之外，使学校的教学质量和管理秩序没有受到大的影响,避免了一些学校走过的弯路。1996 年，针对我校学制长、培养人才效率低的问题，我们推出了本硕贯通的六年培养方案。我校的这一改革在社会上引起了反响,也招致一些非议。我们坚持实事求是，坚定地走自己的路，目前这项改革仍在顺利进行。现在高校共建、合作、调整、合并的势头也很强，我们也面临着新的压力。学校已形成了一致的认识：我们一定坚持从学校实际出发，不盲目求大、求全，而要与建世界一流大学的目标相联系，求强、求高，以此考虑各种可能的共建、合作、合并方案。总之，我们坚信实践是检验真理的唯一标准，坚持一切从学校工作的实际出发，从学校发展的长远利益出发，就能够排除各方面的干扰，顺利地推进我们的事业。

第二，紧紧围绕经济建设的中心不偏离。党的十一届三中全会的另一个伟大历史功绩就是停止了“以阶级斗争为纲”，把党的工作重心转移到了经济建设的轨道上来。党的基本路线的“一个中心”就是经济建设。高等院校无论是作为经济基础的一部分还是上层建筑的一部分，无论是从培养人才还是从科研开发来看，都要围绕国家经济建设的中心展开自己的工作。20 年来，我校始终以国家经济建设发展的需要来定位自己,很早就提出了“主动适应国家经济建设的需要”的口号。在人才培养上，我们坚持着重提高，努力培养更多高层次的人才，就是考虑到国家现代化建设和 21 世纪的发展对人才的需要；在科学研究上，我们提出基础研究与应用研究并重，面向国家经济建设的主战场，加强与地方和企业的联系，加速科技成果的转化，也是要为国家的经济建设作贡献；我们面向社会办学，大力发展继续教育和远程教育，仍然是为国家经济建设服务，为社会发展排忧解难。

另外，我们把学校建设好，提高办学质量和办学效益，这本身就是国家现代化建设的一部分，并且只有这样才能更好地为国家的经济建设服务。20 年来，学校根据国家经济的发展和学校自身的状况，不断地修订学校的发展目标，不断地提高对自己的要求。从 80 年代初期开始，学校就在酝酿建设世界一流大学的问题，1985 年，学校提出“把清华大学逐步建设成为世界一流的，具有中国特色的社会主义大学”的总目标。在邓小平同志视察南方讲话和党的十四大精神的鼓舞下，学校实施“211 工程”，1993 年提出了 2011 年我校建校 100 周年时把清华建成世界一流的社会主义大学的目标，学校的发展从此进入了一个新的阶段。在中国这样一个发展中国家提出建设一流大学，体现了清华人自强不息的精神，是清华大学爱国主义传统在新的历史时期的表现。

近年来，我们在学习和分析世界著名大学办学经验的基础上，根据国情和学校的实际，提出了“综合性、研究型、开放式”的办学模式，将世界一流大学发展的普遍规律与中国现代化建设的实际和清华的传统及特色结合起来，形成了我校实现奋斗目标的具体途径。综合性是基础，是知识经济时代科学技术和社会发展本身的需要，也是21世纪培养高素质人才的需要。深厚的文化底蕴和强大的学科综合实力是创建世界一流的一个必不可少的条件；研究型是重点，它代表着学校办学和对国家贡献的水平；开放式是学校的活力所在，是一所现代化大学的重要标志。这里的开放既包括与国外的交往，做东西方文化和科学技术成果交流的桥梁，也包括与国内各地区、企业的交往，使学校的发展与国家的经济建设和社会进步紧密结合，不仅为社会培养人才，而且要发挥社会主要服务者和社会变革主要工具的职能，成为新思想、新技术的源泉、倡导者、推动者和交流中心。

建设世界一流大学是清华几代学人的宏愿，实现目标的关键在于要增强信心，要抓住机遇。我们的信心并不仅仅来自我们自身，更重要的是来自我们与之共同前进的祖国，来自领导我们前进的党中央。我们将十一届三中全会以来这20年社会的巨变加以对比，就会切身体会到“飞跃”的含义。只要我们党能够始终不渝地坚持十一届三中全会确立的正确路线，只要我们的国家能够始终不渝地坚持改革开放的基本国策，中国人民一定会在下个世纪初体会到新的飞跃。只要我们能够真正抓住现有的宝贵机遇，就一定会在2011年使学校与我们的祖国一起实现飞跃，达到我们的目标！

第三，大力加强党的建设不放松。党的十一届三中全会成为中国现代史的里程碑，本身就说明：在现代中国，要取得有历史意义的重大发展，必须要有共产党的正确领导。一个单位、一个学校，也不例外。我们学校20年的发展历程充分证明了这一点，我们争创世界一流大学的过程也将继续证明这一点。从20年前建立新的历史时期第一届校党委起，在学校的拨乱反正、整顿恢复、发展提高的各个时期，党的各级组织和广大党员始终发挥着不可替代的重要作用。清华大学在这20

年间取得了一定的工作成绩，学校的党组织发挥了重要的作用。总结我们20年的党建工作，主要的经验有三点。

首先，在这20年中，我校的党组织坚持了“三讲”。当回顾清华20年来党的工作时，尽管存在着缺点和不足，但我们仍无愧地说，清华的党组织、广大党员和大多数党的干部，是始终坚持了讲学习、讲政治、讲正气的。翻开20年清华党的工作的案卷，会看到学习马列主义、毛泽东思想和邓小平理论，学习党的路线、方针、政策，学习国家的法律、法规，学习科学文化的最新发展等，始终没有断线，而且形成了一套完整的学习制度和具体操作方式。20年来，我们努力正确地理解中央的各项方针、政策并将它与学校的实际工作联系起来，曾经有人说我们“左”，也有人说我们右，而这恰恰说明了我们坚持了讲政治，方向比较正确。20年来，我们始终注意抓党风廉政建设，在商品大潮袭来，社会上腐败盛行的环境下，1995年，我校在全市高校中率先开展了“新时期共产党员标准”的大讨论，要求我们的党员既要在市场经济条件下具有竞争意识，又要不失全心全意为人民服务的宗旨，要有共产主义精神。当然，在坚持“三讲”方面我们不是没有问题，忽视理论学习、淡化政治、个别人贪污腐败等都是存在的，但是我们广大党员、干部的主流是好的。当然我们还要不断加强和改进党的工作，认真解决存在的问题。

第二，这20年中，我们始终坚持了党的民主集中制。从新时期第一届党委开始，历年来我们学校党的生活是基本正常的。党内再没有过“一言堂”“搞运动整人”等，恢复了党内民主生活。在坚持严格考评的前提下，学校党委一直按期换届；校内各单位的党委也基本上坚持了考评制度和换届制度。我们在业务工作繁忙又实行每周五天工作制的情况下，坚持了党的组织生活制度和政治理论学习。在清华，党员反映各种意见的渠道是畅通的，干部的素质总的来看是比较好的，干部梯队的建设基本是完善的。

第三，这20年中，我们始终保持了党组织和行政领导的密切配合。在这期间，我校先后经历了党委领导制、党委领导下的校长负责制、校长负责制以及重新实行的党委领导下的校长负责制。但是，每一次改制对于我校实际工作的影响都很小，因为我们长期形成了党委和行政领导班子团结一致和默契配合的传统。每任校长和其他行政领导都自觉地将自己置于党的领导之下，重大问题都经过党委讨论；而党委班子也十分尊重校长和行政领导，支持他们在自己的职责范围内独立地开展工作。学校的领导有一个共识：无论什么领导体制，都要认真执行民主集中制。因此，清华的党政领导始终是以一个声音说话。

清华的党组织具有光荣的革命传统，历经 70 多年没有断线，这是我们的骄傲。但是我们从这 70 多年中也可以看到，什么时候党组织健全有力，学校的发展就顺利；什么时候党组织遭到破坏，学校的发展就遭遇挫折，就会蒙受损失。十一届三中全会以来的 20 年，学校取得了大发展，正是因为我们有健全有力的党组织。在今天我们争创世界一流大学的过程中，仍然需要健全有力的党组织，因为它是我们达到目标的重要保证。

纪念党的十一届三中全会召开 20 周年，回顾我们国家、我们学校和我们的生活所发生的巨变，总结 20 年来的经验，目的是向前看，做好今后的工作，在未来取得更大的成就，实现我国的现代化和我校的世界一流。

让我们高举邓小平理论的伟大旗帜，沿着党的十一届三中全会所指明的改革开放的道路，“继续解放思想、实事求是，创造性地开展工作”“继续加强学习、提高自己，紧跟时代前进的步伐”“继续坚韧不拔、奋发有为，全心全意为祖国和人民服务”，在以江泽民同志为核心的党中央领导下，团结全校师生员工，建设充满希望、无比美好的明天！

加强服务，整体优化，推进学校内部管理体制改革 *

（1998 年 12 月）

面向 21 世纪，大学管理体系和运行机制的改革面临多方面的挑战。一方面，当前国家的经济体制转轨，学校原有的管理体系和运行机制需要进行调整和改革，以满足在市场经济体制条件下国家经济发展对高等学校教学科研工作所提出的新要求；另一方面，当今信息技术日新月异，并且对高等教育的管理模式和管理手段产生了革命性影响，也要求学校管理体制的改革适应这一发展的要求。

几年来，我校在内部管理体制改革方面以“加强服务，整体优化”为目标进行了一些尝试，对学校事业的发展起到了一定的促进作用，并且改革还在进一步深化。“加强服务”是指要在改革中体现“以教师为核心，为教师服务”的服务管理思想，建立高效、完善的校内服务体系，减少一线教师的各类杂务和行政负担，保证教师在教学科研方面的时间和精力，总体提高学校办学效率；“整体优化”是指将服务和管理重新布局，校系总体考虑，优化配置，既提高工作效率，又达到减少校系机关管理人员数量的目的。

经过酝酿讨论后的校系机关改革方案，我们保留了 19 个部处，撤销了 5 个正处级、6 个副处级机构，6 个机构合署办公，研究生院和教务处部分合署办公，转变职能机构的 3 个正处级机构和 5 个独立法人团体不纳入学校管理机构系列。通过调整，除了转变职能机构和独立法人团体外，机关各部处减员 20% 以上。

---

* 本文是贺美英同志在教育部直属高校工作咨询委员会第九次全体会上发言的部分内容。

调整后的校机关，由于理顺了行政管理部门和学术性委员会的关系，委员会的作用开始发挥出来。在前不久我校制定新学科规划的过程中，校学术委员会充分发挥了作用。委员们分成四个学科规划小组，向学校提出了经过认真论证的学科建设的建议方案。由于减少了工作层次，校机关许多工作和服务直接面向全校师生，在减轻院系负担的同时，方便了广大师生，也提高了工作效率。如注册中心、结算中心、学生就业指导中心、学生社区服务中心等，直接面向广大师生进行服务，收到了较好的效果；学校的迎新工作，通过三年的改革已经比较完善，所有的工作均由校机关和后勤的相关部处直接面向学生本人操作，无须院系介入，既简化了管理层次，又提高了效率；新生的学费由校财务处直接办理，学生假期订票工作也是由行政处直接面向学生办理，等等。

与机构改革相配合，我们进一步推进了干部制度的改革，对改革后的校机关部处正副职干部实行聘任制和任期制。部处的正职重新任命；副职在规定了职数的基础上，面向全校公开招聘。不再担任现职的干部也不再保留行政级别，促进形成干部聘任的激励机制。

我校也注意努力实现管理手段现代化，并以此规划和改革校系机关管理体制的模式。计算机以及网络技术在学校管理中的应用，改变了我们的工作方式和理念，传统的大学管理模式和行政体制也因校园网的建设和发展而发生了革命性变化，已经和正在推动着学校管理机构的改革。实现管理手段的现代化，就意味着要进行管理模式的更新，改变传统的管理模式，提高管理工作的效率。作为我校“211 工程”建设项目中的重点，完善清华大学信息计算机基础设施的“泰山工程”，通过两年的建设基本完成，为学校实现全面的管理手段现代化奠定了良好的基础。“泰山工程”包括“校园计算机网络工程”“信息与网络应用系统”“电子化图书馆”以及“闭路电视网改造”等四个方面的内容。“校园计算机网络工程”的建成，使全校已有 7000 多台计算机联网，近 2000 户教师开通了电子邮件。而“信息与网络应用系统”中的“综合管理信息系统”的建设使学校的教学、科研和行政的管理提高到了一个新的水平。

应用于校系机关管理的“办公信息系统”，极大地改变了原来校系行政办公的模式。各类通知、报表、动态信息等的网络传递省时又省力，师生可以非常及时地直接从校园网或闭路电视上获取学校各类会议的内容和精神；领导通过校园网可以随时了解到学校各方面的动态信息，并且用电子邮件等方式与师生进行直接的沟通和交流；教师们过去需要一个月甚至几个月才能读到的外国文献，现在由于电子图书馆的建成和国际互际网络的实现，几乎可以与国外的学者同步获得，他们还可以在学校内部的“网上沙龙”跨学科地讨论学术问题，随时提出自己的见解，扩大了交流领域；等等。各单位和教职工还可以通过校园网向学校的招待所预定客房，十分便利。

学校管理机构的设置也因大量信息技术手段的采用而在重新调整或重组。经过一年半的准备，我校于今年 8 月成立了注册中心，以我校的“本科—硕士衔接培养”的教学改革方案为工作基础，以综合教务管理信息系统为技术基础，将研究生院和教务处的教学管理工作进行重组而成。它通过校园网将中心和各个部门、各个院系连接起来，将原来分散在教务处和研究生院以及院系的大部分教务工作集中到注册中心，包括本科生和研究生的学籍注册、成绩管理、选课排课等，每个学生可以在十几秒内完成注册过程。实行学分制后，学生选课的余地和自由度增加了，每个学生的课表都可能不同。通过计算机选课系统进行选课，既方便了学生，也使选课和排课的工作效率成倍提高，人员却大大减少。

大量采用信息技术的成果，成倍地提高了行政管理的工作效率。实行计算机及网络管理之前，人事处劳资科有 6 个人，各个院系也有相应的人员负责此项工作。遇到调整工资时，要几十人集中起来加班加点地工作，如同搞一次会战。这种情形由于实行了计算机管理而成为过去。不仅各个院系不再负责劳资管理工作，人事处负责劳资管理的工作人员也减到 2 人。饮食服务中心通过采用网络环境下的计算机管理，其成本核算由两周一结到每天一结，还可以了解到每个学生每天的消费费用，便于学校掌握特困生的情况，及时对他们进行帮助。

深化内部管理改革 服务地区经济发展 *

(1999 年 2 月)

随着我国科教兴国 战略的实施，在中央、国务院和北京市领导的直接关怀下，清华大学面临着前所未有的大好机遇。去年，江泽民总书记在北大百年校庆纪念大会上指出我国要建设“若干所具有世界先进水平的一流大学”，并就建设一流大学的问题作了具体批示。教育部制订的“面向 21 世纪教育振兴行动计划”得到国家科教领导小组的原则批准，更使国家对教育投入的增加成为可能。所有这一切极大地鼓舞了我们创建世界一流大学的信心和决心，也使我们深感任务的艰巨和责任的重大。在前几年工作的基础上，我们进一步针对 21 世纪经济、科技发展的需要和创建世界一流大学的总体目标，对学校人才培养、学科建设、科学研究、校办产业、师资队伍建设等各个方面进行了全面的规划，努力使学校成为培养高素质、创新性人才的摇篮，成为国家可持续发展的知识创新和技术创新的重要中心，成为推动科技成果转化为生产力和高新技术产业的孵化基地，成为推动国际科教文化交流的重要桥梁。

与此同时，学校一方面着力于内部管理改革，一方面着力于加强与地区、省市和企业的合作，努力使学校的运行符合国家两个根本转变的需要。今天在这里向大家简要介绍一下学校内部管理改革和为地区经济服务的一些情况，请各位多提宝贵意见。

---

* 本文是贺美英同志在北京市高校寒假领导干部会上的发言，原文刊登于 1999 年第 6 期《北京教育工作》。

一、关于校内管理改革

朱镕基总理最近谈到，发展教育要注意处理好三个关系，其中之一是“在发展和改革的关系上，要更加重视改革”。从校内管理的一些问题来看，机制缺乏活力、思想观念陈旧、缺少竞争意识、学校办社会等已经成为制约学校发展的障碍，我们不可能拖着沉重的包袱去争创一流。为此，近年来我校在机关管理、人事制度、后勤管理等方面加快改革步伐，加大改革力度，以改革促发展，取得了比较明显的效果。

（一）建设高效、精干的校系机关管理体制

今年，我校集中力量对校系机关管理体制进行了改革和调整。首先是转变思想观念，以“简化管理，理顺关系，加强服务，整体优化”作为校系机关管理体制改革的基本原则。“简化管理”是指机关的工作要面向基层，变过程管理为目标管理，尽量为教师和学生提供方便。“理顺关系”是指要理顺行政部门和各委员会之间的关系，发挥主要由教授组成的学术委员会、学位委员会、教学委员会、技术职务聘任委员会等各个委员会在学校决策中的咨询作用；理顺各职能机构之间的关系，减少工作的重叠、重复、交叉、推诿；理顺校系之间的关系，将部分服务工作上收，管理权限下放。“加强服务”是指要在改革中体现“以教师为核心，为教师服务”的思想，建立高效、完善的校内服务体系，减少一线教师的各类行政负担和杂务，保证教师把时间和精力用在教学科研上。“整体优化”是指将服务和管理机构重新布局，校系机关人员总体考虑，优化配置，既提高工作效率，又达到减少校系机关管理人员数量的目的。

根据这样的指导思想，我们首先对校机关进行了调整。通过撤销机构、合署办公、转变职能（将有些机关机构转变为独立法人）的方式，将校机关的部处精简至 19 个，人员在前几年精减的基础上再减员 20%以上。

与机构改革相配合，我们进一步推进了干部制度的改革。部处正职干部由学校任命，副职干部减少了职数，并和一般工作人员一样，都在全校进行招聘。没有受聘的副职干部不再保留行政级别。所有的部处干部均实行任期制。

调整后的校机关，由于理顺了行政部门和学术性委员会的关系，委员会的作用进一步得到发挥。前不久，在制定学校新的学科规划的过程中，校学术委员会分成 4 个学科规划小组，向学校提出了经过认真论证的学科建设建议方案。由于减少了工作层次，校机关许多工作和服务直接面向全校师生，在减轻院系负担的同时方便了广大师生，也提高了工作效率。如注册中心、结算中心、学生就业指导中心、学生社区服务中心等，直接面向师生服务，收到了较好的效果。学校的迎新工作经过几年的改革，现在每年新生（包括研究生）到校时，接站报到、收费、取行李等所有的工作均由校机关和后勤相关部处直接面向学生，简化了层次，提高了效率。学生假期回家订车票也是行政处直接面向学生办理，不需要院系机关介入。

由于“211 工程”重点项目“泰山工程”（清华大学信息计算机基础设施）的实施，计算机以及网络技术在学校管理中得到大量的应用，改变了我们的工作方式和理念。“清华大学办公自动化系统”和“清华大学综合管理信息系统”的建立和不断完善，更为学校管理体制和机制的改革创造了良好的条件。1998 年 8 月，我校成立了注册中心。以综合教务管理信息系统为技术基础，通过校园网连接各部处、各院系，将原来分散在教务处、研究生院以及各院系的大部分教务工作集中到注册中心，包括本科生和研究生的学籍注册、成绩管理、选课排课等内容。一个学生用十几秒的时间就可以完成注册。学生通过任何一台联网的计算机都可进行选课，既方便了学生，也使选课和排课的工作效率成倍提高。

（二）建立竞争、流动的用人机制

人事制度的改革是学校内部管理体制和运行机制改革的重要环节，是建设高水平师资队伍的关键。近几年来，我校按照“调整机制，优化结构，严格聘任，改善待遇”的原则，积极推进人事制度改革，通过创造一个全新的机制，努力建设一支一流的师资队伍。

我校已逐步建立起固定编制和流动人员相结合的结构模式。为了解决科研人力短期投入和长远队伍建设的矛盾，学校于1997年年底出台了招聘合同制研究人员的办法，以满足科研课题对人员的需要。对固定编制人员，在逐年改善整体年龄结构和职务结构的同时，重点优化学历结构和学缘结构。目前，45岁以下的教师已占教师总数的56%，其中拥有硕士学位的占45%，博士学位的30%，青年教师中有将近一半来自国内外知名院校。我校对固定编制人员采取了一系列合理流动的政策。第一个三年合同期满后双向选择，不续聘的限期流动。对1994年后进校的教师实行“非升即走”的政策，即达到升职年限后3年内升不了讲师的或者讲师10年内升不了副教授的必须调离清华。在理顺教师、研究人员、技术人员和教育职员各系列人员关系的基础上，我校将逐步实行合同聘任制与长期聘用制相结合的制度。在几个聘期后，优秀的再长期聘用，在这次机关改革中已开始实行。结合机构改革和院系调整强化聘任制，根据考核确定每个人的聘任状态，对聘余人员采取从原单位脱离的办法，实行校内转岗分流。

近几年，通过引进人才，补充和加强了我校的学术骨干队伍。如生物系引进的人才已经成为若干重要学科的青年学术带头人。法律系经过努力，也引进了一批高水平的师资力量。我校还推出了“百名人才引进计划”和“百名高级访问学者计划”，加大资助力度，进一步吸引人才。校内自1995年起设立“学术新人奖”，对学术上做出成就的青年教师给予每人10万元的经费支持。

“创建一流，以人为本。”教师是实现创建一流大学目标的主体，因而发挥学科带头人和骨干教师在教学科研上的积极性、创造性是我们在改革中需要特别注意的问题。为此，从1997年7月起我校设立了校聘关键岗位，根据教学、科研和管理工作的需要设置岗位，每个岗位都有明确的责任、任职条件和任期，上岗的教师每月可以得到600~1000元的津贴。如我们设立了“主讲教授”“骨干讲员”等教学关键岗位，促使一批高水平的教授站到了教学第一线，对提高教学质量起了很好的作用。实践证明，这项改革有利于加强骨干队伍的建设，有利于建立充满活力的人事制度，有利于提高办学效益和办学质量，也是提高骨干教师待遇的重要途径。我们正在考虑逐步提高校聘关键岗位的津贴强度，并进一步完善聘任过程和有关的考核办法。

（三）逐步建立社区服务体系

在推进学校后勤社会化和社区化管理改革的过程中，我校对不同的部门采取管理服务型、有偿服务型和经营管理型等三种不同的模式和运行机制，并给予不同的经济政策，使这些部门初步形成良性循环机制。我校饮食服务中心就是运行机制改革较为成功的一个例子。饮食中心的前身是膳食处，五年前，学校每年除了要向该处提供大型炊具等设备和其他各类条件以外，每年还要补贴 150 万元。由福利型转化为有偿服务型后，中心转变机制，强化管理，获得了很大的发展。中心始终把办好学生和教职工的基本伙食放在首位，努力改善食堂就餐环境，提高伙食质量，增加服务内容。几年来，中心创收能力不断增加，经济效益显著，逐年减少了学校的补贴，到 1998 年已不再需要学校补贴。同时，中心不断投资，主动改善办伙条件。目前，中心已实现了“售饭微机化，管理科学化，食堂餐厅化，炊具设备不锈钢化”。中心在 15 个学生食堂实现微机售饭后，又建立了包括中心财务、采购等内容的综合计算机网络物流管理系统，管理水平有了质的飞跃。在人事管理方面，中心通过竞争、流动等方式，建立了富有生机与活力的用人机制，职工们自觉学技术、比贡献、竞争上岗，提高了伙食质量，同时待遇也有了改善。中心的改革得到了全校师生的好评。

在最近进行的校机关改革中，我们把修缮处转制为修缮服务中心，把行政处转制为接待服务中心和学生社区服务中心，目的是加强服务，走社区化服务和物业管理的道路。对学校的资源进行更加合理的配置和使用，是我校后勤改革的重点之一。我校先后进行了水电管理、医疗、住房制度及公用房管理等方面的改革。公用房改革是学校对资源重新进行优化配置很重要的改革措施。过去公用房是无偿使用，缺乏自我制约机制，各单位的用房即使有不合理之处也很难调控。经过一年多的努力，我们制定了公用房管理改革方案，加强学校对房产资源的管理和调控能力，使其得到充分、合理、高效的利用和良好的维护。目前，这项改革已初步见到成效。

建立完善的社区服务体系是学校管理体制改革的重要组成部分。社区服务体系的建立和完善可以在很大程度上减轻学校办社会的沉重负担，使各院系的干部、教师能够从繁杂的事务中解脱出来，集中精力从事教学、科研和管理工作。以前，教职工甚至家属的生老病死各类事务都依赖单位，对一线工作造成很大的影响。一个人住院，全教研组轮流值班。经过半年的筹备，我们于 1998 年 8 月成立了“清华园社区服务中心”。它把学校及院系行政工作中属于社会化服务的工作分离出来，与后勤和街道原有的服务性工作结合，转变成社区服务的工作内容，如为老年人就医挂号，住院护理，丧事办理等。运行将近半年以来，得到了教职工特别是中老年教职工的欢迎。我们也将继续探索如何完善运行机制，使学校办社会的问题能够得到较为彻底的解决。

二、关于为地方经济发展服务

江总书记在十五大报告中强调了科技教育要与国民经济密切结合，为社会主义现代化建设服务。朱镕基总理在今年全国经济工作会议上讲:“长期以来，科技与经济相脱节的问题没有从根本上得到解决，现在越来越成为经济和科技发展的严重障碍。必须大力促进科技与经济密切结合，提高科技对经济增长的贡献率。”李岚清同志在报告中也强调，我国高等教育的发展一定要面向经济建设主战场。我们学校多年来一直积极探索科技与经济结合、把科技成果转化为生产力的有效途径，努力扩大与地区、省市、企业的合作，为地方经济服务，力求实实在在地为国家经济和科技的发展贡献我们的一点力量。

1. 积极探索科技成果转化的有效途径

为加速科技成果转化，促进科研和产业工作更好地面向经济建设，我校一直在努力探索科技成果转化的有效途径。学校在八十年代初专门成立了科技开发部，负责科技成果的转化和推广的管理。为加强学校与企业的合作，1995 年，我校又成立了清华大学与企业合作委员会，以优势互补，互利互惠，积极为企业服务为宗旨，利用清华大学拥有的技术、人才、科技成果、信息等资源优势，加强同企业多种形式的合作。现已有 96 个国内外大中型企业参加了这个委员会。

近几年来，清华先后同九个省、直辖市和 40 个地级市签订了合作协议，并重点抓好与“两北”（北京、河北）、“两东”（广东、山东）、“两江”（江苏、浙江）及江西、山西、辽宁、云南、重庆等省市的合作，发展地区与学校全面、长期、稳定的合作关系。

我校近年来积极努力与地区联合建立“科技风险开发投资基金”，目前学校已落实并实施了“广东—清华”、“河北—清华”和“永新—清华”等 10 多项科技开发基金，总经费数超亿元，基金开发项目有几十项。

我们还与地区联合建立成果转化基地，目前，我校已同国内外企业或地区建立研究、开发、生产基地 40 个。特别是我校与北京市和深圳市筹集大量资金分别建立的深圳清华大学研究院、北京清华工业开发研究院，将成为当地促进企业改造和发展高新技术产业的重要基地。

我校自己创办的高新技术产业经过十来年的奋斗，也已成为科技成果转化的重要力量。如大型集装箱检测系统的科研项目，同方公司投入资金产业化，此项成果对打击走私很有意义。

随着经营规模的扩大及改制上市，我校校办企业在保持人才和科技优势的同时也具备了较强的融资能力。党的十五大之后，校办企业开始用“技术 + 资金”的模式对国有中小型企业进行技术改造或资产重组，参与地区经济建设，促进民族工业发展。1997 年，同方股份有限公司成功兼并江西无线电厂（713 厂）就是学校参与国企改造一个成功的探索。1998 年，清华同方又兼并了北京市二纺机厂。经过多年来的努力，我们在科技成果转化中已经取得了可喜的成绩，约 30% 的专利技术和 60% 的科技成果得到不同程度的应用，约 10% 的科研成果在应用中取得较好的经济效益，有一些则获得了显著的效益。1983 年，设立了“清华大学科技成果推广应用效益显著奖”，表彰年增利税 100

万元以上或年增产值1000万元以上的科技项目。1998年，在教育部的指导与支持下，我校和北京大学、上海交通大学、复旦大学、浙江大学、西安交通大学、南京大学等七所高校和教育部科技发展中心联合发起成立了“中国高校科技网”，利用Internet现代化的通信手段，架起高校科研与企业生产之间的桥梁。我校许多教授还承接了国家计委、国家科委等部委组织的旨在促进科技成果转化的各种计划，清华的很多科技成果列入了《国家科技成果重点推广计划》《国家火炬计划》《国家星火计划》和国家经贸委主管的《产学研工程》项目。

2. 树立“首都经济”意识，为北京地区经济发展作出应有贡献

近年来，市委明确提出发展首都经济，促进北京高新技术发展的战略部署。我们深感首都经济的概念很重要，我们应积极促进科研成果在北京地区的转化工作，为发展首都经济作出应有的贡献。从1991年至1997年年底，我校与北京市签订科技合作合同达1200多项，合同额近1.5亿元。

1998年一季度，在贾庆林同志的倡导下，我校与北京市共同组织了“双百双向”交流活动。校、系各级领导，专家教授及北京市各委办、区、县、局（总公司）、企业共500多人次参加了考察、交流、咨询、洽谈，涉及130多家企业。我校极为重视这次交流活动，把这项活动作为进一步促进学校科技成果向生产力转化、为“首都经济”作贡献的契机，认真组织，积极落实。双方共提出76项设备改造、技术更新、产品开发、人才培训等合作项目，现已有十几项开始了实质性合作。在活动中，我校与密云县政府达成共识，开始规划清华大学（密云）高科技工业园的筹建，并于1998年12月8日正式成立。

为了加强北京市和清华大学的科技合作，充分发挥市校双方优势，加速首都经济的建设和发展，促进科学技术成果转化为现实生产力，根据贾庆林市长提议，经市、校双方商定，于1998年8月20日成立了“北京—清华工业开发研究院”。北京市委副书记、常务副市长刘淇亲自担任理事长。这个研究院是北京市政府与清华大学共同组建管理的事业法人单位，其宗旨是要充分发挥和利用北京市和清华大学双方的优势，

加速清华大学的科技成果向北京市的产业转化，支持用高新技术调整和改造北京市的传统产业，促进首都经济的建设和发展。本着优势互补的原则，研究院将以清华大学科技力量，科研基地，科技成果为基础，为北京市高新技术产业发展，产业结构调整和传统产业改造提供技术支持和项目支撑，使清华大学成为首都经济建设和发展的一个重要科技源头和高层管理人员及技术人员的重要培训基地。它将积极探索新形势下产、学、研结合及政府部门同高等学校进行科技合作的新途径，力求成为北京市高新技术产业的孵化中心、企业发展的服务中心、科技信息的集散中心。研究院成立以来，在市校双方的共同努力和配合下，经过大胆实践，努力创新，所开展的一系列科技成果转化已进入实质性工作阶段。

经过多年的努力，我校在促进科技成果转化、为地区经济服务的工作中取得了一定进展，但是离国民经济发展的需要以及党和人民的期望还相差很远。我们要不断努力，力争做得更好一些，做得更多一些。

提高“两课”的针对性和有效性*

（2000 年 1 月 7 日）

今天这个会开得很好，总结了这段时间以来我们“两课”的经验，特别是改了新的课程计划以后我们的工作成果。有的同志介绍了工作中的体会，院里的领导谈了今后的规划，作了总结性发言。我简单说几点想法。

最近一段时间以来，从中央到学校领导都非常重视“两课”和思想教育工作。去年秋天，中央通过了《关于加强和改进思想政治工作的若干意见》的 17 号文件。希望我们做学生工作的同志和“两课”教师要认真学习，这是个指导性文件。这说明中央对政治理论和思想教育非常重视，而且提出了很多要求，主要有三个方面。

一是思想工作和理论教育的主要内容。文件中强调要广泛进行党的基本路线和基本纲领的教育，进行爱国主义、集体主义、社会主义和艰苦创业精神的教育，要坚持进行中国近代史、中共党史和基本国情教育，进行中华民族优良传统和革命传统教育，进行维护祖国统一教育，大力弘扬爱国主义精神。加强马克思主义唯物论和无神论教育，大力提倡科学精神。

二是要研究新情况。在改革开放和发展社会主义市场经济条件下，思想政治工作的环境、任务、内容、渠道和对象都发生了很大的变化，如果不能适应这种变化，只是简单地重复过去的老方式、老方法，就难以收到好的效果，甚至适得其反。

三是中央强调工作要落实到基层，要求各级各类学校都要认真贯

---

* 本文是贺美英同志在“两课”教学研讨会上总结讲话的主要内容。

彻党的教育方针，坚持社会主义办学方向，要坚持以马克思主义指导教学工作，绝不能为错误思潮提供讲台和阵地，要充实和改进思想品德课和政治理论课的教学内容，把学校教育与社会实践结合起来，全面推进素质教育，要切实加强教师队伍的思想道德建设，使他们更好地担负起培养合格人才的重任。

根据中央的要求搞好“两课”建设，一是抓“两课”的目标，就是要通过“两课”知识的传授，紧紧抓住爱国主义这条主线，使学生站稳政治立场，解决他们树立正确的世界观、人生观、价值观和方法论的问题。因此，我们课程改革的目标、方向要明确。二是要研究社会、国情、世界的形势，研究学生的思想实际。“两课”改革的核心问题是提高课程的针对性和有效性。不论怎么改，要解决针对性和有效性，讲了课要有效。我们老师很辛苦，讲了半天，改了半天，对牛弹琴，人家不听你的，那么这个改革就无用，针对性有效性是改革的主要目标。为了达到这个目标，我们要参加社会实践，研究现实的问题，研究热点问题。这是“两课”不同于其他课程的地方，我们总是跟着形势的变化、国情的变化、人的变化来改进我们的课程。当然其他课也是要不断地变，例如信息，以前还是电子管，后来是半导体，现在是大规模集成电路、网络，变化也快得很，教师当然要跟着变。但我们的“两课”是针对国情、世界的形势和我们学生思想变化而变化，所以在这方面我们的“两课”教师要参加学生的活动，要能在学生中交一些朋友，这样你的课程才有针对性，才有有效性。从我自己的体验来说，我也给学生讲党课，给大一同学、毕业班同学讲课。也听汇报，学生部给我材料。但我一般有几个学生朋友是跟我讲真话的朋友，讲他们当中存在些什么问题，这样我在给学生讲的时候，我举的例子、讲的内容就比较有效、有针对性。这方面我们“两课”教师要发扬好的传统。艾知生同志以前是政治课教研组主任，他自己讲课，另外他成天在学生里转，有一大堆同学和他交朋友、讲真话，包括“文革”前叫“反动学生”（后来都改正了）的，他和那些当时叫“小铁托”的人交朋友谈心，知道他们的问题，他讲课效果就好。我希望“两课”教师加强针对性和有效性，从这方面努力去做，这是我的一点希望。

我还希望我们的教师提高自身的素质和水平。一是我们自己的知识要丰富，讲课要传授知识给学生，你自己要有一桶水才能给学生一杯水，要丰富各方面的知识，历史系的材料上讲他们这次编写教材看了多少多少书，讲毛泽东思想并不仅仅是四卷《毛泽东选集》，要把多少本书提炼出来变成你一节课的东西，那么这才是比较丰富的并具有新内容的，对学生能够起到好的作用。我们自己要丰富自己，让同学们感到我们的老师是有知识有智慧的，这样学生才能尊重你，他会觉得你知道得很多，他会找你谈，有问题找你讨论，这样我们的课程效果就会好，我们在这方面要加强。另外，提高自身素质，一个好的教师要有人格魅力，能够和学生有真诚的思想交流。老师自己本身的形象、思想、品格要让同学觉得非常愿意和你在一起，讲课也会比较好，那些只能照本宣科的老师肯定不行。比如我们以前听领导作报告，周总理就有一种人格魅力，他的报告就有说服力，大家就爱听。我们听领导讲话，谁也不愿意听只照稿子念的，有的连稿子还念错，那就不行。我们的教师要有人格魅力，讲课才讲得好。我们很多青年教师都听过一些老教师的课，虽然很平淡，没有慷慨激昂，但是他侃侃而谈，非常有影响力。我们老师要提高讲课水平，改革教育方法，我很同意有的老师讲的“讲课是一门艺术”，不是什么人都讲得好，当然讲得不好的人经过训练提高以后，也是可以讲得好的。但是要锻炼，不是随便谁都站在讲台就行，业务课教师也是这样，“两课”教师更是这样。我们那时候有一位老师很有学问，我给他当助教。第一堂课上来 1、2、3、4、5、6、7 个题目写在那儿，讲了一遍；第二堂课上来 1、2、3、4、5、6、7 个题目写在那儿又讲一通。他自己有学问讲得津津有味，学生在下面听不太懂，但因为他是业务课又是重头课要考试，学生没办法，只能回去念书苦读。可是我们“两课”若没有讲课水平的话，那么他不听就损失较多了。

另外，改革教育方法，比如讨论、对话、实践、辩论、多媒体、电影等，要用多种方法。我们一个老师写了一篇心理学教学的文章，其中讲到给同学集体训练一项活动，让大家都来说，让大家找别人的优点，这个活动对很多同学有触动，他们感到自己有了信心。因此要采取多种方式来改革我们的课程。还有，我认为要引导学生读书，现在的学生有一个很大的毛病就是浮躁，不光是“两课”，业务课也是浮躁，就恨不得马上学点什么弄点皮毛就去应付了。要养成读书的习惯，学校很多老领导、老同志参加革命时没有上过今天这样的政治课，他们是自己读马列和毛主席的书，读《共产党宣言》《新民主主义论》这些书找到革命的道路。所以，要引导学生多读书。

最后，我希望把“两课”与学生工作密切结合，我们两支队伍密切配合和交流，要有定期的组织上的交流，人员上要彼此认识，跟学生工作配合起来，这样我们的“两课”才能取得比较好的成绩。我希望这次会以后，“两课”改革有新的进步，真正在新千年里有新的面貌，成为受同学欢迎的最好的课程。党委、学校一定为大家做后台，给“两课”改革撑腰。

发展清华文科，培养具有全面素质的高质量人才*

（2000 年 7 月）

一、我校发展文科是时代的需要

发展文科，建设综合性大学，是学校在“文革”结束后就确定的目标。早期的清华大学，文科曾经声名远震。1952 年院系调整后，清华成为多科性的工业大学。我们现在要建设综合大学，不是为了简单地恢复旧日文科的辉煌。社会在发展，也不可能再回到老清华的路子上去了。将清华建设成综合性大学，真正的目的是为了遵循学科发展的基本规律，培养适应社会与时代需要、具有全面素质的高质量的各类人才，弘扬科学精神与人文精神，更好地为我国的经济建设和社会发展服务。

自然科学与人文社会科学各有其对象领域。自然科学是在认识自然、改造自然的过程中获得的知识，主要解决人与自然之间的关系，为物质文明建设作贡献；人文社会科学是在认识社会、改造社会的过程中获得的知识，主要解决人与人之间的关系，为精神文明建设作贡献。但是这两者绝不是截然分开的，近代以来它们相互融合的趋势越来越显著。今天，广泛、大量自然科学的最新成果已经深深切入了人与人的关系，成为人们社会生活中不可或缺的元素；而管理、传媒等众多人文社会科学的概念、理论也渗透到了自然科学中，成为人与自然关系中的重要方面。在这个意义上说，“科学技术是第一生产力”的著名论断中，应该既包括自然科学也包括社会科学，二者具有同等重要的意义。

* 本文是贺美英同志在清华大学文科建设与发展战略研讨会上多次发言的主要内容。

世界高等教育的历史发展表明，大学兼有文、理、工等的综合性学科结构，有利于人才全面素质的培养。世界上的著名大学大多具有综合性的学科结构，保持着优秀的文科传统。即便如此，一些著名大学之间仍然开展合作，综合各自的学科优势培养人才；而一些世界著名的专科学院，更是与许多名校进行合作以借助它们的优势学科，特别是优秀的文科。清华在作为多科性工业大学时提出要成为“红色工程师的摇篮”，这里的工程师也是具有全面素质的工程师。所以当时学校也通过加强思想理论课、开展丰富的社团活动等多种方式，努力提高学生的人文社会科学素养。今天，在新的历史条件下，学校的人才培养目标不仅是红色工程师，还要培养适应国家发展需求和人类文明进步的学术、兴业、治国各方面的高素质人才。为此，学校在努力建设世界先进水平理工科的同时，也要努力建设具有中国文化特色并能为人类文明作出重要贡献的高水平文科。这个目标是确定的，是时代对清华提出的要求。

二、发展学校文科需要认真研究的三个问题

在发展文科，建设综合性大学这个基本共识的基础上，我们目前有三个大的问题需要讨论。

第一个是文科的规划问题。我们学校的文科发展到了相当的规模以后，我们要考虑一下文科发展的布局、规模、重点、层次，近期目标与远期目标，文科与理工科之间的相互融合等。概括地说，就是文科怎样规划。我们认为，在布局上，应用性的文科可发展得大一些；基础性文科要求达到高水平，但是规模要小一些。这主要是考虑到社会需求和学生就业。基础性的学科如文史哲，艺术类的绘画、雕塑等，学生分配就不那么容易，社会需求没有那么多，所以规模就小一些；应用性学科如经济管理、法律、外语，将来的公共管理、传播学，还有像艺术类的艺术设计等，可能发展就大一些，招生就多一些。在这个问题上也有人提出了不同意见，所以还需要讨论。还有规模问题，

就是文科在我们清华到底要占多大比重？发展到什么程度就算差不多了？现在有的学科已经发展得比较大了，像经管学院现在已有3000学生，是不是已经够大了，还要不要再大，经管学院还背不背得动？再比如法学，到底多大合适？公共管理现在才有5个教师，当然把21世纪发展研究院合进来会比较大，那么到底应该多大才合适？文科各类学科应该达到什么规模？需要研究一下。因为学校总体也要控制规模，原来设想到2000年学生的规模达到两万人，但1998年就达到了，现在已超出了。国家说要增加招生规模，可是我们的后勤条件有限，各方面设施有限，所以规模多大是个问题。另外，重点发展哪些学科？这个问题经管和法律好像比较明确，如经济管理的MBA是重点。人文学院有11个一级学科，其中有5个重点。有的专家认为，外语也应该是重点。在哪个是重点的问题上还有争论。1997年秋季到1998年，我和王大中校长在人文学院开了十来个座谈会。开完了以后，我脑袋里也没有一个明确的概念，要说调查也够细了，各类人都接触了，但每个人都说自己的学科重要，那么到底要发展哪几个学科？或者分先后次序，先发展哪个，后发展哪个？如果我们现在引进一个人就设一个重点，社会上什么热我们就把什么作重点，那么你的摊子就会越铺越大，每个摊子的力量又都很弱，这样的话我们能不能发展起来？所以重点问题我们还不是很清楚，至少现在我的脑子里不很清楚。再一个问题是层次，比如我们培养学生，现在我们的认识是，清华还是以培养高层次的学生为主，因此文科院系的重点是培养研究生，本科只培养社会需求较多的学生。当然美术学院例外，大专本科的学生较多。现在是不是减一点大专和本科，增加一些研究生？层次这个问题也需要讨论。当然这就牵涉我们的近期目标和远期目标，还有各个学科之间的融合。总之，希望讨论一下规划问题。有些问题一时说不清楚，还得摸着石头过河，走上一段，然后再提高，再认识。

另外，我认为基础文科特别是人文这个学科的研究，还是不能浮躁，要提倡一种坐冷板凳、甘于寂寞的研究精神。我们有很多学科，要出上一本传世之作，没有一二十年的工夫，不认真地坐下来研究、调查是不可能的。看看我们以前的大师，没有哪个是急功近利的。文科要提倡这种精神才能出一些像样的东西。

第二个问题是如何加强文科的管理。这个问题的提出，有这么几个背景：一个背景是，人文学院召开文科发展研讨会，请了教育部的领导和一批专家来，他们当时提到，我们的文科管理水平比较低，另外觉得我们没有按文科的规律来管文科，因为学校的领导基本是理工科出身，对文科的规律不太了解。还有一个背景是，我们各个系的同志提了一些意见，认为我们学校的一些管理部门没有按文科的规律来管理。有些文科的同志反映，咱们各个机关发下去的表格不好填，在科研的表格里有一些如技术路线这样的栏目，文科根本就不涉及，这一类问题比较多。现在已有点区别了，但大家还不满意。从全校的情况来看，文科院系自己在财务、教学、科研等方面的管理比较薄弱。再有一个背景就是，学校原来的机构不适应文科的管理，后来咱们成立了文科办公室，负责科研管理。有人说科技处里的一个文科办公室，是什么级别的单位呀？这样一个单位就能管我们学院吗？我觉得不要去看级别的问题，而是工作应该怎么做，怎么适合文科特点的问题。还有一个背景，是评估体系问题。如评定职称，如何评估文科的成果？如何突出文科的特点？再比如文科的论文答辩，文科有互相间观点不一致的问题，有的教师可能说这个论文很好，别的教师可能会说文章的观点根本就不对。像这方面的问题出得比较多，完全拿理工科的标准来套不行。那么这方面的管理该怎么做？所以，我们学校各个机关、各个部处应该好好研究文科的特点。我们文科的同志也可根据自己的观点提出来，这个表格不对，可设计一个适合你的表格；你说这个标准不对，什么标准合适，你可提出来。你让我提，我提不出来，因为我不懂。我觉得从学校的领导和各部门来说，我们确实有这个缺点，坦白地说不大懂文科，不大懂文科的管理，这是存在的问题。另外，我们文科的同志要积极提出来，怎样加强管理。我认为，文科的管理和理工科的管理要相互学习，比如说理工科比较精确、比较严谨，文科就可以学习这方面的优点。各学院之间也要互相学习。另外，大家了解哪些学校文科的管理工作做得比较好，咱们就到那里学习一下，调研一下，改进和完善我们的文科管理。

第三个问题是如何为文科发展创造良好环境。我认为这有两个方面，一个方面是良好的政治环境；一个方面是良好的物质条件。要创造良好的政治环境，就要贯彻“百花齐放、百家争鸣”的方针。因为文科的一些研究与意识形态联系比较紧密，我们支持文科的同志研究社会热点问题，研究当前有争议的问题，以及社会亟须解决的重大问题。在科学研究上不设禁区，不扣帽子，不打棍子。要区分学术问题与政治问题，各院系的领导要掌握好坚持方向与双百方针的关系，建设一个活跃的、健康的环境。当然，大是大非问题该管的还得管，比如说有的学校的教师在课堂上讲，我们国家从“五四”以来就是一个“食人”的社会，《纪念白求恩》《为人民服务》提倡的“为人民的利益而死重于泰山”“毫不利己，专门利人”是“食人”的理论，整个否定“五四”以来的历史。还有，我们学校的学生在一个学校听课，课堂上有同学问，我们国家的法制怎样才能健全，老师回答：“共产党垮台，现政府下台”。像这种话，在课堂上向学生散布是不允许的，我们要把握这个方向，坚持四项基本原则。总的来说，我们学校党委、各行政部门和各个院系，在这些问题的处理上，大体还是好的。我不知道这个估计对不对？我们也遇到过各式各样的问题，通常采取这样的方式，就是区分政治问题与学术问题，搞不清楚的时候按学术问题对待。个别年轻的教师在课堂上说话不注意，有些走火，下来我们的领导找他个别谈谈，提请注意，这个问题就解决了。另外，有人对学校的一些事情提出意见，但学校该做的也都做了。当然，对各种事有不同意见也是正常的。另外，有人写的著作，有不同意见；引进的人，有不同意见；作的报告，有不同意见……这些事都是有的。我们采取和风细雨的方式，各方面意见都听，但认为正确、该做的，我们还是要做。所以，我们还是掌握好这样的一个分寸，处理好坚持方向与“百花齐放、百家争鸣”的关系。建立起生动活泼的、健康的学术环境，使我们的文科能够健康地发展。

另外，发展文科也要有良好的物质环境。对这一方面有些人不理解，认为文科不就是一张纸、一支笔就可以了吗？要那么大地方干吗？要那么多钱干吗？确实学校里也有争论。从学校领导来说，我们大家还是知道的，就是文科发展需要物质支持，没有物质支持文科是发展不起来的，比如文科需要图书资料，因为文科的图书资料室就是文科的实验室；文科要调查研究也是需要经费的，如案例库啦、模拟法庭啦、模拟证券市场啦，这些东西都是需要花钱的，所以在这次“985”当中，学校还是充分考虑了文科的需要，下决心作了很大的投入，但是这投入够不够呢？这钱就没有够的时候，肯定还有不够的地方。所以还是要用好当前的经费，用好以后，才好争取后面的经费。另外，我们文科不但要靠学校的经费，还得到外边去争取经费，比如国家社科基金、基础研究基金，这样才能把工作做好。

这三个问题，我都没有结论，只是提出来，希望文科的同志认真研究。我们希望大家在讨论的基础上，吸收各方意见的基础上，制定出科研方面的管理办法、评价体系，有了一些文件后，我们再开会、再研究，使我们的文科能够达到一个新水平。我们提出了到2011年建设世界一流大学的目标，但没有说每个学科在那时都达到世界一流。当然，希望每个院系都努力争取，但我们不施加压力，没有指标，不急功近利。文科就是要出大成果、出传世之作，要扎扎实实地把我们的文科工作推向前进。

三、再创清华大学人文社会科学的辉煌

在建设世界一流大学的过程中，人文社会科学学科的发展具有重要的战略意义。一流的文科是培养全面发展的高素质、高层次、多样化、创造性人才的需要，是发展综合交叉学科、研究和解决面临的重大社会问题的需要，是满足不断增长的精神文化需求的需要，也是孕育创造性思维的土壤和构建一流大学学科体系的重要基础。抓住时代赋予我们的这个机遇，进一步建设好文科，是摆在全校尤其是文科师生员工面前光荣而艰巨的历史使命。

清华大学文科有着悠久而辉煌的传统，早在1925年清华大学就成立了国学研究院；1926年，分设国文、外文、历史、哲学、政治学、经济学和社会学等系；1929年，设立了文学院和法学院。众多学术大师云集清华大学，倡导“中西融会、古今贯通”，逐步形成了引人注目的学术特色；1952年，全国高校学科调整，清华大学文科院系并入北京大学等院校；1978年以来逐步恢复与建设，至今已经形成了以人文社会科学学院、经济管理学院、法学院、美术学院和公共管理学院等五大学院为主体的文科学科布局，初步建立了一支有学术水平、有事业心和有责任感的教师队伍，取得了一批具有国内、国际先进水平的研究成果，培养了一批社会主义现代化建设所需的高素质的复合型人才。

可以告慰社会各界的是，经过全校师生员工的共同努力，清华大学文科正在向入主流、创一流的目标迈进，已经成为清华大学“综合性、研究型、开放式”格局的重要组成部分，成为清华大学创建世界一流大学队伍中的一支重要力量。

清华大学文科既要旗帜鲜明地坚持正确的政治思想导向，又要遵循人文社会科学自身的发展规律，建设良好的学术环境，倡导实事求是的学风，提倡创造性思维，鼓励不同学术观点的争论；既勇于面对重大现实问题，又勇于攀登学术研究的高峰，为祖国学术文化事业的发展继续作出自己应有的贡献。清华大学文科实行开放式办学，充分利用清华大学和国内外大学及学术机构之间的友好关系，采取“走出去、请进来”的方式，加强国内和国际的高层次的学术交流与合作。我们仍将继续借鉴世界一流大学和国内兄弟院校的成功经验，进一步加强清华大学文科学科建设、改革课程设置和提高学术水平，进一步加强文科教师队伍全面素质的建设，将清华文科的整体水平推向一个更高的层次。

坚持先进文化前进方向，努力开创我校文科发展新局面 *

（2002 年 1 月 10 日）

一、把握先进文化前进方向，促进我校文科发展

1. 加快学校文科发展是坚持先进文化前进方向的实际行动

实践“三个代表”重要思想、坚持先进文化前进方向，是我校文科建设的根本原则。我校文科建设和发展要特别强调创新性、现实性、开放性和科学性，努力做到积极推动人文社会科学的基础理论创新；坚持面向建设有中国特色社会主义的伟大事业，以全面建设小康社会的现实需要作为根本动力，以改革开放和现代化建设中全局性、战略性、前瞻性的重大理论问题和现实问题为主攻方向；发扬清华中西融会、古今贯通的治学传统，形成清华文科的特色；坚持严谨治学，倡导求真务实，力戒急功近利。

2. 加快学校文科发展是建设世界一流大学的实际需要

文科在培养全面发展的人才上发挥着重要的作用。在以问题为中心的科学研究活动中，社会科学与自然科学总是紧密地联系在一起。要实现跻身世界一流大学的目标,就必须重视文科建设。在学校的“十五”规划、十五“211 工程”和“985”二期规划中，我们要进一步加强文科建设，争取有若干文科能够达到或接近世界一流水平。

3. 加快文科发展必须处理好几方面的关系

第一，要处理好规模和质量的关系。文科发展在学科门类、师资

---

* 本文是贺美英同志在清华大学文科科研表彰暨发展研讨会上的讲话重点。

队伍、在校学生等方面具备一定规模后，要更加注重质的提高，力求创出特色，形成自身优势。第二，要处理好渐进与跨越的关系。文科建设和发展要稳步前行，同时依托清华的综合优势，在一些优势学科和交叉学科的领域，找准目标，把握机遇，争取实现跨越式发展。第三，要处理好分散与集中的关系。要努力创造条件，使每个人的潜力和特质得到充分发挥。同时也要集中优势力量，实现资源优化配置，形成综合实力。第四，要处理好教学与科研的关系。鼓励文科科研成果直接应用于教学，应用于人才培养。第五，要处理好基础研究和应用研究的关系。在坚持两者兼顾的同时，要特别重视和加强基础学科和基础性研究。第六，要处理好共性和个性的关系。既要鼓励开展对学科发展和国家发展有普遍意义的课题的研究，也要鼓励开展某些有针对性的特殊问题的研究，力求使文科整体入主流、上水平的同时，形成若干有学校特色的领域和学科。第七，要处理好坚持正确的政治方向与营造宽松的学术环境的关系。文科发展的指导思想不能错，政治方向不能偏，在此前提下又要提倡学术自由，营造宽松的学术环境。第八，要处理好本土化和国际化的关系。文科要继承民族的优良传统，立足于解决本国的实际问题，也要学习和借鉴其他国家的先进文化和科学方法。

二、抓住机遇，加快发展，开创文科发展新局面

“十五”期间是我校实现跻身世界一流大学奋斗目标的关键时期，也是文科发展的重要机遇期。要以学科建设为核心，通过高水平的科研促进文科各学科的发展，力争取得若干具有创新性的重大成果。要以理论创新为特色，以创新性成果为目标，加强基础学科的建设；要以国家需要为动力，以重大现实问题为中心，深化应用学科的发展；要促进大文科的交叉和文、理、工、医科交叉，促进新兴学科的生长；要重点支持和整体提升若干优势学科的水平，争取在某些学科领域实现跨越式发展，达到国内领先水平。

这样的发展目标和发展战略体现了“上水平，创特色，重积累，求突破”的发展思路。在发展问题上，还要制定具体的发展方案加以落实。为支持基础理论研究和理论创新，促进基础学科和新兴交叉学科的发展，学校将在“985”二期支持一批文科基础理论研究重大项目。同时还要精心组织我校大文科以及以文科为基础的文、理、工、医交叉学科，针对国家发展面临的重大理论问题和现实问题进行联合攻关，争取在与国家经济和社会发展有关的重大问题上有清华大学的参与和贡献。

为祖国的现代化培养高素质创造性人才——纪念清华大学建校 90 周年 *

(2001 年 5 月)

在新世纪第一个春天里，清华大学迎来了建校 90 周年华诞。清华大学的 90 年，是与祖国荣辱与共、兴衰与同的 90 年，也是清华人为祖国的现代化不懈奋斗的 90 年。

一、风雨世纪清华　谱写育人宏篇

建于 1911 年的清华学堂，是清政府用美国“退还”的部分“庚子赔款”建立的一所留美预备学校。辛亥革命后更名为清华学校，1925 年设立大学部，1928 年正式定名为国立清华大学。1937 年抗战爆发后，清华举校南迁，与北大、南开联合成立长沙临时大学，后因战事所迫又迁往昆明，定名为西南联合大学。抗战胜利后，1946 年清华大学迁回北平原址复校。1948 年 12 月，清华园解放，清华大学获得新生。党的十一届三中全会以后，清华大学进一步明确了“一个根本（学校的根本任务是培养人），两个中心（学校既是教育中心，又是科学研究中心），三方面结合（教学、科研、社会主义建设实践相结合）”的办学方针，以“着重提高，在提高中发展”为指导思想，进入了蓬勃发展的新时期。

90 年来，从清华园中走出了十几万全日制毕业生和数以万计的在

* 本文是贺美英同志和王大中同志为纪念清华大学建校 90 周年而作，发表于《求是》杂志 2001 年第 9 期。

职培训人员。他们中有早年投身民族解放斗争的革命家和40多位为中国革命捐躯的烈士；有朱自清、闻一多等在帝国主义和国民党反动派面前表现了我们民族英雄气概的知识分子；有曹禺、钱锺书等蜚声中外的文学家；有400位中国科学院和中国工程院院士，他们占到了中国科学院院士的近30%和中国工程院院士的近20%；有数以万计的国家重点企业和设计部门的工程师、总工程师、厂长；更有大批长年在国防科技战线默默奉献的无名英雄。在中共中央、国务院、中央军委表彰的23位“两弹一星”科技功臣中，就有14位在清华学习或工作过。一些清华校友经过基层的长期锻炼，被推举到各级党政部门担任领导工作。新中国成立以来，曾任副部级以上领导干部的清华校友有300多名。在党的十四大和十五大上，被选为中央委员和候补中央委员的清华校友有46名。

新中国成立以来，清华大学之所以在人才培养上取得显著的成果，除了拥有最好的生源质量和高水平的教师队伍外，最根本的是我们遵循了党和国家的教育方针，坚持“又红又专、全面发展”的育人方向和“三个面向”的指导思想，贯彻了教育要全面适应现代化建设对各类人才培养的需要，坚持了全面提高办学质量和效益的原则。清华大学在中国共产党建党5年后就建立了党的组织。此后虽历经磨难乃至白色恐怖，清华的党组织始终没有断线，并在学校师生员工中发挥着重要的影响。新中国成立后，清华大学党组织全力抓学生的思想政治教育，创造出“双肩挑的学生辅导员制度”等许多工作经验。在改革开放新的历史时期，清华大学又率先提出了“教书育人、管理育人、服务育人”的全员育人方针，探索了“学生第二课堂”“社会实践”“学生主题教育”“两个课堂结合，两支队伍协作”等一系列在新形势下开展思想政治工作的新机制、新方法。党的领导保证了清华大学人才培养的正确政治方向。

90年来在清华园这片热土上形成的优良传统和作风，也是清华大学人才辈出的重要原因。清华大学“自强不息，厚德载物”的校训是中华民族传统文化中的瑰宝，它激励着清华学人在市场经济的大潮和激烈的国际竞争中永不言败，奋斗不止；清华大学“行胜于言”的校风是90年来几代清华学人恪守的座右铭，在它的熏陶下，清华学人不尚空谈，勇于实践；清华大学“严谨、勤奋、求实、创新”的学风既是清华学人做学问的准则，也是对清华学子精神塑造的目标之一，它所体现的是科学精神、社会进步和积极人生的要求。爱国、奉献精神则是清华优良传统的核心，是清华人共同的政治境界和价值观念。针对国际竞争中人才争夺战的日趋激烈，多年来清华大学在学生中先后开展了“以中华富强为己任，为民族经济作贡献”“我的事业在中国”等主题教育，宣传革命传统，弘扬“两弹一星”精神，引导学生将自己的事业与祖国的富强结合起来，增强自身的社会责任感。现在的清华学生在就业、读研、留学等问题上已不再盲从，能够作出理智的选择。前些年出国的清华学生已有一批回国工作，有的已在学科建设、教学、科研中发挥着重要的作用。

二、适应时代发展　满足社会需要

当前世界高等教育改革和发展的趋势可以概括为综合化、信息化、大学教育与科技经济的一体化和国际化。高等教育综合化不仅涉及大学的学科设置，而且涉及学科本身发展的综合化（学科交叉、融合）和课程的综合化；互联网和多媒体传播技术的发展，使未来高等教育的内涵、功能、方式都将发生革命性的变化；随着科技知识更加深刻地介入人们的社会生活，大学将被推向社会发展的中心，把知识传授、科技创新、社会服务三大功能有机结合于一身；知识信息在全球范围的广泛传播与应用，必然要求教育从体制到内容更加开放。

为适应当前世界高等教育变革、发展的大趋势，适应我国从计划经济体制向社会主义市场经济体制的根本性转变，我校提出了“综合性、研究型、开放式”的办学模式。清华大学在50年代为满足国家建设对大量工程技术人员的急需，由综合性大学调整为多科性工业大学。进入改革开放新时期，为适应国家现代化建设对高素质复合型人才的需要，学校开始按综合性调整学科结构和布局。根据“发展工科优势，加速理科、人文社会学科和管理学科的发展，力争在生命科学和医学方面有所突破”的思路，清华大学现已建成涵盖理、工、人文社会、法律、经济、管理和艺术等学科的 11 个学院 44 个系，初步形成了学科门类比较齐全的综合性大学格局。这对促进不同学科的交叉与融合、改善学生的知识结构、培养学生的创新能力、推进素质教育具有深远的影响。

为适应高等教育信息化的发展趋势，清华大学凭借信息网络化领域的技术优势，大力发展现代远程教育。学校校园网络教学平台已初步建成，全部学生宿舍都已联网。目前，已经有 22 个系、70 多位教师应用“清华网络学堂”提供的环境开展网络教学；结合外语教学改革，有 2700 多名学生进行英语网上自测考试；计算机软件技术基础课程应用网络考试系统进行考试，效果良好。2001 年内，将有 10 门以上课程可供本科生、研究生在网上取得学分，并将有 200 门以上的网上辅助教学课程推出。清华师生通过网络访问国际权威检索系统 SCI（科学引文索引）和 EI（工程索引）的使用量与美国著名大学基本持平。

开放是大学的活力所在。我们多年来坚持开放式办学，对内，在人才培养、科学研究和社会服务方面加强与企业、地区、省市、高校以及科研院所的广泛合作；对外，与世界著名大学和企业积极开展国际交流与科技合作。学校通过“清华大学与企业合作委员会”与 140 多家国内外大型企业建立了密切的联系，同北京、河北、广东、山东、江苏、浙江、云南、新疆、宁夏、江西、辽宁、重庆等 14 个省、市、自治区建立了合作关系，并与广东、河北等联合建立了“科技风险投资开发基金”，与深圳、北京分别合办了深圳清华大学研究院、北京清华工业开发研究院。

我们坚持将人才培养与国家和地区的经济社会发展紧密结合，创造多种培养机制以满足国家重要的产业和科研部门对高质量人才的需求。除了面向特殊部门的定向培养外，清华大学自 1998 年以来已在国家重点工程、国防、军工、高新技术产业等部门建立工程硕士培养工作站 24 个，目前进站研究生 591 人，增强了这些部门的科技创新实力。此外，我校还在北京昌平校区新建了应用技术学院，现已招生 1200 多人，以第二学士学位教育方式为电子信息产业培养急需的计算机软件专业人才，为提高教育质量和办学效益开辟了新的途径。

清华大学的现代远程教育在面向社会服务方面不断发展。现已基本建成由计算机互联网、卫星数字网和有线电视网三网结合的远程教育传输系统，在全国 29 个省、市、自治区建立了近 100 个教学站点，网上在读（主要为非学历教育）的人数已达 9000 多人，包括远程教育在内的各类继续教育学生人数已近 1.3 万。

三、深化教育改革　培育创新人才

创新是一个民族发展进步的精神动力，培养创新型人才是推进素质教育的重要目的。培养创新型人才的一个重要前提是要尊重和保护学生个性的健康发展。像装配线那样按一个标准“制造”人才的模式和机制，是难以培养出创造性人才的。多年来，清华大学一直在探索培养学生综合素质、发展学生健康个性的模式和机制。

为了改善人才的知识结构，学校根据“减少专业，拓宽基础，柔性设置”的原则，下决心减少了专业设置，很多系只设一个专业。在确保加强基础的前提下，拓宽专业面向，减少专业课比重，放开了辅修课的限定范围。学校改革了以教研组为基础的建制，从教研组办教学改为系办教学，有的还建立了院一级的教学平台。学校已经考虑在今后的招生中，把以系为招生单位逐步改为以学院为招生单位。

为体现研究型大学教学与科研相结合的特点，学校实施了鼓励本科生尽早参与科研工作的“本科生研究训练计划”，现在每年有 300 多名学生参加此项研究训练计划。学校还设立了“科技创新单项奖学金”，并拨专款推进“学生素质拓展计划”。在这项计划中，学生变被动为主动，自行提出活动项目并自己组织实施。为了使学生有更多的时间投入自主的创造性活动，学校下决心缩减课时，要求一些内容陈旧或过于狭窄的课程必须“减肥”，有的还要“下岗”，并规定各院系对学生的课程安排每周不得超过 24 学时。

为营造创新教育的环境，学校以“挑战杯”为龙头，设立了“挑战杯”科研成果展、自然科学技术和人文社会科学两大学术报告会，还有覆盖全校各学科的结构设计大赛、数学建模大赛、机械设计大赛、计算机知识大赛等。近年来，我校学生在国内外各种科技和文化活动中取得了较好的成绩。在代表世界大学生计算机编程最高水平的 ACM 大赛中，清华学生代表队自 1996 年首次参赛以来，连续 4 届取得亚洲第一，并稳定保持在世界前 10 名之内。我校法学院学生代表队第一次参加“2000 亚洲杯国际法模拟法庭辩论比赛”，就战胜了许多强手，获得亚军。我校学生在北京市大学生非物理专业的物理竞赛以及国际数学建模等竞赛中一直保持着较大的优势。

清华的本科生长期保持着良好的生源质量，他们在毕业时经过推荐和考试，半数以上继续攻读硕士学位。从这一实际情况出发，我们从 1995 年起在部分工科院系试行了“本科—硕士”统筹培养方案，边改进完善边扩大试行面，现已在所有工科院系实施，成为我校工科高层次人才培养的主流模式。这不仅大大提高了工科高层次人才的培养效率，增强了学生在学习过程中的自主地位，而且极大地促进了教育教学改革的深入。前不久在我校第 21 次教育工作讨论会上，又有包括实行简洁课程结构、规范课程要素、放宽学生转专业限制、实行更完善的学分制和导师制、改革教师聘任制度和完善教师评估体系等一系列改革方案在酝酿中。这些方案一旦实施，将建立起科学、合理的课程体系结构，形成对学生和教师的配套激励机制，使教学过程变为以学生为主体、教师为主导的过程，更加有利于创造性人才的涌现。

四、瞄准世界一流　办好研究型大学

通过不断推进教育教学改革，清华大学正在迎来整个教学体系的更新，其实质是构建具有研究型大学特色的新型教学体系。在我校“综合性、研究型、开放式”的办学模式中，“研究型”是核心。

世界各国关于研究型大学的标准不尽相同，但一般说来都具有这样一些特征：开展学科领域广泛的本科教育；开展较大规模的研究生教育，每年要培养一定数量的博士生；科学研究要在学校占有优先的重要地位；每年要有相当数量的科研经费支持。在发达国家经济、科技的发展和综合国力增强的过程中，研究型大学作出了重要贡献。根据国外的经验，我国在建设社会主义现代化强国的过程中，发展一定数量的研究型大学是很有必要的，这对提高我国的高等教育水平和建设国家创新体系将起到非常重要的作用。清华大学作为国家重点支持的大学，有义务也有基础将自己建设成为中国的研究型大学。

清华大学始终把科学研究作为办学的“两个中心”之一，每年承担国家和地方、企业的大量科研任务，2000 年的科研经费达到 7.3 亿元，参与承担了 20 项“国家重大基础研究计划”，有 7 人担任项目的首席科学家。“九五”期间，清华大学获国家自然科学奖、国家发明奖和国家科技进步奖共 85 项，共申请专利 891 项，获专利授权 425 项。近年来，我校在国内外核心期刊上发表的论文数迅速提高，在全国高校中领先。

在研究生培养方面，清华大学近 5 年研究生的招生数和在校生数都有较大幅度的增长。由于工科实施了“本科—硕士”统筹培养模式，从 1999 年起，每年研究生的招生人数已经超过了本科生。2000 年，在校研究生 9063 人，与本科生人数比约为 0.8 ∶ 1，基本确立了研究型大学的人才培养层次结构。现在学校拥有博士学位授予权的一级学科 24 个、二级学科 107 个；有硕士学位授予权的二级学科 139 个；同时拥有工商管理硕士、建筑学硕士、法律硕士、工程硕士、公共管理硕士等 5 个专业学位的授予权。近年来，学校围绕着“质量”和“创新”，通过一系列改革措施，健全、强化了质量监控机制和激励机制，努力提高研究生特别是博士生的培养质量，逐步建立起一套能与国际接轨、具有一定规模及质量保障的博士生培养模式。同时加强研究生德育工作，强化教学计划内的实践环节，加强了研究生实践基地的建设。在学校组织的“清华博士西部行”活动中，有 100 多名博士生分赴西部 10 个省、市、自治区进行科技考察和服务，取得了良好的教育效果，产生了较大的社会反响。

截止到 2001 年 1 月，清华大学共授予研究生博士学位 2585 人，硕士学位 14660 人。在 1999 年和 2000 年举行的全国百篇优秀博士论文的评选中，清华分别以 11 篇和 8 篇名列全国高校第一。“文革”后我校培养的博士生已有 5 人成为两院院士。在首次全国工商管理硕士教学评估中，清华获得了总分和全部 6 个单项的第一名。清华大学已经成为中国高层次人才培养的重要基地。

努力建设高水平的研究型大学，逐步形成有研究型大学特色的教学体系，是我们今后 5~10 年的重要任务。这个任务一旦完成，清华大学在人才培养方面就会跃上一个新的高度，从而对国家、民族作出较大的贡献，使学校跻身世界一流大学的行列。

清华大学陪伴着祖国走过了近一个世纪。经过 90 年的风雨，清华大学已步入成年。在新的世纪里，清华大学将紧随祖国现代化建设的步伐，培养更多的高素质创造性人才，为建设成为世界一流大学而不懈努力。这个龙腾虎跃的世纪，正是清华大学大显身手的世纪。

把“为人正”与“为学严”统一起来*

(2001年5月29日)

一直以来，能够“得天下英才而育之”是清华大学的骄傲，也是身为清华教师的荣幸。在每一个历史时期，清华都会涌现出一批为学生交口称赞的教师。他们不仅学识渊博、在学术上有很深的造诣，而且品行高洁，堪为学生的人生楷模。他们既是学生的良师，也是学生的益友，用自身的榜样激励同学并切实地从学习到生活各个方面培育着清华学子。正是因为有他们，清华园才得以人才辈出；正是因为他们为国家培养了一批又一批栋梁和精英之才，清华大学才成为中国著名的高等学府，成为每一位青年学子心中的圣地。这些教师的名字被载入清华的史册，为一代代清华人所景仰和铭记；他们的严谨治学、诲人不倦、为人师表、认真负责的优秀传统，成为清华大学教育资源中一笔可观的精神财富，为清华大学一直保持较高的学术水平与教学质量提供着最为可靠的保证。

今天，我们把这种传统总结为“敬业报国，育人爱岗；务实求真，进取自强；克己奉公，团结协畅；为人师表，仪态端庄”的师德规范，要求教师能够在向学生传授科技文化知识的同时，也让学生学习做人的道理，使他们能够有科学的正确的世界观、人生观和价值观，学会用辩证唯物主义和历史唯物主义的观点分析问题和解决问题；要求教师把引导和培养学生德智体美等方面全面发展、又红又专，成长为国家的栋梁之材作为自己根本的责任，以对教育事业的忠诚来报效祖国。

* 本文是贺美英同志在清华大学第四届研究生“良师益友”颁奖大会上的讲话重点。

今天在座的各位老师就是我们教书育人的典范。

我们的目标是把清华大学建设成为一所综合性、研究型、开放式的世界一流大学，为此我们采取了多种措施，作了各方面的努力。但是，我们还应该看到，在高层次人才培养上，特别是高水平博士生培养方面，我们与世界一流大学相比仍有不少差距。尤其是在创造性上，这是我校高层次人才培养中的一个主要薄弱环节，也是我们实现一流大学人才培养目标的一个主要制约因素。在当今和未来的各个领域，缺少创造性的人不可能承担领导潮流的重任。这就要求我们要以加强研究生特别是博士生的开创性工作为基点，提高研究生培养质量，并且把创新能力的培养放在我校高素质、高层次人才培养中的首要位置。要实现这一人才培养目标，除了转变教育思想和教育观念之外，教师的素质和学术水平也要有一个适应和提高的过程，这是我校建设世界一流大学的必经之路。这就要求教师不仅要把教学与科研相结合，而且要通过开创性的科研来培养创造性人才。

去年我们组织召开了清华第 21 次教育讨论会，坚定不移地推行教学改革，以转变教育观念为前提，调整专业学科结构，优化人才培养模式，改革教学体系和内容，完善教学管理体制，努力构建具有研究型大学特色的人才培养体系，面向 21 世纪培养高素质、高层次、多样化、创造性人才。这次讨论会激发了广大师生的热情和积极性，大家踊跃参加，就教学改革的各种问题展开了深入的讨论，并达成了广泛的共识。很多老师为学校献计献策，提出了各种宝贵的意见和建议。但是，我们大家都知道，要达到这样的目标，就必须有一支教学和学术水平兼备、具有良好师德的教师队伍，需要一批献身于教育事业的生力军，这是能否取得成功的关键所在。在师资队伍建设方面，学校采取了多种措施，我们先后出台了“百名人才引进计划”“学术新人奖”“青年教师教学奖”“青年骨干支持计划”等引进人才和鼓励人才成长的方案，积极慎重地推出“非升即走”“岗位聘任和津贴”等人事改革政策，使清华渐渐成为吸引国内外优秀人才的大学。1999 年，学校按照“改革机制、优化结构、按岗聘任、减员增效”的指导思想，成功地实施了“岗位聘任”制度，完成了人事制度的重大改革，改善了骨干教师的待遇，提高了教职工的积极性。

我们中国自古以来就是一个尊师重教的礼仪之邦，人品和学问向来就是知识分子的两条命根子。作为一个老师，博学多才、专业娴熟是他安身立命的基本条件；品德高尚、为人师表也是必不可少的基本素质。这是因为教师的思想感情、言语行动，对学生处处起到耳濡目染、潜移默化的作用，品德高尚是教师职业品质的核心和教师威信的基石。为人师表既是品德高尚的表现，又是教育的重要手段。教师的言行成为学生言行的“心理模式”，而经常被学生仿效和学习，所以古人说“言教不如身教”。比如孔子就主张“正人先正己”，他说：“其身正，不令而行；其身不正，虽令不从。”又说：“不能正其身，如正人何？”现代杰出教育家叶圣陶也说过：“教育工作者的全部工作就是为人师表。”这些论述都是主张要把“为人正”与“为学严”统一起来，两者不可偏废。但是我们也看到，在当今市场经济的影响下，老师和学生的角色及其相互的关系出现了一些微妙的变化，需要我们以新的眼光来审视和把握。如何正确处理好这些问题，需要每一个老师和同学都来关注、都来思考。总的来说，我们要大力弘扬正派的人品、敬业的精神，要坚决抵制追名逐利、败坏师德的恶劣作风！

建设世界一流大学是一个重大而长远的使命，需要我们每一位清华人为之努力，为之奉献。在新世纪的开端，希望各位研究生导师牢记党和人民的嘱托和殷切期望，自觉地承担培养和造就优秀人才的历史重任，继承和发扬清华的优良传统，立足本职、教书育人，使我们培养出的学生能够成为高素质、高层次、创造性、多样化的栋梁之材，能够成为按照中国先进生产力的发展要求，朝着中国先进文化的前进方向，为着中国最广大人民的根本利益而努力奋斗的栋梁之材，能够成为实现中华民族伟大复兴和国家强盛的栋梁之材。

清华大学第十届党委会的工作回顾*

（2002 年 1 月 14 日）

本届党委成立之际，曾经提出了“保证党的方针政策的落实、实施‘九五’和‘211 工程’规划、做好跨世纪新老干部交替”的三项任务，现在这三项任务都已完成了。几年来，随着形势的发展，我们先后作过三次规划，即“九五”规划、“211 工程”规划和“建设世界一流大学三年规划”，在实施这些规划的过程中，许多重要的发展指标都被突破。这几年是清华大学历史上发展最快的时期之一。学校之所以能取得这样大的发展，就外部环境来讲，是国家持续、稳定的发展；就内部原因来讲，是我们自己抓住了机遇，进行了广泛深入的群众动员，制定了切实可行的规划，采取了积极有效的改革措施，开展了深入细致的思想工作，调动了广大师生员工的积极性。应该说，本届党委尽到了自己的职责。

第一，我们坚持从政治的高度看问题，在重大的原则问题上保持清醒的头脑，坚持了社会主义的办学方向。学校党委坚持用马克思主义占领学校的思想教育阵地，坚持用科学的理论武装党员和全校师生员工，坚持“分层次、有重点”地在干部和群众中进行国际国内形势和党的路线、方针、政策的教育，在思想上、政治上与党中央保持高度一致。我们联系新形势下社会发展中的热点、难点问题，结合学校工作实际，组织党员和全校师生员工学习邓小平理论；采取有效措施推进邓小平理论“进课堂、进教材、进学生头脑”。我们全面理解党的教

* 本文是贺美英同志在中国共产党清华大学第十一次代表大会上代表中共清华大学第十届委员会所作工作报告第一部分的主要内容。

育方针，坚持把坚定正确的政治方向放在人才培养工作的首位。我们密切关注社会政治生活中的动态，密切关注各种社会思潮在学生和教职工中的影响，领导班子统一思想，排除“左”和“右”的干扰，做了大量的教育、引导工作。我们与“法轮功”邪教组织开展坚决的斗争，通过艰苦的思想工作，转化、挽救“法轮功”人员，教育了广大群众，捍卫了思想阵地。从1989年以来，我们已经连续12年保持了学校的稳定。本届党委在任期间，学校非常顺利地完成了由校长负责制向党委领导下的校长负责制的转变，我们在办学工作中既坚持了党的领导，又充分发挥了学校行政班子和各方面的积极性。我们要求学校各级党政领导以强烈的政治责任感，忠诚党的教育事业，把国家和人民的利益作为学校工作的出发点。

第二，我们把建设世界一流大学作为学校中心工作的奋斗目标，坚定不移地开拓进取，迈出了实质性的步伐。本届党委与学校行政领导一起努力工作，团结全校党员和广大师生员工，通过一系列改革和建设使学校的各项事业取得了全面、协调的发展。

（1）我们确定了“综合性、研究型、开放式”的世界一流大学办学模式。

（2）我们加强了学科的建设和结构调整，初步形成了涵盖理、工、文、法、经济、管理、艺术和医学等学科的综合性大学的格局。

（3）我们优化了本科生培养方案，在工科院系全面实施了“本硕统筹”的培养模式；我校研究生尤其是博士生的培养规模扩大、质量不断提高。目前，在校研究生总数已达10000多人，其中博士生3000多人；研究生与本科生的比例约为0.8 ∶ 1，初步具备研究型大学的人才培养结构。

（4）我们成功地完成了清华大学与中央工艺美术学院的合并，这一举措有利于两校资源的整合和学科的建设，有利于教育质量的提高和学生全面素质的培养，促进了科学与艺术的结合。

（5）我校在基础研究、战略性高技术研究和科技攻关、科技成果转化方面都取得了一批具有标志性的重要成果。六年来学校科研经费持续增长，2000年达到7.3亿元；我校“211工程”规划高质量地全面完成。

（6）我校在开放式办学和社会服务方面迈出了较大的步伐。现在学校同全国大部分省、市、自治区，同香港、澳门特别行政区和各经济特区，同众多的重点企业建立了广泛的联系，我校与世界上的著名大学和著名企业的合作与交流也取得了很大的进展。

（7）我校科技产业保持了持续、快速发展的势头，五年来经营总收入年均增长率为52%，利润年均增长率为51%；2000年，经营总收入达63亿元，利润总额7.3亿元，上缴税金2.9亿元，产业总资产达120亿元，由我校控股或为第一大股东的上市公司已有四家。清华科技园第一期工程的14万平方米建筑已全部竣工，2.6万平方米的紫光二期即清华国际科技交流中心已经竣工，总面积为17万平方米的同方科技广场和创新大厦工程正在加紧施工，后续的约30万平方米建筑也将陆续开工建设。

（8）我校师资队伍的建设取得重要进展，规模进一步压缩，结构趋向合理。院系所现有教师队伍2800多人，约占教职工总数的40%；45岁以下青年教师约占教师队伍的60%，其中具有博士学位的约占52%。学术带头人队伍迅速扩大，我校两院院士现已达到49人；青年教师骨干迅速成长，人才引进计划顺利实施。

（9）我校的办学条件和基础设施得到较大改善。1995年以来，学校建筑面积增加了38万多平方米，现在全校总建筑面积达到了150多万平方米。全校有公共教室6万多平方米，图书馆3.3万多平方米，院系所的办公和实验用房38万多平方米，学生宿舍近18.5万平方米，学生食堂3.4万多平方米，教工食堂0.5万多平方米，体育设施3.4万平方米，广大师生的学习、工作、生活条件有了很大改善。我校教职工宿舍已达到53万多平方米，1996年以来（包括大石桥教工住宅）有2500多户教职工和离退休人员已经或将要改善居住条件。由于岗位聘任制的实行，广大教职工和离退休人员的收入有了不同程度的提高。

（10）我们的校园发生了巨大变化。现在我校校园已有5000多亩

（不包括昌平校区），通过近年来的建设和美化，一个崭新的、独具风格的清华园正展现在人们面前。经国家环保总局批准，我校正在实施包括绿色教育、绿色科技、绿色校园建设的“创建绿色大学示范工程”。

第三，我们持之以恒地开展思想政治工作，为学校的中心工作提供了可靠的政治保证和强大的精神动力。在我们这样一个发展中国家建设世界一流大学物质条件方面的差距是相当大的。尽管近年来国家给予学校较大力度的支持，但如果只看物质条件还是难以建立起信心来。围绕这个问题，我们反复向全校党员、干部和师生员工进行思想动员，说明我们提出建设世界一流大学，是要自觉地争当冲击世界先进水平的“国家队”；我们开展空前广泛的全校教育思想大讨论，学校主要领导下院系和学生班级参加讨论几十次，带动讨论深入的同时也解决了基层工作的许多实际问题；我们抓住制定一流大学建设规划的时机，进一步发动群众，动员学校各个方面献计献策，不仅使规划顺利出台，而且使“世界一流大学”的观念更加深入人心；我们在党中央、国务院、中央军委表彰23名“两弹一星”科技功臣之际，在全校开展“两弹一星”精神的学习教育活动，在广大师生员工中引起强烈反响，校园中涌动着奋发向上的激情。建设世界一流大学的目标要通过一步步的改革措施逐渐实现，而改革必然涉及人们思想观念的转变和利益关系的调整，搞得不好反而会挫伤教职工的积极性。我们在每一项改革措施出台之前认真分析可能出现的问题，在充分听取群众意见的基础上准备解决问题的方案，同时布置基层党组织开展积极的耐心细致的思想工作，并支持工会、教代会行使民主管理、民主监督的职能，保证各项改革措施顺利实施，把波动控制到了尽可能小的程度。近年来我们相继进行了教学管理体制、机关管理体制和劳动人事制度等方面的改革，特别是推行岗位聘任制，实行了力度较大的岗位津贴制度。这些改革尽管涉及人们利益，但在实施中都是比较平稳顺利的。我们加强统一战线工作，调动各方面的积极性，为学校的发展献计献策。在学生的思想教育方面，我们充分发挥学生党团组织和政治辅导员队伍的作用，通过主题教育和社会实践等方式，引导学生自己组织活动，进行自我教育，取得了很好的效果。面对近年来计算机网络的发展给思想政治工作带来的机遇和挑战，我们因势利导，通过“红色网站”“学生清华”“清华新闻”等网站的建设，初步形成了网上思想政治工作的阵地。

第四，我们努力加强党的建设，学校党组织的战斗力进一步增强。我们始终重视党的思想建设，健全并坚持了校院（系）两级中心组的理论学习制度、全校中层干部学习报告会制度、各基层单位的政治学习和组织生活制度，以及每学期期末的组织生活制度。我们制定了《清华大学系（院、所）党委（总支）工作职责暂行规定》等一系列文件，以贯彻落实《中国共产党普通高等学校基层党组织工作条例》。我们在全校共产党员中开展了新时期党员标准讨论和党员的“双学（学习邓小平理论、学习党章）活动”，制定了清华大学教职工党员和学生党员的若干行为规范。我们针对社会热点问题，联系学校工作实际，利用本校“两课”教师的力量，采取作辅导报告、编写学习思考题及参考答案等多种方式，推动邓小平理论学习的深入。我们在全校认真组织了邓小平教育理论、党建理论的学习，特别举办了中层以上干部和学术骨干的读书班。我们注意抓党员干部特别是领导干部的廉洁自律教育，建立了党风廉政责任制，对近年来我校个别人员发生的违纪问题进行了查处，并在基建项目的公开招标、本科生招生等方面建立了严格的工作程序，使权力的运行处于公开、透明的状态。在中央提出“三讲”要求后，我们及时组织全校党员、干部进行了认真学习；在校院（系）领导班子的“三讲”教育中，我们高标准、严要求，认真学习理论和“三个代表”重要思想，严格自我剖析，广泛听取群众意见，开展认真的批评和自我批评，查找领导班子和领导干部存在的问题和不足，制定了包括 32 个方面 126 条措施的整改方案，推动了学校的工作。“三讲”教育的成效得到了广大干部群众的认可，在民主测评中，对领导班子成员剖析材料的满意率均在 93% 以上，对领导班子剖析材料的满意率达到 97%。2001 年 11 月，又进行了“三讲”教育“回头看”工作，经对照检查，我校“三讲”整改措施绝大部分得到了落实，并对原方案作了补充、完善，取得了进一步的成效。我们坚持每年召开党支部工作研讨会，交流工作经验，培训支部干部；开展了全校教职工党支部工作考核评估活动，广泛听取党内外群众的意见，制定改进工作的措施，促进了基层党组织的建设。为解决干部队伍的新老交替问题，我们在1995年和2000年两次制订了200多人的后备干部培养计划，其中1995年计划的后备人选大部分已经上岗。现在学校副处级以上的干部中，45岁以下的占45%以上；正处级以上干部中，45岁以下的占30%，干部的年龄结构有了显著的改善。与此同时，为使年轻干部既能继承传统又有改革创新精神，我们采取下部挂职、举办各种内容的学习班和组织社会实践等方式，加强对年轻干部的教育和培训。我们注意抓好新党员的组织发展工作，截止到2001年11月底，本届党委共发展新党员3193人，其中教职工党员340余名。近几年我们采取有效的帮助培养措施，发展了一批青年学术骨干入党，产生了较好的影响。在我校4300多名离退休人员中，有近2000名党员，我们专门成立了党委离退休工作部，并要求各院系党委成立单独的离退休党支部，目前学校已建立了离退休党支部40多个。在学生党员队伍的建设中，我们坚持一手抓发展一手抓提高。现在，我校博士研究生中党员的比例约为40%，硕士研究生中党员的比例约为20%，本科生中党员的比例约为11%。同时我们加强学生党支部的规范化建设，提高学生党员的素质，组织学生党员和入党积极分子开展形式多样的党内教育活动，提高政治理论素养，并用《清华大学学生共产党员若干行为规范》来规范自己的言行。

第五，我们注意抓好先进文化的建设，取得了物质文明建设和精神文明建设的双丰收。我们坚持以科学的理论武装人、以正确的舆论引导人、以高尚的精神塑造人、以优秀的作品鼓舞人。特别是利用清华园特有的优势，对广大师生员工进行优良传统和革命精神的教育，弘扬正气，抑恶扬善，创造良好的校园文化环境。回顾我们的工作历程，有一件值得总结的大事，这就是建校90周年的庆祝活动。我们在90周年校庆期间成功地举行了庆祝大会和文艺晚会，举办了“今日清

华”等三个展览、几百场学术报告会，同时，在全校师生员工中开展了清华精神讨论活动。在这些活动中，我们把对清华精神的研究和弘扬作为主线，起到了凝聚人心、团结队伍、鼓舞斗志的作用。在清华大学90年的辉煌历史中，有无数可歌可泣的故事，有众多为人为学的楷模，沉淀着深邃的文化精粹，承继着光荣的革命传统。90年的历史给我们留下了“自强不息,厚德载物”的校训,“行胜于言”的校风和“严谨、勤奋、求实、创新”的学风，形成了“中西融会，古今贯通，文理渗透，综合创新”的治学范式，彰显了清华人“爱国奉献，追求卓越，又红又专,敬业自强”的精神风貌。在我们为实现祖国的现代化而奋斗，努力建设世界一流大学的关键时期，全校师生员工迫切需要弘扬清华的优良传统和进取精神。整个校庆活动极大地振奋了广大师生员工的斗志，提升了清华人的精神境界，这是我们90周年校庆取得圆满成功的重要标志。

同志们！几年来的工作实践再次告诉我们：要搞好世界一流大学的建设，必须首先搞好学校党的建设。在新的历史时期，抓党的建设和思想政治工作是时代的需要，是我们肩负的历史使命的需要。尽管有困难，有曲折和反复，但抓和不抓大不一样，认真抓和不认真抓大不一样。本届党委认真抓了党的建设和思想政治工作，党组织的战斗力增强了，在工会、共青团等群众组织的积极配合下，在学校各民主党派和无党派人士的大力支持下，学校的工作确实有了很大起色。我校党委1996年被中组部授予“全国先进基层党组织”称号；清华大学1998年被中组部、中宣部、教育部党组授予“1993—1998年党的建设和思想政治工作先进高等学校”称号；1996年、1998年和2001年连续三次被评为北京市“党的建设和思想政治工作先进普通高校”；1999年，被首都精神文明建设委员会授予“首都创建文明单位示范点”，被中央精神文明建设指导委员会评为“全国精神文明建设工作先进单位”。这些荣誉和成绩，得益于学校历届党委所打下的良好基础，归功于全校共产党员和各级党组织的辛勤工作，是全校上下团结一心、努力奋斗的结果。在这里，请允许我代表本届党委，向学校以往历届党委会的老同志，向曾经在学校各级党组织中担任领导工作的同志，向全校的党务工作者，向全校广大共产党员，向民主党派的同志们，向全校师生员工和离退休人员表示崇高的敬意和衷心的感谢！

本届党委的工作取得了一定的成绩，也存在着一些缺点和不足，需要清醒地对待，在今后的工作中加以改进和提高。

（1）与建设世界一流大学的要求相比较，与社会主义政治家、教育家的要求相对照，学校领导班子的全面素质和工作水平仍然存在差距。我们要用高标准要求自己，在发扬实干精神强的好传统的同时，尤其要进一步加强理论学习，提高理论素养，增强战略思考。

（2）在密切联系群众，主动倾听群众意见方面还有不足，有的方面还不能使群众满意。现代化的大学要有现代化的管理，而我们现在的工作方式和效率还不能很好地适应学校的发展。我们要以改革的精神，根据学校发展的新特点、新情况，努力加强群众观点，认真改进工作作风，探索新的工作方法。

（3）面对国内外的复杂形势和党员队伍、教师队伍人员构成的新变化，我们在党建和思想政治工作方面还需要进一步努力。要加强在教职工中特别是在青年学术骨干中的组织发展工作，要在思想政治工作的内容、形式、方法、手段、机制等方面进行创新和改进，在增强时代感，加强针对性、实效性、主动性上下功夫。

（4）学校基层党组织发挥作用的状况存在着发展不平衡的问题，有的党员对自己放松要求，不能成为群众的表率。我们要进一步把工作做细、做深入，依靠基层单位的党员群众，配备好基层单位党组织的领导班子，解决好基层单位党建工作中的思想问题和实际困难。要采取措施解决个别党支部软弱涣散的问题，教育每一个党员加强组织观念，在群众中起到先锋模范作用。

清华大学第十届党委会对下届党委会的工作建议 *

(2002 年 1 月 14 日)

国家的重点大学应当成为先进生产力的源头之一，成为先进文化的源头之一，成为满足人民群众文化利益的基地之一。全校的党组织要努力实践“三个代表”的重要思想，认真落实“三个代表”的要求。基于这样的认识，我们对下一届党委提出以下希望。

第一，保证党的路线和教育方针的全面落实，要进一步增强建设世界一流大学，实现中华民族伟大复兴的责任感。要毫不动摇地坚持以人才培养为根本，明确人才资源是第一资源，继续解放思想，转变教育观念，抓紧教育教学改革和学校其他各方面的改革，通过改革，达到体制、机制的创新。要按照“综合性、研究型、开放式”的办学模式，把握好学校各学科门类的宏观布局，推进课程结构调整和主要教学环节的改革，构建研究型大学的人才培养和教学体系。加入世界贸易组织后，我国将在更大范围和更深程度上参与经济全球化，高等教育的国际化趋势将迅速发展。客观形势要求我校要把“开放式”办学提到更加重要的位置，进一步加强国际合作与交流，加大对外开放的力度，勇于开展国际竞争，在国际上形成较高的声誉和影响。

第二，落实好学校的“十五”规划及建设世界一流大学二期规划。要努力解决好创建世界一流大学过程中的关键难题，为下一步的快速发展创造条件。学校今后的发展要以调整结构、提高水平、保证质量

---

* 本文是贺美英同志在中国共产党清华大学第十一次代表大会上代表中共清华大学第十届委员会所作工作报告第三部分的主要内容。

为重点，注重内涵的发展，限制外延的扩张。在学科建设方面，要进一步调整学科结构，重点支持一批优势学科冲击世界一流水平，重点发展和建设一批新兴、交叉学科。在人才培养方面，要提高课程和教学的水平，提高研究生特别是博士生的培养质量。在科学研究方面，要以“创新”“提高”为目标，在质和量整体推进的基础上更加注重质量和水平的提高。在社会服务方面，要充分利用我校的综合优势，利用我校的科技产业、科技园和先进的远程教育系统，积极推进产学研的结合，提高科技成果的转化率，为国家的经济建设和国防建设提供高质量的服务，为国家创新体系作贡献；要进一步提高学校的管理水平，改进服务，提高效率；要提高学校精神文明建设的水平，加强学生的品德学风建设，加强教师的师德教风建设，加强全校师生的学术道德建设。

第三，完成新一轮学校师资队伍和干部队伍的新老交替工作。我校新一轮的人员新老交替，将主要发生在改革开放前后参加工作的两代人之间。这里不仅是年龄结构的问题，更重要的是素质结构的问题。学校要保持快速发展的势头，继续取得各方面的进步，就要求我们的教师、干部不仅要有良好的业务素质，而且要有良好的思想、道德、作风，要把我们党的优良传统和作风、把清华精神的宝贵财富一代一代地传下去。要加强培养选拔工作，加强对青年干部的培训和锻炼，完成好新老交替的各个环节，造就能够继承优良传统又具有开拓创新精神的、将亲手建成世界一流大学的新一代清华人。

第四，从教育和制度的结合上加强和改进党的作风建设。要在继续加强党的思想建设、组织建设的同时，按照党的十五届六中全会的精神，把加强和改进党的作风建设摆上重要议程。要联系学校工作的实际，重点解决在走群众路线，倾听群众意见，发扬民主，科学决策方面存在的不足，全面贯彻“八个坚持、八个反对”。以加强党风建设推动和促进校风、教风、学风的建设，积极预防坚决抵制权力、学术上的腐败，克服在部分师生中存在的浮夸现象和浮躁情绪。要通过作风建设进一步增强全校各级党组织的创造力、凝聚力和战斗力。

同志们！在21世纪的第一个春天，清华大学度过了自己的九十华诞；而在21世纪的第一个冬季，清华大学即将产生更加富有朝气的新一届党委班子。90岁的清华大学焕然一新，将迎接新的辉煌；第十一届党委新班子团结一心，将迎接新的挑战。我们相信，经过一代代清华人的不懈努力，经过一届届清华党组织的艰苦奋斗，我们建设世界一流大学的宏愿一定能够实现，清华大学为中华民族的复兴伟业一定能够作出更大的贡献！

二、政治理论学习和思想政治工作

对校园文化建设的几点认识 *

(1990 年 4 月 28 日)

办好一所大学，必须首先明确办学的指导思想，坚持正确的办学方向，核心问题是培养什么样的人才。社会主义大学就必须培养坚持社会主义方向的、德智体美劳全面发展的革命事业接班人。学校的工作也就是通过各种途径、各种办法来完成这一根本任务。加强校园文化建设，形成良好的育人环境，对优秀人才的培养起着重要作用。在实际工作中，我们感到要解决好两个问题：一是提高对校园文化建设的认识，二是采取有力和有效的措施促使校园文化健康向上的发展。

一

校园文化从广义上讲，是一个学校的精神、传统、作风和理想追求的综合体现。目前国外搞企业文化和国内一些企业倡导企业文化，即是用一种精神、作风和理想追求来形成企业的凝聚力。学校也是一样，要努力形成革命的精神、优良的传统、良好的学风和崇高的理想。有了优良的文化氛围和环境，使学生进校后受到良好风气的影响、熏陶和感染，在潜移默化中使良好的传统和作风变成学生自身的内在素质。多年来，我们学校在这方面进行了一些探索。

我们觉得，首要的问题是如何从学校自身的特点出发，形成一种可贵的精神和良好的学风校风。清华建校 79 年的历史可以分为三个阶

* 本文是贺美英同志在全国校园文化理论研讨会上的发言，发表在《高等教育学报》1990 年第 2 期。

段，回顾总结起来，都有可以吸取的优良传统。

第一个是学校建立到解放前的阶段。清华的建立带有民族屈辱的印记。当时是用美国退还中国的庚子赔款建立了“清华学堂”，他们甚至称之为“赔款学校”。他们宣称“追随精神上的支配，比追随军旗更为可靠”，希望通过清华培养为美国利益服务的精神领袖。但清华深深植根在中国土地之上，在祖国的深重灾难中培育出了一大批革命者。“一二·九”年代，清华学生首先喊出“华北之大，已经安放不得一张平静的书桌了”，大批青年走上了抗日前线。在抗日战争和解放战争中，清华牺牲的英烈有几十人，如抗战时驾机撞毁日舰的沈崇诲烈士、著名小说《红岩》中刘思扬的原型刘国鋕烈士等。清华也培养了一大批爱国的科学家和学者，如朱自清在这里写下了《荷塘月色》，曹禺在学生时代写出了《雷雨》，闻一多说出了“诗人的主要天赋是爱，爱他的祖国，爱他的人民”的名言。朱自清先生宁可饿死不吃美国救济粮，闻一多先生拍案而起倒在国民党特务的枪口之下。所以我们认为，清华传统的主流是爱国的、进步的、革命的。正是在这一阶段，清华产生了“自强不息，厚德载物”的校训。

第二个是解放后到“文革”前的阶段。学校更加发扬爱国的、进步的、革命的传统。当时的校长蒋南翔提出，要引导青年学生逐步走上爱国主义、社会主义、共产主义的“三个台阶”，学生要又红又专、德智体全面成长；学生干部要“双肩挑”，既要做好政治思想工作，又要搞好学习；教学、科研、生产要“三结合”；要努力锻炼身体，“争取至少为祖国健康地工作 50 年”；等等。在这些思想指导下，五六十年代学校培养出了大批各条战线的骨干。

第三个是“文革”后的阶段。在继承和发扬清华优良传统作风的同时，学校倡导“严谨、勤奋、求实、创新”的学风和“民主、团结、进取、献身”的集体主义精神，引导学生为建设有中国特色社会主义而奋斗。“文革”后招收的第一届即 1977 级学生提出了振兴中华要“从我做起，从现在做起”的口号，最近在校的学生又加上了“从身边做起，从点滴做起”的新内容。

我们把三个阶段主导的传统、优良的学风看作清华的精神，或者说是清华校园文化的主流。

如何把这些优良的精神、传统、文化传播到学生当中呢？我们采取了一些措施，形成了一些制度。

在校园建设中，我们在教室区建立了清华最早的共产党员施滉烈士的浮雕，在水木清华湖畔命名了闻亭、自清亭，建立了闻一多和朱自清先生的雕像，去年又在校河边建立了纪念抗日战争和解放战争中牺牲的清华英烈的纪念碑，并把英烈的事迹印发到学生手中。每年校庆，值年校友返校时总要在学校中留下一点纪念物：或种下一棵树，或送上一块铜匾，或刻写一段碑石铭文。如 1977 级学生毕业时，在主楼前的一级台阶上刻下了级名，表示了他们甘做“铺路石子”的心愿。这一切都形成了一种校园文化的良好气氛。当学生们漫步校园，就会时时想起那些革命先烈、那些爱国者，想起那些热爱学校、珍惜学校荣誉的前辈校友，这样的氛围会催人上进、令人奋发。

几年来，新生入学时学校都要安排两次报告，作为进行入学教育的重要组成部分。一次讲学校校史，即讲清华建校的民族屈辱印记，讲学校爱国、进步、革命的传统，讲前辈校友的奋斗和贡献；一次讲如何做到德智体美劳全面发展，即讲在这方面的学校传统和先进人物事迹，在报告后还要安排新生参观校园。学校在教学计划中，还规定了每个学生五年内都要参加 1~2 周建校劳动（即公益劳动）的实践教学环节。这种劳动不是简单地让学生干点活儿，而是尽力安排得有意义、见效果，每次劳动前要组织学生听一次课，讲校园的变迁和今后的规划，然后再进行劳动。在劳动中，使大家觉得有意义，生发出一种清华园主人的责任感，如把一块荒地绿化，学生们就贴出标语“为校园增加一片新绿”等。每年校庆校友返校，我们总要组织校友与在校学生广泛座谈。这些都已形成了制度。

总之，要通过各种方式使学校的传统、精神、作风溶化到每个学生的身上，成为内在的素质，一代代传下去，以形成学校的凝聚力和学生的向心力。

二

校园文化从狭义上讲，就是开展健康的文化艺术活动和对学生进行文化艺术教育。要把这方面的教育活动作为培养人才的一条途径认真来抓。我们既要通过生动活泼的文艺活动，宣传党的方针政策；又要通过健康丰富的文化生活，陶冶学生的美好情操。“文革”前，老校长蒋南翔就提出学校要建立三支代表队，即由“双肩挑”的学生政治辅导员组成政治工作代表队，业务领域的“尖子”组成科学“登山队”，文艺社团、体育代表队学生组成文体代表队。这三支队伍各有特长，但都要做到思想好、学习好、身体好，共同勇攀高峰，“殊途同归”。“文革”前，我校学生文艺社团曾经达到 14 个队 1400 余人。当时，学校还有意识地把一些学习优秀的文艺“尖子”学生送到中央音乐学院有关专业学习深造。如 1962 年毕业的我校副教授陈陈，在以五年全部 5 分的成绩获得清华大学优秀毕业生证书的同时，还获得了中央音乐学院钢琴专业的毕业证书；我校副教授何方殿是当年的军乐队队员，“文革”后他到西德慕尼黑大学进修，开始西德人以为中国人都不懂音乐，在一次晚会上何方殿吹奏了一曲黑管，其水平使西德人很惊讶，于是请他参加了慕尼黑大学的乐队并担任第一黑管。现在我校有一支大部分由教授、副教授组成的百余人老教师合唱队，他们大都是当年的文艺社团队员。现在西藏自治区党委书记胡锦涛、全国十大企业家之一的二汽厂长陈清泰、能源部总工程师秦中一等，也都是当年的文艺社团成员和政治辅导员。这些事实充分说明，学校设立文艺社团及开展文化艺术活动，的确是全面培养人才的一条有效途径。我们认为，一个大学生、一个工程师没有一点文化艺术修养将是不完美的，其精神生活也是不够丰富的。没有美育的教育是不完全的教育，因此，我们将抓好校园文化、抓好文艺社团，作为学校加强因材施教措施的一个重要方面。

恢复高考招生制度后，在学校教育中我们发现，现在中学生的艺术修养基础很差，很多中小学取消了音乐、美术教育，致使学生进校后连简谱也不会，更不要说有艺术特长了。他们常常感到生活空虚枯燥，产生浮躁情绪。如何改变这一状况，提高学生的文化艺术素养，培养真正德智体美劳全面发展的人才，成为大学教育中一个现实和重要的课题。为此，学校成立了由党政领导和各部门负责人组成的学生工作指导委员会，下设 6 个指导中心，其中就有学生课外文化活动指导中心，由党委宣传部和团委负责共同抓。几年来，大致做了以下 6 个方面的工作。

（1）学校于 1978 年恢复了学生文艺社团，至今已有军乐、合唱、舞蹈、音乐、话剧、弦乐等 8 个队 300 余人。学校委派了专职辅导员加强管理和思想工作，并利用寒暑假的部分时间进行集训。1984 年组织了《黄河大合唱》，1985 年排演了自编自导的史诗剧《冬天·火的回忆》等大型节目，1987 年、1989 年学校组织力量自编、自导、自演了两个反映大学生生活的校园电视剧《心愿》和《生存空间》，获得好评和奖励。

（2）恢复和加强了音乐室。我校音乐室建立于解放前，负责指导学生文艺骨干。“文革”后，我们请来解放前清华“大家唱”合唱队指挥、中央音乐学院离休教授方堃担任音乐室主任，并且增加了音乐、舞蹈教师共 10 人。这对全校的艺术教育、对文艺社团的指导都起到了较大的作用。

（3）在全校范围内开设了 60 多门人文科学方面的选修课，其中有文学艺术方面的课程近 20 门，以提高学生在音乐、舞蹈、文学方面的修养，每学期有 1000 多人选修。1989 年起，我们还开始了按班开设音乐、舞蹈课程的试点。1989 年试点 1 个班，1990 年试点 7 个班，希望今后能在一年级学生中逐步普及。1989 年参加试点的环 82 班学生在一学期的舞蹈课程后，都感到收获很大，生活变得丰富、愉快了，又促进了班集体的团结，学生说“一个学期也不那么长了”。

（4）开展广泛的群众文化活动。学校每年都要举办一次文化活动月。请有造诣的艺术家做报告（如去年请英若诚开艺术方面的讲座），举办诗歌、书法、美术、制作展览，举行文艺汇演。学校在设立科技方面的最高奖“挑战杯”、体育方面的最高奖“马约翰杯”的基础上，1989年又设立了文艺方面的最高奖“水木清华杯”。这三个方面的活动基本覆盖了学生课余生活的主要阵地，鼓励同学们各有特长，全面发展。

（5）为了提高同学的艺术水平和审美情趣，学校在经费紧张的情况下，还是拨出了一点经费，下决心请来高水平的一流的文艺团体到学校演出，让我们的学生在学校的5年中能看几场真正一流水平的演出，接触一点真正的艺术，使他们终生难忘。如李德伦带领中央乐团室内乐团来校演出，边讲解边演奏；郑小瑛指挥合唱队也是边讲边演；中央音乐学院刘育熙副教授用戴宗样制作的获奖小提琴义务演出，演奏“奉献”乐章，并讲自己的经历；人民艺术剧院演出的《巴黎人》、总政治部文工团的《天边有一簇圣火》、民族器乐演奏中心的音乐演出等，都受到学生的热烈欢迎，收到了很好效果。艺术家们也感到在大学生中找到了“知音”。

（6）为了促进中学的美育教育和大学、中学之间的交流，促进青少年文化素质的提高，我校于1989年、1990年分别举办了两期中学生音乐舞蹈冬令营，第一期有7个城市参加，第二期扩大到11个城市80多人，受到普教部门和中学生家长的欢迎。我们希望通过这些活动，促进中学培养、选拔和输送更多的学习好、品德好，又有一定文艺才能的学生进入大学深造。

三

在学校工作中，我们深感加强校园文化建设的重要和必要，也做了一些努力。但几年来也深感矛盾、问题和困难很多，其中较为突出的有三个问题。

第一，我校有近15000名大学生和研究生，他们在艺术修养方面差别很大，而学校经费有限、师资指导力量有限，要使文化、艺术教育和活动落实到每个学生身上是困难的。这方面工作的发展也是极不平衡的。

第二，要全面提高青年学生的文化艺术素养，必须从幼儿教育和中小学起加强美育教育。在学校工作中，我们也深感现在大学生的美育基础较差，大部分人还得从普及最简单、最基本的音乐知识做起。应该说，目前大学校园文化水平与大学生知识教育水平相差甚远的状况，与基础教育工作中片面追求升学率的倾向有关，与中学教育上过早进行文理分科的现象有关。这些都不利于青年学生的全面成长。只有花大力气扭转这种状况，真正把培养德智体美劳全面发展的社会主义建设者的指导思想落到实处，大学的校园文化建设才可能提高到新的水平。

第三，我们深感社会文化“大气候”对校园文化所产生的直接影响。广大青年学生对优秀的文艺作品和出版物是欢迎的，并希望有更多更好的作品出现。但是现在能够提供给青年人的优秀作品非常贫乏，而低级、庸俗、消极的东西却充斥市场，对青年学生产生了消极影响。一些作品使青年人对党和社会主义失去了信心，有的学生说“从书中看到的都是黑暗，没有光明；都是失望，没有希望”，因而造成了政治上的离心倾向。我们认为，这种现象再也不能继续下去了。

在学校教育中，我们深深感到校园文化只是社会文化的一个组成部分，仅仅依靠学校的工作是不能完成对青年学生进行教育的宏大任务的，必须有整个社会文化环境的密切配合和大力支持。我们热切希望文化艺术界、出版界、理论界都能为祖国青年一代的健康成长创造一个良好的“大气候”，希望能有更多的优秀作品问世。

我校“双肩挑”辅导员制度为什么能长期坚持*

（1993 年 4 月）

清华大学从 1953 年开始实行“双肩挑”的学生政治辅导员制度，至今已 40 年了。我在 1956 年考入清华电机系，入学后得到了辅导员的许多帮助，1958 年入了党。1959 年下半年我自己也担任了辅导员工作，一边读书，一边做电机系分团委宣委和副书记（当时的辅导员既联系班也兼任分团委干部）。毕业后，一边在校团委工作，一边在系里担负一些教学工作。“文革”后，我基本上在学生思想教育战线工作，因而又从学校领导工作的角度对“双肩挑”学生政治辅导员制度有了进一步的体会。

我认为，“双肩挑”的学生政治辅导员制度几十年长久地坚持下来，必然有其内在的规律性。最根本的原因是社会主义大学要培养德智体全面发展的社会主义建设者和接班人，培养人的根本目标要求学校有一批优秀的同志从事思想政治工作，这也是由学校的根本任务所决定的。为什么我们能坚持“双肩挑”的辅导员制度 40 年呢？我认为比较重要的有以下几点。

第一，一定要坚持选拔业务和思想都比较优秀的同志来担任学生政治辅导员，也就是坚持红专结合的标准。要担任学生辅导员，当然首先思想政治上要比较先进，有一定的奉献精神和工作能力，有责任心，只有具备这些素质才会热情地去做好学生工作。但与此同时，辅

* 本文是贺美英同志发表在《双肩挑——清华大学学生辅导员工作四十年的回顾与展望》（方惠坚主编，清华大学出版社，1993）一书中的论文。此次编辑对标题和个别文字有调整。

导员本身也应是业务上比较好的。高年级学生或研究生做辅导员，业务学习至少应在中上水平；青年教师担任辅导员，教学或科研工作也应是比较好的。只有这样，辅导员在学生中才有威信，才能有较多的精力投入到工作中去。有些同志担心辅导员“双肩挑”会变成“一头沉”，只顾业务，造成学生工作不落实。在我们的辅导员中，确实出现过少数这种情况。仔细分析起来，一种是辅导员的思想不过硬，虽然业务并不差，但缺少奉献精神和责任心，因此遇事先替自己打算，一心为自己搞业务、好出国等，把工作丢在一边。还有一种是业务基础不好，压力太大，学习上不去，工作也搞不好。这两种情况无论哪一种，都会在学生中没有威信。所以，选拔辅导员时一定要把好“红专结合”这一关。五六十年代的许多辅导员虽经“文革”的冲击，业务工作荒废 10 年，“文革”后很多同志担任教学或科研工作仍能胜任，这不能不归功于原来业务基础好、坚持了又红又专。这也是几十年来“双肩挑”学生政治辅导员制度得以坚持的重要原因。

第二，学生政治辅导员的任务要明确，要求应适当。我们对辅导员的要求，一是住在学生宿舍，生活在学生当中，起到下情上达和上情下达的作用，也就是成为学校党组织与学生之间的桥梁和纽带；二是组织好系和班级的形势政策学习，搞好团支部和班级的建设；三是做好积极分子的培养和发展党员的工作，若担任学生党支部书记，还要抓好党支部的建设；四是担负一部分管理工作，如奖学金评定、宿舍纪律及个别人的工作等。行政管理方面的工作主要由行政部门和班主任承担，思想理论方面的问题主要由马列课教师来解决，辅导员只起配合的作用。这样，我们要求辅导员在政治学习上学得早一点、多一点，但不要求他们成为政治课教师。他们起作用主要靠他们生活在学生当中，以大哥哥、大姐姐和朋友的姿态，帮助团支部和班级开展工作，所以辅导员主要做群众工作和党的工作。另外，辅导员能否做好工作，还要靠他们自身的榜样作用。我们挑选一批优秀的高年级学生和研究生担任辅导员，他们学习优秀，很有才能，责任心强，能关心和帮助低年级的同学，使同学们很佩服，实际上在同学的心目中树立了又红又专的榜样。榜样的力量是无穷的，是一种无声的教育。因此，辅导员制度能一代一代地传下去。

第三，学校始终把建设“双肩挑”学生政治辅导员队伍当作“因材施教”的一项重要内容，关心辅导员的全面培养。在建立辅导员制度时，蒋南翔同志曾说过：“一个人在年轻的时候担任一些政治工作，树立正确的思想方法和工作方法，对一生都有好处。”实际上，辅导员做一些思想政治工作，既是一种付出，又是一种学习和锻炼。工作的锻炼促使他们提高思想水平，在做群众工作中提高工作能力，又学会团结同志和正确的工作方法。我们要求辅导员“双肩挑”，要同时做到又红又专，负担确实是很重的。辅导员要牺牲很多休息时间，经常要开夜车，但也正是这种高标准的要求和艰苦的工作，锻炼了他们驾驭自己的能力，学会科学地支配时间，养成勤奋工作的习惯。辅导员要做学生的思想工作，要回答他们的问题，就必须提高自己的理论水平，培养正确的思想方法、严密的逻辑思维能力。很多老辅导员谈到学生时代做辅导员的经历时，都一致认为这段经历对现在担负的工作很有帮助。对辅导员，校党委组织了许多培训，包括上岗培训以及各种学习、经验交流、研讨会等，以提高辅导员的思想水平和理论水平。“文革”前，蒋南翔同志亲自讲哲学课，辅导员一边听课，一边担任一些辅导任务，对大家树立正确的世界观、方法论起了很重要的作用。学校现在讲课优秀、受到欢迎的马列课教师，大部分在五六十年代曾做过辅导员，由于工作的锻炼，他们讲课的逻辑性强，特别是能联系实际、有针对性，因而受到学生的欢迎。很多后来从事技术、学术工作的同志，也认为担任辅导员工作对自己很有帮助。学校还要求各系的主任、书记亲自抓辅导员的培养，制定政治和业务的全面培养计划。50年代初期，学校对当时的辅导员都做了精心的安排。这些年来，这些老辅导员很多已成为校、系的领导，他们对年轻的辅导员除了在工作中培养外，还对促进其全面成长采取了许多有效措施，如保留研究生入学资格，先做两年辅导员、然后读研究生；助教博士生担任辅导员；青年教师担任3~5年辅导员后，专门安排时间进修业务和外语；对一些工作和业务都优秀的辅导员，在有条件时送其出国进修，等等。与此同时，在奖酬金分配、专业技术职务晋升等问题上，都注意“双肩挑”干部的政策；学校还设立了“一二·九辅导员奖”，每年奖励工作优秀的辅导员45人左右。由于学校把“双肩挑”学生政治辅导员队伍的培养作为“因材施教”，对辅导员不是过早地“定向分流”，不是堵住“后路”，而是经过担任一段时间辅导员工作后，使他们发展的道路更宽广。

从大量的调查和社会各方面的反映来看，“双肩挑”的学生政治辅导员制度确实培养了一大批又红又专的人才，使他们后来成为各方面的骨干。今后，对一些成功的经验我们应坚持下去，同时要根据新时期的要求继续探索，把学生政治辅导员队伍的建设搞得更好。

如何在高校工作中落实“讲政治”的要求*

（1996 年 1 月—6 月）

当前强调“讲政治”，当然是指马克思主义的政治，建设有中国特色社会主义的政治，既告诫领导干部在完成历史任务中要保持清醒的政治头脑，又明确指出了当前工作中亟待克服的忽视政治的错误倾向。因此，我们需要认真地领会“讲政治”的深刻含义，严肃地思考“讲政治”的现实背景。

一、要从根本上弄清政治与经济的关系

落实“讲政治”，首先要按照马克思主义的政治观来认识政治与经济的辩证关系。政治以经济为基础，又集中体现经济利益，政治是经济的集中表现，这是“政治”的实质。任何阶级的政治都以保护本阶级的经济利益和取得或巩固经济上的统治地位为目的。政治工作与经济工作并非等同合一，但经济工作的政治意义、政治性是确定无疑的。

在推进经济体制改革的同时，我们要积极推进政治体制改革，建设社会主义民主政治，改进、完善我国的政治、思想上层建筑，为社会主义的经济基础服务并提供有力的保证。一是保证有一个坚定正确

* 1996 年年初，中央提出“领导干部一定要讲政治”。之后的一段时间，贺美英同志在教育部、北京市委组织的多个座谈、交流会上发言，针对一些同志对中央强调“讲政治”理解不深以及“讲政治”与文化大革命中“突出政治”“政治挂帅”口号的原则区别等问题，从政治和经济辩证关系角度上论述了“讲政治”的理论含义和现实意义，谈了如何在高校工作中把“讲政治”落到实处，其中有些发言曾在报刊上发表。本文是贺美英同志多次发言的重点内容。

的政治方向；二是保证有一个团结稳定的环境；三是保证有统一的意志和统一的行动。这已为我们改革开放的成功实践所证明。

二、要从正反两方面的历史经验中树立正确的政治观念

出现忽视政治的倾向，可以从人们对历史经验的误解中找到原因。在“文化大革命”那样全局性、长时间的“左”倾严重错误中，“突出政治”“政治挂帅”等曲解政治和经济关系的错误观念及其后果确实使人深恶痛绝，但是又不能因此走向不讲政治的极端。我们要从正反两方面的历史经验中树立正确的政治观念。

“文化大革命”中，政治与经济的辩证关系是被扭曲的。错误的根源在于违背了社会发展的规律，牺牲经济建设、牺牲物质文明的最终后果只是一种空头政治，是难以继续下去的政治运动。然而，无沦从哪方面违背社会发展规律都是错误的。埋头经济甚至以牺牲精神文明为代价去换取经济的一时发展，这种忽视政治、摒弃政治的严重后果已经在社会生活中出现，它对于经济建设的干扰，对于物质文明的影响，也已为广大人民群众所认识。

当前的问题是，在世界范围各种思想文化相互激荡的环境下，要通过思想政治工作教育人们分辨是非、区别美丑，要通过思想政治工作使人们在改造客观世界的同时努力改造自己的主观世界。

三、要结合高校实际，把“讲政治”落到实处

在高校工作中落实“讲政治”可以从多方面思考，但是要特别注重那些在改革开放形势下办学工作中的新矛盾、新问题，这些问题难度大、政治性强，尤其要从政治的高度来认识，要在政治保证作用方面下功夫。

1. 树立办好社会主义大学的政治责任

科教兴国是党中央确立的一大发展战略。办好中国的高等院校，

提供各类人才，振兴民族经济，增强国家实力，首先是一项重要的政治任务。在教育要面向未来、面向世界、面向现代化的总目标下，我国高校的发展既有机遇又有许多困难。是安于现状还是勇于进取？是消极应付还是积极改革？我们要从办社会主义大学的政治责任的高度来认识这些问题，要在政治上鼓足勇气落实这种责任。

清华大学从 1993 年开始酝酿下世纪初的办学规划，提出到建校 100 周年时，在国家 15 年宏伟蓝图中，把学校建设成世界一流的有中国特色的社会主义大学。几年来，全校上下、党员群众反复统一思想，取得了共识。要把革命热情和科学精神相结合，在教育质量、学术成就、学科发展、管理水平和队伍建设等方面艰苦奋斗，攀登台阶。这是我们落实“讲政治”的首要工作。

2. 坚持又红又专的育人目标

培养人才是学校的根本任务。落实“讲政治”，要明确用什么政治思想培养人的问题，要解决能否使培养的人才真正成为社会主义事业建设者和接班人的问题。在这里，“接班人”和“建设者”是并重的提法。“接班人”是指各种行业、各种岗位的接班人，是强调一种政治要求，而不是指一定要当干部。社会主义大学的办学方向和性质首先体现在学生的德育素质，其中最重要的又是思想政治素质。在改革开放的新形势下，当前要充分注意德育工作中轻视、放松学生思想政治教育的倾向。要分层次教育但又不能停留于低层次要求，引导和鼓励学生在爱国主义、社会主义、共产主义三个台阶上努力上进，达到高标准政治目标；要在社会观念存在多元化的现状中，花大力量维护和发展意识形态“主旋律”，帮助学生树立科学的世界观和高尚的人生价值观；要在开展生动活泼、寓教于乐的文化活动中，贯穿健康向上的思想教育主题和严肃的政治观点。邓小平同志充分肯定过清华大学对学生开展思想政治教育的做法，强调“又红又专，那个红是绝对不能丢的”。“红不能丢”，这就是我们落实“讲政治”的重要问题。

3. 发挥党组织和党的工作的政治优势

加强党的建设，发挥党的工作的政治优势，这是社会主义大学一

种独特的办学资源。在当前高校经费紧张、人才流失、任务繁重的情况下，承认不承认这种办学资源，要不要调动这种资源的优势，能不能通过加强党的建设来发挥这种优势，是落实“讲政治”的关键。最近，清华大学在庆祝中国共产党成立75周年的活动中，回顾了学校党组织从建立第一个支部开始的70周年历程，总结了几代清华共产党人在发扬党的优良传统方面形成的经验和特点，包括爱国奉献、又红又专、实事求是、联系群众四个方面。我们在总结的过程中组织全校党员结合本单位实际广泛开展讨论，期望通过这种做法加强党的思想建设，进一步发挥党组织和党的工作在创办一流大学工作中的政治优势。

4. 加强学术骨干和党政管理骨干两支队伍的思想政治建设

高校工作的长期经验告诉我们一个规律：在队伍方面，办好社会主义大学一方面要靠杰出的学术骨干，另一方面还要靠优秀的党政管理骨干，二者缺一不可。从工作素质上看，两方面人才都需要加强思想政治建设。在抓学术、抓水平、抓任务的同时，尤其要注意学术骨干的政治意识、群众观念、组织能力、团队精神；要克服忽视政治的倾向，尤其要注意发现和培养一批既懂业务又擅长管理的骨干。对于这两支队伍的建设，要有办好社会主义大学的政治眼光，舍得花气力给他们提供压担子、受锻炼的机会，舍得花气力对他们进行教育和培养，使得他们在跨世纪交接班的过程中，努力做到对党的基本路线和方针政策认识一致，对教育方针和办学指导思想认识一致，对学校历史、现状和未来的认识一致。这是高校落实“讲政治”的一项战略性工作。

5. 划清改革和发展工作中的是非界限

落实“讲政治”量大面广的工作，是日常的思想政治工作。在高校当前的改革和发展中，任务复杂、头绪繁多，确实存在不努力学习、不讲原则、缺乏认真的批评与自我批评等忽视政治的倾向。要在党内外和师生员工中弄清楚讲政治与不讲政治的区别，结合实际现象划清是非界限。例如，什么是正当的个人名利，什么是要维护的集体权益；什么是必要的物质条件，什么是应有的精神状态；什么是正常的对外学术交往，什么是丧失政治立场的崇洋媚外；什么是合法、有益的竞争，什么是缺乏公德的“内耗”；什么是应该保护的局部利益，什么是不顾全局的小团体主义；什么是经济生活中的等价交换原则，什么是当前形势下共产党员的奉献精神；等等。对于这类问题，在我校去年开展的持续一年的“新时期共产党员标准讨论”活动中，全校党员都进行了有针对性的学习和讨论，弘扬了正气，提高了觉悟，而且分别制定了行为规范。但是思想政治教育是长期的，要把“讲政治”落实到世界观、人生价值观的深处，还要进行艰苦的反复的工作。

学习《条例》认真抓好党员教育工作*

(1997年5月)

《中国共产党普通高等学校基层组织工作条例》(简称《条例》)是我们党第一次围绕高等学校党的建设制定的工作条例，也是对我国高等学校几十年党的建设工作经验的总结。它的颁布对加强和改善党对高等学校的领导、加强高等学校党的建设具有深远的意义。《条例》明确规定，学校党委要“学习、宣传和执行党的路线、方针、政策，坚持社会主义办学方向”“领导学校的思想政治工作和德育工作”“对党员进行马列主义、毛泽东思想教育，特别是邓小平建设有中国特色社会主义理论的教育”。我校党委根据《条例》精神以及中共北京市委《加强党的建设三年规划纲要》的要求，认真进行党员教育，取得了明显成效。我们深深体会到，在改革开放的今天，在社会主义市场经济体制的建立过程中，在学校事业蓬勃发展的繁忙工作中，学校党委应认真地坚持不懈地抓紧抓好党员教育。越是改革开放，越要加强党的工作，这是学校事业发展的根本保证。

一、开展“新时期共产党员标准”讨论，引导党员坚持正确的世界观、人生观

在改革开放和以经济建设为中心的新形势下，党员在思想、工作、学习、生活各方面遇到了许多新问题。例如，什么是社会主义？怎么

* 贺美英同志的这篇文章发表于《高校理论战线》1997年第5期。

建设社会主义？共产党员的先进性体现在哪里？如何把握“新时期共产党员的标准”？在经济大潮的冲击下，一些党员的思想在起变化，突出表现在政治热情降低，淡漠政治、远离政治，个人利益考虑得多，只愿承担对自己升职提薪有利的工作，不重视培养学生的工作，等等。针对这些问题，不少党员对社会主义市场经济条件下应当怎样要求党员，希望“给个说法”。这是党员希望自己在大变革面前能够保持共产党员先进性的愿望。学校党委多次分析讨论、调查研究，认为关键是党员在建立社会主义市场经济的新形势下，仍要坚持共产主义的理想和信念，坚持为人民服务的宗旨，其核心是能否坚持正确的世界观、人生观。

1995 年 3 月，学校党委决定在全校党员中开展“新时期共产党员标准”讨论。讨论着重围绕新时期共产党员的世界观、人生观这一核心问题来展开。开始一些党组织不同程度地对党内思想教育工作存在畏难情绪和无所作为的思想，少数党员认为学习教育“没必要”“没时间”。针对这些情况，学校党委坚决克服畏难情绪，坚持认真抓好党内教育。学校党委召开全校党员大会，做思想发动工作，提高党员参加讨论的自觉性，同时召开各单位书记会交流发动工作经验。不少单位结合本单位的工作和党员思想状况进行有针对性的动员，并对学习讨论进行具体细致的部署，对党员提出要求。通过学习大家认识到，从根本上说，新形势下党的性质没有变，党的奋斗目标没有变，党的为人民服务宗旨没有变。这时正值报上介绍孔繁森同志的先进事迹，北京市又揭发出王宝森的严重问题。孔繁森同志全心全意为人民服务的一生是新时期共产党员最有说服力的榜样，王宝森的堕落又起到了反面教员的作用。各单位纷纷以学习孔繁森为契机，全校掀起了向身边党员的先进事迹学习的高潮。在此基础上学校党委召开了“为党旗增辉”迎七一座谈会，集中介绍了在教学、科研、党政管理工作中作出突出贡献的四位党员的先进事迹，各支部也举行重温入党誓言等活动。许多干部、党员联系思想实际找差距，大家感到不论形势和任务如何变化，作为一名共产党员全心全意为人民服务永不变。

通过一学期的学习讨论，大家感到党章规定的党员八条义务是稳定的、长期的，是对全党共同的要求。在新形势下，为了使党员更好地发挥先锋模范作用，不同单位有必要结合各自的特点，制定一些较为具体的行为规范。学校党委因势利导，决定把讨论活动延长半年，重点围绕行为规范的制定，组织学习和讨论。学校党委在征求意见的基础上，先拟了一个较为详细的、针对目前存在问题比较多的几方面内容的讨论稿，发给各支部进行讨论，经过几轮热烈讨论、认真修改，终于形成了《清华大学教职工共产党员若干行为规范》。这次讨论修改《规范》的过程也成了对党员的一次自我教育。最后简练地概括成十条100个字。这十条是：增强政治意识，坚定信念；努力学习理论，提高觉悟；献身教育事业，争创一流；树立育人意识，为人师表；正确对待名利，勇于奉献；坚持团结协作，顾全大局；密切联系群众，率先垂范；加强组织观念，严守党纪；遵守国家法规．廉洁奉公；注重自身修养，讲究公德。组织部还将其印制成红色小卡片，人手一份，时刻提醒。后勤部门，企业集团以及本科生、研究生，也针对各自的特点制定了行为规范。

二、加强邓小平建设有中国特色社会主义理论学习，进一步坚定共产主义理想信念

根据党的十四届四中全会提出的关于“在全体党员中有计划，有步骤地开展一次建设有中国特色社会主义理论和党章的学习活动”的部署，学校党委在“新时期共产党员标准”讨论的基础上，在“双学”活动的第二阶段组织全校党员开展了“特色理论”学习活动。学习围绕“什么是社会主义，怎样建设社会主义”这个首要的基本的理论问题来展开，结合大家关心的国有大中型企业改革，共同富裕与两级分化以及防腐倡廉与加强法制建设等问题，组织学校人文社会科学学院部分政治理论课教师编写了20个思考题及参考答案，发给各支部学习讨论，同时学校还请一些专家、领导来校作辅导报告。各系各单位还

组织党员参观访问工厂、农村，进行社会调查等活动。今年春节前后，大家观看了12集电视文献片《邓小平》，使建设有中国特色社会主义理论的学习得到升华提高。特别是小平同志逝世后，人们满怀对小平同志的思念之情，再次收看《邓小平》电视片，回顾邓小平建设有中国特色社会主义理论的形成与发展过程，更理解什么是社会主义、怎样建设社会主义，更理解为什么要坚持党的基本路线，从而坚定了党员的共产主义理想和信念。

三、做好民主评议党员工作，巩固“双学”活动成果

在学习的基础上，我们开展了评议党员工作，并以此作为党员教育的总结和重要一环。这是理论见诸实践、思想见诸行动的教育，也是对两年来“双学”活动的最后验收。党委要求每一位共产党员首先要认真做好自我鉴定，认真开展批评与自我批评，各级党员干部要率先垂范，虚心听取群众意见。在党员的自我鉴定中，几乎所有人都认为由于这两年比较系统地学习了邓小平建设有中国特色社会主义理论，思想收获较大。大家还对照党章和学校党委制定的十条“行为规范”一分为二地解剖自己，肯定成绩，找出差距。在评议过程中还诚恳地欢迎同志们的批评。各支部召开不同形式的座谈会，广泛征求党外同志意见，并及时反馈给每位党员。评议也为党员之间互相交流，沟通思想，创造了一个良好的机会和环境。许多同志认为这些年来党内思想交流少了，考虑自己多、关心他人少，考虑具体事务多、关心思想工作少，大家不太了解自己，自己也不太了解大家，通过征求意见和开展批评与自我批评，加强了党员之间的思想沟通和与群众的联系，增强了党员的责任心，增强了支部的凝聚力。评议过程中，有的同志生病仍坚持参加；有的支部评议会从上午开到下午，觉得有说不完的话；有的年轻党员第一次参加这么热烈的支部会，体会到了什么是严肃认真的组织生活。有的干部有顾虑，这么多年来开展批评的风气淡薄了，怕评议搞不好，伤和气或引发新矛盾。然而由于有了这两年党员教育

工作的基础，不少支部能积极开展批评，而且做到入情入理，形成良好的气氛，增强了搞好工作的信心。能否开展批评与自我批评是党是否有生命力的重要标志，党员应该接受群众监督，党员干部更应该接受群众监督。今后我们还应加强这方面工作。

通过两年多来的学习和讨论，党员进一步坚定了信念，增强了党员意识，明确了在社会主义市场经济条件下共产党员应当怎样要求自己；在学校有限的物质条件下，如何振奋精神、共同努力，为实现我校总体奋斗目标发挥共产党员的先锋模范作用。我们深深体会到，对党员的教育工作抓与不抓不一样，认真抓与一般抓不一样。我们学校党委和各级党组织必须上下一致，遵照党章和《条例》的规定与要求，坚持不懈地进行党员教育，才能保证学校事业的发展。

发扬“两弹一星”精神 建设世界一流大学*

（1999年11月5日）

今天，我国“两弹一星”事业的功臣李觉将军、彭桓武院士来到我校，为我们上了一堂非常深刻、非常生动革命传统教育课。两位老前辈都已八十多岁高龄，本来不宜出来作报告，但他们说清华大学邀请不能不来，因为清华为“两弹一星”事业作出了贡献。他们的到来，是我们极大的荣幸；他们对我校的鼓励，是对我们工作的最大鞭策！

清华大学和许多兄弟单位、兄弟院校一样，为我国研制“两弹一星”做了自己应做的工作。我校的“溶剂萃取法核燃料后处理”研究项目在原子弹的成功试爆中起了重要作用；我校许多院系的教师都曾为“两弹一星”的研制贡献过力量；在千千万万为我国“两弹一星”事业默默奉献的科技工作者中有数以千计的清华校友；受到中央表彰的23位“两弹一星功勋奖章”获得者中，有14位曾在清华学习或工作过；当年在李觉将军麾下，被称为我国早期核武器研究三大支柱的王淦昌、彭桓武、郭永怀三位副院长都是清华校友。这些，10月初李岚清同志来校视察时谈到过，今天李觉同志又谈到了，说明清华为“两弹一星”事业作出的贡献中央没有忘记，老领导没有忘记，祖国人民没有忘记。这永

*“两弹一星”精神学习教育活动是清华大学党委在全校党员中自主开展的大规模思想教育活动。1999年9月，中共中央、国务院、中央军委表彰了为研制“两弹一星”作出突出贡献的23位科技专家。校党委在学习表彰会精神时，作出了在全校党员中开展“两弹一星”精神学习教育活动的决定。11月5日，中国核武器研究院首任院长李觉将军和“两弹一星功勋奖章”获得者、清华老校友彭桓武院士来学校作报告，把活动推向高潮。本文是贺美英同志在此次报告会上的讲话。

远是清华人的骄傲、清华人的自豪！

但是，对于我们清华人来说荣誉永远属于过去，永远属于前辈。今天的清华人没有理由也没有资格躺在过去和前辈的荣誉上睡大觉。祖国需要我们像当年研制“两弹一星”那样，继续向生产、科研和国防建设第一线输送大批优秀人才，继续为国家的现代化建设解决重要的、急需的问题。我们常说，建设世界一流大学现在已经成了国家行为，但这只是明确了建设世界一流大学是国家整个现代化事业的一部分。国家可以为建设世界一流大学提供支持，但建设任务本身必须由我们自己去完成。

从我们学校当前的内部状况和外部环境看，为国家的现代化作出新贡献并把我校建设成为世界一流大学，具备有利的条件也存在大量的困难。我校绝大多数师生员工对困难的一面看得比较重，这是完全可以理解的。困难是客观存在的，不正视它不行。但是在困难面前退缩是没有出路的，只有迎难而上，充分发挥主观能动性，才能战胜困难、夺取胜利。学校党委迫切地感到，我们全校上下在这个时候最需要的是一种精神，一种不怕困难、不甘落后、艰苦奋斗、勇创一流的精神。正在这时，中共中央、国务院、中央军委决定表彰“两弹一星”科技功臣，江泽民同志在表彰大会上发表了重要讲话，给我们送来了急需的东风。学校党委作出了认真学习江泽民同志讲话、中共中央国务院中央军委表彰决定和“两弹一星”科技功臣事迹的决定，并部署从10月中旬开始在全校师生员工中开展“两弹一星”精神学习教育活动。

在五六十年代那样困难的条件下，我国研制成功“两弹一星”，是中国人民在攀登现代化科技高峰的征途中创造的非凡的人间奇迹。那时我国不仅面对着帝国主义的封锁，而且遭遇了“老大哥”的釜底抽薪；为了保证研制工作的继续，为了使导弹部队不饿死人，我们共和国的总理亲自出面“化缘”；为了维持科技人员的生活，我们共和国的元帅在病中为科学家“募捐”；在最困难的时候，核基地的官兵用戈壁滩上生长的沙枣、甘草叶、骆驼刺与玉米面、青稞面掺和在一起，就是一日三餐的主食；就连为国家所重点保护的高级科技人员，那时得到的

"特殊照顾"也不过是一天二两黄豆而已。与此相比，我们今天遇到的困难再大、再多，又算得了什么呢？那样的困难能够克服，我们今天又有什么困难克服不了呢？在那样艰难困苦的条件下能够拿下"两弹一星"，我们今天在相对优越得多的条件下又有什么难关攻克不了呢？

当然，在当年极为困难的条件下，成功地研制出"两弹一星"，也有一些必需的前提条件，这就是江泽民同志讲话中所总结的五条主要经验。我们今天要为祖国再立新功、创建世界一流大学，必须认真汲取和努力坚持这些宝贵经验。"热爱祖国、无私奉献，自力更生、艰苦奋斗，大力协同、勇于登攀"的"两弹一星"精神，是爱国主义、集体主义、社会主义精神和科学精神活生生的体现，是中国人民在20世纪为中华民族创造的新的宝贵精神财富。

"两弹一星"精神包括爱国主义精神、艰苦奋斗精神、团结协作精神这三个层面。这里我想主要谈一下艰苦奋斗精神。我们现在遇到了两种思想认识。一种认为，在当前条件下谈艰苦奋斗已经过时了。国外的一流大学都是用钱"堆"起来的，建一流大学靠的是钱，而不是艰苦奋斗；另一种认为，现在关键岗位的人员、责任教授、主讲教授等都大大提高了待遇，再讲艰苦奋斗，好像我们就理亏了，腰杆子就不硬了。显然，这两种思想认识都是片面的。关键是没有把握艰苦奋斗精神的实质。邓小平同志讲："我们过去几十年艰苦奋斗，就是靠用坚定的信念把人民团结起来，为人民自己的利益而奋斗。没有这样的信念，就没有凝聚力。没有这样的信念，就没有一切。……有了这样的团结，任何困难和挫折都能克服。过去我们打败国民党用美国装备武装起来的几百万现代化军队，就靠这一条。那时我们没有飞机、没有大炮，主要靠人。所以我说，人的因素重要不是指普通的人，而是指认识到人民自己的利益并为之而奋斗的有坚定信念的人。"根据小平同志的观点，艰苦奋斗是人所需要的一种精神、一种志气，是立志干大事业的人们所必须具有的一种精神状态。我们今天所需要的正是这样一种精神状态。建设世界一流大学在各方面都存在不少困难；中央给我们的支持很大，但这种量级与国外的一流大学相比还是不足的。在这种条件下，我们有没有一定要把清华建成世界一流大学的决心？有没有战胜一切困难攀登高峰的勇气？有没有“别人能做到的我们要做到，别人没有做到的我们也要做到”的志气？总之是有没有艰苦奋斗的精神。没有这种精神，国家给你的支持再多，你手里的钱再多，也建不成世界一流大学；而有了这种精神，就可能扬长避短，化被动为主动，实现跨越式的发展。事在人为。我们所说建设一流大学要“以人为本”，指的就是具有这种精神的人。此外，我们今天强调艰苦奋斗，并不是要大家还去过一天二两黄豆的苦日子。一方面，我们不怕过苦日子，也随时准备过苦日子；另一方面，知识分子的生活条件改善了，并不妨碍我们保持艰苦奋斗的精神。邓小平同志说：“大家要记住那个年代，钱学森、李四光、钱三强那一批老科学家，在那么困难的条件下，把‘两弹一星’和好多高科技搞起来。应该说，现在的科学家更幸福，因此对他们的要求会更多。”今天，党和国家为我们改善了生活条件，同时也对我们提出了更多、更高的要求，也就更需要我们发扬艰苦奋斗的精神。

同志们！在“两弹一星”精神的学习教育活动中，我们要重温“两弹一星”事业的光辉历程，要学习“两弹一星”科技功臣的英雄事迹。同时也要再次学习毛泽东、邓小平关于艰苦奋斗精神的论述和江泽民同志关于建设世界一流大学的论述。在学习的基础上，通过报告会、座谈、讨论等多种形式，深刻理解并在我们的实际工作中贯彻“两弹一星”精神。我们的目的是要在全校师生员工中焕发出这种革命精神，保持住这样的精神状态，营造起这样的精神氛围，在即将到来的新世纪，担负起党、国家和人民赋予我们的历史重任。

今天的报告会就是我们的系列活动之一。李觉、彭桓武和九院领导的到来，必将大大促进我校的“两弹一星”学习教育活动。最后，我代表全校师生员工，再次向他们表示衷心的感谢！

建设世界一流大学要有必要的物质条件，更要有精神的力量*

(2000年4月2日)

1999年是不平凡的一年，喜事多，突发的大事多。去年我们也有了难得的机遇——国家把我们建设世界一流大学的目标纳入了国家计划，给予了大力度的支持。我们抓住这一机遇，全校各级党组织和行政系统一起，团结群众，积极进取，克服困难，学校各项工作取得了很大的进展。这是全校师生员工共同努力的结果，特别是广大党员在各自不同的岗位上发挥了共产党员的先锋模范作用，成为学校各项工作的核心。

建设世界一流大学要有必要的物质条件，但更要有精神的力量。学校党委之所以在明知大家的日常工作十分繁忙的情况下，坚持部署开展学习“两弹一星”精神的系列活动，就是希望我们全体共产党员能以当年“两弹一星”功臣们所体现的那种“热爱祖国、无私奉献，自力更生、艰苦奋斗，大力协同、勇于登攀”的精神来鼓舞士气，凝聚力量，克服胸无大志、贪图安逸、急功近利的思想倾向；回顾当年为祖国“两弹一星”事业奋斗的经历，激励做好今天的各项工作；树立先进典型，学习“两弹一星”科技功臣，也学习我们身边的榜样，把“两弹一星”精神贯穿于我校创建世界一流大学的全过程。学校党委提出：以“两弹一星”精神建设世界一流大学，以“两弹一星”精神培养高素质人才，以“两弹一星”精神严格要求自己、做好本职工作。

---

* 本文是贺美英同志在全校党员干部大会上讲话的部分内容。

党委部署“两弹一星”学习的活动得到了广大党员的认同，认为党委抓这件工作是必要的、及时的。现在，党委组织的集中学习已告一段落。但是，“两弹一星”精神永远是我们对待事业、培养学生、鞭策自己所不可缺少的精神力量，我们要用实际行动，使“两弹一星”精神在清华大学建设世界一流大学的征程中得到发扬和光大。

“三讲”教育对学校工作的必要性和重要性*

（2000 年 6 月 21 日）

改革开放 20 多年来，在进行社会主义现代化建设的新时期，我们党以马列主义、毛泽东思想和邓小平理论为指导，在党的自身建设方面进行了不懈的努力和积极的探索，我们自己所经历的就有拨乱反正、平反冤假错案、彻底否定文化大革命、整党、党员登记、党员“双学”、民主评议、党风廉政教育等。自 1995 年 11 月江泽民同志视察北京工作时提出“讲学习、讲政治、讲正气”以后，“三讲”教育作为新时期党的建设的一个重要举措在全国试点并逐步展开，取得了成功的经验。

去年，中央决定在全国县级以上党政领导班子和领导干部中，集中一段时间，以整风的精神深入开展“三讲”教育，解决好党性党风方面存在的突出问题，这是我们党为加强自身建设而进行的一个新的创造性的探索。最近中央政治局进行了“三讲”，每位常委同志到一个县（市）就“三讲”教育进行调研，直接对县（市）领导干部进行动员，充分体现了党中央对“三讲”教育的重视。我们一定要把思想统一到中央的决策上来，从事关党的命运、前途的高度来认识“三讲”教育的重要性。

结合我校的实际情况，从“三个代表”的要求来衡量，在处级以上领导班子和领导干部中进行“三讲”教育也是十分必要和及时的。

---

* 本文是贺美英同志在清华大学处级干部深入开展“三讲”教育动员大会上讲话的部分内容。

一、认真开展“三讲”教育是实现我校创建世界一流大学的迫切需要

在国家综合实力激烈竞争的国际大背景下，在党和国家实施科教兴国和可持续发展两项重大战略、改革和发展都处于关键时刻的国内环境中，高等教育的发展遇到了极好的时机。特别是中央决定支持清华、北大携手共建世界一流大学，并纳入了国家计划，给予了大力度的支持，这对于我校的发展来讲，更是前所未有的难得机遇。从 1993 年提出争取在 2011 年把清华大学建成世界一流大学，到 1998 年年底开始制定一流大学建设规划并逐项付诸实施，工作头绪之多、学校变化之快、内外压力之大，可以说是我们从未经历过的。相比党和国家对我们的要求，我们在驾驭全局、把握方向方面还不是那么自如；在提高教育质量和办学效益方面还不能完全适应时代对我们的要求；在全心全意为人民服务、妥善处理各种矛盾方面离党中央和广大群众的要求还有不小的差距。高等教育改革和发展的势头容不得我们贻误时机，党、国家和人民对清华的厚望容不得我们有大的失误。要完成建设一流大学的任务，关键在党，关键在人，在全校的干部。我们一定要以“三讲”教育为契机，认真解决影响学校建设和发展以及群众反映突出的问题，认真查找领导班子和干部在党性党风方面存在的突出问题，加强党性修养，端正思想作风，增强在改造客观世界同时改造主观世界的自觉性，切实使领导干部在思想上有明显提高，政治上有明显进步，作风上有明显转变，纪律上有明显增强。以经受今后各种风险和考验，完成历史赋予我们的创建世界一流大学的任务。

二、认真开展“三讲”教育是解决我校领导班子和领导干部队伍存在问题和改进工作的迫切需要

校级领导班子和领导干部经过学习和剖析，已经实实在在地体会到“三讲”教育对于解决领导班子和领导干部中存在的突出问题是十

分及时和必要的。这次以填写征求意见表、开座谈会和由巡视组个别谈话等方式，征求了近300名各方面代表对学校领导班子和领导干部的意见，归纳整理各类意见近500条，主要集中在5个方面：领导班子的理论水平和驾驭全局的能力与创建世界一流大学的要求不适应；教育教学改革的深度和广度与培养人才的要求不适应；树立群众观点、贯彻群众路线方面与创建世界一流大学必须紧紧依靠群众、广泛发动群众的要求不适应；学术骨干和管理干部队伍的建设与世界一流大学对干部学术骨干的要求不适应；运行机制和管理体制的现状与世界一流大学的管理、运行水平差距较大，党的建设和思想政治工作与事业发展的要求不适应。这些问题的存在直接影响学校的凝聚力，直接影响学校的改革和发展。是“三讲”教育使我们对存在的突出问题有了比较清醒的认识，对于以“三个代表”为标准进行新时期的党建和干部队伍建设有了明确的方向。

从我校院（系）处级领导班子和干部的情况来看，总体上是好的，是有战斗力的，忠诚党的教育事业，恪尽职守，勤政廉政，为学校各项事业发展做了大量工作。但是对照党和人民对我校教育发展的要求和期望，我们各级班子和干部工作中还有不少矛盾，存在诸多不适应，还存在一些问题，表现在领导水平、工作作风和全面素质上与我们所处的地位和承担的责任不相适应。

比如，有些干部理论学习自觉性不高，学习系统性、针对性不强，有的同志缺乏理论学习的兴趣，下功夫不够，重实干而忽略理论提高，运用理论指导实际工作的能力和水平不高。

比如，有些干部坚持理想信念自觉性不够高，政治敏感性不强，对我国改革开放和社会主义现代化建设中出现的一些现象和事物缺乏理论思考，对建设中国特色社会主义的长期性、艰巨性、复杂性认识不足，不善于从政治高度分析形势和问题，驾驭全局、处理复杂问题能力需提高。

比如，在坚持民主集中制原则、密切联系群众、听取群众意见方面，有的干部听取意见不够、决定问题较多的凭主观意志；有的干部当面对少数人的不同意见时，当断不断，拿不定主意，造成工作拖拉。

在思想政治工作方面，虽然我们做了一些工作，也有一些成效，但是在新的形势下，社会情况发生了复杂而深刻的变化，经济成分和经济利益多样化、社会生活方式多样化、社会组织形式多样化、就业岗位和就业方式多样化日趋明显。面对层出不穷的新情况和新问题，探索思想政治工作的新途径和新方法，使思想政治工作更有针对性、更有效，我们还做得不够。各基层单位在思想政治工作方面发展还很不平衡。有的基层支部工作比较薄弱。

除了上述这些带有普遍性的问题之外，在我们少数单位的领导干部中还存在内部团结不好或领导水平不高等问题；有的同志缺乏政治上和理论上的坚定性，工作上进取精神差；有的同志满足现状，标准不够高，看不到自己存在的问题；有的同志个人考虑多，不尊重、不关心群众，缺乏民主作风，个别干部在廉洁自律上对自己要求不严格等。

这些问题的表现形式当然多种多样，但概括起来都是忽视“讲学习、讲政治、讲正气”，放松世界观改造和党性修养的结果。这些问题的存在在不同程度上削弱了党组织的凝聚力和战斗力，群众也不满意，影响了学校改革和发展的进程。在“三讲”教育过程中，各单位要广泛征求和听取基层干部和群众以及各方面人士的批评意见，全面认清存在的问题，采取切实有效的措施逐步加以解决和改进，努力按“三讲”的要求，提高干部的素质。

三、抓住机遇，在“三讲”教育中加强青年干部队伍的建设

这几年来，我校中层干部队伍的新老交替进行得非常快。目前，我校级处级干部339人中，45岁以下的同志已经占39%以上。从客观的发展要求来看，历史已经或将要把许多年轻的同志推上学校和各院系的领导岗位。几年来，我们在青年干部的培养和教育方面想了许多办法，做了许多工作，收到了一定效果，一些年轻干部在他们主持工作的领域里显示了较高的领导水平和工作能力，得到广大党员和群

众的认可和赞许。但也有一些青年干部理论素养较差，工作中站得不够高，不能从政治上考虑问题，有的人工作中不能虚心听取群众意见，不能很好地遵循民主集中制原则，喜欢个人说了算，工作方法简单生硬；有的青年干部对自己要求不严，工作责任心不强，组织纪律观念不强，个人素质方面存在这样那样的毛病。在这次反馈的意见中，有不少人认为，我们在青年干部培养方面针对每个人的不同情况深入细致地做工作还有不足；一些同志对于新老交替过程中青年干部是否能接好班、继承和发扬清华的好传统表示怀疑。这表明，青年干部的成长仍赶不上学校发展的需要，青年干部的培养和教育仍是一个重要的课题。清华大学今后能否坚持党的基本路线不动摇、能否坚持党的教育方针、能否继承和发扬学校的优良传统，青年干部队伍的建设是至关重要的。我们要以“三讲”教育为契机，抓住机遇，使学校青年干部队伍的全面素质有明显的提高。

加快建设世界一流大学特别需要加强思想政治工作*

（2000 年 9 月 14 日）

当前我们学校正加速建设世界一流大学的步伐，面对许多新的机遇，也面临不少新问题、新困难。在这样的条件下，特别需要加强思想政治工作。思想政治工作是凝聚人心的工程，是建设世界一流大学的生命线。我们的思想政治工作在继承发扬优良传统的基础上，必须在内容、形式、方法、手段、机制等方面努力进行创新和改进，特别要在增强时代感加强针对性、实效性、主动性上下功夫。只要我们有高度的使命感和紧迫感，而且敢于实践、敢于创新，是会有所作为的。

例如，电子系党委青年教师的工作就做得生动活泼，有声有色。电子系党委认识到建设世界一流大学的根本是培养人，青年教师的素质直接关系到学生的素质。他们看到有些青年教师的素质与所肩负的教书育人的任务不相适应，于是把引导青年教师队伍健康成长作为中心环节来抓，并按照不同层次的特点开展工作。首先是抓好青年教师中党员的工作。对他们提出明确要求：认真学习党的理论、路线、方针、政策，继承发扬学校重视思想政治工作的好传统，胸怀全局，发挥好团队精神，在青年教师中起好榜样作用与凝聚作用。同时，组织留校工作多年的党员与他们座谈，将心比心地讲工作的体会，讲如何克服困难，发挥好党员的作用。先期工作的同志言传身带，对新上岗的青年党员教师是很好的示范。其次是抓好入党积极分子的工作。由系党委直接抓，主要通过发展新党员来做工作，以不断扩大积极分子队伍。

* 本文是贺美英同志在清华大学全校教工党员大会上讲话的部分内容。

在今年“七一”前，他们召开了两次积极分子座谈会，学习党的性质、宗旨，讨论怎样做一个合格的共产党员。系党委及时把学习情况向所在支部作了通报，再配合深入的工作。第三是对于广大青年教师的工作，系党委与行政密切配合，关心他们的全面成长，逐一地落实他们的岗位、任务、培养，并力所能及地帮助他们解决生活上的困难。从 1994 年以来，电子系组织了深受青年教师欢迎的青年教师联谊沙龙。从开始时的一年一次，到后来的一个多月一次。由党委青年委员与工会青年委员组织，每次都由一个青年教师作为龙头具体落实。沙龙内容有形势与任务、如何创办一流电子系、怎样搞好管理、青年教师面临的机遇与挑战、教学经验交流、如何争取科研课题等。如一次沙龙邀请了校、系和师大教师来座谈教学工作，明确了学识渊博的人大都是教学上有造诣的，大师一定是好教师，教书育人影响一代人，一本好教材影响一片人，从而改变了只想搞科研，不想搞教学的想法。老系主任张克潜教授不仅学术造诣高，还有深厚的文化功底，请他在沙龙上做了四次“从中国传统文化到青年教师人文修养”的讲座，还请美院、人文学院教师参加讨论。这些活动成为青年教师自我教育的好方式，春风化雨、潜移默化地影响着他们的成长，调动了他们工作的积极性，并使好传统得以继承发扬。

我们要根据全国思想工作会议的要求，注意因地制宜、因人制宜、因事制宜、因时制宜地开展思想政治工作。例如我校饮食中心党政配合，以行政的、经济的和思想政治工作相结合的方法，推动广大党员和职工转变观念，统一认识，推动改革与发展，也为我们思想工作提供了经验。饮食中心于 1993 年起步改革，现在 700 多职工达到 7000 多万元的年营业额。从 1998 年起不要学校补贴，并自筹 3000 多万元投入食堂设施改善工程。还用困难学生的例子教育职工，搞好伙食，降低价格，完善服务。饮食中心从吃皇粮、靠补贴到不等不靠，主动适应市场需要，以服务、质量、价格、信誉以及不断改善的环境，赢得广大师生的欢迎，实现了自我积累、自我完善、自我发展的良性循环。他们最深刻的体会就是：思想工作确实是经济工作的生命线。

在这里，我只举了两个单位的例子。在我们学校的广大党员干部中还有许多思想政治工作的闪光点，在广大师生员工中蕴藏着丰富而实际的教育资源，要充分利用这些资源引导群众自己教育自己。今年是实施中央重点支持一流大学建设三年规划的第二年，是关键的一年；我们还要进行新一轮的设岗聘任工作；还有 21 次教学讨论会；等等。希望各支部广大党员结合中心工作，切实做好思想政治工作。实践表明，党的思想政治工作决不是可有可无、无所作为，而是必不可少、大有可为的。能否做到大有作为，关键在我们的党员和干部对思想政治工作的重要性有没有清醒的认识，有没有高度的责任感与创造精神。

在学校工作中学习、落实“三个代表”*

（2001 年 8 月 13 日）

在庆祝建党 80 周年大会上，江泽民同志发表了重要讲话，全面系统地回顾和总结了我们党 80 年的光辉历程和基本经验；系统阐述了“三个代表”重要思想的科学内涵，回答了在新的历史条件下建设什么样的党和怎样建设党的问题，即如何保持党的先进性，不断增强党的创造力、凝聚力和战斗力，永葆党的生机和活力；指出了新世纪党的历史任务和奋斗目标。这次全校中层干部会首先要认真学习好文件，全面、准确地领会讲话精神，掌握“三个代表”重要思想的精神实质，并贯彻落实到我们的各项工作中。

一、关于保持党的先进性问题

在新的历史条件下，我们要建设一个什么样的党呢？根据“三个代表”的思想，我们要建设一个与时代特征相适应的、保持自身先进性的党。在这里，先进性是问题的实质。

我们党的先进性是与党的阶级本质联系在一起的。我们党的工人阶级先锋队性质决定了它的先进性。随着科技的进步和社会的发展，掌握着科学技术这个“第一生产力”的劳动知识分子成为工人阶级的重要组成部分。作为知识分子集中的高等学校党组织更要注意保持党的先进性。

---

* 本文是贺美英同志在 2001 年暑期全校中层党政干部会上讲话的部分内容。

我们党的先进性又是与时代性紧密联系在一起的。先进性是一个历史的范畴，只有与具体的时代特点和人民群众的具体实践结合起来才具有现实的意义。要与时俱进。在新的历史时期，在国际环境、国内状况以及党本身的一些情况发生了较大变化的条件下，始终坚持“三个代表”就能始终保持党的先进性。

关于国际环境的变化，江泽民同志在我校 90 周年校庆的讲话中概括了三点：“经济全球化正在深入发展，科技进步日新月异，综合国力竞争日益激烈。”国际环境的这些新特点，要求我们一定要坚持实施科教兴国战略，必须把科学技术的发展置于十分重要的战略地位；同时在与资本主义国家的关系上，必须处理好原则性与灵活性的关系。

关于国内状况的变化，江泽民同志指出，即随着改革的深化和社会主义市场经济的发展，我国社会生活中出现了社会经济成分的多样化、利益主体的多样化、社会组织形式和社会生活方式的多样化、就业岗位和就业形式的多样化。这“四个多样化”给我们党的领导水平提出了更高的要求。

关于我们党自身情况的变化，一是党的人员状况的变化。到 2000 年底，全国党员总数已达 6451 万名。党员人数的扩大既表明了党的发展壮大，也表明了党建任务的迫切。从党员的年龄结构看，目前 45 岁以下的党员近 3000 万，这意味着新中国成立以后出生的党员已占总数的将近一半，而其中有 1439 万名为 35 岁以下，都是“文革”后入党的。就我们学校看，党员也有 9000 多（包括离退休党员），小的十八九岁，老的八九十岁。每个党员所处的地位、经历、家庭状况、社会联系都是千差万别的，可见党的光荣传统教育和各方面建设的任务是十分繁重的。二是党的历史地位的变化。就是说我们党从一个为夺取政权而斗争的党，变成了一个领导人民掌握着全国政权，并长期执政的党；从一个在受到外部封锁的情况下领导国家建设的党，成为了在改革开放条件下领导国家建设的党。要很慎重地处理生产力与生产关系、经济基础与上层建筑矛盾的各种问题。一旦在这些问题上发生脱离中国实际，背离人民要求的错误，就有可能导致严重的后果，甚至历史的倒退。

二、深入学习和领会“三个代表”的内涵，把“三个代表”思想落实到学校工作的实际中

我们党通过什么来体现“三个代表”的要求呢？江泽民同志在讲话中明确指出，“三个代表”的要求要通过党的理论、路线、纲领、方针、政策和各项工作来加以体现。根据这个思想，党的基层组织贯彻落实“三个代表”有两方面的要求。一方面要把党的理论、路线、纲领、方针、政策等真正落实在基层，通过自己的工作为党的整体贯彻落实“三个代表”作出贡献；另一方面，党的基层组织要创造性地开展工作，在根据本单位的具体情况制定工作方针和工作步骤时，一定要体现“三个代表”的要求。

作为党的一个基层组织，清华大学党委贯彻落实“三个代表”要求，首先要贯彻落实好中央的科教兴国战略。在科学技术成为第一生产力的历史条件下，在大力加强社会主义精神文明建设的今天，在人的全面发展特别是科学文化素质的提高越来越成为人们普遍追求的情况下，科教兴国战略充分体现了推动先进生产力发展的要求，体现了发展社会主义文化的要求，体现了人民群众中最大多数人的利益要求。我们以自己的实际工作落实科教兴国战略，就是为我们党贯彻“三个代表”要求作出了贡献。

努力完成建设世界一流大学的任务，也是我们贯彻落实“三个代表”要求的实际工作。1998 年 5 月，江泽民同志代表党中央提出“为了实现现代化，我国要有若干所具有世界先进水平的一流大学”的号召后，建设世界一流大学已经成为科教兴国战略的一个重要组成部分。今年 4 月，江泽民同志为我校 90 周年校庆题词并在校庆大会上发表讲话，更把清华大学建设世界一流大学的目标与实现中华民族的伟大复兴联系在了一起。我们现在为创建世界一流大学而努力奋斗，决不仅仅关系到我们清华大学一个学校，而是事关国家、事关民族，也事关我们党

在新时期能否贯彻落实“三个代表”要求。

围绕创建世界一流大学这项中心工作，我们要制定有关学校改革和发展的各种方针和具体的实施步骤，使我们的决策真正能够代表先进生产力的发展要求、先进文化的前进方向和最广大人民群众的根本利益。学校的各级党组织要贯彻落实“三个代表”的要求，就要紧紧围绕学校的中心任务努力地、有创造性地开展工作；学校的每一个党员就要在自己的本职岗位上发挥先锋模范作用，出色地完成好党组织交给的各项任务。

三、关于学习中的一些问题

在学习讨论中，也有一些同志存在不太清楚的问题，主要集中在对允许私营企业主入党不能理解。关于这个问题，我想强调三点。

第一，我建议大家先把讲话中有关的这几段话认真读一读。江泽民同志在七一讲话中讲了这样几层意思。

（1）党必须坚持工人阶级先锋队的性质。

（2）看党的性质，看党是不是工人阶级的先锋队，主要是看党的纲领是不是马克思主义的，而不是看党员的成分是不是工人或工人成分占多大比例。

（3）改革开放以来，我国的社会阶层构成发生了新的变化，出现了民营科技企业的创业人员和技术人员、受聘于外资企业的管理技术人员、个体户、私营企业主、中介组织的从业人员、自由职业人员等六种新的社会阶层。社会阶层构成的这种变化是与我们党在社会主义初级阶段的基本纲领相一致的，以上六种社会阶层的广大人员属于我们党的群众基础，他们与工人、农民、知识分子、干部和解放军指战员团结在一起，也是有中国特色社会主义事业的建设者。

（4）既然这六种社会阶层的广大人员属于我们党的群众基础，那么在把来自工人、农民、知识分子、军人、干部的党员作为党的队伍最基本的组成部分和骨干力量的前提下，吸收这六种社会阶层人员中少数优秀分子到党内来，对我们党增强在全社会的影响力和凝聚力是有好处的。

私营企业主阶层和这个阶层中的人员是两个概念，而可以吸收入党的更是少量的人员，江泽民同志讲到了“承认党的纲领和章程、自觉为党的路线和纲领而奋斗、经过长期考验、符合党员条件”等许多限制条件，而且他们入党后也要在党的大熔炉里不断提高思想政治觉悟。比如说知识分子，解放前我国只有不足 3 万人，而现在是 3000 多万人。许多科研人员、教师下海创办公司，有了股份，成为经营者，同时自己也劳动，管理也是劳动。他们有的成功了，也有不少人失败了，失败了又回来搞教学、科研。再如在农村中，许多人外出打工，挣了钱回家乡办企业。有的成功了，也有的失败了，失败了再去打工。这是很复杂的情况。其中有的原来就是党员，有的表现优秀，申请入党，我们不应把他们一概拒之门外。这是我要强调的第一点。

第二，我们很多同志担心的是，一些地方可能没有真正搞懂中央的精神，一哄而起，不分良莠把大批私营企业主拉入党内。关于这一点，我要告诉大家，中央已经采取了措施。学校收到了教育部的通知，要求现在先认真学习讲话精神，不要一哄而起。将来如何实施，中央会发出文件，制定细则。

第三，有不同意见可以通过正常途径在党内讨论，直至向中央反映，但不要在网上炒作。当前首先希望大家深入学习，多看一些材料，深入进行研究，然后贯彻落实。

三、干部、人才队伍建设和党的基层组织建设

在教工党支部工作经验交流会上的讲话

（1994 年 1 月 13 日）

学校党委每年开一次支部工作经验交流会，一方面，通过总结，充分肯定支部工作的成绩；另一方面，交流经验、互相促进，使支部工作在新的形势下更上一层楼。

我想讲几个问题。

一、新形势下党的工作、支部工作的地位和作用

我们国家处于改革开放的一个大转变时期，特别是当前，以经济建设为中心，向社会主义市场经济体制过渡，建设有中国特色社会主义。在转变时期，很多制度、法律不完善，出现的问题较多、矛盾较多，思想比较混乱；在实际生活中，一手硬、一手软的问题并没有解决好；由于教育经费不足、待遇不够高，学校中一些单位、教研组抓任务、抓钱多，重视思想工作不够。因此，有些支部产生了一些问题，比如，以经济建设为中心，党的工作是否不被重视了？党的工作还有没有作用、有没有地位？党委讨论认为，对党的中心任务、对建设有中国特色社会主义、对以经济建设为中心、对建立社会主义市场经济体制等大的方针路线，我们大家都是拥护并积极支持的。但是在转变时期，思想矛盾也较多、较混乱，在这种情况下，我们更应该加强党的思想工作，加强党的建设，保证中心任务的完成。我们学校要建设有中国特色的世界一流的社会主义大学，也必须靠党的工作来保证。因此，重视和

加强党的工作是必然的，绝不能动摇。在新形势下，党支部的工作具有重要意义，发挥着重要作用。在教学、科研、生产、行政、后勤各个方面，工作搞得较好、取得成绩较大的单位，一般都是支部和行政配合较好、党的支部做了大量工作，因而才取得成绩的。同样，也正因为党支部发挥了战斗堡垒作用，促进了本单位的工作，被群众和干部承认，因而也就有地位，教研组的大事找你讨论、大家有事找你商量、有困难找你帮助、有心里话找你说。所以，新时期党的工作必须加强，作用和地位不容否定。

二、新形势下党支部如何发挥作用、应当做哪些工作

1. 要组织好学习，使党员和教职工的思想适应改革的形势

大家都拥护改革，不少人还认为现在改革太慢，但真正一项改革措施出台，涉及人们利益的调整，又会有矛盾。如工资改革，要求做到效益优先、兼顾公平，打破平均主义，拉开差距，大方向是合理的，但具体实施中不平衡、不合理的地方也是有的。大家都涨了，但有的涨得多、有的涨得少，不平衡；这个系列和那个系列涨得不同，也有不平衡。这只能在今后去不断完善。新的一年中，国家将有许多重大改革措施出台，学校也要加大改革力度。我们一定要学习好《邓小平文选》第三卷和党的三中全会《决定》等文件，引导大家提高思想、统一认识，同时解决具体问题，保证国家、学校的改革顺利进行。

2. 要结合学校和系的中心工作，在中心工作中发挥战斗堡垒作用和监督保证作用

支部要参加教研组和各单位、各部门的中心工作，如教学改革、学科建设、教书育人、科研组织等。有一些党支部在这些方面做得较好，如请主任介绍工作，组织党员讨论学科建设、出谋划策；组织大家齐心协力争创一类课，推动教书育人，提高教学质量；帮助组织力量，承接重大项目、重点任务，协调工作中的矛盾；与行政一起研究本单位、本部门的改革工作，做好动员和深入细致的思想工作等。

3. 要协调关系、化解矛盾

一个单位，一个教研组，工作千头万绪，人员也各种各样，每个人有优点、也有缺点，工作中总会有磕磕碰碰，行政干部和党的干部之间、干部和群众之间也会有矛盾。支部书记就是政委，要心胸开阔，能听各个方面的意见，帮助每个人发挥优点长处、克服缺点短处，化解矛盾，使教研组关系协调。搞得好的单位正是由于有这样的干部和党员协调各方面关系、化解各种矛盾，才使工作取得进展。有些单位长期搞不好，党政不团结，互相只看缺点，各拉一部分人；有了矛盾躲着走，教研组一盘散沙，什么大事业也干不成。有些党政配合方面的矛盾要靠建立必要的制度来解决，如书记参加核心组的制度、领导班子民主生活会制度等。要减少工作中的矛盾，必须认真搞好民主建设和制度建设。党支部做思想工作还要适应新的形势，要有针对性，解决新问题。现在经济活动多了，教研组里科研、开发等项目也多了，学校也不再是“清水衙门”。在这样的情况下，新的问题也会产生，如何对待金钱的诱惑，防腐倡廉，如何处理好奖酬金分配、成果署名等，都会出现问题、矛盾，需要努力去做工作。

4. 要加强支部自身建设

现在支部本身存在的问题主要是，有些支部的组织生活和党内管理流于一般化；批评和自我批评难以开展；有的支部长期不做党员发展工作，对申请入党几十年的老积极分子盯住一些历史问题和缺点不放，对年轻人也很少主动做工作。针对这些问题，党委提出以下几点要求。

第一，支部组织生活要有主题，要结合党员的思想问题、教研组发展的大问题等，过好组织生活，这样能吸引大家，也有效果。

第二，搞好支部自身建设，党内的批评和自我批评非常重要。党员民主评议时要严格要求，对一些学术带头人等老同志，不一定在支部会上谈，可以用同辈人座谈、个别谈话等各种方式，开展与人为善的批评和自我批评。校长书记的组织生活就很敞开思想，谁有什么缺点都能互相坦诚地提出来，这样做既不伤感情又能促进团结，党内的生活就应该坚持这样的原则。

第三，支部建设的另一项工作是有计划、有重点地做好发展工作。这里我想着重讲一讲培养年轻人的问题。从现在起，我校已进入退休的高峰期，到2000年，“文革”前参加工作的同志基本都退休了。我们学校争取“211工程”，争取21世纪创世界一流，必须依靠现在的年轻人来实现。我们老同志任务很重，一是自己教学、科研负担重，另外还负有历史责任，要把青年同志带出来，所以现在学校在提职称、建房子等问题上，采取一些措施向青年人倾斜是必要的。我想各支部还要学习邓小平同志关于培养年轻人的讲话，加强青年教师、研究生、本科生的工作，这也就是做好培养接班人的工作。现在，青年教职工中党员比例较低，特别要注意做好他们中的发展工作，视野开阔一些，不能守株待兔，而要主动做工作。这项工作关系到党的千秋大业，也关系到学校今后的兴衰，确实责任重大。当然，在做好青年人工作的同时，也要关心和做好老同志的思想工作。大家共同努力，解决一些实际问题。

三、做党的工作本身要有奉献精神

我们入党本身就是为了国家的强盛和人民的富裕、幸福，为了共产主义的理想。我们很多支部书记、党的干部，在各项工作中模范带头，保证了学校的健康发展。

我们做的许多工作对教研组、对学校起了重要的作用，但对个人利益不是直接有利的，如对个人分房、提职称不一定都直接有好处。我们一个系的党委书记为了保证副书记带队搞大课题，在自己本来就很繁重的工作中又替他承担了学生工作。副书记被提为教授，而书记没有被提，这样做究竟值不值得？我们说值得，从大局出发，个人的一些牺牲对整体有利，我们就要去做。若每件事都要问对自己是否有利，也就不是共产党员了。当然党组织也要多方面努力，为那些做党的工

作优秀的同志们解决实际问题。

最后，我代表党委感谢各位同志的辛勤工作，大家为党的工作所做的奉献，组织和同志们是不会忘记的。希望在新的一年里，大家齐心协力，学习先进，改进工作，使我们学校党的建设更上一层楼，保证学校全面工作和改革顺利进行。

围绕中心工作
发挥党支部的战斗堡垒作用 *

（1996 年 12 月 26 日）

每年召开一次党支部工作交流研讨会，交流一下工作的经验和体会，已成为我校很好的传统，可以推进全校党支部的工作。我们广大党员在教学、科研、管理、后勤和产业第一线不辞劳苦地辛勤工作，不计较个人得失，克服了各种各样的困难，我们绝大部分党委和党支部围绕学校中心工作，充分发挥了党组织的政治核心和战斗堡垒作用，为党的事业、学校的发展作出了很大的贡献。刚才几个单位和同志的发言就反映了我们各级党组织以及基层党务工作者和广大党员的辛勤工作以及取得的成绩，从中我们可以看到，基层党组织的工作绝对不是可有可无的，也绝不是与学校的发展、与争创一流无关的。基层党组织的作用发挥得好，教研组的事业就兴旺发达，集体就有凝聚力。

今天参加会议的很多都是多年从事党建工作的老同志，也有部分刚刚开始做党务工作的年轻同志。在新时期、新形势下学校党组织如何结合中心工作发挥作用，对于我们大家来说都是一个新课题，需要我们积极探索。

一、党支部要和行政密切配合，围绕学校的中心任务开展工作

基层党支部的工作决不仅仅就是组织学习、收收党费、发展党员，更重要的是必须积极参与中心工作。现在全国的中心任务是经济建设，

---

* 本文是贺美英同志在全校党支部工作交流研讨会上的讲话。

学校的中心任务是抓好“211 工程”和“九五”规划的实施。党中央提出了“科教兴国”战略，搞好我校的工作就更具有深远的历史意义。基层党支部就是把党中央的精神、把学校的中心工作落到实处的基本单位。

基层党支部首先要全面了解自己所在单位的中心工作开展的现状和存在的问题，与行政配合好，把思想工作渗透到业务工作和其他活动中去，协调好各方面的关系，调动全体教职工的积极性，推动所在单位的中心工作顺利进行。

教研组的党支部书记要参与教研组的核心，对教研组有哪些工作要做，怎样做要提出建议、参与决策，并参与贯彻的过程。党政干部要团结一致，经常交流思想沟通情况；党员教研组主任每学期要向支部大会汇报工作，党支部也应邀请非党教研组主任每学期向支部大会通报情况，听取党员意见和建议，共同做好教研组的各项工作，把教研组建设成为有凝聚力、充满活力的集体。电子系的信检支部介绍了他们同行政密切配合、走出逆境的事迹，是党支部围绕中心工作发挥战斗堡垒作用的一个很好的例子；计算机系信息支部在把握学科方向、适应市场经济变化、开拓国内外合作方面同行政密切配合发挥了很大的作用，全面推动了教研组的工作；核研院通过党政干部易位来加强党政配合，促进了各项工作的发展；材料系党组织书面介绍了在青年教师和干部梯队建设方面的成功经验。这些都充分说明搞好支部工作绝不是一句空话，也说明了党支部的工作对教研组业务工作取得成功有多么重要的意义。这样的例子在全校还有很多。

在教书育人中党支部应充分发挥作用。党支部要引导教师关心学生的全面成长，在教书育人中充分发挥作用，特别是要关心学生的德育培养。要主动配合校系有关部门选派优秀教师担任辅导员、班主任，并关心支持他们的工作，每年应邀请班主任、辅导员在教研组介绍学生工作的情况。党员教师的模范带头作用对学生是一种无形的影响，对学生的思想成长是有很大作用的。有的系反映党员导师的学生多数都递交了入党申请书，这就是党员导师榜样感染力的作用。

二、开展思想建设和党员教育

基层党组织要宣传和执行党的路线、方针和政策，组织党员学习政治理论，对党员进行思想教育和组织管理，这是党章规定的基层党组织任务中的头三条。不这样做就无法保证党组织成为统一的整体，无法保证党的路线和各项方针政策得到落实。目前我们党的工作已经转移到以经济建设为中心上了，但基层党组织的这些任务仍然没有改变，不能因为业务工作忙而有所削弱。如果借口忙业务工作而放弃党的组织管理，尽管大家也能在自己的工作岗位上发挥一定的个人作用，但有党组织和没有党组织就没有什么两样了，党组织作为一个整体的巨大作用就无法发挥，业务工作也就无法保证了。因此我们必须保证健全的学习制度和正常的组织生活。“文革”期间的“政治冲击业务”是错误的，现在我们也不能走到另一个极端，因为我们现在的“讲政治”正是推动我国社会主义经济建设、推动学校中心工作的基本保证。

从整体上来说，我校教职工党员的政治信念是坚定的，是拥护党中央的各项方针政策，具有坚定的走有中国特色社会主义道路的信念，关心国家的发展，对我国改革开放以来所取得的成绩是赞许的。在学习讨论中，大家对国有大中型企业改革的难点、贫富差距问题、腐败问题等表现出极大的关注和对改革进程中存在的困难表现出的忧虑，从一方面体现了教职工党员对党的事业的关心和责任心。

我校的教职工党员在日常的工作、生活中都起到了很好的模范带头作用。几乎所有的教学、科研、管理等工作的骨干都主要是由党员构成的，他们在各自的岗位上都发挥了很好的带头作用。有的教研组请新来的教工猜谁是党员，结果绝大多数都猜中了。有的系组织青年教师座谈，外校分来的青年教师发言说清华教师党员的表现很令人服气，因此原来没有入党要求的青年也开始考虑要求入党了。有的院系通过调查发现，讲课最受学生欢迎的教师绝大部分都是党员。多数被人们认为对个人提职称、挣经费、出论文不利的吃力不讨好的工作都是由党员承担的，而在成果报奖名额发生冲突时主动让出的绝大部分也是党员，尽管这个奖可能会影响自己的提职。很多党员学术带头人没有忘记自己除了是一名教授、专家以外还是一名党员，能够从党和人民的利益出发，着眼全局，带动全体教师为学校的发展、学科的发展作贡献，而不是只关心自己在某个学科领域站住脚和扩大知名度。这些党员学术带头人能够团结人，善于与他人合作，能够正确处理名利问题，实际上有利于其学术的长远发展，能够成就大业。这些党员学术带头人以自己的模范作用和威望对青年教师和学生的思想和业务成长都有着很强的影响，对整个教研组的发展也起到了重要的作用。

很多离退休的老同志还积极关心学校和教研组的发展，积极献计献策，组织生活时出勤率普遍很高，反映了我们的老同志有很强的组织观念和很高的思想素质。

但也有个别党员存在政治意识、组织观念淡薄，不能发挥模范带头作用的问题，在群众中造成不好的影响。最普遍的问题是重业务、轻政治，只要有业务活动就不出席组织生活，个别人甚至很少参加组织生活，本质上还是反映了这些同志更关心的是自己本身的利益，忘记了自己还是一名共产党员。群众反映最大的问题是个别人注重个人私利、争名争利、独断专行，甚至违反党纪国法。这些人虽然只是个别的，但造成的影响是极坏的，对党组织的形象有很大的消极影响。

因此基层党支部开展思想建设是非常必要的，去年以来我们在全校党员中开展的“新时期党员标准讨论”和“双学”活动，带动了学校整个精神文明建设的发展，有助于形成党中央强调的讲学习、讲政治、讲正气的局面。党的思想建设必须是经常不断的，我们要常抓不懈。很多党支部本来有很好的群众基础，党员素质高，对自己的要求严格，但并没有因此而放松抓思想建设。党支部通过做工作，宣传先进党员的事迹，使新党员也受到很好的影响，把支部的好传统发扬光大。

三、搞好组织建设

我校绝大多数基层党支部的建制是健全的，能够按期过组织生活、缴纳党费。有些系还制定了很好的学习制度和学习计划，有些支部能够结合支部的特点安排形式多样的学习内容，在组织生活中能够认真地开展批评和自我批评，有效地起到了教育党员的作用。

支部的工作成功与否，支部书记往往起到很大的作用。好的支部的支部书记多数能力比较强，对自己要求严格，不谋私利，受到群众的普遍拥护。他们尽管自己的业务工作也很忙，但对支部工作很投入，牺牲了很多自己应该得到的东西，做到了襟怀坦荡、无私奉献。一些刚刚做支部书记工作的同志尽管有很高的热情，但往往不太清楚如何开展工作，感觉支部书记的工作不像教研组主任的工作那样能落到实处，还有不少人认为只有老书记、小主任的条件下才能开展好党支部的工作。前面热能系发言的同志就介绍了作为新上任的年轻支部书记应该怎样开展工作的经验，是很值得我们新上任的年轻同志参考借鉴的。

支部组织健全，组织生活开展得好，支部凝聚力就强。前面发言介绍的一些支部在关键的时刻为什么能够发挥党支部的战斗堡垒作用，保证中心工作的完成？这与这些支部平时党员教育是分不开的。例如，铸工车间在学校的改革过程中克服重重困难，全体党员群众无私奉献、顾全大局，为顺利完成学校的任务作出了巨大贡献。这些支部平时就能够大胆开展工作，在学习和组织生活会上能够充分开展批评与自我批评，党员对自己的要求严格，起到了表率作用。在重大任务面前党支部通过组织生活会统一思想，明确认识，要求群众做到的事，党员先做到。党员的思想统一，才能带动群众进行工作。

但我们不能不看到部分党员和干部存在政治意识、组织观念淡薄的问题，因此必须加强党员的政治意识、组织观念的教育。例如，个别党员学术带头人思想锻炼不够，现在学术地位高了一点，就成为所谓的“特殊党员”了，考虑个人过多，听不进基层党组织的意见，基层党组织也不敢做他的工作。党章规定，所有党员都要参加一个组织并在其中积极工作，所有每个党员都要参加组织生活，接受支部的领导，不存在可以不接受支部领导的“特殊党员”。党支部要敢于做工作，党要管党，是代表一级组织行使权力。

当前基层党组织还有一个紧迫的任务，就是组织发展工作。尽管目前教师队伍中的党员比例达到60%，但40岁以下的青年教师党员比例只有42%。随着老教师离退休，在职教师党员比例就会急剧下降，这与对教书育人者需要有较高政治素质的要求是不相称的。这个问题已经在很多场合讲过了。做青年教师的党建工作，不少同志都反映难度比较大，影响了做这一工作的积极性。今年以来，很多单位在这方面做了许多工作，今天水电系党委介绍了他们的经验，他们在青年教师的积极分子队伍培养方面下了很大功夫，取得了可喜的成绩。他们的工作难度应该说比一些单位要大，但他们做得到的事情，相信其他单位的党组织也能做到，关键是要把工作做到家。

四、学校的队伍建设

学校的队伍建设包括教学队伍、科研队伍、管理队伍以及职工队伍，是我们当前一个迫切的任务。在“九五”期间，我们有一大批老同志都要进入离退休行列了，新老交替阶段人手接不上是全校各单位普遍存在的问题。教研组党支部和行政应该共同研究队伍建设的问题，这决不仅是行政部门的职责。我们要坚持党管干部，这不仅包括党的干部，也包括科技干部。党支部要管好所在单位的教职工队伍建设，要促进青年教师和青年职工的思想和业务成长，做到又红又专，还要注意培养考察优秀的博士后和学生骨干作为我们的后备梯队，创造条件引进人才。还要创造好的环境，好的氛围能够让年轻人充分发挥作用，使优秀的人才感觉到清华是一个很有吸引力的地方，愿意到清华工作。

五、密切联系群众，做群众的思想工作，增强队伍的凝聚力

党支部要在日常工作中充分发挥党组织做思想工作的特长，教育全体党员密切联系群众，经常听取教职工和离退休人员的意见和建议，关心群众的思想、工作和生活，反映群众的合理要求，处理好各方面的矛盾，创造团结向上的氛围；党支部要教育党员和群众支持教研组主任的工作，充分调动大家的积极性。很多支部的发言都介绍了他们做群众的思想工作、增强队伍的凝聚力、共同完成中心任务的好经验，是值得我们学习的。

个别支部内部存在严重的不团结的现象。党员间的不团结也影响了群众，严重阻碍了教研组各项工作的开展。这样的支部失去了凝聚力和战斗力，要采取有力的措施解决。

坚持民主集中制原则，做好学校领导体制转换工作 *

（1997 年 12 月 26 日）

1988 年以前，我校实行党委领导下的校长负责制；1988 年以后，按照中共中央关于教育体制改革的精神，在我校试行了校长负责制；1997 年 1 月，根据《中国共产党普通高校基层党组织工作条例》，又转变为党委领导下的校长负责制。这次学校领导体制的转变是非常重要的，是新形势下加强党对高校领导的重要措施，是改革开放以来中央对高等学校领导体制改革工作科学总结基础上作出的重要决策。高等学校是培养社会主义事业建设者和接班人的重要基地；是坚持马克思主义和社会主义意识形态的重要阵地；是加强科学研究，坚持为四化建设服务的重要基地。加强党对高校的领导，对于我们的四化建设，对于坚持党的基本路线一百年不动摇具有重大意义。

为了做好我校领导体制的转换工作，我们首先抓好统一思想认识工作。先后在学校党委扩大会、中层干部会、暑期干部会上广泛宣传学校体制转换工作的意义，提高大家对这项工作重要性的认识。

第二，按照《条例》的精神，进一步完善和修改了已有的工作规范，做到了在新的体制下党、政职责明确。目前，学校已经修改和通过了《清华大学管理体制条例》《清华大学系主任工作职责》《清华大学党委工作职责暂行规定》《清华大学教研组党支部工作的几点意见》和《清华大学教研组领导核心会议制度》等文件，初步形成了校、系、教研组的三级职责与规范，有效地保证了换制工作的落实。

---

* 本文是贺美英同志在北京市高校党建研究会 1997 年年会上发言的部分内容。

第三，以《条例》作为主要内容，加强对基层干部的培训。我们在起草学校对《条例》实施细则的过程中，多次召开了系主任、系党委书记座谈会，对起草的文件进行讨论；在文件通过后，我们又重点对近年来新上岗的20多名系主任、系党委书记进行了培训，组织他们学习《条例》和学校制定的有关文件。学校领导同志和部处负责同志还分别在干部中作了“学校传统”“学校体制”“干部素质”和“民主集中制”等专题讲座，提高了中层干部对换制工作意义的认识，保证了《条例》在基层的贯彻执行。

改革开放以来，我校的领导体制尽管多次变化，但党政关系总是协调的，究其原因，总结起来有以下四个方面。

1. 学校的领导班子成员有严格的党性，有重视党的工作和思想政治工作的优良传统

我校长期以来，坚持“双肩挑”的又红又专干部制度，学校的领导成员一般都经受过政治思想工作和行政管理工作两方面的锻炼，学校领导班子中多数成员都有党政工作互换的经历，因此他们在党政工作中有较多的共同语言。党委能积极结合行政中心工作开展党的工作，行政负责同志也在业务工作中讲政治，重视思想政治工作。大家劲往一处使，不搞“两张皮”。班子中每个成员私心都比较少，能做到识大体、顾大局，坚持严格的党性原则，围绕办好学校的共同目标努力开展工作，这是保证在任何体制下党政协调一致的重要原因。

2. 长期以来，在决定重大问题时坚持实行民主集中制的组织原则

民主集中制是我们党的领导原则和组织原则。不管在什么领导体制下，我们都严格按照这一原则，决定学校的重大问题。在校长负责制下，学校的重要问题由书记、校长联席会集体讨论，校长根据多数意见去决策。校长注意听取党委意见，重视党委的政治核心作用；在党委领导下的校长负责制时，学校建立了党委常委与校长联席会决定重大问题的制度，党委也充分尊重校长在自己的职责范围内充分地行使职权，重大问题集体讨论，决定了的事情分头去办。在决策过程中，学校坚持从群众中来、到群众中去的群众路线，广泛吸收群众意见，

扩大群众在决策重要问题上的参与程度。我校多年来，建立了20多个工作委员会，吸收了近500名教授、副教授、骨干教师和教职工代表参加；学校每年还召开两次教职工代表大会，校长向教职工代表报告学校改革、发展的重要问题和关系到教职工切身利益的问题。广泛听取意见，保证了决策的科学性。

3. 注意增强班子的团结

我们的一位老校长曾经说过，不管什么制，领导班子团结就有治（制），班子不团结就没治（制）。学校历届党委，十分重视班子的团结，坚持严格的领导核心生活会制度。每届新班子成立后，第一次会议就是民主生活会。大家总结、研究工作，交流思想，开展批评与自我批评。已经退下来的负责同志，积极负责地帮助新班子，处理一些难以解决的问题，决不让过去的矛盾拖到新一届，保证了新班子的协调一致和有良好的起步。

4. 重视抓好制度建设

制度建设具有长期性、稳定性和根本性。为了保证民主集中制的切实贯彻，我们不仅依靠每个人的素质，更重视建立一系列切实可行的制度。过去，我们在校长负责制时，制定了党委常委会、校务会、校长书记联席会等会议制度，保证了党政各司其职、重大问题集体研究。今年改制后，根据党委领导下校长负责制的要求，对相应的会议制度和职责又进行了修改。我们还相应地成立了由党政主要负责同志、部处主要负责人参加的干部工作小组、财经工作小组和人才引进小组等，集体研究一些重要问题，较为成熟后再提交到常委会或校务会上讨论，避免了在一些重要问题上搞临时动议或个人说了算。

加强新时期基层党支部的建设 *

(1998年3月12日)

我们学校一直有着重视基层支部建设的优良传统，从1985年党员重新登记以来到现在，坚持每年召开一次支部工作经验交流会，为我们研究和总结新时期党的建设工作的新经验提供了制度保证，也为加强基层支部工作和推动学校的改革发展起到了促进作用。

我校的党建工作所以能在高校当中处于比较先进的位置，除了有各项制度保证以外，我觉得更重要的一条，就是有一支思想、业务素质比较好的支部干部和系党委干部队伍，能够把党的精神、决议落实到基层。有外校的同志讲，清华党的组织能感觉到组织的力量。组织的力量就是说有腿，能够一直伸到基层，这是一个很重要的保障，使得我们工作能够做到底。支部就是党的细胞，只有每个细胞都健康，党的机体才能够健康。假如我们每个细胞都坏死了，这个党组织也就要完蛋了。正是由于我们的支部书记和各级党的干部能够坚持党的基本路线和党的各项方针政策，努力实践自己全心全意为人民服务的宗旨，坚持严格的党性原则，兢兢业业地做好党的基层工作，我们学校基层党组织的建设工作才取得了进展。今天表彰的37位同志就是我们党支部书记和党委委员当中的优秀代表，学校党委也希望我们所有党务工作干部向这37位同志学习，积极参加新时期党的工作研究和探索，不断提高工作水平，把基层支部的建设工作搞得更好。

新时期下怎么加强支部工作呢？我谈三点意见。

---

* 本文是贺美英同志在全校支部工作交流会和优秀党支部书记、系党委委员表彰会上讲话的主要内容。

一、支部建设工作要围绕着党的基本路线，为党的中心工作服务

十五大报告中提出，加强和改进党的基层组织建设要围绕党的基本路线，为党的中心任务服务。作为学校基层党组织重要的任务就是要围绕学校教学、科研两个中心和培养人这个根本任务来进行。基层党支部要做到围绕中心任务来思考问题、开展工作、发挥作用。要以完成根本任务为中心来制订工作思路和计划。党支部书记要经常与教研组主任沟通情况，积极参加教研组重要问题的讨论和决定。党支部要定期邀请教研组主任或副主任给党员报告行政工作，适时地组织党员对教研组的工作和教学改革等发展当中的一些问题进行讨论、听取意见和建议，保证党支部在中心工作当中发挥好战斗堡垒作用。刚才介绍的五个支部都是在这方面做得很好的。这些例子充分说明，只要我们紧紧围绕中心工作开展支部建设，支部工作就会出现生机勃勃的新局面。我们有些党支部书记存在一些疑虑，觉得支部围绕中心任务去开展工作，会不会影响行政工作的积极性，怕“种了别人的地，荒了自己的田”。也有的同志认为，教研组工作的发展主要是行政的事，党支部不必积极参与。还有的同志认为，行政主任又没主动找我，那么我就不好发挥作用等。我们认为，这种想法是不必要的，也是不全面的。这里没有什么“谁种谁的地”“谁种谁的田”的问题，应该说党政是共同来种“教学、科研与育人这一块田”，只不过分工不同。党支部在围绕中心工作开展党的工作的同时，既要防止“一切以我为中心，支部包揽一切”，也要防止“党的工作游离于本单位业务工作之外，使得支部工作虚化”。支部工作做得很虚，和中心工作脱离，对中心工作起不到推动作用。我们特别要克服无所作为的思想，要充分认识党支部工作“只有做到有为，才能做到有位”，也就是党支部工作要对化解教研组的矛盾、关心群众的生活和工作，调动大家的积极性，在改变本单位面貌上起了作用，做出了成绩，那么党支部才能在群众心目中确定自己的位置，才能受到大家的承认和尊敬，也才能更好地发挥支

部的战斗堡垒作用。

二、要了解新情况，研究新问题，改进我们党的活动方式和工作方法，提高支部工作的水平

改革开放以后，教研组实行了行政主任负责制，纠正了过去支部包揽一切，以党代政的现象。这对基层党支部工作的方式与内容带来的变化和要求，是我们必须研究和解决的课题。另外，在实行改革开放和社会主义市场经济条件下，一方面，我们要充分看到这些年国家的经济发展取得的巨大成就；另一方面，也要看到各种敌对势力的侵蚀影响和拜金主义、享乐主义、极端个人主义等腐朽价值观对我们党员队伍产生的消极影响。在这样的情况下，怎么对党员进行理想、信念教育，如何教育党员正确处理好执行党的现行政策和保持共产党员先进性的关系，是很重要的问题。在这个经济杠杆比较重、竞争机制比较强的情况下，很多现实问题和思想问题联系在一起，思想问题又和利益问题交织在一起，所以我们既要关心解决群众的现实问题、实际问题，又要提高觉悟，全心全意为人民服务，这是个很困难的工作，也是我们新时期党的教育工作中迫切需要研究解决的新问题。今天几个支部交流了这方面工作的经验，我觉得这些经验都是很有意义的。

还有就是由于国内外学术交流、科技合作的增加，科研任务的增加，由于经济活动的扩大，我们教师党员的流动性也大大增加了，党支部组织生活缺勤的人可能就比较多。如何建立适当的机制和办法，在党员流动比较多的情况下加强党的工作，加强党员管理也是我们在新时期遇到的新问题。应采取什么方式来解决这个问题，比如有些会议很重要，但有些同志确实是出差了，回来后请他看看记录，有些报告请他听听录音。要有一些新的灵活的机制和办法来开展这些工作。又比如，这几年我们离退休的人数迅速增加，现在我校离退休人数已超过 3000 人，其中党员的比例也非常大，有 2000 多离退休党员，那么怎么样加强这方面的工作等，都提出了很多新的问题新的情况。

在加强对这些新情况、新问题研究的同时，怎么搞好党的建设工作，我觉得对这些新情况新问题加以研究想出办法，是提高我们党的建设工作水平的重要方面，也是实现新时期党的建设伟大工程的实际需要。近几年来，我们各个单位各个党支部都进行了许多有益的探索。比如说，党内“双学”活动中，党委积极组织党员开展“新时期党员标准”的讨论；有的支部讨论了如何处理现行政策和党员理想、信念的关系，注意运用正反面典型对党员进行教育，取得了比较好的效果；有的支部认真组织党员过好“主题生活会”，是有准备的，次数不是很多，但每次质量都比较好，使得党内教育收到了比较好的效果。又比如，根据新时期党员流动性比较大的情况，我校从 1985 年以来，除了坚持过好平时的组织生活外，期末出差人员差不多都回来了，坚持期末集中一两天过组织生活，这种方式保证了更多的党员能参加学习和活动。

这些年来，我们在党的活动方式和工作方法上进行了一些研究和试验，取得了一些成效，但是距离工作要求还有很大差距，解决这些问题还需要大家共同努力，特别是基层支部干部的努力。党支部在基层代表党，要把党的关怀和温暖送到每个人的心里，很多群众要不要入党首先看党支部怎么样，觉得你这个党支部不怎么样，我就不入党了，所以在这方面，我们党支部的工作是非常重要的。另外“基层出经验，基层出政策”，所以希望我们的基层支部书记和党务干部增强责任感，提高自觉性，注意了解新情况，研究新问题，总结新经验，努力把党的建设工作提高到新的水平。

三、加强对党员的教育、管理和监督，增强解决自身矛盾的能力

我校绝大多数党员表现是好的和比较好的，政治、业务素质比较高，党性原则比较强，在各项工作中发挥了先锋模范作用，保证了本单位教学科研各项任务的顺利完成。但是，党员的表现也是不平衡的。从党内情况调查分析来看，我校也有少数党员在工作中表现出不少毛病和弱点。比较突出的有这么几方面。

——重视业务工作，轻视政治理论上的学习，不愿意接受组织分配的社会工作，不愿意参加党内组织生活。认为参加这些活动耽误业务工作时间，或者没什么用，所以有意无意地把出差、谈项目、接待的时间安排在组织生活的时候。有些党员对分配给他的党政管理工作不愿意接受，或虽然形式上接受了，但是工作不投入。这方面当然和我们的工作如提职称等这些政策不配套有关系，但也和我们有些党员同志放松思想、政治上的要求有关系。

——还有少数党员，考虑个人问题比较多，在职称、成果申报、论文排名、分配报酬等问题上斤斤计较，对集体的工作和公益事情不够关心；有的党员为了争取到某项任务，甚至在外单位人员面前贬低自己同单位的其他同志；有些相同的课题几摊搞，很分散，而且搞起来互相打架，然后在外面互相攻击等。这些在社会上和单位内部都造成了很不好的影响，对青年教师和学生影响也是很不好的。有的教研组内部不团结，两个教师有矛盾，然后影响到学生，让自己的学生到那边去掏点什么东西过来等；学生对教研组的矛盾都很清楚，这些影响都是很不好的。

——有的单位因原来积累的矛盾多，现在又因课题比较分散，缺乏凝聚力，形不成搞大任务的条件，学科建设上也就很难有突破。有的教研组或有个别的单位每况愈下，有的博士点、硕士点在校外同行中的影响在逐渐缩小。

为了更好地解决支部和党员现在存在的这些问题，希望各系党委和各个支部重点抓好以下几件事情。

1. 要认真地组织好党内的政治学习，努力提高党员的政治素质

上学期以来，我们在党员中开展了“双学”活动和十五大文件学习，在这个基础上，集中一定的时间，在全体党员中开展以“讲学习、讲政治、讲正气”为主要内容的党性党风教育活动。要特别抓住纪念周总理诞辰 100 周年的时机，把学习周总理的精神作为党性党风教育的重要内容，认真组织党员学习江泽民同志在纪念大会上的讲话和学校印发的学习参考资料，可以组织党员参观展览、收看录像、举行报告、座谈等，

把党性党风教育引向深入。

江泽民同志的讲话中把周恩来精神概括为三个“结合”：共产主义远大理想同脚踏实地工作作风的结合；对上负责同对下负责的结合；高度的原则性同高度灵活性的结合。这个概括很好。另外，学校印发的学习资料还讲了周总理当时关心清华的几个事情，最后有一篇《地下工作十二年与周恩来》，这是熊向晖同志写的一篇文章，写得非常生动、非常好。熊向晖同志是我们学校的校友，1936 年入党，党组织 1938 年派他到胡宗南部队里去做情报工作。他当时还是学生，才 19 岁。一个人到那儿去做工作，胡宗南非常信任他，最后当胡宗南的机要秘书。对胡宗南的所有战略部署、进攻延安的路线，胡宗南还没有下达到他的军长、师长，这些情报已经到了毛主席和周总理的手里。毛主席夸奖他，说他一个人顶好几个师。这篇文章非常生动，我们编在这里，希望大家很好地学习。我觉得不仅是看这个生动的故事，还要从中学习到总理坚定的立场、灵活的战术、外交的水平才智、工作细致入微、关心同志等这些优秀的品质。同时，熊向晖同志本人也带有传奇色彩，我觉得也很值得我们很好地学习。那天我们学习讨论的时候，我跟几个同志说，他是在清华 1936 年入党，1938 年被派到胡宗南部队的，他入党两年，但有坚定的信念。他在胡宗南部队 12 年，胡宗南对他非常信任，对他也不薄，要按现在的利益原则的话，胡宗南给他的好处可比共产党给他的好处多多了，按利益原则是不能解释这些问题的，还是有坚定的理想信念，有高尚的精神，这点是值得我们很好学习的。看看这些文章，不限于具体问题、感动或新鲜，而是要深入地探讨些问题，在党内很好地学习。希望在最近一段时间里抓紧学习，每个支部认真地过一次组织生活，把周总理当作我们党性党风教育的最高典范，对照我们自己想一想，我们共产党员的理想、信念的坚定性和我们今天怎样要求我们自己，作为我们“双学”活动的一个小结。

2. 要严格组织生活制度

坚持每个月一次的党内学习或组织生活的制度，要提高组织生活和党内学习的政治性、原则性与思想性，密切联系本单位实际和党内的思想，发扬党的优良传统，认真、积极、正确地开展批评与自我批评。要宣传表彰党内先进事迹，要加强党内监督，也要加强对党员干部的监督，要廉洁自律。这方面要对党员提出要求。现在新的形势下，我们每个单位，一个教研组都不是清水衙门，经受经济方面的考验，刚才有同志讲了，差不多都要面对钱的问题，在这些问题上能不能廉洁自律，发扬正气，克服一些不良倾向。组织生活每月一次要组织好。

3. 要分层次做好各类人员的工作，增强单位的凝聚力，提高解决党内自身矛盾的能力

各单位党员干部，要善于做各种不同层次人员深入细致的思想工作。现在我们各个支部老中青都有，各种人包括学术带头人的工作也要敢于做，年轻同志的工作要做，职工的工作要做，关心他们的疾苦，帮助他们解决工作、生活中的矛盾和困难。同时又要按党员标准严格要求党员，不能因为有困难、有矛盾就不按党员要求了，这样也不行。当前，从跨世纪的工作要求出发，要突出做好青年教师和青年干部的培养工作。要加快青年入党积极分子的培养和考察，积极做好青年教职工当中发展党员的工作，全面提高青年骨干政治业务素质，尽快形成本学科的学术和管理人员的梯队。另外，还要努力做好学术带头人的工作，他们有不足、有缺点，我们要从爱护的角度帮助他们，提出意见，同时对他们也要提出政治上的严格要求。

各系党委的主要负责同志，我们希望党委书记、党委委员要集中精力抓好党建工作，要积极帮助支部做好重点人的工作和解决好某些工作薄弱支部的领导班子中的问题。抓支部工作应该是各党委的主要工作，还要做好支部、教研组按时换届选举工作，现在有的支部好多年都没有换届选举，虽然还是你做支部书记，那也应该按期选举一下，向党员报告一下工作，党员可以对支部工作提出意见，怎么把支部工作做得更好，这方面系党委应该认真抓。

青年干部要提高自身的政治思想素质*

(1998 年 4 月 3 日)

我们年轻的同志由于历史背景和社会环境的不同，形成了自身的特点和优势，但也反映出一些不足。我们感觉到有这么几方面有待于提高。

一是理论功底问题。可能理论功底比较浅，缺乏系统的马列主义、毛泽东思想、邓小平理论的学习。有些同志觉得学理论没用，学习积极性不高，整天忙于事务。现在是务实容易务虚难。咱们很多同志大概做到能每天看新闻也就不错了，有些同志连新闻也顾不上看。有些重要的消息出来了，第二天一问，不知道，没看见。不仅咱们年轻同志是这样，咱们年纪大的，系里的干部，包括我们校长、书记有时候也有这样的问题，这方面的学习不够。干部学习的报告会、组织生活会往往出勤率比较低。有的同志发言讲话，就只能讲事，第一要干什么，第二要干什么，对事能说清楚，但是缺乏思路和高度，这方面是有些不足。

二是我们年轻同志业务能力比较强，比较注重实际，务实，讲效率，也有一定的能力，但有些同志往往不大善于从政治的角度和全局考虑问题，政治意识比较淡漠，甚至在一部分人头脑中存在忽视政治和淡化意识形态的倾向。觉得现在就是搞经济建设，还搞什么政治，觉得讲政治都是虚的，是帽子，不太善于从政治上考虑问题。比如说东南亚经济危机，我们国家汇率不降的这个问题，是个经济问题，可是我们国家主要是从政治上来考虑这个问题的。仅从经济上考虑，东南亚

* 本文是贺美英同志在全校青年干部党性党风学习班上讲话的主要内容。

经济危机我国不降汇率是存在较大风险的。但从政治上考虑，为了香港的稳定和我们国家的形象，我们在这个上面就没有降。所以政治意识我们还是需要提高的。另外，我们国家执行这个还是那个政策，还是有左左右右不同的情况，在这里我们怎么样来判断这些问题，都需要提高我们的政治意识。

三是我觉得年轻同志有热情，工作也很努力，但是确实我们成长得比较顺利，缺乏处理复杂问题的经验。在一个比较好的环境里，我们可能会比较顺利。但是遇到有的单位矛盾多一些、矛盾比较复杂的情况，要到社会上处理各种矛盾事务和问题的时候，就缺乏这方面的经验，就可能不那么顺利。也有少数同志的群众观点还不够，做群众工作的能力比较薄弱，不善于用民主集中制来处理问题，不善于依靠党组织和群众的力量来做好工作。也有个别同志组织观念比较差，不知道什么事情应该通过组织系统先报告，得到批准然后再做。有时候做的是好事，想了就做了，但没有考虑上上下下、左邻右舍的问题，从个别的角度看可能是好的，但从全局看就不一定是对的，所以这方面还要加强。

四是现在的年轻同志渴望成才，成就感比较强，但是有一些同志在一些具体问题上往往处理不好国家、集体和个人之间的关系。特别是在社会主义市场经济的情况下，讲物质利益原则，讲竞争机制，因此有些同志人生价值观也发生了变化，对个人或单位的利益考虑比较多，自我意识比较强，怎么把国家和集体利益放在首位，考虑全局的利益就不够，这方面我们还是有不足的。

我们现在组织党风、党性的学习，就是想在这些方面使我们有所提高。下面我主要讲两方面的问题。

一、提高对当前讲政治、举旗帜重要意义的认识

我们有些同志搞具体工作和实际工作比较多，对于讲政治、举旗帜作为我们党非常重要的方面认识不够，我们还要提高这方面的认识。

因为对于一个政党而言，无论是无产阶级政党还是资产阶级政党，无论是在战争时期还是和平发展时期，讲政治是一个政党立党的前提，不讲政治的政党很难长期存在下去。在关于讲政治、举旗帜的问题上，有两个问题我们要处理好、认识清楚。

1. 要正确处理发展和坚持的关系

就是要坚持马列主义、毛泽东思想的基本理论，同时又要用发展的眼光看问题，马列主义、毛泽东思想和邓小平理论从来是在实践中不断发展的，这才是符合辩证法的。所以我们一切要从实际出发，实事求是，要从世界的变化和中国的国情出发，来认识中国特色社会主义理论。资本主义的本质没有变，但这些年也发生了巨大的变化。资本主义生产力的水平和社会经济结构发生了很大变化，科学技术的突破和巨大发展，创造了新的技术和经济体系，产生了新的生产管理和组织形式。十五大报告中讲到，世界经济一体化的趋势恐怕是不可避免的，这方面也是一个重大变化。还有就是我们整个世界，从农业经济、工业经济发展到现在知识经济的时代，知识是创造新的生产力非常重要的方面，这方面的变化也是巨大的，这些情况都是马克思、列宁那个时代所没有的。

我们往往容易产生两个片面性：一种要坚持就否定今天的发展，一种要发展就否定过去的历史。所以坚持和发展是我们要处理好的辩证统一的关系。为什么要搞清楚初级阶段理论，为什么要实行现在的路线、方针、政策，而不能实行别的路线、方针、政策，这点非常重要。克服那些超越阶段的错误观念，又必须拒绝抛弃社会主义的错误主张。朱镕基在咱们学校作报告的时候讲，“左”的倾向就是否定邓小平有中国特色社会主义理论，否定改革开放；“右”的倾向就是否定社会主义方向。现实生活当中，我们碰到“左”的、“右”的东西都有。比如说，“左”的方面和“右”的方面都有认为十五大是给私有化敞开了大门，这个我们在下面都听到很多。十五大的核心是什么？是不是搞私有化？我们是调整所有制结构，要公有制为主体多种所有制并存，搞股份制也不是搞私有化。这些问题，我们头脑里就要清醒，就要有个辨别。

我们既不能“左”，也不能“右”，沿着一个比较正确的方向走，这是一个很重要的问题。我们年轻同志在这些方面确实要提高认识，对于讲政治、举旗帜这个问题要有一个比较正确的认识和理解，既要有发展的观点，又要坚持马克思主义理论，这点要把它处理好。

2. 要正确处理政治和经济、物质文明和精神文明之间的关系

在物质文明和精神文明的关系上，要坚持两手抓、两手都要硬的方针。我们现在是经济建设为中心，社会主义现代化是我们当前最大的政治，但是政治又是经济的集中表现，所以政治和经济也是辩证的关系。列宁在苏联从战争时期过渡到以经济建设为中心的时候，针对当时的思想混乱，他提出来政治与经济相比，不能不占首位。他说，一个阶级如果不从政治上看问题，就不能维持他的统治，因而也就不能完成他的生产任务。列宁还说，随着工作重心的转移，就不能再用旧观念来理解政治，“要少谈脱离经济的政治，多谈经济方面的政治”。我想这些思想对我们当前也是有指导意义的。我们希望经济要健康、持续、稳定地发展，离不开发挥党组织的政治优势和政治保障作用。在经济建设和政治思想建设上，我们往往存在一手硬、一手软的问题，忽视政治工作的现象还是普遍存在的。所以在我们一些党员和干部当中，淡化、淡漠甚至厌倦政治，学校中不少同志愿意从事技术工作，不愿意从事管理工作或者愿意从事行政管理工作，不愿意从事党务工作和思想政治工作。我们有的党的干部，虽然身在其位，但是不谋其政，工作不到位。还有少数单位软弱涣散。讲政治，我觉得就应该纠正这些错误倾向，为经济建设、为教学科研等各项工作创造健康、稳定的良好社会环境。这方面我们做党的工作系统的干部，党委书记、支部书记负有不可推卸的责任。但是做行政工作系统的干部，做系主任、教研组主任的也要讲政治，要从政治上看问题。只有党政配合、思想统一，才能两手硬，思想政治之花才能结出丰硕的经济、科学、文化、教育之果。

二、我们怎么落实讲学习、讲政治，讲正气

如何把讲学习、讲政治、讲正气落实到我们学校的各项工作当中，我讲几点意见。

1. 要加强学习

有几方面的学习。一是学习理论，特别是邓小平理论，通过学习坚定信念和树立理想。这方面，我们请人作一些报告，另外我们自己要结合学校的情况和社会的情况来很好地学习。因为现在建设有中国特色社会主义是前无古人的，我们还是要边学习边探索，掌握好理论来指导我们的工作，然后再往前走。我觉得我们学校的发展也是要一边学习、一边探索，这样往前走，所以学习理论问题还是很重要的。我们不能预想今后没有风浪，没有复杂斗争的情况了，在这种复杂的斗争情况下，我们能够信念比较坚定，能够不动摇，这方面很重要。

最近刘冰同志写了一本书叫作《风雨岁月》，把清华大学“文革”前后从学校领导班子的高度讲了当时的情况和想法，我觉得还挺好看的，大家可以看看。我们需要学习在复杂的情况下怎么判断是非，怎么坚定信念。

“文化大革命”开始的时候，我是团委副书记。那时一棒子打来，我们比较年轻的同志就给打晕了。说你们执行修正主义路线，反毛泽东思想。当时我想，既然蒋南翔、刘冰他们都执行修正主义路线，那我们也是执行修正主义路线。在九饭厅斗我时问，你们军训时练手枪的目的是什么，我说：“保卫祖国！”他们说：“不对，你们要政变。”这个我没有承认，但执行修正主义路线是中央定的性，我觉得不能不承认吧。但是后来知道，当时蒋南翔同志、刘冰同志在这些问题上是比较坚定的。听说斗蒋南翔时，打得很厉害，说你是反毛泽东思想，他说我没有反毛泽东思想。“那你为什么说毛泽东思想是高峰，而林副主席说毛泽东思想是顶峰？”红卫兵把蒋南翔与林彪的话对照：林彪讲，你们要学毛主席语录，一句顶一万句，句句是真理；蒋南翔讲，我

们要学习毛主席原著，不是片面地学，不是学片言只语，而是要系统地学。“文革”前我们听林彪的觉得也对，听蒋南翔的觉得也对，就没有觉得这里面有什么差别。“文化大革命”把这两个一对照起来，林彪说毛泽东思想是顶峰，蒋南翔说毛泽东思想是高峰，这显然是贬低了。林彪说，句句是真理，一句顶一万句，要学语录。蒋南翔说，要学原著，不能片言只语,不能把毛主席语录当白莲教的符咒。一想这话挺严重的，有问题了。可是批斗会上，蒋南翔说：不对，毛泽东思想只能说高峰，不能说顶峰，到顶峰就不能发展了，毛泽东思想还要继续发展，所以只能说高峰，不能说顶峰。在那种情况下，他就能坚持住，就有这个坚定性。后来我们看到这些老同志那么坚持，那么做，慢慢清醒过来了。发现我们一个很大的问题，就是自己功底不深，上头说什么，我们就听什么，认为都对，而到这个时候就不行了。我的这个经历也说明年轻干部要很好地学习理论，这点是很重要的。

学习了以后，提高了我们的坚定性，还要树立坚定的共产主义理想。这次大家都有一份纪念周总理的材料，里面有熊向晖写的《地下工作十二年与周恩来》，不知你们看了没有，没看的话请你们看看，很好看的。看故事你会觉得很好看，怎么和胡宗南斗争。但我觉得要想一个问题，熊向晖是 1936 年入党，1938 年就派到胡宗南部队那里，入党两年到胡宗南部队那里才 19 岁。胡宗南很欣赏他，给他的位置也很高，做到了胡宗南的机要秘书，有高官，给他的待遇也很高，对他也不薄。他父母失业了，就把他父母接到西北去，给了很多的照顾。最后还要送他出国等。我们党，要说党给的物质利益那没什么，到后来他从美国回来，到北京住在旅馆里头，最后要走的时候没钱了，付不了旅馆费，他说这是我第一次用党的钱。我觉得从这个角度来说，要按利益原则，胡宗南给他的利益可是够多的，按利益原则我们就不能理解了，还是要有坚定的理想信念。我觉得就是他年轻入党时树立了坚定的信念不动摇，在很多基本理论上他学得比较好，看到历史发展的规律，国民党是必然要失败的，共产党必然是要胜利的。坚定理想信念这一条是非常重要的。

还有我们要学习历史，学习我们的传统。一个是国家的历史，一个是我们学校的历史，特别是我们在学校工作，我们要继承和借鉴，推动我们的现实工作。对学校的传统历史，也应该在我们年轻同志的身上能够继承和发展，这样你在工作时就要做点研究。我记得陈希当时做团委书记的时候，他专门花了两天的时间跑到档案馆，把“文化大革命”以前的团委的文书档案仔仔细细地看了一遍。当时历史上有几次什么样的反复，有什么问题。1960 年，学校制定的“学生工作 50 条”“政策界限 50 条”是怎么回事，他把这段历史了解了，就懂了我们学校坚持“双肩挑”、坚持学生工作的传统，对他后来的工作很有帮助。所以我觉得我们学习历史，学习传统，这点也应该和我们的实际工作结合起来，好的传统要继承、发扬。

我们学校领导班子历来比较团结，而且能够有比较稳定的发展，很重要的一条是领导班子达到了三个认识一致：对我们学校，也就是对我们学校的历史、现状、未来要有比较一致的认识。领导班子不团结，对一个学校的过去、现在、未来没有统一的认识，这拨上来了否定上一拨，下一拨上来又否定这一拨，那么你这个学校的发展就不可能有连续性，不可能有比较稳定的发展。我觉得我们学校在领导班子上认识比较一致，是保证我们学校健康、稳定发展非常重要的一个方面，所以我们年轻同志上来以后，要了解历史、了解传统，要有一个延续性，但是又要有所发展，有所前进，这是非常重要的。

2. 要树立办好社会主义一流大学的政治责任感

因为我们国家还处于不发达的初级阶段，还是不发达的社会主义，文盲半文盲占人口的比重还很大，所以办大学就不可能办得很多，重点大学更不能很多。我们大学担负着提高的任务，因为我们是社会主义国家，可以相对集中一部分力量办好几所大学，赶上世界先进水平，清华和北大是中央确定的重中之重，是“211 工程”重点支持的两所学校，给我们的投入对办世界一流大学当然是不够的，但是比起其他学校那就多很多了。在这种情况下，我们清华是不是应该和运动队一样，要充当冲击世界先进水平的国家队，担负着缩短我们在人才培养、科学技术和世界先进水平的差距。在暑期干部会上我们提了，清华大学应该成为高级人才的培养基地，科学文化发展的基地，开拓高新技术的基地和社会主义精神文明建设的基地，提出我们应该成为这样四个基地。当然现在我们还有困难很多，总的来说学校里很多同志特别是老同志信心不太足，因为经费不足和队伍不稳，仍然是困扰我们的很大问题。那么在这种情况下，2011 年要达到世界一流的大学的水平确实困难很大，对一个处于社会主义初级阶段的国家，这是很不容易的。从这一点来说，我觉得对我们年轻同志可能要求更高。因为 2011 年我们都退掉了，绝对要你们来，能不能实现主要靠你们，有没有信心也是你们的事，我们提出这个目标，你们来达到，要有这个政治上的勇气来把这件事做好。

3. 讲政治，对于学校来说要落实到培养人、落实搞好培养人的工作上

上学期进行了一学期的教育思想的大讨论，其实就是讲培养人的问题。培养人不只是老教师的任务，今后更重要的是年轻教师的任务，我们有带队伍培养学生的责任。在改革人才培养上，讲了三个方面的任务：第一方面，提高学生全面素质，特别是学生政治思想素质的提高；第二方面，我们要改革的就是知识结构，现在我们的知识结构，专业面太窄，不光是业务知识的面要拓宽，还有人文素质、经济管理、环保的知识，对学生的知识结构要进行改革；第三方面，要培养创新精神，要对学生进行创新能力的培养，发展学生的个性。这方面我们要改变对教学和对学生的评价体系。要把全面素质的提高、知识结构的改变、创新精神的培养落实到我们的教学计划里去，这方面的工作还是很艰巨的。

4. 我们在日常工作和对外交流活动当中要注意讲政治

在日常工作中，我们是不是站在政治的高度来处理我们的工作还是很大的问题，我们把一些事情当作事务性来做，还是站在政治的高度。比如，咱们去年搞的大学生田径运动会，你可以作为一个一般的运动比赛，事务性地把它组织，但是我觉得去年我们在这个问题上，做得

比较好，我们把它提高到迎接香港回归这个高度，我们是香港回归以后，香港全部大学都参加的一次大学生运动会。和这个联系在一起了，努力去做，搞得就比较好。当时也有很多困难，陈希带着体育教研组、学生部一些人到处集资，咱们集了700万元，把东大操场变成了塑胶操场，条件就很好了。在组织活动当中，整个大田赛反映就比较好。咱们的体育工作系统、后勤系统、学生工作系统都做了很好的工作。

又比如学校饮食中心，他们把办好学生食堂作为关系学校的稳定来抓，他们有改革的思路，把办好食堂作为稳定学校一个重要方面来做，改革搞得很好。他们尽量把菜保持在低价位，还在食堂里设了免费的汤。用微机管理后，统计每月每个学生吃饭用多少钱。假如吃了28天，把用100块钱以下的学生名单打出来给学生部，学生部拿到这个就可以了解哪些学生困难，班主任、辅导员就去找学生谈，帮助这些同学解决困难。我觉得这些事就办到了政治高度。我们现在有些单位只顾经济利益，只顾挣钱，不顾政治大局，这就不对了。

改革开放以后，我们国际合作、国际交往也很多，对提高学校的教学科研水平起了积极的作用，假如我们封闭起来，不搞改革开放，不和国际交往，我们就走回头路了，这是不行的。假如我们在国际交往中丧失警惕性，那我们也可能犯错误。有一年，某外国石油公司给物理系学生10万块钱，让搞社会调查，在几个省里调查有多少个汽车加油站，每个汽车加油站里都有哪些公司的汽油，价格怎样。它给你10万块钱社会实践，咱们系里当然很穷啦，没有钱给学生去社会实践，这个钱要不要，争论得很厉害。最后学生、党员比较好，说我们不要这个钱，不能给他们搞市场调查，这说明学生还是有政治头脑的。

5. 讲政治要落实加强组织建设，发挥政治优势

发挥党组织的核心作用，发挥学校党组织的战斗堡垒作用是学校建设的一个重要资源。资源，咱们总认为钱、物是资源，其实发挥组织的作用、党的作用，发挥好了是个非常重要的资源。咱们电子系信检支部因原来很重要的学术带头人自行离职，结果造成他们任务完不成，用户单位意见很大，最后经费也没有了。最困难的时候一个教研

组一年的经费不到10万块钱，教研组都要垮了。后来他们党支部讨论，组织起来大家拧成一股绳，努力找任务，啃了几块硬骨头，现在这个教研组一年的经费几百万元，“九五”期间有1000多万元。他们的支部健全起来，精神状态也好了，任务也完成了，工作也做得比较好。所以我们要学会发挥组织的作用，要学会发挥党组织的作用，把这个看作一项重要的资源，能够利用这个资源把我们的工作推动上去。

6. 加强干部队伍建设，重点是要加强青年干部队伍建设

年轻同志要有成就感，这个成就感是我们事业的开展、工作的开展，而不是职位的高低。这方面往往干几年总得有点进步吧，我现在是一般的，过一段应该是科长了，再过一段是不是就是副处长、处长了，再过一段再往上长。学校的职数就那么几个。所以我觉得我们要有一个事业发展的成就感，而不是职位的成就感。还有一个就是今后我们的干部队伍要处理好兄弟辈之间的关系。可能咱们都是一届毕业的或者前后差不多的，那么有的同志担负了这个工作，有的同志担负了那个工作。很快到了2001年以后，基本就是你们为主的班子，各系的班子、各部（处）的班子、学校的班子都变成是这样。同辈兄弟之间能不能够按照民主集中制友好相处，处理好班子的团结是一个很重要的问题，不能够闹兄弟意气。本来你是教研组的干部，我已经做副系主任了，下一次一提，你教研组主任提了做系主任了，我还是副系主任，那我就不能跟你合作了，咱们就合不来，那不行。学校的班子里也是有老的，有中年的，还有年轻的，那你说是不是中年的和老的里头都比这年轻的差，不是这个情况。我是学校的领导，像我这样水平的抓上来做党委书记的一抓一大把，但是各种原因凑在那，你就在这个位置上了。你在这个位置上，不是你自己了不起，你要善于团结别人，向同志们学习，然后发挥大家的积极性。但是大家呢？既然他上到了这个位置上来，那我们大家就要来支持他，把这个工作做好，恐怕就是这样一个情况。

我们学校的好多届领导班子都碰到过这样的情况，就是新任的校长或书记曾经在某位副校长、副书记手下工作过。比如某位副校长曾经担任过校团委书记，而新任的党委书记和校长都曾经是他的副书记，

年龄也比他小。那么这两个人敢不敢领导？那位副校长能不能服从领导？处理好这个关系绝对是一个很重要的问题。假如这几个人闹矛盾，那以后咱们学校肯定搞不好了。所以在领导班子的第一次组织生活会上，由老书记坦诚地把这个问题提出来，对这几位同志提出明确的要求，希望他们团结起来，共同把学校的工作做好。新任的书记、校长在会上表态，说一定要团结大家，发扬民主，征求大家的意见。那位副校长也表态说：我一定做好工作，服从领导。那届班子这个问题就处理得很好。再如现在这届行政班子，梁尤能和王大中是同班同学，一个是班长，一个是书记。在王大中担任核研院院长时，梁尤能已经是常务副校长了，而且分管过核研院的工作。在决定校长人选时，觉得他们都可以做校长，而且梁尤能已经做了多年常务副校长。最后权衡认为王大中是院士，在外面学术的形象更好一点，他也有“200 号”工作的经验，上来做学校的工作也是可以胜任的。大家在班子里协商，还有征求群众意见。后来还是让王大中做校长，梁尤能仍然做常务副校长。这个时候，大家也担心他俩能不能把关系处理好？在这上面，他们俩都做得很好，王校长很尊重梁校长的意见，和他商量；梁校长说，我服从校长的领导。有不同意见争论可以，一旦做了决定就得服从，而且支持王校长的工作。正因如此，我们学校的班子保证了团结，保证了健康的成长。这届党委班子有老一点的，有“文革”前毕业的，还有一批“新工人”，还有年轻一点的，像陈希是最年轻的了。陈希做常务副书记，那几个副书记是不是支持陈希的工作？陈希要不要尊重他们？当然是要这样做，今后我们也还是要这样做。今年底，咱们行政换届，明年党委换届，换届以后我们不仅要有“新工人”这一档的，还要有“文革”以后毕业这一档的，班子肯定要有这样的梯队，那么在这个梯队中，老中青都有，是不是这个年轻的就一定比所有的老的都强，不是这个问题。他必然要有这样的结构，在这种结构里，我们就要有互相支持。咱们年轻同志都比较顺利，都比较好，没有经过“文革”那样的折腾或者大起大落，在一些时候能不能处理好兄弟辈之间的关系，互相支持？我觉得这是我们清华非常重要的好传统，我们应该坚持、发扬下去。

抓紧后备干部队伍建设，注重对优良传统的继承和发扬*

（1998年7月3日）

1995年9月，新一届党委举行党委会，确定这一届党委的三项主要任务之一就是做好世纪之交学术骨干队伍和干部队伍的新老交替工作。从学校实际情况看，这两支队伍大面积的新老交替将在2000年左右开始。从某种意义上来说，建设青年干部后备队伍比学术骨干队伍更为困难。当前，学校青年教师队伍中具有硕士、博士等学历的比例很高，相应地，我们在挑选后备干部时也要充分考虑干部的学历层次，所以在今后的干部中肯定会有不少博士、硕士学位或曾多年在国外学习、工作的。从年轻化和知识化的角度看，他们的条件是非常好的，但是他们对党的优良传统和作风不熟悉，对清华的传统和作风不熟悉，缺乏实际工作的锻炼和考验。从素质上看，他们在理论、思想、作风、方法等各方面还有不少的欠缺。四五年以后，我们学校的领导班子能不能青出于蓝而胜于蓝，带领全校师生员工大踏步前进，保持学校持续、快速而又稳定地发展，培养一批德才兼备的青年后备干部的任务迫在眉睫、刻不容缓。为此，我们采取了以下一些做法。

1. 抓好后备干部的规划与选拔

“八五”“九五”初期，我校根据干部队伍实际状况和工作需要，分别建立了各200名的中青年后备干部队伍。我们严格按照干部的“德才”标准和“四化”方针，坚持校系领导与群众结合，通过在较大范围征求推荐名单，认真做好青年干部的选拔工作。到1996年年初，“八五”

* 本文是贺美英同志在第七次全国高校党建工作会上交流发言的部分内容。

期间确定的200名后备干部已有178名走上校系各级领导岗位，“九五”后备干部名单中也已有一些走上了校系领导岗位。

2. 加强对后备干部的理论培训和社会实践

1996年以来，学校用三个学期的时间对140余名45岁以下的青年干部进行了马克思主义哲学、管理学和高等教育学的业余培训。请老领导讲哲学，请校内外的教师讲管理学和高等教育学。除了讲述基本观点外，还结合高校的历史和现状进行典型事例分析，使青年干部深受启发。1996年和1997年，学校两次组织青年干部到西柏坡、井冈山、邯钢等地区接受传统教育并进行考察，收到了很好的效果。

3. 对后备干部进行学校传统的教育

在我校88年的办学历史中，形成了良好的校风、学风以及党的工作方面的许多好传统。1996年，在庆祝中国共产党建党75周年的同时，党委认真组织了纪念清华建立党组织70年的活动，召开了一系列老同志和教职工、干部的座谈会，总结了学校长期形成的“爱国奉献”“又红又专”“实事求是”“团结协作”的优良传统。为了让青年干部继承和发扬这些传统，党委组织现任的和退居二线的校领导讲学校的历史和传统，讲学校的未来和发展目标，同时就干部素质方面的问题讲民主集中制，讲群众观点，使青年后备干部受到党的优良传统的熏陶和鞭策。

4. 积极推行挂职锻炼措施

为了对干部进行素质培养和工作考察，我们自1996年以来推行了青年干部到学校机关挂职锻炼的措施。至今我们已选拔了具有副高或正高级职称的，政治、业务素质都比较高，有一定基层工作经验的25名青年干部到学校担任副处职干部。在这25人中，有17名博士、8名硕士，有的还有在国外留学或做博士后的经历。挂职一般是三个学期。经过一年多的锻炼，青年干部进步显著。这样做的结果，一是加深了他们对学校的全面了解，增强了全局观念，提高了分析和解决问题的能力；二是加强了校系之间的沟通，既促进了基层工作又促进了机关工作的改进；三是有利于领导和群众对他们的了解。到目前为止，他们中已有三位担任了系处的一把手，两位担负起系处的常务工作，有一位在行政换届时担任了副校长。

学校领导班子和后备干部队伍的建设是一项长期的任务，面对新世纪的挑战和新老交替的实际状况，我们总是感到极大的压力和责任感。我们的干部在数量和质量方面还有许多差距。解决这个问题，需要现职领导班子的认识一致和坚持不懈的努力，也需要我们以身作则为年轻干部做好的榜样。今后我们将努力遵照中央关于干部队伍建设的各项指示，把领导班子建设好，把青年后备干部培养好，使学校的改革和发展不断取得新的进展。

努力加强基层党支部建设 *

（1999 年 6 月 29 日）

今天我们召开这个大会，庆祝中国共产党诞生 78 周年，同时表彰一批在我校创建世界一流大学的工作中表现优秀的共产党员、在党的建设中作出了积极贡献的一批优秀的党建和政治思想工作者，和一批在学校的改革和发展中很好地发挥了战斗堡垒作用的先进党支部。通过这个大会，我们要表彰和宣传他们的优秀事迹，总结、推广在改革开放新时期搞好党的基层组织建设的好经验、好方法，进一步促进我校党的建设更上一层楼。今天我想重点讲讲加强基层党支部建设的问题。

一、优秀党支部的共同特点是我们基层支部工作的榜样

1. 这些支部都有一个团结合作、积极工作、有战斗力的支委会和一个政治业务素质好、热心党支部工作的支部书记

他们能够经常召开支委会，注意研究党员和教职工中的思想动态，发现问题并探讨解决问题的办法。例如，化学系物化教研组党支部书记患有心脏病，装了心脏起搏器，但她克服了各种困难，在教学、科研工作中做出了突出成绩，获得了国家科技进步二等奖。同时又积极热情地做好支部书记的工作，主动与党员、群众交流思想，沟通感情，化解矛盾，成为教研组团结的主心骨，同志们在工作、生活中有什么困难都愿意找她谈。她在思想工作上耐心细致、“精耕细作”，得到了

* 本文是贺美英同志在清华大学 1999 年纪念“七一”、表彰先进大会上讲话的主要内容。

同志们的一致好评。如果我们的党支部书记都保持这样一种精神面貌和工作状态，我校的党支部建设一定会有更大的进步。

2. 党政相互支持，密切配合，围绕中心任务开展工作

我校优秀支部的经验再次表明，党的工作绝不能游离于本单位的中心工作之外，要带领党员在本单位的工作中起先锋模范作用。例如，核研院 101 室承担了 5 兆瓦低温核供热堆的检修任务，难度大、要求高、工作繁重。支部的党员带头昼夜苦干，团结全室同志共同努力，先后做了 30 多次实验，仅用 1 个月的时间就圆满地完成了原计划两个半月完成的任务。核研院 201 室接受了国家“八五”“九五”攻关项目“高效废液全分离流程研究”的课题。在工作中老党员言传身教，青年党员冲锋在前，党员成为攻关主力，党支部起到了保证作用。这项研究的成果达到了国际领先水平，获教育部系统 1998 年唯一的国家发明二等奖。

3. 倾力关心年轻同志的成长，积极做好队伍建设工作

即将迎来世纪交替的时期，也正是我校教师队伍主体面临大面积、大跨度的新老交替时期。大面积是指交替的数量相当大，大跨度是指交替的年龄差相对较大。队伍建设是党的工作的重要组成部分，党支部负有义不容辞的责任。我们的优秀支部在这方面的工作中有几个共同点：一是给年轻同志压担子，让他们在岗位锻炼中尽快成长；二是发挥老同志传帮带的作用，言传身教，为年轻人作出表率；三是关心年轻同志的思想和工作、学习、生活状况，帮助他们解决思想困惑和具体困难；四是积极做好年轻同志中非党员的工作，关心他们政治上的成长和进步。这些支部所在的单位，队伍建设出现了可喜的局面，为年轻人的顺利成长创造了良好的条件。电子系信息系统与计算机应用教研组党支部一直非常重视青年教师队伍建设，他们和教研组行政一起，从研究生阶段就注意培养和选拔人才，青年教师留校后积极为他们创造条件，搭舞台、压担子、交任务。一些老党员甘为人梯，主动把争取来的科研任务及经费交给年轻人，让他们做项目负责人，同时帮助他们提高学术水平。

4. 把教书育人作为党支部工作的重要内容

我们的基层党支部处在教书育人的前沿阵地，要在教育教学工作中贯彻育人精神，注意培养学生正确的世界观、人生观和价值观。力学系固体力学党支部注意抓好学生的教育和培养，针对部分本科生、研究生培养质量出现滑坡的迹象开展工作。在本科生教育工作中，重点抓了班主任的工作，选派优秀的青年教师担任班主任，并对班主任的工作提出明确的要求；在研究生培养中重点抓好党员导师的指导作用，导师对研究生严格要求，关心他们的全面成长。经过一段时间的努力，学生的思想和学风有了明显的变化。经管学院经济系教研组党支部非常重视学生培养工作，他们与教研组配合，安排每位教师联系本专业的几名学生，从政治上、学习上、生活上全面关心学生的成长，做学生的导师和知心朋友。还有一些教研组党支部注意组织交流党员教师教书育人的经验、体会和做法，把学生的全面培养和成长作为党支部经常性的重要工作常抓不懈。

5. 抓好支部工作的制度化、规范化建设

我们的优秀支部都注重组织生活的制度化、组织生活方式的规范化，党员自觉遵守这些制度和规范，努力营造团结和谐的氛围，培养集体荣誉感和团队精神，开展批评与自我批评。这些支部在抓好制度化、规范化的同时，又结合本支部、本单位的具体实际，使支部的工作各具特色，既生气勃勃又扎扎实实，切实提高了党支部的凝聚力和战斗力。

二、部分工作不尽人意的支部存在的主要问题

我们也必须看到，我校党支部工作的发展是不平衡的。一些支部存在的问题影响党组织战斗堡垒作用的发挥。

1. 支部干部的配备问题

有的党支部书记工作不投入，把党的工作当成额外的负担，工作得过且过，敷衍了事；有的支委会不能够团结合作，形不成核心；有些支部的工作没有与本单位的业务工作紧密结合，支部书记对教研组行

政事务没有发言权；有些支部干部与行政负责人形成不了合力，党员在工作中发挥不出积极作用。

2. 忽视党支部的自身建设

有的支部工作缺乏制度与规范，组织生活不健全，一两个月不过一次组织生活；没有正常的民主生活，不开展批评与自我批评，相互之间缺乏思想见面；组织生活和政治学习形式呆板，缺乏生动性和创造性。

3. 缺乏解决问题的能力，思想工作薄弱

有的支部对于党员、群众中存在的思想问题和矛盾漠不关心，不闻不问；或者有畏难情绪，思想顾虑多，不敢主动开展工作。这种情况导致支部或单位内部矛盾越积越多，人心涣散，给工作带来严重影响。

4. 不重视组织发展工作

有的支部多年没有做过党的发展工作，党组织固化；入党积极分子联系人制度不落实，申请入党的同志长年得不到关心和培养；缺乏对青年的教育和引导，特别是年轻的业务骨干培养不够，不能积极主动关心他们政治上的进步和成长。

5. 一些党员起不到应有的作用

少数党员甚至党员干部政治意识淡漠，不学习理论，不讲政治，不树正气，没有发挥应有的政治作用；有的党员的模范作用较差，过分强调个人利益和小集体利益，在群众中造成不良影响；有的支部对于个别党员的问题不批评、不制止，听之任之。

当然，上述问题存在较多的党支部是少数。但是其他党支部也程度不同地存在这样那样的问题和不足。我们应该经常总结经验，查找自身的不足，不断地改进工作、提高水平，使我们的基层党支部真正充满生机和活力。

三、加强党支部建设的几点意见

党支部是党组织的基础和细胞，只有细胞健康健全，才能把党的路线、方针和党组织的作用落实到基层。加强学校党支部的建设，要着重抓好以下几点。

1. 首先要加强支委会建设，尤其要有好的支部书记

党支部的干部一定要有一个好的精神状态，要有强烈的事业心和责任感。在教研组、研究所和其他各基层单位，教学、科研、管理、服务工作及教职工的思想、生活等各方面的问题头绪很多。在实行社会主义市场经济条件下，很多人价值观向个人倾斜，单位内也存在各种利益关系引发的矛盾。我们的支部委员特别是支部书记要克服无所作为的思想，克服多一事不如少一事、怕矛盾、回避问题的思想，工作中要不怕困难、勇于创新、办事公道正派。支委会作为教研组等基层单位凝聚力的核心，一定要由群众拥护的党员组成，要选择思想政治和业务能力强的同志做支部书记。支部书记应做到坚持原则、把握全局、团结同志、加强修养。各院系党委必须加强支委会的组织建设，加强对青年干部的培养和培训。要坚持支委会两年按期换届，做好支部总结。要建立起支委会的学习制度、研究工作制度和组织生活制度。支委会成员在学习方面要起表率作用，带头学习理论。支委会要定期研究工作，分析本单位存在的问题、矛盾和党员、群众的思想状况，有针对性地制订计划、开展工作。支委会要按照集体领导、分工负责的原则，搞好分工与合作。对工作要有布置、有检查，注意发挥支委一班人和全体党员的积极性，不能形成支书忙、支委看、党员群众无事干的状况。

2. 认真搞好党政配合，在完成中心工作中发挥支部的战斗堡垒作用

只有确立搞好中心工作是党政干部工作的共同目标，才能从思想上重视党政配合和在实际工作中注意加强互相联系。教研组党支部围绕中心任务开展党的工作，绝不是代替主任去抓行政工作，而是通过组织党员了解和讨论中心工作，对中心工作提出意见和建议，认真做好思想工作，使党员在中心工作中发挥先锋模范作用，增强单位的凝聚力和战斗力，用实际行动保证教研组中心任务的完成。

教研组行政主任也要学会依靠群众，特别是依靠支部全体党员做

好教研组行政工作。党员教研组主任或党员副主任，每学期至少向支部全体党员报告一次工作，征求党内意见和建议。为了保证党政配合，支部书记要参加教研组核心组，按民主集中制原则，由核心组集体讨论与决定本教研组的重要问题。教研组主任与支部书记要经常沟通，互通情况，对于提交核心组集体讨论的议题，要事先商量通气。

3. 要不断探索新时期党建工作的方法，努力提高工作实效

如何不断丰富党内教育内容，探索新时期党的建设方法和有效途径，进一步提高支部活动的实效，是新时期党建工作中的一个重点问题，也是难点问题。

要从改进支部学习活动的内容抓起。党内学习要以马列主义、毛泽东思想、邓小平理论为主要内容。通过学习党的基本理论，不断地坚定理想和信念。同时，为适应形势、任务要求，也要注意学习历史知识、经济知识、法律知识和科技知识，这样才能丰富党员的头脑，提高全面素质。在这方面不少单位做得是有特点的。

要改进我们学习活动的方法，寓教育于丰富多彩的活动之中。近几年来，结合党内的学习，各单位普遍地组织党员收听辅导报告录音，邀请专家座谈，参观工厂、农村和有关展览。企业和后勤等单位根据自己的特点，还组织了知识竞赛和演讲活动，事实证明这些形式还是很有效果的。总之，政治学习内容和方法的改进，学习质量与效果的提高，还要靠大家去努力。要严格党内的组织生活，提高组织生活的政治性、思想性与原则性。组织生活之前，要做好充分准备。必要时要就生活会内容在党内外广泛听取意见。对于党内的一些消极现象和自由主义行为应该认真进行批评与自我批评，保证一个单位能够树立正气。

4. 认真抓好党员发展工作

要按照“坚持标准、保证质量、改善结构、慎重发展”的方针，做好党员的发展工作，为党组织不断地输送新鲜血液，为学校事业不断发展提供重要组织保证。

我校的组织发展工作一直做得比较好。在中老年教职工中，党员

比例是很高的。青年学生中党员发展工作在北京市乃至全国高校中也是较好的。虽然我们青年教师中党员比例在全国高校中不算低，但是就校内而言，青年教师中党员的比例却大大低于全校教师中党员的比例。为此，我们在加强青年教师队伍建设的同时，应该大力抓好青年教师中的党员发展工作。

要增强工作的主动性，努力扩大青年教师积极分子队伍。目前，积极分子较少的原因是多方面的。有的是大学期间未被发展，留校工作后不再坚持申请了；有的是想先搞好业务工作，然后再考虑入党；有的怕自己条件不够；也有的在苏东剧变后对共产主义产生怀疑。针对这些问题，我们要主动地做工作，帮助他们提高认识。近几年来，各单位普遍地组织了青年教师座谈会，给他们介绍校系工作，对他们提出要求，帮助他们提高社会责任感；有的单位主动安排青年教师做社会工作，使他们在管理工作中得到锻炼，体会到在政治上进步的必要性；有的单位通过组织青年教师学习与上党课，提高他们的理论素养。这些工作是十分有意义的，虽然不能立竿见影，但是最终对扩大积极分子队伍是会起作用的。

要落实积极分子联系人制度，定期找积极分子谈话，了解他们的思想、生活、工作的情况，帮助他们解决实际困难。特别在重要改革方案出台，国际、国内发生重大事件时，要主动找青年教师积极分子谈话，了解他们的思想，帮助他们提高认识。对联系人做积极分子工作要有检查制度，各支部要定期听取联系人对积极分子工作情况的汇报，并进行分析研究，提出进一步工作的意见。对于个别不做工作的联系人，要及时予以批评。

积极分子的工作要突出重点，着重做好青年学术带头人的工作。重点人的工作要由系、教研组的主要党员干部去做。有的系党委书记、系主任亲自做这项工作，收效就比较好。通过学术骨干的入党，也会带动其他青年教师的进步。

在做好青年教师党员发展工作的同时，也要认真抓好研究生和本科生的党员发展工作。

5. 加强群众思想工作，化解矛盾，增强单位的凝聚力

坚持党的群众路线，密切联系群众，深入做好群众的思想工作，既是共产党员履行全心全意为人民服务的宗旨，也是增强凝聚力、搞好新形势下本单位工作的需要。在改革开放和实行社会主义市场经济的条件下，一方面，我们要充分看到这些年的改革为国家的经济发展带来的巨大作用；另一方面，也要看到各种不良倾向与价值观念对党员和群众的消极影响。在经济杠杆比较重、竞争机制比较强的情况下，许多现实问题和思想问题联系在一起，思想问题又和利益问题交织在一起，所以有好多问题表现出既有思想问题也有实际问题。因此，在新形势下，我们要做好思想政治工作、化解矛盾，就要帮助党员和群众解决好实际问题。在群众的思想工作中，要分清层次，有针对性地去做。对于党员、干部和群众，教工与学生，在职人员和离退休人员，老中青等不同类型的人员，由于他们所处的环境不同，思想状况也不完全相同，我们必须经常了解他们的实际思想，研究不同的工作方法，做到一把钥匙开一把锁，深入细致地做好工作。

加强青年干部队伍建设的思路和对策 *

(2000 年 8 月 20 日)

为了满足学校一流大学建设对干部队伍的要求，我们必须解放思想，大胆改革，全面加强干部队伍的建设，使干部工作跨上一个新台阶。主要从以下几个方面改进和推动干部工作。

一、认真学习邓小平同志的人才思想，掌握科学的人才观

要通过学习进一步统一对青年干部工作的认识。邓小平同志一贯提倡“尊重知识，尊重人才”，他要求要努力发现人才，大胆使用人才，要敢于使用某些有弱点或缺点的人才。他曾经指出：“我们现在的人才不是多了，而是真正的人才没有很好地发现。”他还说：“对每个人都会有不同意见，不会完全一致，有缺点可以跟他们讲清楚，要放手地用人。”邓小平同志的这些论述充满了解放思想、实事求是的精神，体现了他辩证唯物主义的人才观，是我们正确认识和对待年轻同志、做好青年干部工作的前提。

由于长期受传统观念的影响，在我们的一些干部中仍然不同程度地存在着一些妨碍发现、使用青年干部的错误观念。一是“不看本质看表面”“不看能力看资历”的论资排辈思想；二是“不看主流看支流”的求全责备思想；三是眼光短浅、视野狭窄，只是从身边而不是从校内

* 贺美英同志在 2000 年暑期全校中层党政干部会上主要谈的是进一步加强学校青年干部队伍建设的问题，本文是讲话的第三部分。

外乃至国内外去选拔一流人才；四是急功近利，只看眼前，不想长远，用人上没有规划，只顾使用，不注意培养。这些错误观念严重地影响着有潜力的年轻人脱颖而出，给干部工作带来许多困难。

因此，要用邓小平的人才观念来统一全校师生员工的思想，提高四方面的认识：一要引导大家讲大局，充分认识干部年轻化在国家改革发展和学校一流大学建设中的重大意义；二要引导大家充分认识学校干部队伍的年龄结构虽然有了显著改变但仍未根本好转的现实，明白抓好干部梯队建设、做好跨世纪干部新老交替的紧迫程度；三要引导大家克服在选拔、使用年轻干部中存在的论资排辈、求全责备、急功近利等错误观念，树立对年轻干部看主流、看本质、看发展的唯物主义态度；四要引导大家讲党性、讲责任、讲奉献，努力发现、推荐干部，大胆使用干部，自觉对年轻干部传帮带，认真做好对青年干部的培养选拔。

二、解放思想，在干部选拔制度上大胆改革

在干部的选拔任用上，我们要解放思想，在坚持标准的原则下大胆进行改革。中共中央 1995 年印发的《党政领导干部选拔任用工作暂行条例》中，规定了选拔任用党政领导干部的六条原则：①党管干部的原则；②德才兼备、任人唯贤的原则；③群众公认、注重实绩的原则；④公开、平等、竞争、择优的原则；⑤民主集中制的原则；⑥依法办事的原则。其中第一条原则强调了干部工作的责任；第二条强调了干部选拔的标准；其余四条提出了干部选拔任用的方法，归根到底是为第二条坚持干部选拔标准服务的。这六条原则应该成为我们解放思想、转变观念、大胆改革的基本依据，给我们规定了改革的方法和途径，我们必须深刻领会，认真执行。

各级党组织的干部要按照《党章》和有关规定，由党员民主选举产生。我们要积极推荐一批思想政治和业务素质都比较好的同志，担任部分党的工作，以便适应新形势对党建工作和其他工作的要求。对院系行政干部，除在本单位充分酝酿推荐的基础上选拔外，对有些正

职干部不足的单位，也可在校内外实行招聘。校机关正、副处级干部实行三年聘期制，任期满后，继续实行公开招聘、平等竞争、择优聘任的办法。对于平时需要补充和调整的干部岗位，也要采取组织推荐或者公开招聘等多种选任办法。

对于校机关及某些单位的特殊岗位，也可以尝试在校外招聘，进一步拓宽用人渠道；在公开招聘干部的同时，组织部门更要加强对干部的考察，按照德才兼备原则任用干部。对于干部的考察不但要听其言，更要观其行，要把那些素质好、确实能担当重任的同志选拔到管理岗位上。

三、认清形势，制定规划，确保学校事业发展的需要

干部队伍的新老交替和学校事业的蓬勃发展，使我们的干部工作面临着严峻的形势，尽管目前干部队伍的年龄结构基本合理，但未来5~6年新老交替又将是一个高峰期，干部工作面临的任务将更加艰巨。干部队伍的年龄结构由不合理到合理，再由合理到不合理，经过工作再到合理，循环往复，以至无穷，这正说明干部年轻化是一个永无止境的过程，不可能一劳永逸。我们要逐步调整，不断完善。对此，一定要有紧迫感和压力感，要树立改革意识，大胆开拓进取，兼顾目前和未来，制定好干部队伍建设的发展规划。

按照学校整改意见，从今年9月起到年底以前，党委与各院系所共同研究后备干部人选，特别是重点抓好党政一把手后备干部的选拔和培养工作，逐一落实重点后备干部的培养方案，统筹后备干部的培养和使用。根据5年后将有140余名处级干部达到或超过退休年龄，按照1∶2的比例，制定出新一批300人后备干部名单。其中，正处后备干部100名，副处后备干部200名。在分析研究学校规划和发展需求的基础上，制定今后5年后备干部建设规划。其中，特别要注意文科和其他新建学科干部的规划，并进行有计划、有目标、有步骤的培养、教育和考察，确保学校工作对干部的需求。

四、加强对干部工作的领导

学校各级党政组织都要加强对干部工作的领导，加强分工合作与统一协调，调动各级组织的积极性，增强责任感。

健全、完善各单位干部工作小组制度。干部工作小组由书记、主任、主管教工副书记或可吸收主管人事副系主任等3~4人组成，书记任组长，全面负责本单位的干部工作。干部工作小组要定期研究本单位干部工作，制定本单位后备干部名单，制订和落实培养计划。各单位党政一把手是干部工作第一责任人，应把培养和选拔好干部作为自己的首要责任抓紧落实。邓小平同志曾指出："老同志现在的责任很多，第一位的责任是什么？就是认真选拔好接班人。选得合格，选得好，我们就交了账了，这一辈子的事情就差不多了。其他的日常工作，是第二位、第三位、第四位、第五位、第六位的事情。第一位的事情是要认真选拔好接班人。"我们要按照邓小平同志的指示，把培养接班人的工作放在首位。要主动考虑本单位的干部梯队建设，切实抓好本单位副职干部的教育和管理，做好科级及其以下干部的选拔培养工作。同时，要把干部培养工作做得好与否作为考核干部的重要指标，作为有关干部晋升、奖励的重要依据。

五、加强对干部的教育、考核和帮助，高标准要求，严格管理

1. 加强干部的学习和培训

进一步健全干部特别是年轻干部的理论学习和培训制度，理论学习采取自学与集中学习相结合的方式，要通过指定学习书目、撰写学习心得体会，以及确定专题、集中学习讨论等学习方法，保证干部的学习时间和效果。每年全校组织不少于一次的部分干部集中学习，时间一周左右，对参加人员要严格要求，明确纪律，完成学习的各项要求。

2. 建立和健全与干部谈心、谈话制度

全校各院系正职干部、直属单位党政一把手在换届、任免、调离时，

学校书记、校长或常务副书记、常务副校长要根据分工，有计划地安排谈话。副书记、副校长每年与分管单位和部门主要负责人至少谈话一次；各单位的副职干部由本单位正职负责谈话。谈话内容不局限于工作，更要针对干部的思想和工作表现交换意见，对于工作中遇到的问题和实际困难要给以指导和帮助。对群众意见反映强烈的干部要及时谈话，进行批评帮助。

3. 坚持干部任期制

考虑到干部“双肩挑”的情况，每位干部连续任职一般不得超过两届。校机关、后勤等有关单位干部（正、副处长）在同一职务岗位上任职和轮换的过程中，要注意工作的连续性和稳定性，有些副职可以较长时间稳定在同一岗位上。选拔校机关干部，要重视基层工作经验，积极从基层选拔一些具有丰富经验的干部，充实到校机关的管理岗位上。

4. 加强青年干部挂职锻炼

今年下半年，结合制定后备干部规划和加强年轻干部培养工作，继续安排一批基层年轻同志到机关挂职锻炼。各有关部处长要妥善安排好他们的工作，严格要求，保证在机关工作的时间和精力投入，使挂职干部得到较大的锻炼和提高。

5. 加强对青年干部的考核

从今年下半年起，对 45 岁以下青年干部担任党政一把手的，在任期的届中组织部门要进行一次考核。有关考核结果，要进行认真反馈，对于反映突出的一些问题，要限定时间予以改正。

6. 调整不称职干部

对于因思想认识、工作态度或者工作水平、能力等原因确实不胜任工作，经帮助教育仍无明显改进的干部，要及时调整工作岗位。

六、加强对“双肩挑”制度、培养又红又专干部的工作研究

要对“双肩挑”制度进行深入的分析和研究。“双肩挑”制度为我校的思想政治工作和干部队伍建设打下了良好的基础，也为党和国家

输送了不少干部。面对21世纪学校所面临的新形势、新特点和新任务，应该就新时期机关干部与院系干部实行“双肩挑”的不同要求和办法进行调研，进一步充实和完善“双肩挑”制度。“双肩挑”是我校多年来积累的培养干部的有效途径，为我校的发展建设培养了大量管理和业务骨干。在新形势下，要进一步坚持和完善。对于院系和校机关不同的管理干部，“双肩挑”的内容也可以有所不同。其中，院系干部和机关少数干部可以在从事管理工作的同时，继续担任原专业的教学和研究工作；机关的部分管理干部可以从事教育研究和管理的业务工作。坚持干部“双肩挑”的同时，机关的部分干部和院系的少数干部，也可以专职从事管理工作。

七、加强干部队伍建设的研究，制定相应的政策和措施

每年对干部队伍状况进行一次全面的调研分析，掌握干部的构成情况，干部面对的主要矛盾和困难，干部工作中存在的主要问题，研究相应的对策措施。一方面做到对干部队伍状况心中有数；另一方面有利于对工作的改进和提高。要对干部的有关政策问题进行研究。为了进一步调动管理干部的工作积极性，鼓励更多的优秀同志从事管理工作，要认真研究和完善各项相关的干部政策，并积极督促落实，如坚持任期制、轮换制，支持和鼓励更多的同志从事党政管理工作。关心干部特别是年轻干部的业务成长，要为他们制订业务培养计划，优先安排出国进修深造，落实学术休假制度。在评定职称、设岗、奖励、晋升等问题上，要充分考虑管理工作的业绩和投入，制定相应的政策和措施，使党政工作的贡献和业绩得到充分的认可。同时，在人才引进和选留毕业生时，要有意识地考虑党员的比例，为干部队伍建设打下基础。

我们对问题的研究和分析还不够深入和透彻，提出的想法也还是初步的，希望引起同志们的讨论。请大家对学校干部工作献计献策，使我们的干部工作更有针对性、更有实效。

青年教授要承担起建设世界一流大学的历史使命 *

（2000 年 10 月 19 日）

在发展中国家建设世界一流大学绝非易事，我们面临的形势是严峻的，任务是繁重的，责任是光荣而又艰巨的。今后的 5~10 年是最关键的时期，是一个拼搏冲刺的阶段。在这个阶段，学校的教师队伍将经历一次重要的新老交替，“文革”前和“文革”中毕业的教师都将陆续离开工作岗位，现在 45 岁以下的年轻同志将要全面接过学校建设的班，责任是很重的。今天开这个会，也就是想把学校对大家的期望和要求告诉大家，使我们进一步统一思想，鼓足干劲，投身到学校的建设中去。

一、增强历史使命感和责任感，努力承担重任

大家的成长环境和经历各不相同，但现在我们走到了一起，汇聚在清华园里，就必须共同承担起建设世界一流大学的使命和责任。教授是一种职称，它包含对以往业绩的肯定，但更重要的是要担负起学校工作中最重的担子。教授不仅给了大家荣誉的光环，更给了你们责任，要求你们在学校的人才培养、科学研究等方面，要走在其他人的前面，要组织和带领更多的教职工向前走、奔一流。在未来的 5~10 年中，你们将成为学校资历较深、任职年头较长的教授群体中的主要成员，学校建设的责任将不可推卸地逐渐压到你们的肩上。大家可以静下心来

* 本文是贺美英同志在全校青年教授和青年干部会上讲话的主要内容。

算一算，5~10 年并不算太长，自己能够在科学研究上取得什么样的进展，自己能够在教育教学中发挥多大的作用，大家一定会感到压力很大。我们每位同志都不应满足于以往的成绩，要为自己制定更高的目标，要不断地攀登新的高峰。我校核能技术的研究发展就是一个很好的榜样。帝国主义封锁我们，而国家又急需发展核技术。怀着对国家和人民的使命感与责任感，20 世纪 60 年代，我校开始了核技术的研究。当时的条件极为艰苦，从技术、设备到生活条件，可以说都是从零开始。但是这支当时平均年龄只有 23 岁半的队伍，硬是在那样简陋的条件下，建成了我国第一座自己设计建造的核反应堆，为清华大学的历史和我国的核技术发展史写下了光辉的一页。今天，国家把建设世界一流大学的任务交给了清华大学，我们也同样要有这种使命感和责任感。我们国家的发展建设还面临许多困难，国家的经济并不充裕，有许多企业面临困境、甚至发不出工资，有许多职工下岗待业，就是在这样的情况下，国家还是下决心支持我校建设世界一流大学。我们没有理由辜负党和国家的期望，我们必须以一流的业绩回报养育我们的人民，这就要求我们必须树立高标准，艰苦奋斗，勇于拼搏，不断攀登新高峰，不断作出新成绩。

目前在少数青年同志中存在着一些安于现状的情况。有的人认为，现在自己已经是教授了，在学校也就算基本到顶了，因此提教授后反而松口气，出成果、接任务不够突出；也有人认为，自己身边还有更多知名的老教授，我只要跟着干就行了，开拓、创新的事想得少；还有些同志，某一方面钻得比较深，但视野不够开阔，在学科上统揽全局、指明方向、率领团队、领导大任务、真正担当起学科带头人还有差距；我们还有少数年轻同志习惯等待学校、单位给自己创造条件，缺乏创业精神，缺乏作重要贡献的志气。今天，大家虽然已经是教授了，甚至是博导了，但学无止境，“业精于勤”，要向学术上的大师学习。做学问也如逆水行舟，不进则退。作为清华大学的每一位教授，都应该有一股雄心壮志，有一股拼搏创业的精神，有一种艰苦奋斗的精神，有一种勇攀高峰的精神，要立志为科学技术和教育的发展进步，为学校的一流大学建设，作出自己的一份贡献。如果每个人都向这个方向去努力，我们学校一流大学建设就有了最坚实的基础。

二、教书育人，为人师表，把培养人的任务作为自己的首要职责

作为一所大学，我们应该把培养人的工作放在首位，如果不能把人才培养的任务完成好，也就失去作为一所大学存在的意义，更谈不上建设世界一流大学了。我这里想讲以下几层意思。

1. 清华的教授一定要上讲台，要给学生上课，特别是给本科生上课

这是清华大学教授的重要职责，当清华大学的教授，没有理由不上课。现在学校提出要建设研究型大学，一方面应该出高水平的研究成果；另一方面也要以科研带教学，以科研水平的提高促进教学水平的提高，不断跟踪最新的科研成果，并把它带到课堂上来，传授给学生，这应该是研究型大学的特色。由于历史的原因，有一些老同志教学和研究分离，这种现象在青年一代中不能再继续了。现在我们还有一些青年教师，重视出成果、写文章，却不太重视教学工作，对教学不舍得投入、花力气，下功夫不够。当然，这里也有学校的一些政策导向问题。因此,这次学校设岗对责任教授都有教学工作的要求。现在，学校正在进一步研究这方面的问题，尝试更全面地、更合理地评价教学工作。但是，无论如何，不上课就算不得学校的教授；课上不好就不是一个好教授。教书育人是教师的天职。希望我们的青年教授们都要有教学工作的意识，要有培养人的意识，积极承担并认真完成好教学工作。

2. 清华大学有责任让最好的教授给学生讲课

大家应该看到,我们学校有非常出色的生源。这些年在高考录取中，我们学校的录取分数线水平不断提高，各省市高考状元和最高分数段的考生，我们学校拿到的比例是最高的。面对这么优秀的学生，学校有责任让最好的教授给他们讲课，让最优秀的教师对他们进行教育指

导。我们在学校的《校友通讯》和其他地方看回忆文章，许多老学长们都经常谈到那些著名教授的课程和指导对自己产生的深刻影响。近几年，我们做了一些毕业生调查，有些毕业时间不太长的学生，却几乎说不出有几门课给自己留下了较深的印象。两相对比，我们感到很不安。面对这么高质量的学生，我们如何拿出最高的教学质量和水平，这是应该认真思考的问题。现在，我们的学校规模扩大了，学生数量增加了，这给教学工作带来了很大的困难，但让每个学生在校期间能够尽可能多地听到好教授讲的课，应该是学校的责任。我们的年轻教授们应该以能够教育这样一批批优秀的学生为荣，应该为他们的成长花心血、尽责任，而不应该只想多带研究生，让他们给自己多做事情，却不愿意在他们本科阶段的成长、培养上多花力量。有些同志带研究生，也是让研究生干活多，真正高水平的指导少。清华的教授应当是“桃李满天下”，如果没有多少学生能够回忆起你对他们的培养和教育，这不仅对学生成长会造成很大的损失，自己回首往事的时候也将是一种很大的遗憾。

3. 教师要爱岗敬业，教书育人，以身作则，为人师表

作为一名大学教授，应该率先垂范，热爱自己的岗位，热爱学校的学生。礼堂西侧闻一多塑像旁刻着他的一句名言，“诗人的主要天赋就是爱，爱他的祖国，爱他的人民”。那么，具体到我们学校工作中，就应该爱我们的学生，以对学生的满腔热情投入到教育教学工作中去。闻一多先生本人就是学生的良师益友、教书育人的典范，他开设多门课程，严谨执教，备课十分认真，对学生循循善诱，把讲课建立在自己独立的研究基础上。在西南联大，他是认识学生最多的教授，是最受欢迎的老师之一。同时，教师更应该教书育人，不仅要将科学技术文化知识传授给学生，更要把正确的世界观、人生观、价值观传授给学生，把为祖国、为人民作贡献的精神传授给学生，把科学的方法论和严谨的作风传授给学生，不仅要教学生怎样做事，更要教学生怎样做人，使学生成长为对社会、对国家的有用之材。

去年，党中央、国务院《关于深化教育改革，全面推进素质教育

的决定》指出，提高教师自身素质是全面推进素质教育的基本保证，并提出教师素质的提高要培养、培训等，但更要靠广大教师的自觉要求，在实践中提高。我校许多院系和人事处组织了各种青年教师沙龙和活动，如开展科学与人文为专题的系列活动都是很好的，我们应共同探讨提高自身素质的有效途径。要教书育人，首先要以身作则，为人师表，要言传身教，以自己的模范行为影响学生、带动学生、感召学生。大礼堂草坪前日晷上刻着四个字——“行胜于言”，我们应该经常用它来警醒自己。清华大学的教授应该成为全校师生的楷模，无论在做学问上，还是在做人上，都应该具有最高的水准，只有这样，才能真正成为学生的良师益友。

三、增强团结协作精神，带领周围的师生共同前进

随着社会的发展和进步，社会化大生产早已取代了自给自足的小农经济，现代社会生活的一个重要标志就是分工合作。在科学技术飞速发展、日新月异的今天，任何具有重要意义的成果都很难是一个人完成的。即使一个人可以出思路，出创新的火花，但要验证它、要实现它，绝非一个人的力量能完成，特别是在我们这样以工科为主的大学里，要搞出一定的成果，必须依靠集体的力量，团结一批人共同奋斗，才有可能达到较高的水平。作为教授，应该成为一个科研或教学群体的核心，应该把这批人紧紧团结在自己的周围，充分调动和发挥每个人的积极性和创造性，使大家拧成一股绳，为实现目标而团结奋斗。可是，我们的一些教授也包括少数年轻教授，存在着一些应该引起注意的现象：有些人喜欢自己一个人带几个研究生去搞课题，不愿跟其他同志合作，各自为政；有些人在合作中总希望自己说了算，以自己为核心，不尊重别人的意见，常常会把合作关系搞得很僵；有些人为了排名次、争位置、报成果搞得极不愉快，甚至于最终摊牌分手；等等。这些都严重影响了学校发挥多学科优势，联合进行攻关的工作。如果我们清华的教授们都是分散、孤立的个人带上几个研究生搞些小题目，我

们就很难做出对国民经济发展产生重要影响的科研成果。我校“200号”核反应堆、低温堆、高温堆，我校的计算机集成制造系统、大型集装箱检查系统等，包括前不久发射的小卫星，都需要许多教授、学者的共同努力，需要不同学科的配合和综合，需要密切的合作和良好的团队精神，需要相互间的理解与支持；否则，任何大项目都是无法完成的。

在团结协作的问题上，最本质和核心的是两个问题：一个是如何正确认识自己、正确对待他人的问题；另一个是如何正确对待名利的问题。如果这两个问题能解决好，团结协作就一定会出现新局面。

先谈谈正确认识自己、正确看待他人的问题。每个人都有自己的长处和优点，每个人也都有自己的短处和缺点，我们切不可以己之长比彼之短。对于一些老教师，有些年轻人认为他们知识陈旧，接受新事物慢，思想保守。实际上，他们不仅曾经有过自己的辉煌，有比较丰富的工作经验，有对问题审慎的看法和周到的考虑，而且在许多方面他们现在仍然有不少独到的见解。年轻同志应该尊重老教师的知识和经验，应该充分吸取其中有益的东西。大家应该明白，我们之所以能有今天的一些成绩，正是因为站在了前人的肩膀上，切不可因为在某些方面比他们站得更高了一些，而看不起脚下的基石。每一个人都是在历史长河中前进的，每个人都会有自己的一朵浪花，我们不应该因为自己正在浪尖上而看不起周围的人，不尊重他人。我们不应该割断历史，否定前人，否则我们自己也会被历史否定。我们应该了解学校的历史，了解教研组的历史，了解周围的人，不能忘记他们对学校、系、专业发展的贡献。另外，还有一个尊重同辈人和周围人的问题，对于自己的合作者、竞争者，对于自己的下属包括实验室的职员、工人等，同样都要尊重，不能因为自己是教授而看不起其他人。在人格上，大家都是平等的，只有尊重他人，才能赢得他人对自己的尊重。要能够团结各方面的人一起工作，包括那些与自己意见不尽相同的人，其实他们的意见正可以从另一方面给我们以启发和警示。对人应该宽容，要多看别人的优点和长处，要能够容忍他人的缺点和不足；否则，也是无法和其他同志搞好团结，进行合作的。古人曾告诫我们，要“记人之长，忘人之短”“记人之善，忘人之过”，这并不是说不要开展批评，而是要胸襟开阔，要严以律己，宽以待人。

还要主动引进那些比自己更强的学术骨干，不要怕别人超过自己。我们说老同志不能武大郎开店，年轻同志也不能武大郎开店，比我高的不能进来。如果总想自己占据最高的位置，不能忍受更高水平的人进来，不仅自己的水平不容易得到提高，而且会给整个事业带来不利的影响。搞研究、做学问是没有地域界线的，你这里拒绝高水平的人，并不意味着高水平的人就不存在了，能够把众多英才吸引和团结在自己的周围，才是一种更高的境界和水平。能与优秀的人一起工作，互相促进提高应当是一件幸事。

另一个问题就是如何对待名利。获奖、受表彰当然是好事，经济上的宽裕也有助于大家不为生活所累，将更多的时间和精力投入到工作中去。但是，在对待名利的问题上，我们每个人心中要有个度，要有谦让的精神，要有点风格。不能事事都要拔尖，样样都要争先，这个奖也应该给我，那个基金也应该有我的，成果排名一定要把自己放上。过分看重名利，过分要求名利，势必使我们的教学、科研工作染上急功近利的色彩。情绪浮躁，急于求成，不能够静下心来搞研究、做学问。历史上曾有“十年磨一剑”的典故，不甘寂寞，不图虚名，潜心于默默的砥砺，终于磨出一口锋利无比的宝剑，震惊世人。做学问也要有这种精神，要有坐冷板凳，耐得寂寞的精神，才能够静下心来，不被名利烦扰，练出前辈大师的风范和精神；下真功夫，下苦力气，以一种对科学的热情和痴迷，铸造真正的业绩和辉煌。

四、要积极继承和发扬清华的优良传统

将近 90 年的发展，使清华大学形成了自己的良好传统，既具有“中西融会，古今贯通”的学术传统和氛围，又具有追求真理、为祖国和人民建功立业的崇高志向。清华大学的校训“自强不息，厚德载物”，应该说是清华人精神的一种写照，梁启超先生曾用《周易》中这两句

来勉励清华学生：

“乾象言，君子自励犹天之运行不息，不得有一曝十寒之弊，且学者立志尤须坚忍强毅，虽遇颠沛流离，不屈不挠；若或见利而进，知难而退，非大有为者之事，何足取焉。人之生世，犹舟之航于海，顺风逆风，因时而异。如必风顺而后扬帆，登岸无日矣！”

“坤象言，君子接物，度量宽厚，犹大地之博，无所不载。君子责己甚厚，责人甚轻。孔子曰：‘躬自厚而薄责于人’。盖惟有容人之量，处世接物，坦然无所芥蒂，然后得以膺重任……。当其名高任重，气度雍容，望之俨然，即之温然，此其所以为厚也，此其所以为君子也。”

梁先生所讲，也就是要永远有进取奋斗的精神，要具有崇高的道德风范。

在继承和发扬清华优良传统问题上，应该在以下几个方面下功夫。

1. 爱国奉献，为党和人民建功立业

清华大学历来有以国家兴亡为己任的爱国奉献传统。虽然清华的前身是一所用“庚子赔款”办起来的留美预备学校，但她一直植根于中华民族的优秀文化之中，特别是在中国共产党的领导下，清华人将自己的行动与国家的兴亡、民族的荣辱紧紧联系在一起。为建设祖国，振兴中华，清华学子一步一个脚印，踏踏实实地为祖国的繁荣富强作出了积极的贡献。今天，国家给了清华大力度的支持，清华应该为国家作出应有的贡献，应该把我们的工作与党和人民的事业紧密联系在一起，继承和弘扬建功立业、爱国奉献的精神。

2. 又红又专，全心全意为人民服务

又红又专是学校培养学生的标准，也是清华多年形成的良好传统。清华的教师应该具有坚定正确的政治方向，要在政治上追求真理，要求进步；同时要有精湛的业务水平，要有为国家作贡献的本领。学校的许多前辈学长在这方面为我们树立了很好的榜样。“清华最光荣的儿子”，我校最早的共产党员施滉烈士；拍案而起、大声疾呼“现在只有一条路——革命”的闻一多先生；“宁可饿死，不领美国的‘救济粮’”的朱自清先生；更有许多学长和前辈放弃国外的优厚条件和待遇，在新中国成立之初就回到祖国的怀抱，投身到社会主义革命和建设中，他们中有些人即使受到挫折和不公正的待遇，仍然痴心不改，把为祖国奉献、把对党的追求作为自己的毕生奋斗目标和归宿，像刘仙洲、常迵、李欧教授等，不胜枚举。他们不仅有高远的志向，又有广博的才学、精深的知识，成为深受清华学子尊崇的一批宗师。我们年轻同志也要继承这种好传统，要认真学习马列主义、毛泽东思想、邓小平理论，学习辩证唯物主义和历史唯物主义，树立正确的世界观、人生观和价值观，掌握科学的方法论；同时，业务上也要精，要刻苦钻研、紧跟科技前沿，勇攀科学高峰，掌握为人民服务的本领。

3. 实事求是，具有科学的态度、严谨的作风和创新精神

科学研究和工程技术来不得半点的虚假和浮躁，必须具有科学的态度和严谨的作风，这也是我校传统中一个很突出的方面。许多前辈学长在这方面给我们树立了很好的典范，他们在教书和做研究上一丝不苟，精益求精。朱自清先生对于学生的作业和文章批改得非常认真，在与学生讨论文章时特别强调："做学问，要讲实；讲实不易，得下力气干，认真地干，不干，则无实；无实，则空疏。"这种严谨、务实的态度和作风，潜移默化地影响着一代又一代清华人。清华人善于把科学的方法论运用于教学和科研中，在"200 号"核反应堆的研制过程中，他们克服没有资料、技术封锁等困难，用唯物辩证法作指导，提出了"尖端分解成一般，一般综合成尖端"的研究思想，按照"分步多次试验，总体一次成功"的方法，终于研制成功了我国第一座自己设计建造的核反应堆，这是运用唯物辩证法的典型范例。同时，我们也要有创新精神，敢于走前人没有走过的路，敢于攀登前人没有攀登过的高峰。

4. 顽强拼搏，团结奋进集体攻坚

我们学校历来有一股顽强拼搏、敢啃硬骨头的好传统。越在困难的任务面前，越在攻克尖端科技的时候，越能表现出一种顽强的毅力和拼搏的精神，大家团结协作，共同克服难题。做学问也可以说是一种意志品质的较量，大型科研项目的研究更是团队精神、集体智慧的产物。希望清华的年轻教授也要有这么一种精神，这么一种劲头，只有这样，才能在科学的道路上不断前进。

贯彻党的十五届六中全会精神，加强和改进学校党政领导班子的作风建设 *

（2001 年 12 月 30 日）

一

党的十五届六中全会适应新形势、新任务的要求，做出了加强和改进党的作风建设的重大决策。高校贯彻落实党中央的这一部署，最重要的是加强和改进学校党政领导班子的工作作风和领导作风。一所学校领导班子的作风状况，直接影响到学校的整体状况，是不可小视的问题。

在新的形势下，高校党政领导班子在工作作风和领导作风方面容易产生的问题，首先是班子的团结问题，特别是党政班子、党政领导之间的配合协调问题。在实行党委领导下校长负责制的过程中，片面、错误的认识和做法都会导致“党委领导”和“校长负责”之间的摩擦甚至对立，使领导班子产生严重“内耗”，党、政工作成为“两张皮”，软弱涣散，效率低下。其次是领导班子成员的个人工作作风问题。近年来，许多学术造诣较高的年轻人担负起重要的领导责任，这是十分可喜的。但由于这些同志成长在“文革”以后的时期，而且在走上领导岗位之前主要从事业务工作，所以他们中的一些人对党内生活不太熟悉，不能很好地贯彻民主集中制原则，在工作中出现简单、生硬，

* 本文是贺美英同志在全国高校党建工作会上的发言，以中共清华大学委员会的名义发表于《中国高教研究》2002 年第 1 期。

不愿听取不同意见，不重视宣传思想工作，不走群众路线等问题。解决这些问题，唯有加强和改进党政领导班子的作风建设，一靠教育，二靠制度，思想教育和制度建设并重。

二

清华大学的领导班子在长期的工作实践中形成了一些好传统，在新的历史条件下又探索了一些行之有效的做法，保证了党政领导班子的团结一致、坚强有力。将这些传统和做法加以总结、概括，对贯彻党的十五届六中全会精神，加强和改进高校领导班子的作风建设，具有一定的参考意义；同时也有利于我校结合工作实际学习贯彻六中全会《决定》，把好的传统、做法保持下去，并进一步改进、完善，以担负起新的历史任务。

1. 坚持解放思想、实事求是的思想路线，坚持一切从学校工作的实际出发

在学校工作中贯彻党的思想路线，要在具体工作中逐步形成传统，使之成为领导班子自觉的思想作风。清华大学领导班子在长期办学实践中形成了坚持党的思想路线的一些传统。

（1）在对党的基本理论、基本路线和基本方针上，在对党的教育方针和办学指导思想上，在对学校的历史、现状和发展目标上，要努力达到领导班子思想认识上的一致。如果在这些重大问题上没有统一认识，解放思想就失去坐标，开拓进取就找不到方向。

（2）坚持以唯物辩证法的观点分析学校的历史和现状。蒋南翔同志曾提出看学校的历史要“三阶段、两点论”，清华大学党委保持了这个传统，用一分为二的观点认真总结解放前、“文化大革命”以前和改革开放以来三个阶段的教育思想和办学经验，继承好的传统和经验，克服缺点和不足。不搞简单肯定和简单否定。

（3）坚持一切从学校工作的实际出发，不唯书、不唯上，不盲目跟风、赶浪头。70 年代末 80 年代初，清华大学没有盲目扩大招生规模，而是

坚持了“重在提高，在提高中发展”的方针，在提高教学质量和培养研究生上下功夫；80 年代中期清华大学顶住了学生经商风，保持了良好的校园秩序；90 年代，清华大学适应社会主义市场经济的发展要求，进一步进行学科调整，提高学生全面素质。这些都在一定程度上使学校占得了发展的先机，避免了大起大落。在思想教育方面，清华大学从学校工作的实际出发，在 90 年代中后期主动组织了“新时期共产党员标准讨论”“‘两弹一星精神’学习教育”等活动，取得了很好的效果。

（4）大胆解放思想，勇于更新观念，积极推进改革。1997 年上半年，学校对本校 2000 名毕业生的情况进行了深入的调查。以调查结果为参照，从 21 世纪对人才的要求出发，开展了教育思想大讨论。校党委要求全校师生员工解放思想，转变教育观念，大胆发表意见。校领导班子成员深入到学生班级和各院系参加讨论，使讨论达到了前所未有的广度和深度，极大地推动了学校人才培养模式、教学体系、教学内容和方法以及教学评估体系和管理体制改革的深入。以这次大讨论为契机，学校中解放思想、更新观念、大胆进言蔚成风气，机关管理体制、劳动人事制度等改革相继顺利进行。

2. 坚持民主集中制原则，形成良好的领导作风

在坚持民主集中制原则中，我们处理好了这样一些关系。

一是个人和组织的关系。前几年试行校长负责制时，并不是校长一个人说了算，学校的决策机构是校长书记联席会议；现在实行党委领导下的校长负责制，也不是书记一个人说了算，党委常委会成为决策机构，重大问题都在常委会上决定。

二是民主和集中的关系。我们首先要进一步发扬党内外的民主，充分调动广大党员和师生员工的积极性；同时需要加强民主基础上的集中，保证党和国家的政令畅通，也要保证学校的政令畅通。决议形成前要充分发扬民主，听取各方意见，决议形成后要坚决贯彻。

三是党、政之间的关系。学校党、政一把手要密切配合，要做到重要问题事先交换意见、情况。在一些重要问题提交常委会讨论之前，

学校主要领导和有关负责人要碰碰头，交流一下情况和看法，经充分酝酿意见比较一致了再拿到会上去。党、政主要干部有了默契配合，整个班子的团结、高效就有了基础。班子成员在工作中相互理解、支持，决策时集思广益，工作分工明确。党委着重抓改革、抓思想、抓班子、抓基层、抓队伍，推动学校的中心工作；行政抓教学、科研、学科建设、后勤、产业等行政管理工作。党委不抢角色，不代替行政工作，做好思想工作，支持行政开展工作，尊重校长的职权。行政把党组织作为坚强后盾，重视发挥党在学校工作中的政治核心作用，努力贯彻党委对学校改革和发展的各项决定。

四是班子成员个人之间的关系。学校党政领导班子成员的个人成长经历各异，有着自己的个性和优缺点，对事物认识的深浅和角度也有不同，在一些问题上有不同看法是很正常的。但是我们要求每个成员在工作中要把学校工作的整体和全局放在第一位，不能强调个人意志；彼此之间没有个人恩怨，保持亲密的同志关系。这就需要班子每个成员加强党性修养，经常坦诚交流思想，开展批评和自我批评，对可能出现的矛盾防患于未然。清华大学历史上历届班子中都有这方面非常好的经验和事例，成为教育班子新成员的活教材。

五是各届领导班子之间的关系。除“文革”时期以外，清华大学的各届班子成为一个历史的整体，是继承与发展的关系。清华大学的每届领导班子都十分尊重前人的工作，并且在工作中有长远眼光，不搞形式主义的“政绩工程”，而是尽量为后继者创造有利条件。

3. 密切联系群众，树立良好的工作作风

清华大学在 1926 年就建立了第一个党的组织，虽经艰苦磨难但一直没有断线并在革命斗争中发挥了重要作用，根本原因就在于它与清华大学的广大师生员工群众保持了血肉联系。党的群众观点和群众路线，是清华大学党组织的传家宝。

在新时期走群众路线，就要放手发动群众，广泛动员群众，依靠广大师生员工办大学。所有涉及学校改革、发展的重大事项，都应充分发动群众，集中群众的智慧，并最终依靠群众去完成。

1993年我校提出建设世界一流大学的奋斗目标时，有人感到信心不足，群众反响不够强烈。校党委在后来几年中利用一切机会反复进行动员，向师生员工说明中国的现代化建设需要有若干所具有世界先进水平的一流大学，我们应当义不容辞地担负起冲击世界先进水平的历史使命，为缩短我们与发达国家在人才培养、科学技术水平方面的差距而努力奋斗；说明我们所具有的社会主义国家可以集中力量办大事的制度优势和党组织的工作可凝聚各方面力量的政治优势，加上学校现有的基础和能够争取到的各方面支持，建设世界一流大学的目标是有可能实现的。从1994年开始，我们先后发动全校上下参与制定和实施了“九五”事业发展规划、“211工程”建设规划、“建设世界一流大学规划”。由于充分发动了群众，现在学校中建设世界一流大学的热情高涨，近几年学校的各项事业发展很快。

新时期坚持党的群众观点，就要关心群众疾苦，做耐心细致的群众思想工作。学校的各项改革常常会涉及师生员工物质利益的调整，如人事制度改革，进行岗位聘任，根据岗位性质与贡献，明显地拉开了津贴的差距。为使改革顺利进行，一方面，我们要做群众的思想工作，使他们认识到改革的必要性和合理性；另一方面，也对收入较低的青年教师和离退休人员给予切实的关心和帮助。近几年出台的一系列改革措施都得到了群众的大力支持，没有发生大的颠簸，既推进了改革又保持了学校的稳定。

密切联系群众，还要建立有效的干群沟通渠道，健全群众民主监督制度。清华大学在决策过程中坚持走群众路线，广泛听取群众意见，吸收合理建议，努力扩大群众在重大决策问题上的参与程度。学校坚持每年召开两次教职工代表大会，校长向教职工代表报告学校改革和发展的重要问题，一些关系教职工切身利益的问题在教代会代表中及时进行讨论；学校建立了20多个工作委员会，吸收了近500名教授、副教授、骨干教师和教职工代表参加；学校还经常向各民主党派负责人通报学校工作，听取他们对学校工作的意见。广泛听取群众意见，保证了决策的科学性和民主性。

4. 下大气力抓干部培养工作，使好的传统、作风后继有人

清华大学在干部培养问题上，在保持传统做法的同时，还探索了一些适应新时期历史条件的新做法。

（1）我们坚持了干部在做党政管理工作的同时兼做业务工作的“双肩挑”制度。它的好处在于：干部可以不脱离基层，时常了解基层的情况；做管理工作的人也懂得业务，避免了瞎指挥和乱发表意见；有“双肩挑”经历的人进入学校领导班子，更容易了解基层的困难，体谅基层工作的苦衷。此外，实行“双肩挑”使在管理岗位上工作的人能上能下，有利于岗位的轮换，淡化了“官本位”意识。

（2）我们还坚持校机关部门的领导和院系领导的交流，以及党政领导岗位的互换制度。这个制度使得学校和院系的干部更容易相互理解，党务工作和行政工作的领导更自觉地相互支持。

（3）清华大学有支持年轻干部上第一线的好传统，历史上有许多部门、院系的正职干部主动让出“一把手”位置给年轻干部的感人事例。在新的形势下，学校又实施了一系列有利于年轻干部成长的措施。在采取办学习班、参加社会实践、参观革命圣地和城乡改革典型等形式对青年干部进行培训的同时，从 1996 年起实行了干部挂职的做法，从基层单位抽调一些政治、业务素质比较好的年轻同志，到校机关各部处挂副职，参与校机关的一些管理工作。这样做的好处是：有助于基层青年骨干对学校全局情况的了解，熟悉学校的管理体系和运行机制；有助于学校对基层青年骨干的进一步了解和考察，并在具体工作中对他们进行传、帮、带；有助于学校与院系之间的沟通，使机关管理更贴近基层。经过一到两年的挂职后，这些青年骨干有的回院系担任党政职务，有的回到教学科研第一线，也有的留在机关的管理岗位上。

（4）坚持党管干部的原则，严格按照干部任免程序，进行干部的考察和任用。学校党政中层干部的任用，首先由组织部考察，在一定范围内进行民意测验，然后在学校干部工作领导小组中酝酿，有了初步意见后提交党委常委会讨论通过。其中行政系统的干部在听取校务

会意见后由校长任命，党的系统的干部一般经选举产生。每年各级干部要进行述职和考核，组织部采取各种方式对干部进行考查。各级干部都实行任期制，按期换届。学校坚持对掌管人、财、物特殊岗位负责人的定期轮换。近年来还试行了向社会公开招聘机关干部的干部任用制度改革。

5. 有效监督权力运行，防止以权谋私，保护群众利益不受损害

随着学校规模的扩大和事业的发展，各级干部经手的财物数额越来越大。对这些权力的运行进行有效的监督，是保持清正廉洁之风、反对腐败的重要环节。清华大学在这方面已经做了一些工作，并正在探索建立结构合理、能够进行有效制约的权力运行机制。学校在基建项目的公开招标方面建立了严格的程序，对大项目建立了严格的审计制度，对饮食中心实行统一采购和计算机管理。这些制度的严密性和严格执行使权力的运行处于公开、透明的状态，防止了少数人的“暗箱操作”，降低了以权谋私的可能性。另外，我们在本科生招生工作中建立了一整套严格的工作程序，学校纪检委参与其中行使职能，保证了人民群众的利益不受侵害。对诸如住房分配等关系群众切身利益的工作，也都制定出严格的工作程序，由学校纪检委和工会派出的群众代表进行监督。同时，我们建立健全了对学校企业的定期审计和干部离任审计制度，以进行有效的监督。

三

以上这些传统和做法，有些是清华大学历届党政领导班子在几十年的实践中形成的，有些是近年来在工作中探索、创建的，是学校党组织不断加强自身建设积累下来的宝贵财富。学校能把这些好传统、好作风在领导班子中一代代地继承下来，也是长期对党员、干部进行思想教育的结果。

1. 坚持对党员进行马列主义、毛泽东思想、邓小平理论的教育

学习马克思主义理论是坚持实事求是思想路线、保持党的思想作

风的基本前提。党委在布置党员、干部学习马克思主义理论时，坚持理论与实际相结合的方针，鼓励、引导师生员工运用理论去解答现实中的热点、难点问题。1996 年学习《邓小平建设有中国特色社会主义理论学习纲要》，群众中存在一些认识上的问题影响学习的深入，我们没有回避这些问题，而是经过调研整理出了 20 个思考题，请专家针对这些问题为党员作辅导报告，并组织“两课”教师编写参考答案下发到各支部，取得了良好的学习效果。

近年来我们组织党员学习党的十五大文件，学习邓小平教育理论和党建理论，学习毛泽东、邓小平关于艰苦奋斗的论述，学习江泽民同志“三个代表”重要思想，学习江泽民同志在我校建校 90 周年庆祝大会上的讲话，学习江泽民同志“七一”重要讲话和《中共中央关于加强和改进党的作风建设的决定》等，都是把学习理论与回答现实中的问题和学校的具体工作紧密结合起来，使党的思想作风得以继承和发扬。

2. 坚持对党员进行党的优良传统教育

党的作风是党的优良传统的重要组成部分，进行革命传统教育是加强和改进党的作风建设的重要途径。我们抓住各种时机对广大党员、干部尤其是青年干部进行革命传统和学校优良传统的教育。1996 年是建党 75 周年，也是清华大学建立第一个党支部 70 周年。我们在全校党员中开展了清华大学党组织优良传统的讨论，大家一起回顾清华大学党组织走过的光荣革命历程，一起总结历史经验，概括出了清华大学党组织“爱国奉献，在不同的历史时期为实现党的中心任务建功立业、进取献身；又红又专，努力实现全心全意为人民服务的宗旨；实事求是，正确地创造性地贯彻党的方针政策；联系群众，团结奋进，发挥党组织的政治核心作用和共产党员的先锋模范作用”等四个方面的光荣传统，并在“七一”大会上由党委书记向全校党员宣讲，使大家受到了深刻的教育。

1999 年我校开展“两弹一星精神”学习教育活动，请“两弹一星”功臣来校作报告，召集青年教师与当年参加“两弹一星”研制工作的老同志座谈，组织师生员工观看反映我国研制“两弹一星”历程的影片，使全校受到了一次艰苦奋斗革命传统的教育。2001 年是我校 90 年校庆，我们把继承清华大学的优良传统、弘扬以“爱国奉献，追求卓越”为核心的清华精神作为校庆活动的主线，宣传“自强不息，厚德载物”的校训、“行胜于言”的校风、“严谨、勤奋、求实、创新”的学风，进一步提高了清华大学师生的精神境界，成为我们 90 年校庆的最大收获。

3. 坚持对干部的教育培训

学校坚持干部培训制度化，每年举办两期新上岗的处级干部读书班。同时做到结合形势、任务的发展，经常对干部组织学习与培训。以马列主义、毛泽东思想、邓小平理论为主要学习内容，还根据学校的实际工作需要，进行哲学、教育学、管理学和学校传统等方面的系统培训。1996 年下半年，我们用 6 个单元时间开办了马克思主义哲学讲座，请老领导何东昌同志给青年干部上课。他结合高教战线的历史，用丰富、生动的事例，讲述了马克思主义的实践观点、历史观点、阶级观点与群众观点，使广大青年干部感到受益匪浅。1997 年暑假，我们组织 20 多名青年干部到革命圣地参观学习，党的伟大革命斗争历史震撼了他们的心灵，许多人流下了激动的热泪。他们说，这种深刻、生动的教育使自己终生难忘，将激励自己一生为党勤奋工作。

在参观各地企业的过程中，还组织青年干部参加学校的科技信息发布会，与当地企业负责人座谈，举办科技咨询与洽谈，感受到老区人民对科技的迫切需求，增强了他们的责任意识。为了提高青年干部的管理水平，增强他们的高等教育知识基础，我们还给他们开办了管理学知识讲座和高等教育学的培训，使他们进一步认识了高等教育在国民经济发展中的地位与作用，了解了当前高等教育的热点问题，以及 21 世纪高等教育的发展趋势。

4. 坚持对党员领导干部进行廉洁自律的教育，提高他们的廉政意识

反腐败是加强和改进党的作风建设的一个重要方面，要标本兼治，

教育为主，防患于未然。多年来，学校采取多种形式对广大干部进行教育，要求他们防微杜渐，警钟长鸣。处级以上干部每年都要就廉洁自律问题开一次民主生活会，学习中央有关反腐倡廉的文件，严格自查发生在自己身边的各种问题，并开展批评与自我批评。1999 年，结合全校各单位制定党风廉政建设责任制实施细则，在全校深入进行了一次党风廉政建设的教育。近年来，校党委委托校纪监委与审计室、财务处举办了多次财务系统处级干部纪监审学习班，还与组织部一起举办过青年干部财经纪律学习班。1996 年 10 月，继上一年对学校处级以上干部进行条规考核后，又专门对青年干部进行了党纪政纪条规考核，促使他们学习党纪法规，增强廉洁自律意识。学校多次请中央和北京市纪委的同志来校作报告，作为中纪委委员的校党委书记也多次为全校党员干部上党课。学校还利用有线电视台、校报《新清华》等宣传舆论阵地，播放反腐败的宣传片，报道清正廉洁的典型事例。电影《生死抉择》上映后，学校为师生员工放映 9 场，并组织了观后座谈会。这样,系列的廉洁自律教育不仅使广大干部筑起了思想上的防线，也在校园中形成了抵制腐败的正气。能否把我党我校的好传统、好作风永远地保持下去，仍是我们面临的最大问题和重要考验。我校现在 45 岁以下的年轻教师约占教师总数的 60%，处级干部中 45 岁以下的占 45% 以上。

5 年内，“文革”前和“文革”中（1970 年以前）参加工作的同志基本上将要全部退出第一线，新老交替迫在眉睫。我校近几年任用的年轻干部总体上是好的、称职的，但一些人身上也程度不同地存在着一些问题，个别的甚至与党的传统和清华大学的传统反差较大。贯彻党的十五届六中全会精神，是我校加强党的作风建设特别是对年轻干部进行党的传统作风教育的大好时机。校党委作出了《关于学习贯彻党的十五届六中全会决定的若干意见》，对学校学习贯彻六中全会精神作了全面部署，其中着重强调“要加强对青年干部和新上任干部的作风教育，通过组织学习、邀请老同志讲党的优良传统和作风、进行有针对性的个别谈话等方式，帮助青年干部和新上任干部树立起良好的思想作风、工作作风、领导作风和学风”。

四

为加强和改进高校党政领导班子的领导作风和工作作风建设，根据我校的实践，特提出以下几条建议。

第一，针对部分高校存在的领导班子“内耗”较重、党政“两张皮”问题，建议在贯彻落实党的十五届六中全会精神的过程中，对高校领导班子重点进行民主集中制的教育。党政领导的配合缺乏默契，根本原因在思想认识方面，在于并不了解民主集中制的内涵。党的十五届六中全会《决定》指出的“集体领导、民主集中、个别酝酿、会议决定”的党委内部议事和决策的基本制度，如果能够得到认真执行，一些学校领导班子的面貌一定会有大的改观。

第二，根据党的十五届六中全会《决定》的要求，建议在加强民主集中制教育的同时，督促高校领导班子建立健全执行民主集中制的具体制度。有的制度并不一定有许多条文，而是作为原则性的、一定要遵守的制度制定出来，要求班子的每个成员必须实施，如每周党政主要领导“碰头”“通气”的制度，重大问题必须会前酝酿的制度，校务公开、政务公开的制度等。

第三，建议采取多种方式提高学校领导班子及其成员的法制意识。随着我们党依法治国基本方略的实施，高校依法治校的问题势必提到重要的议事日程。届时，学校的各种规章、制度都应和国家的法律法规协调一致，由单向的约束变为双向的约束，成为权利和义务的统一。学校领导班子要尽快适应这种变化，自觉在宪法和法律的范围内活动，做遵纪守法和依法办事的模范。

第四，建议采取有效措施加强对年轻干部的教育培训，尤其是对校级刚刚接班和准备接班的年轻干部，要下决心进行小范围的“耳提面命”式的培训。对于存在一定问题的领导班子，应明确要求年轻干部接任后限期改变现状。这也是克服一些领导班子长期存在顽症的一项根本措施。

第五，坚持高校领导班子定期、按时换届。即使在主要领导不做调整时，也要按时换届，这样有利于对干部的督促检查，并对不称职的干部进行调整，对“双肩挑”的干部进行轮换。

清华大学第十届党委会的工作体会*

（2002 年 1 月 14 日）

总结 6 年来的工作，我们有三点深切的工作体会。

一、一定要讲政治、抓大事，坚持正确的政治方向

根据马克思主义的观点，政治是经济的集中表现，它以经济为基础又为经济基础服务，对经济的发展产生着巨大的作用。政治工作是经济工作和一切工作的生命线。共产党代表着最广大人民群众的根本利益，她就是要讲政治，如果不讲政治，共产党就失去了存在的价值。我们所说的抓大事，就是要抓政治工作，抓原则问题、大是大非问题、政治方向问题。

讲政治、抓大事，就要抓办学的政治方向。建设世界一流大学是学校的中心工作，是事关全局的重大战略问题，有着重要的政治意义。建设世界一流大学的根本目的是为了实现我国的社会主义现代化，而实现社会主义现代化正是我国当前最大的政治。学校党委正是抓住了这一点，反复进行动员和思想教育，提高了师生员工的认识。我校建设世界一流大学取得今天的进展，是与我们在这个问题上坚持讲政治分不开的。

讲政治、抓大事，就要在人才培养上着力提高学生的全面素质，并将思想政治教育作为素质教育的灵魂。为谁培养人、培养什么人的

* 本文是贺美英同志在中国共产党清华大学第十一次代表大会上代表中共清华大学第十届委员会所作工作报告的第二部分。

问题，是我们办学中始终面对的重大政治问题。我们坚持不懈地对学生进行理想信念教育，进行集体主义、爱国主义和社会主义的教育，帮助他们树立科学的世界观和正确的人生观、价值观；我们深入进行“两课”的建设和改革，探索“两课”教学和学生课外教育“两个课堂结合”，“两课”教师队伍和学生思想政治工作队伍“两支队伍协作”的教育方式；我们在学生党员和入党积极分子中开展马克思主义理论的学习、研究，对“清华大学学生马克思主义学习研究会”（简称“TMS 协会”）、“求是学会”等理论社团加强指导，努力培养一批德才兼备的青年马克思主义者；几年来，我们开展了“以中华富强为己任，为民族经济作贡献”“学小平理论，与改革同行”“我的事业在中国”等主题教育，使爱国、奉献的主旋律在学生中常响不衰；我们抓紧学生的思想道德建设，在强化学生基础道德修养的同时，大力倡导社会主义、共产主义道德；在学风建设方面，开展了广泛的调研和典型解剖工作，采取积极有效的措施，防止和解决学风下滑的问题；我们坚持把思想教育和社会实践相结合，让学生在建设有中国特色社会主义的实践中见世面、受教育、长才干、作贡献。

讲政治、抓大事，就要理直气壮地开展思想教育，做深入细致的思想工作。党的思想政治工作是团结全党和全国各族人民实现党和国家各项任务的中心环节，是我们党和社会主义国家的重要政治优势。思想教育、思想工作就是要使群众明白什么是自己的根本利益，处理好眼前利益与长远利益的关系，进而使他们团结起来，为实现自己的根本利益而奋斗。在讲道理的同时，还要切实关心群众的冷暖、解决群众的实际问题。正由于我们党是人民群众根本利益的忠实代表，所以我们的思想教育、思想工作才有说服力，才能调动群众的积极性，形成我们的政治优势。思想政治工作的威力为清华党组织几十年的实践充分证明，这个法宝我们到什么时候也不能丢。

讲政治、抓大事，就要加强和改善党对学校的领导，处理好党政关系，搞好党政配合。党委对学校工作的领导首要的是贯彻党的教育方针和各项政策，而不是去代行行政领导的职责，更不是去管一些行政工作中的具体事务。党政领导默契配合是我校非常好的传统，书记尊重校长的职权，支持校长的工作；校长尊重党委的决定，行政上的重大事情总是提交党委讨论。我校 80 年代初实行的是党委领导下的校长负责制，80 年代中期开始向校长负责制过渡。1997 年，根据上级的统一部署，我校又改回到党委领导下的校长负责制。这种转换在我校均能平稳顺利地完成，从未给学校工作带来什么冲击。

二、一定要解放思想、实事求是，坚持从学校的实际出发，创造性地开展工作

“解放思想、实事求是”是我们党的思想路线和思想作风。我们共产党人是辩证唯物主义者，我们认为客观的、实际存在的东西是第一性的东西，人们的思想是第二性的东西。当客观实际与人们的思想不一致的时候，我们不应该试图让客观实际去符合人们的思想，而是应该转变思想，使思想与客观实际相符合，做到实事求是。尤其是在探索新事物、研究新问题的时候，我们一定要坚持从实际出发，不能被思想中的旧框框束缚住手脚。

在中国这样一个发展中的社会主义大国中创建世界一流大学，是一项全新的、艰巨的事业。必须从当今世界高等教育发展的实际、中国社会主义现代化建设的实际和我校的现状出发，经过认真的调查研究，找出我们的差距，制定切实可行的发展规划，然后按照规划的步骤，经过全校师生员工的努力奋斗，才可能一步步地最终达到我们的目标。在这里，首先需要的就是解放思想。如果我们总是在头脑中旧的教育思想、教育观念中兜圈子，就根本迈不出步子来。正是基于这种考虑，我们在 1997 年和 2000 年两次开展了全校教育思想大讨论，促进了我校教育思想、教育观念上与时俱进的转变和更新。

解放思想、实事求是，就要敢于打破常规，振奋创新精神。创新是一个民族不竭的精神动力。我国要在本世纪中叶实现社会主义现代化，我校要在 2011 年跻身世界一流大学行列，都必须实现跨越式发展，

都要依靠观念创新、科技创新和体制创新。我校“综合性、研究型、开放式”的办学模式，就是根据学校的实际提出的，是观念的创新；我校“本硕统筹”的人才培养模式也是根据学校的具体实际提出的，是大胆的体制创新。没有这些创新就没有学校今天的发展，学校今后的发展更要依靠各方面的创新才能实现。

解放思想、实事求是，就要有敢为人先的勇气，改革旧的体制和机制。体制的创新只有依靠改革才能实现，而率先改革者却往往受到来自各方面的压力。我们认为，改革要承受压力，但不改革压力会更大，等待、观望必将贻误发展时机。对于我们看准的、符合学校实际的、已经作了较充分准备的改革，就要大胆地实施。我校的人才培养模式改革、管理体制改革和人事制度改革等，都曾承受了很大的压力。尤其是我校实行的岗位聘任制，由于改革力度大而备受社会瞩目。当我们顶住压力、有条不紊地实施了改革并取得积极的效果后，压力就变成了动力，学校工作得到了极大的促进，社会舆论给予了充分肯定。要取得这种改革的成功，关键在于改革决心要大，实施步子要稳，要处理好改革、发展与稳定的关系。

解放思想、实事求是，就要从中国和学校的实际情况出发，创造性地开展工作，这是清华党组织持续了几十年的好传统。1999 年 9 月以后，我们开展的“两弹一星”精神学习教育活动，就是从我校的实际工作出发，抓住中央表彰“两弹一星”科技功臣的机遇，对充盈在师生员工中的自豪感加以因势利导而开展的大范围、大规模的思想教育活动。计算机互联网在我校普及后，我们抓住汽车系学生创办“红色网站”这一典型事例，大力支持和广泛推动各院系开辟网上学生思想教育阵地的工作，同时指导校团委创办了受到学生普遍欢迎的门户网站“学生清华”。准确、及时的校园新闻服务、重要活动的现场直播、生动活泼的网上集体建设以及丰富的网上书库服务等内容，为网络环境下学生的健康成长提供了新的条件。

三、一定要加强党的建设，坚持“五抓”，为推进学校中心工作提供坚强的领导核心和可靠的组织保证

在中国共产党成立5年后的1926年，清华大学建立了第一个党支部。从此，虽经艰难困苦乃至白色恐怖，清华大学的党组织在上级党的领导下，无论是在民主革命还是社会主义建设时期，都是团结全校党员和广大师生为党的事业英勇奋斗的坚强核心。在新世纪、新的历史条件下，建设一个坚强的党组织仍是学校发展的根本保证。

在学校工作中发挥党组织的作用，首先要坚持党委在学校中心工作中的领导作用和保证作用。当前我校的中心工作就是建设世界一流大学，党委的作用就在于为建设世界一流大学把握方向、凝聚人心、提供精神动力。

在高校，党委做好哪些事情才算是发挥应有的作用？我们的体会关键是“五抓”——抓改革、抓思想、抓班子、抓基层、抓队伍。

改革是事业发展的动力，抓改革就是牵动学校工作的“牛鼻子”。改革必须在党委的领导下进行，党委和行政密切配合。党委抓改革主要是在三个环节：一是把握改革的方向，使改革符合党的方针政策和学校的实际；二是走群众路线，集中群众智慧制定改革方案；三是做改革中的思想工作，使改革能在稳定的环境中进行。

抓思想是党的工作的灵魂所在。思想工作是其他工作的生命线，是一项增强凝聚力的系统工程。针对学校改革和各项实际工作中出现的问题，做好各类人员的思想工作，起鼓舞斗志、凝聚人心、化解矛盾、理顺情绪的作用，才有全校师生员工的团结一致，才能最终实现建设世界一流大学的目标。

一所学校领导班子的状况，直接决定了这所学校的整体状况，是学校发展、工作成败的决定因素。本届党委继承了清华党组织历来重视领导班子建设的好传统和好经验，注意抓各级领导班子特别是校级领导班子的思想建设和作风建设。特别是2000年进行“三讲”教育后，

对各级班子提出了更高的标准和更严格的要求，使全校领导班子的工作有了较大的改进。

党委和学校各项工作能不能落实，基础在于基层工作是否牢靠，下面是否“有腿”。抓基层要抓干部的配备，要抓基层党组织的建设，特别要抓党支部的建设。这些年来，围绕学校中心任务，我们的基层党组织做了大量的工作，如落实岗位聘任制等高难度的任务最终解决问题都是靠基层党委和基层党支部。我们始终牢记基层支部的工作是党的全部工作和战斗力的基础，努力探索新时期、新形势下加强基层支部工作的新经验，保证了学校各项工作落在实处。

师资队伍和干部队伍的状况，是学校能否顺利发展的根本所在。近几年正值我校新老教师、新老干部交接班的关键时期，现在我校45岁以下的青年教师已占到教师队伍的60%，5年后，60年代及70年代初参加工作的同志基本上都要退居二线，学校发展与改革的重任将全部落在中青年教师、干部的身上，青年教师队伍和后备干部队伍的建设对于学校今后的发展至关重要。顺利推进新老交替是本届党委提出的重要任务之一，本着培养学术骨干和党政干部并重、业务水平和思想作风两手抓、面上教育和个别工作相结合的指导思想，党委下力气采取多种措施从各方面加强了队伍的建设，取得了预期的效果。

四、对学校相关部门工作的意见

把工会、教代会的工作推向新的高度 *

(1995 年 6 月)

我校多年来对工会、教代会的工作是非常重视的,《清华大学教职工代表大会条例》《清华大学教职工代表大会条例实施细则》和《清华大学工会工作条例》等一系列制度的制定和实施,保证了民主管理作用的发挥。学校每年两次教代会全体代表会议的制度、有关教职工切身利益的重要事项经教代会代表组长讨论审议的制度、校领导述职请代表组长评议的制度,以及校领导班子换届和增补征求代表组长意见等制度,都起了很好的作用。改革中遇到了许多矛盾,在如何处理好国家、学校、个人三者的利益关系,化解矛盾,做好群众工作等方面,工会、教代会都担负着重要的任务。

一、充分发挥工会的社会职能

工会的社会职能也就是通常所说的"维护、建设、参与、教育"这四项职能。就我们学校的具体情况来说,在建设世界一流的有中国特色的社会主义大学这一共同事业中,各级工会组织担负着吸引广大教职工参加学校的建设和改革,教书育人、服务育人、管理育人的重任;应成为教职工群众有组织、有纪律、有领导参政议政的民主渠道;应按照培养"四有"新人的目标,在教职工中生动活泼地开展思想道德教

* 本文是贺美英同志 1995 年 6 月在校第七次、第八次工会民主管理工作交流会上讲话的主要内容。

育与文化技术教育；同时，要在维护人民群众共同利益的前提下，更好地维护自己所代表的教职工群众的具体利益。

二、当前工会工作中存在的矛盾和问题

近年来，我校各级工会、教代会工作开展得比较好，很有成绩。全校 53 个部门工会绝大部分通过验收，建成了“合格教职工之家”。今年对部分部门工会的复验表明，不少单位的工作更加细致，不断取得新的成绩。当然，也存在着一些矛盾和问题，特别是有以下两种情况。

1. 有些部门对如何发挥民主管理和民主监督的作用认识不够

有些单位也能开展干部评议和工作汇报等活动，但有些同志内心里总觉得事情都是行政决策的，是系主任、处长、厂长的事，对工会、教代会如何发挥民主管理、民主监督作用心中底气不足，手里办法不多。其实，仅就学校这几年的经验来看，工会、教代会在民主管理和民主监督方面是大有可为的，如坚持主要领导干部定期报告工作制度，广泛动员教职工提合理化建议工作，对领导干部进行民主监督和评议等。特别应该强调工会、教代会要主动发挥作用，有些政策性问题，你们察觉到了，就应该主动提出来，组织讨论。

2. 少数部门工会还不清楚如何组织活动

这几年文化、体育、旅游活动抓得比较活跃，但工会的教育职能发挥得尚有不够。工会应该在对教职工开展思想教育和文化学习方面多做些工作。

三、搞好工会工作的几个问题

1. 各级党政领导干部都要重视和关心工会工作

工会、教代会工作是各单位整体工作中必不可少的一环。工会、教代会工作开展得如何，是考察各单位全面工作的重要内容之一。各

级党政领导干部对工会工作要多给予指导，特别是具体的指导，主动为工会、教代会出题目、给任务。像房租、医疗费等，凡牵动群众利益大的问题，都要通过教代会讨论。

2. 工会干部选配要得力

党政领导支持工会工作的一个重要方面，就是帮助工会选配好干部，把那些思想素质好、工作能力强、热心为群众服务的同志推荐到工会领导岗位上来。

3. 工会干部要注重自身素质的提高

工会工作的头绪很多，大家整天忙忙碌碌，很辛苦。然而，要发挥好作用，必须坚持学好马列主义、毛泽东思想，当前特别要学好邓小平建设有中国特色社会主义的理论和党的一系列方针政策，努力提高自己的思想觉悟和政策水平。只有吃透政策精神，才能主动配合中心任务，开展好工会、教代会的工作。

4. 工会、教代会要开动脑筋，主动、生动地开展多种形式的工作，积极发挥作用

要提倡工会干部“好管闲事，多管闲事”，主动发挥作用，有为才能有位。一是加强调查研究。工会、教代会应开展方方面面的调查研究，透过某些视角分析问题，给学校领导多提合理化建议。例如，青年教师的困难有什么，工人普遍关心什么，教职工健康状况、女教职工情况、子女教育和家长教育等问题。工作要做得细一点，有数据、有分析，补领导看不见、想不到之不足，提出一些有见地的意见和行之有效的措施。二是以多种形式开展群众喜闻乐见的活动。例如，开展《工会法》《劳动法》《教育法》等知识竞赛，参观学习改革开放先进单位经验，组织专题讨论会，组织技术学习和各项文体活动等。要善于把生动活泼的文体、旅游活动与思想教育内容相结合。比如，现在每周两天休息，能否组织些专题活动，把大家带出学校，开半天交流会，再搞些郊游、娱乐活动。

总之，各单位的情况千差万别，民主参与的程度不同，开展工作的形式也多种多样。然而，全心全意依靠广大教职工办好学校是我们共同的基点。希望工会、教代会要紧紧围绕学校的中心任务，努力发挥教职工民主管理、民主监督的作用，生动活泼地、主动地开展形式多样的活动，把工会工作推向一个新的高度。

做好信息工作是学校管理上一流的重要方面 *

(1996 年 4 月 8 日)

我们的《信息通报》能够坚持 10 年，发展到现在，是非常值得庆贺的一件事情。我想一件事做一次两次、一天两天是比较容易的，但要坚持下来做 10 年就非常不容易了，所以《信息通报》能够坚持办 10 年，确实是值得祝贺的。

《信息通报》能够坚持下来，我认为有两个原因。一是由于大家对《信息通报》有需求。一个刊物如果没有人需要，它就没有存在的必要；有这种需求，它就能够生存下去。这是非常根本的原因。《信息通报》最早是手抄的，后来是油印，现在上校园网，大家在计算机上就可以看到。不管以哪种形式，《信息通报》不只是发一份东西给大家看，它还是我们学生广播电台、学校电视台非常重要的一个资料来源。就这方面讲，它是我们全校宣传媒体中非常重要的一个新闻信息源，所以它能存在下去并发展壮大。《信息通报》和后来发展起来的《动态信息》在学校的工作、生活等各个方面确实起了很重要的作用，使学校领导、各单位领导、教职工和学生能够了解学校动向，交流情况，促进工作。我自己感受也是这样的。以前是拿《信息通报》先看看，现在是打开计算机看看有什么消息、发生什么事了。这已经成了我工作中离不开的一件事情。

第二个原因就是，我们所有参加信息工作的同志具有一种坚持不

* 本文是贺美英同志在《信息通报》创刊 10 周年座谈会上的讲话。《信息通报》是清华大学党委办公室印发的校内刊物，不定期发给院系部处单位和有关领导。

懈的敬业精神，为信息工作付出了辛苦的劳动。这当中包括各单位的领导、信息员，还有两办等部门同志的共同努力。没有大家一丝不苟的敬业精神，《信息通报》也坚持不到现在。这反映出我们的队伍身上具有一种清华人的精神，那就是认真，就是一件事情一定要做到底，一定要做好。这是推动我们工作非常重要的因素。这几年我们的信息工作发展得很快，已经成为多方面、多方位的信息工作。《信息通报》创刊10周年，从一个侧面反映出整个信息工作取得了很大的成绩。做好信息工作是我校建设世界一流大学、搞好一流管理的一个重要方面。

对今后的信息工作，我想提出几点意见。

第一点，要反应快捷，这是搞好信息工作很重要的方面。现在这方面总体做得比较好，但是有些事情我们还可以反应更快些。像刚才有的同志说的，要更有预见性，及时反映苗头的动向，这样对很多工作会起到促进作用。

第二点，就是希望建立制度。哪些信息是必须报的？哪些信息要分几个层次报？哪些信息是只在内部报的？哪些信息是可以公开的？哪些在一定的时间内是必须报的？这些应该有一个规定，以便落实各个单位信息员工作的职责。因为一旦明确规章制度，对漏报、少报、迟报信息就得负起相应的责任。另外，还要加强培训工作。我们老的信息员同志有的做了10年了，很熟悉信息工作，但对刚上岗的信息员，我们就应该有所培训，定期地、分批地进行。

第三点，要提高信息质量。这反映在学校重大的事情、重大的苗头或重大的问题不漏报上，这是很重要的一个方面，也就是刚才有的老师说的，要全面、及时、准确。信息还要有深度，比如只报道开了一个会，这没有什么深度。如果能用最简洁的话，把会议的中心议题、解决的问题、下面的反映等说清楚，那这个报道就是有深度的。比如我们报道一个系某一项成果有突破性的进展，在鉴定会上被认为达到一定水平以及鉴定会上什么领导出席等，但这个项目是谁负责的、项目组主要成员是谁却没有报道。国家的有些新闻报得也分不清主次，比如开一个发奖会，会上谁获奖没有说，却报道谁出席了，到底是要报道什么主题，弄不清楚。领导是给人发奖去的，却使劲报道领导，不提获奖者，我觉得这种信息就没有深度，也没有质量。因此，我们报道信息时，主要的人物、时间、地点、事件等要讲清楚。

第四点，希望提高水平，它反映在信息报道要有针对性、启发性、连续性上。比如“新时期党员标准的讨论”这项活动各单位都在组织进行，那么各单位是针对什么问题做的？特点是什么？有什么启发？针对性要讲得比较清楚，对大家才有用。另外有些信息要有连续性。比如，我们报道在某处一个时间发生了什么案件。案件发生以后，破案了吗？后来怎么样了？再比如，某个系开展了一项工作，过几天这项工作完了以后，有什么效果？群众有什么反映、意见？这样的情况最好要有连续性的报道。

第五点，就是要把《信息通报》《动态信息》上一些有价值的信息作一点深化，发展成《简报》，不一定要很长，但要带有一定的总结性。我觉得我们现在消息还是有，但《简报》没有了，总结的东西比较少了，我觉得还是应该有一些简报比较好。

最后，我想对各单位领导和信息员提点希望。希望各单位积极地报送信息，积极支持办好《信息通报》。不要把这个看成一种负担，这是对我们各单位工作的一个反映。有的系里的同志说，如果在《动态信息》和《信息通报》上老看不到某个单位的消息，大家就会问：这系干什么呢？一点儿消息都没有。所以希望大家积极报送信息，一起来把《信息通报》和信息工作搞得更好。

发挥军地院校优势 共建共育合格人才 *

(1997 年 7 月 21 日)

1987 年 3 月，清华大学化工系和防化学院工程系，在国家教委、北京市、总参、总政及有关部门的关怀和指导下，正式签订了军民共建协议。这是促进军地高校相互学习、共建社会主义精神文明的开创性举措。经过四年多的实践，共建取得明显成效，合作范围逐步扩大，两校情谊日益加深。1991 年 7 月，在系级共建的签础上进一步发展为校级共建关系。

十年来，我们紧紧围绕人才培养的根本任务，着眼于合力育人开展共建活动，收到了较好的效果，主要体现在：

一、加强思想道德建设，提高学生政治素质

培养政治上合格的人才，是我们两校的共同追求。我们在开展共建共育人才活动中，坚持把德育放在首位，加强在思想政治工作方面的合作与交流。为配合教育，两校相互交流高水平的辅导报告；清华大学的有关领导应邀到防化学院给干部、教员和学员作报告；双方组织部分研究生和本科生座谈学习党的路线、方针、政策，交流收获体会；全国“五四”奖章获得者、清华大学团委书记陈希同志从美国学习、考察回国后，应邀到防化学院就如何认识当代美国等青年人关心的话题进行座谈；清华大学先后 11 次邀请防化学院的上甘岭战斗功臣吴世金

* 本文是贺美英同志在清华大学与防化指挥工程学院军民共建十周年大会上讲话的主要内容。

给学生讲传统，6 次邀请全国“三八”红旗手、获“巾帼英雄”称号的防化学院教授钟玉征少将给学生讲人生理想和追求，使同学们深受教育和启发。10 年来，两校通过开展多种形式的思想政治教育活动、交流教书育人经验，在促进思想道德建设方面取得了很好的效果。

二、认真搞好学生军训，增强学生的国防观念

国防教育是社会教育和精神文明建设的重要组成部分。清华大学把学生参加军训作为提高学生全面素质的必修课，自 1985 年以来，共有 23000 余名学生参加了军训，其中由防化学院承训的共 8 批，累计 8000 余人。防化学院把帮助清华大学搞好学生军训作为国防教育的重要内容，投入了大量的人力物力。学院领导参加开训动员，许多干部、教员、学员为搞好军训，放弃或推迟休假。在军训中，不仅按要求完成了规定的军事训练科目，还组织了爱国主义、国防形势和我军光荣传统的教育，使青年学生在军事、政治、思想、作风、纪律等方面得到了全面锻炼。为了保障军训的质量，防化学院专门颁发了《军训工作各项规定》，从军训指导思想、组织领导、军政比例、考核验收和承训单位职责等方面都作出了具体规定。在军训实施过程中，强调严格训练、严格要求、科学管理、文明带兵、保障效果。训练场上，教官是严师，一丝不苟，培养学生具有军人的素养和体魄，磨炼学生不畏艰难困苦的意志；课余时间，教官是兄长，与学生打成一片，促膝谈心，在言传身教中向大学生传播人民军队的思想作风和优良传统。

“军训一时，受益一生”，这是许多参训学生的共同感受。通过军训，同学们进一步加深了对军队和军人的了解和理解，提高了国防意识与军事素质，培养了高度的组织纪律观念和顽强的拼搏精神。同时，军训对提高防化学院学员的组织指挥能力和做思想政治工作的能力，也具有很大帮助。学员们认为，军训使他们提高了自身素质，尤其在组织指挥能力、管理能力、做思想工作的能力、组织文化活动能力、语言表达能力和开展青年工作能力等方面都得到了锻炼。另外，清华大

学还多次组织教职员工到防化学院开展“军营一日”活动，参观军事比武，体验军旅生活，加深了两校领导和机关部门之间的沟通、理解和信任。

三、积极开展教学与科研的协作交流，促进了教学质量的提高

十年来，清华大学先后请防化学院原副院长徐光裕少将和学院的多位军事学教授纪学仁、张雪鹤等专家教授到校作军事学术报告；防化学院也邀请清华大学的多位知名院士、教授给教员、学员作未来化工发展趋势和大学生开展业余科技活动的报告，热诚为防化学院博士生指导撰写论文。清华大学还聘请防化学院知名专家为客座教授，来清华讲课、辅导硕士生和博士生。十年来，双方互相组织参观学习教学管理、科研设备和科研成果等达 1000 余人次，组织了几十次报告会、座谈讨论会等学术交流活动。

为加强师资队伍建设，防化学院先后选派一些博士、硕士研究生和访问学者、外语教师等到清华学习或接受短期培训。这些同志回院后，在教学科研工作中发挥了骨干作用。防化学院的学员在国家英语四六级统考、北京市高校计算机水平测试、高等数学竞赛等测试中都取得了较好的成绩，并逐步走向全国和全军的前列。防化学院有的教员承担的科研课题，1994 年度获军队科技进步三等奖；有的教员一边参加学院正常教学，一边参加清华大学的科研、教学活动，促进了防化学院的教学和科研工作，自己也取得了很快的进步。

四、开展各种有益活动，促进了良好校园文化的营造

良好的校园文化是院校精神文明建设的重要标志，对培养合格人才具有十分重要的作用。为活跃校园文化生活，两校先后组织大型文艺演出和小型联欢活动 10 次，各种体育比赛 20 场，防化学院送 40 余名学员到清华大学学生艺术团参加培训，两校还开展了演讲、知识竞

赛等活动。清华大学的学生先后有2000多人次到防化学院开展造青年友谊林活动，累计植树1000余株。清华大学团委到防化学院营区举办团校和辅导员培训班6次，被培训者达1100余人。

在作风纪律、生活管理等方面，清华大学曾多次组织学生干部到防化学院参观学员宿舍和一日生活管理，请教官来校检查指导建立学生文明宿舍活动，促进学生平时作风纪律的养成。防化学院也采取多种形式，学习清华的教风和学风。各种活动的有效开展，激发了两校学生刻苦学习和爱军习武的劲头，增强了同学们自觉钻研科技知识的积极性。

1990年以来，两校已连续五次被海淀区评为军民共建先进单位；清华大学被国家教委和北京市评为军训和国防教育先进单位；防化学院被昌平县授予模范国防教育基地；两校还先后在北京市召开的军民共建经验交流会上介绍了经验和体会。回顾总结十年来的军民共建，我们深深地体会到：高校军民共建，有其自身的突出特点，这就是军地高校“联合作战”，为国家培养跨世纪的经济建设和军队建设的高素质人才。我们两校的共建之所以取得可喜的成绩，很重要的原因就是我们始终把共育人才作为主题，坚持了“三个一”。

第一，围绕一个中心：合力育人。十年树木，百年树人。军地高校的中心任务都是培养人才，军民共建也必须紧紧围绕培养“有理想、有道德、有文化、有纪律”的“四有”新人这个中心任务而开展。防化学院党委把顺应时代发展需要、协助清华大学搞好军训、提高学生全面素质、为国家培养跨世纪的建设人才作为自己的责任和义务；清华大学积极为防化学院培训师资，加强学科建设和教学管理，为军队培养高素质的防化指挥工程人才作出自己的贡献。我们两校在政治思想、教学科研、国防教育、文体活动等方面，始终围绕合格人才的培养这一目标积极开展工作。正是这一共同的政治目标和任务，使两校紧紧连结在一起，奋斗在一起。

第二，抓住一个关键：优势互补。军地高校共建必须充分发挥各自优势，取长补短，这样就能产生一加一大于二的效果。防化学院是人民解放军中唯一的一所防化兵综合性院校，创建于战火纷飞的抗美援朝年代，经受了战争与和平环境的各种考验，不仅在军事教学方面具有突出的优势，而且还形成了一整套开展强有力的政治思想工作和从严治校的先进经验。清华大学在“爱国、成才、奉献”的精神，“严谨、勤奋、求实、创新”的学风和在教学、科研设备、手段等方面也具有一定的优势。这些为两校间的相互学习和实现优势互补，提供了可靠的基础和广阔的空间。在共建实践中，两校相互学习对方长处，促进了自身的发展，提高了培养人才的质量。

第三，遵循一个原则：双向奉献。在改革开放和发展社会主义市场经济条件下，军民共建尤其是院校共建必须处理好“互益互惠”与“双向奉献”的关系，切实把着眼点放在为国家培养跨世纪高素质人才的大局上，这是我们两校十年共建成功的切身感受。防化学院为支持清华大学的军训工作，始终坚持把方便让给清华，把困难留给自己。过去，我们的军训分几个点，组织工作十分复杂，领导精力很难集中。1996 年，我们把军训改为在校内进行，防化学院全力支持，专门调整教学计划，先后派出 2 个学员队来校施训，取得了良好的效果。在这方面我们还有很多工作要做，清华要力争为防化学院的教学、科研作出更多的贡献。

在思想教育中充分发挥新闻传媒的作用 *

(1997 年 11 月)

随着信息社会的到来，在我们的思想教育工作中，有一个重要的问题就是如何利用现代化手段。充分发挥新闻传媒的作用，而不是仅仅沿用我们传统的做法，由我们一遍遍简单地去做报告，辅导员讲，班主任讲，然后再开班会讨论。我们要适应信息社会的发展，充分利用大众传媒。在校内也要建立校园传媒网，如校报《新清华》、广播台、电视台等，做到有一份报纸，有自己的广播、电视，有自己的传媒。信息时代青年学生接受的信息量很大，要求快，要求新。如果再像过去那样，每一个精神都一级级往下传达，他们就不感兴趣，而且衰减得也很厉害。学校做报告讲一小时的内容，到系里变成半小时，到年级里就只讲 10 分钟，传达到班里就只剩下要干什么了。学校思想政治工作的目的是引导学生树立正确的观点。但我们原来的这些手段传播的时间、接受的程度都远不如学生接受大众传媒那样时间多、信息量大。因此我们的教育手段有必要作一些改变。我们总结这几年学生政治上的进步，为什么对中央的政策认同度大，当然有我们教育的成果，但很大程度上也得益于我们国家大的舆论环境比较好。所以我想学生人生、理想教育和价值观的教育也要采取这些现代化手段，使学生把自己的命运和国家的命运紧密联系在一起。这几年报纸价格上涨，但学校还是下决心保证给每个学生宿舍订上一份报纸。校报《新清华》一

* 本文是贺美英同志应邀在北京高校德育研究会学习贯彻十五大精神暨 1997 年年会上就高校如何贯彻十五大精神所作报告的部分内容。

定要办好，办得生动活泼，使它在同学中有比较大的影响。另外，广播台等学生媒体也要成为广大同学参与实践、受到教育的阵地。在北京市有关部门的支持下，1997 年 10 月，我们在 4000 多个学生宿舍全部安装了闭路电视。安装电视后，中央的一些精神直接传达到同学当中，比我们一级一级去讲效果要好。

总之，我们要利用新的手段搞好宣传，研究宣传对象，开展平等的讨论，这样更有说服力，通过现代化的手段，推进思想教育工作向前发展。

学校的宣传思想工作要善于利用各种舆论阵地*

（1998 年 4 月 3 日）

今天，我们在这里举行纪念《新清华》创刊 45 周年座谈会。历届的编辑、记者、通讯员，包括最早参加过《新清华》编辑、出版的老同志都来参加，老同志、老朋友又聚会在一起。首先，我代表学校向所有为《新清华》的创办、编辑、出版、发行工作作出贡献的同志们表示感谢！向老同志们表示慰问，祝大家健康长寿！

《新清华》创刊 45 年来，走过了风雨历程。它真实地记录了学校的发展变化，已经逐渐成为师生员工的良师益友，也成为学校最重要的舆论阵地。我自己从学生时代就开始读《新清华》，留校当教师后仍然读，现在作为党委书记每期审阅《新清华》的清样，对《新清华》是很有感情的。《新清华》是学校工作中不可或缺的一个方面。

这期报庆专刊的中缝上说，《新清华》“记录清华风雨历程，展现校园崭新风貌，宣传学校改革发展，反映师生思想生活，研讨当前热点问题，发表读者意见呼声”。我认为这段话概括得很好，《新清华》在这些方面已经取得了很好的成绩，希望今后做得更好。

今后《新清华》的发展，要继续过去好的传统，确实做到既坚持方向，又生动活泼，目标应是“一流”。《新清华》作为学校的校报，在内容上的导向性应是一流的，思想性、新闻性与可读性的结合应是一流的，反映读者心声、受读者欢迎的程度应是一流的，内容的生动活泼也应是一流的。在文字采编、版面设计上都还要继续努力。这也是我对《新

---

* 本文是贺美英同志在纪念《新清华》创刊 45 周年座谈会上的讲话。

清华》的一点祝愿吧！

今天参加会议的还有许多系的党委书记、宣传委员和通讯员。我想借此机会强调的一点是，我们党有重视宣传思想工作的光荣传统。现在我们已经进入信息时代，在这种情况下，必须继承和发扬好党的光荣传统，更加重视舆论宣传的作用。过去，很多工作都是靠一层一层地传达，一级一级地布置。现在，中央很多精神都能通过电视、广播、报纸很快地直接传播到群众中。在快节奏、高速度发展的社会中，对宣传工作的作用要有更深刻的认识。各级领导、各个单位都要大力支持宣传部门的工作，善于利用各种舆论阵地，宣传学校各项工作中取得的成就，宣传好人好事和好思想、好风尚，使我们的宣传思想工作切实起到中央要求的“以科学的思想武装人、以正确的舆论引导人、以高尚的精神塑造人、以优秀的作品鼓舞人”的积极作用，促进我们更好地开展工作。在信息时代，群众欢迎大信息量、快节奏的传播方式，因此必须进一步提高报道的时效性。这一点也要引起大家的重视。

我希望各系重视、支持《新清华》及校内其他舆论媒体的工作，并衷心地希望《新清华》越办越好，成为世界一流的校报！

勤工俭学是一项有生命力的带有方向性的工作 *

（1998 年 3 月 28 日）

勤工俭学发展到现在，越来越是一项很有生命力的、带有方向性的工作，应该提高对这个工作的认识，把这个工作发展下去。

去年暑假，我们搞了资助性勤工俭学，老实说当时是压下去的，很多单位是“捏着鼻子”接受的。但经过一年的发展,像机械厂、修缮处、电教中心、保卫部、汽车房、铸工车间等，现在都开始努力吸收学生参加勤工俭学，发展是很快的，当然还不能满足需要。今天开这个会的目的，也就是把能够吸收学生勤工俭学的各个部处和各个系的同志请来，要把这项工作发展下去。

为什么说勤工俭学是带有方向性的呢?

首先，教育发展到今天，培养学生是全方位的、多层次的，这就要求各部门、各单位、各种人一起来做培养学生的工作。在以经济建设为中心的情况下，怎样进行思想教育，需要各个层次、各个方面齐抓共管。培养学生的工作，不是单独的学生部门或教务部门的事情，是全校性的事情，要全校所有教职工、各个部门共同参与、共同努力。勤工俭学工作就是这样一个体现。

其次，在社会主义有计划商品经济发展的情况下，学校教育将形成一个新格局。从过去什么都包到逐步不包，例如要收学费，还要适当收住宿费，当然现在收得很少，还是象征性的，但已经在朝着这个

* 本文是贺美英同志在学校后勤、机械厂等单位联合召开的关于组织学生开展勤工俭学交流会上的讲话。

方向走。另外，助学金改成奖学金和贷款。毕业分配也发生了变化，过去是国家下达指令性计划，分到哪里就去哪里，现在发展到招聘、应聘双向选择，所以毕业分配办公室的工作相当部分变为就业指导的工作。客观环境发生了很多变化，对于学生来说，不是在一个什么都包、什么都准备好的情况下学习，毕业后也不是“安到一个位子上”就干。从进校起，就要有自立的能力。在这个情况下，我们的教育格局也要发生调整和变化。

为什么说勤工俭学是有生命力的呢？

一是学生自身自立的需要，二是我们培养人才的需要。培养人不光是智力因素，就是说功课好，还有非智力因素，包括政治方向、思想品德、事业心、人际关系、心理素质等很多方面，对于学生将来在社会上成才和起作用的影响是极大的。

这次毕业招聘会期间，学校向用人单位做了一次选择毕业生标准的调查。调查的统计结果很有意思：一要有事业心；二要动手能力强，上次发二级工证书时，我跟他们讲，假如毕业应聘时拿出毕业证书的同时，还有一个二级工的证书，这样的同学肯定是非常受欢迎的，是我们给同学创造将来适应社会的条件；三是理论基础扎实；四是作风踏实、谦虚；五是外语水平高；六是知识面广；七是能与人合作共事。

我们培养的学生必须能主动适应社会需要。勤工俭学是培养学生全面素质的重要渠道。刚才机械厂讲的经验很典型。在这里参加一两年严格的勤工俭学，每天要提前 5~10 分钟擦床子，把车间打扫干净，迟到要扣工资、出废品要罚款，在这种严格教育下，学生出来一定有严格的纪律性，劳动观点、责任心也会加强，对劳动成果也会珍视。这些品质在劳动的过程中会有效培养起来。所以说，勤工俭学的发展也是培养人才的需要。

还有一点，勤工俭学也是各单位自身发展的需要。现在对这点的体会可能还不够，但我们逐渐会看到，社会发展了，劳动者的素质要提高。有几个单位的同志讲到，原来用学生工嫌他们爱提问题、爱“较真”，有时不遵守纪律。但纪律、制度完善后，他们文化素养高、接受能力强，最后完成任务比较好。各单位使用的劳动者素质要提高，这是各单位发展的需要，但不可能都雇大学生当固定工。学校大学生很多，作为流动的劳动力，是一个很好的条件。随着今后社会的发展，固定工要减少，临时的短期的要增加。从一个单位看，勤工俭学工资付得多了，但不要住房、不占用食堂、不给后勤增加负担，综合起来对学校是合算的。包括各个系的、机关的很多工作，都可以找学生来做，减少固定工作人员。要看到各单位自身发展也需要搞好勤工俭学工作。

目前存在的问题，一个是受益面还不够大，吸收的学生还不够多。勤工俭学中心去年统计参加勤工俭学的总数是 24000 人次，但我估计这里有一部分是研究生。要创造更多的岗位和条件，既要发动学校的各个机关部处，更要各系动起来。去年，无线电系是容纳比较多的。教研组科研任务、鉴定会服务、机房服务、软件开发，还有给教研组加工零件、画图、实验室值班、翻译外文资料、誊写稿件、整理实验室等，加起来有 600 人，这是本科生比较多的。各个系都要像无线电系这样发动起来，创造条件。要克服怕麻烦思想，同时加强管理，完善制度，有一定的检查，这样才能带出好的风气来。

另一个问题是要有效益。勤工俭学要有生命力，就得有效益。有的单位开始说宁可赔钱也要干，那是“捏鼻子”的时候。要发展到自觉时，老赔钱就干不成了，还是得有经济效益。这样，勤工俭学才能持久地开展下去。

在改革中把勤工助学工作做得更好*

（1998年5月22日）

我校勤工助学发展得越来越健全，越来越健康，这是很不容易的。有些事情做一次两次容易，学生当中常常是办个什么刊物是首期，办个什么活动是第一次，老是第一次、没有第二次。所以我们这个勤工助学中心10年能够坚持下来是很不容易的。

首先，这件事符合社会改革发展的潮流。1988年我们刚建立勤工助学中心时，对大学生还没有收学杂费，只是物价涨一点。但我们那时就意识到社会改革的发展不需要、也不可能什么都由国家包下来，这是必然的趋势。以前是进了大学的门就是国家的人，什么都包了，就进了保险箱了。今后的改革特别是大学是非义务教育，所以大学的教育不可能什么都包下来。在这种形势下，大学生需要自立，勤工助学符合这个改革的需要，所以它就能坚持下去。以前我们上大学的时候助学金是十八块、最高是十九块五，还能节约出一点。现在大家生活水平提高了，一个月生活费总得200多元，这种情况下勤工助学是必要的，是符合这个发展潮流的。

其次，勤工助学活动对学生的成长来说也是必要的。刚才有个同学讲："勤工助学对家庭生活有困难的同学是需要的，虽然我的家庭没有困难，但我觉得我需要自立，想培养自己，需要增加二级工的锻炼，所以我也有这个需求。"

还有，那时候我们开始意识到，我们学校一定要走减员增效的发展途径，就是减少固定工，增加流动编制。我们学校在"文革"结束

* 本文是贺美英同志在清华大学勤工助学指导中心成立十周年座谈会上的讲话。

时，教职工总编制达到9500人。当时学生才5000多人，这种编制是绝对不合理的。经过将近20年的调整，到现在学校在编教职工大概就是6500左右，20年减了3000人。而我们的学生到了17000人，这才转入比较正常的情况。实际上还是可以继续调整的，比如咱们教师有3800人，真正教学需要只要1800人就够了。学校有2000人的科研编制，这里还是有余力可以调整的，可以用一部分流动编制代替固定编制。我们可以用勤工助学的方式解决一部分流动编制，这也是勤工助学制度有利学校改革发展的一个很重要的方面。

我们勤工助学中心10年的发展，反映了我校改革发展10年来走过的历程。今后还要长期地做下去，而且还要做得更好，这是很不容易的。这也要感谢我们勤工助学中心的同志，还有接收勤工助学同学的各个单位的同志。他们做了大量的工作，勇于解放思想，克服思想障碍，使这项工作越做越好。接收勤工助学同学，不光是给他们派个活，还得给他们安排、指导，而且他们是流动人员，不稳定。在这种情况下能够把工作做好，确实很不容易。

对今后勤工助学工作，我提两点建议。

第一，今后勤工助学工作还要努力拓展接收的面，这是我们育人的一个很重要的方面。从刚才十来个同学的发言看，大家都有切身的体会。开始参加勤工助学的初衷是增加一点生活费，在生活中想自立一点，解决家庭的困难等。但实际上参加了这个工作后他们发现，在努力做好工作的过程中要克服很多困难，要克服自己思想上的障碍，能力得到提高，思想受到启发，大家都有很多收获。可见，勤工助学确实是我们学校育人的一个重要方面。我们不能培养一批娇生惯养的纨绔子弟，不能培养一批到社会上没有责任心、不能承担社会重任的人，那样的话我们大学就办得有愧于国家，有愧于人民。特别是清华大学，国家给了我们这么多的支持，人民的期望很高，那么我们培养的学生应该是高水平的，应该成为国家的栋梁、骨干。勤工助学应该是锻炼学生的一个很好的途径，所以在这方面勤工助学今后应该有更大的发展。通过勤工助学培养学生对劳动、对劳动人民的认识和感情；

激发大家的工作责任感，懂得办事要踏踏实实，要有责任心；懂得要有纪律，要有组织，加强集体主义精神；学会怎样团结同志，怎样与人和睦相处。这些都不是光靠讲课所能达到的。怎么做人这件事，要在实践当中才能真正体会、真正学会，这是非常重要的。因此要开拓这方面的途径，特别希望所有能接收勤工助学的单位，要解放思想，而且要有改革的精神，才能做好这件事。刚才我说到图书馆，第一次要给他们安排20个人，他们说安排不了。他们的临时编制有一百零几个，学生勤工助学五个本科生折合1个，3个博士生折合1个，一百零几个临时编制要折合成很多学生在里面工作才行，而开始20个人都很难安排。当时为什么有困难呢？一个是当时用人单位不太解放思想，怕这些临时人员不负责任，不敢给他们安排工作；另一方面，我们同学确实有些人在思想上对劳动、对工作的严肃性认识不够。当时有一个班勤工助学去图书馆搬家，说好一个班去搬，去了以后才发现书这么沉呀，才给我们这么点钱，我们不干了，把书搬到门外就走了。这么不负责任，当然用人单位就不想要了。这是两方面的原因造成的，所以开拓勤工助学的领域需要两方面的努力：一个是用人单位要改变用人观念，解放思想，学会用临时编制；一个是我们勤工助学的同学要在工作中加强责任心，除了要对他们进行劳动观点和责任感等方面教育外，还要加强管理。如学生当楼长，如果咱们正式的楼长不管事的话，同学们就该骂了，这楼长管什么呀，我们又丢了什么东西了。到你当楼长时就在那儿念外语不管什么事，这就不行。要加强对学生楼长的管理，要加强教育，这样我们的工作才能做好。所以我们要拓展勤工助学的领域，用人单位要改变观念，对同学要加强劳动观念、责任心教育，然后要建立管理制度，上岗要进行上岗培训。现在咱们用人的量还是少，用人单位还不够宽，后勤的其他部门，还有各个系，应该拓展用人的面。我们要首先满足经济困难学生的需要，但是也要给更多的同学开拓这种领域，创造锻炼的机会，经济条件好的同学更应该来锻炼锻炼。

第二点，我觉得我们要对勤工助学的工作成果和体会多多进行宣传。刚才有同学提的意见还是很对的，就是这方面我们宣传得不够，要加大力度。今天用人单位和同学们的发言在《新清华》、校广播台、校电视台都可以宣传一下。另外，每次新生来了以后勤工助学也要给大家咨询一下，将来新生手册里要写上就业指导中心在哪、勤工助学中心在哪、电话是多少，要更具体更细致些。

另外，我们勤工助学的经费实际上 97% 在各系，各系的绝大部分主要是给研究生的工作补贴，真正落实到本科生的还不够。本科生的人数比研究生更多些，不像研究生有固定的助学金还有导师给的经费，这方面的困难就更大一些，所以本科生拓展勤工助学领域要多想想办法。现在咱们建绿色校园，教工住宅区绿化搞得很好，也要按计划搞点绿色学生区，搞好学生区的综合治理，将来以某种封闭形式管理，然后动员同学自己美化自己的生活环境。我记得 1958 年游泳池都是学生自己挖的，挖游泳池河泥这种活都做过。老校友写回忆，当年挖游泳池的情况是很难忘的。所以我觉得本科生勤工助学的路子要再拓展一些，如果可以，和美化学生区、美化校园的工作结合起来会更好。

树立品牌　再创佳绩*

（1998年6月30日）

紫光十年取得了很大成绩。现在紫光条件比较好，有这么漂亮的大楼，但紫光开始的时候确实非常不容易。发展到今天，可以说凝聚了每一位紫光人的心血，每一个人都付出了自己的辛勤劳动。我们对紫光的期望值很高，希望紫光对学校的回报再多一些。不过这10年中紫光对学校也作了不少贡献，很不容易。在这点上，学校对紫光的全体员工、领导表示感谢和慰问！我们希望紫光在今后的10年、20年里取得更大的发展。

学校一代代地培育人才是连续的，而企业的兴衰有时是转瞬间的事。紫光今后要取得长远的发展就要非常珍惜今天和未来，要有很好的发展战略，有自己的名牌产品，有一支坚强的经营管理、销售和开发队伍，这样企业才能长远地发展下去，不会是昙花一现。紫光这10年的发展是越走越好，我们要非常珍惜、爱护“清华紫光”这个名字，确确实实为民族工业作出贡献，树立自己的名牌，有自己的王牌产品，能够成为我们清华大学科技转化为生产力的典范；不断创新，能够成为知识经济的“领头羊”，能够成为知识经济的基地。这样，我们的紫光就能长远发展下去，万世不衰。

期盼清华紫光能取得更好的成绩，希望清华紫光再创辉煌，再创佳绩！

---

* 本文是贺美英同志在庆祝紫光（集团）总公司成立十周年大会上的祝词。

为军队培养和输送干部是清华大学义不容辞的责任 *

(1998 年 7 月 21 日)

今天我们学校与总政干部部签定了“清华大学为军队培养干部的意向书”。对我们来说，能为人民解放军培养和输送干部是学校的光荣。现代战争在某种意义上说是高科技的战争，无论原子弹、导弹还是电子对抗都与高科技密切相关。我校是以理工科为主的高等院校，为我国军队和国防的现代化培养高层次人才是我们义不容辞的责任。

五六十年代我校曾给部队输送过大批毕业生，特别是在核弹和导弹的研制中以及通讯方面有一大批清华校友作出了贡献。例如，西北核技术研究所曾产生了 12 名将军，其中有 5 名是清华校友。改革开放以来，由于种种原因，近几年我校分到部队的毕业生少了，但学校与部队的联系始终没有中断。在国防科研方面学校承担了不少任务，还为部队定向培养研究生，每年仍有少数同学志愿入伍到部队服务。我校还与解放军防化指挥工程学院结对军民共建，受到北京市的表扬。今天，我们签订“意向书”，就是要进一步加强学校与部队的联系。我们一定要大力加强国防教育，搞好学生军训，组织军旅夏令营等多项活动，提高学生的爱国主义热情和国防意识，为部队到学校招聘毕业生提供方便。每年部队单位可提前到学校招聘毕业生，我们也愿为部队代培研究生和举办某个方面的技术培训班等。

祝愿清华大学与解放军的合作在协议的基础上进一步发展。在总政和教育部各位领导的指导下，使军校合作取得新的成绩，为国防现代化作出贡献!

---

* 本文是贺美英同志在清华大学为军队培养干部意向书签字仪式上的讲话。

校办企业要为世界一流大学建设多作贡献*

（1999年3月23日）

下面我就学校建设一流大学对产业干部提出以下几点意见。

一、对校办产业发展的认识应该提到一个较高的位置

校办产业的发展是我们创建世界一流大学的重要组成部分。这也是中国的特色，世界只有中国的大学校办企业这么发达，如北大方正，清华的紫光、同方，所以国外的大学到中国来向我们学习怎么搞校办企业。我们对自己的认识要有个明确的定位：搞好校办产业就是为学校创世界一流大学作了很大的贡献，要负起这个责任。学校的领导对校办产业的认识也是逐步明确的。开始时主要从创收、增加教育经费等方面考虑较多，补充学校经费不足。经过十几年的发展，出现了一些高新技术的大企业，如北大方正，咱们学校紫光、同方、阳光公司。再回过头来看看，校办企业是科技成果的孵化器，是产、学、研结合的基地，是建立高新技术现代化企业的示范基地。这些方面过去想得不多，现在认识有了明显的提高。确实我们与国外不一样，国外的大公司都有较强的研发基地，而我国高新技术企业本来就不多，真正有自己知识产权的高新技术企业就更不多。我国几乎没有能够把大学的、科学院的技术转化为生产力的企业或机构。所以在这种情况下，我们的大学就担负了把有一定基础的高新技术孵化成现代化企业，这方面

* 本文是贺美英同志在清华大学产业系统干部会上讲话的部分内容。

作用更加明确。另外，校办企业还是产、学、研结合的基地，建立现代化企业制度的样板。如上市，规范经营管理等可以做示范的基地，这方面是一个与国外相异的特色，我们认识自己的地位和责任要提高到一个新的水平上。

在最近做规划讨论过程中，我们从思想上提高了认识，提高了对校办企业的地位、责任、作用的认识，这是中国特色的体现。但校办企业也应看到面临的激烈竞争。一个是与其他学校企业之间的竞争，比如与方正之间，既是友好的互相交流，但产业的发展上确实也有竞争；科学院的企业和我们也有竞争；另外中关村地区要建设中国硅谷，大量国外的高新技术企业和国家的企业都要到这个地方来。在这里的竞争是自主知识产权的竞争，是人才的竞争，是建设发展经营战略思想的竞争。比尔·盖茨在中国建立了一个研究开发院，本来是要把它建在印度的。后来到清华大学做报告，咱们的同学给他提了很多尖锐深刻的问题，包括系统不好等。比尔·盖茨大为震惊，觉得清华的学生非常好，后来决定把研发中心建在中国。现在又想与我们计算机系合作，挖咱们的人才。产品开发、管理、人才这些方面，如果没有战略头脑、没有思考的话，很容易被竞争出局。可能目前很好，明天就或许要垮下去，这个问题很尖锐。上次紫光公司的纪念会上我就说，学校万岁没问题，因为人才永远需要，学校必须办下去；而企业“万岁”就没那么容易了。希望我们要既看到成绩、好的方面，学校也对我们的企业充满希望、信心；同时也要有危机感，看到责任的重大和竞争的残酷。

二、校办企业各级领导要看到并发挥背靠清华大学的优势

背靠清华的优势，就不一定自己去建立很多庞大的研发机构，要利用学校几千人的科研力量以及良好的基地、国家重点实验室、工程中心，有良好的发展基础和后劲，这是校办企业比其他企业更有优势的地方。眼睛向内，挖掘校内的宝，吸收这些东西，扩充发展校办企业，做到真正的产、学、研结合。如阳光公司就是由原来的科研成果

发展成现在的企业，产量很大，玻璃的太阳能集热管在世界上第一；我们的大型集装箱检测技术也转化了。现在别的省市都来挖宝，王校长希望好的技术能让咱们自己的企业来运作，但是实际上许多时候谈不拢。一方面是企业的眼光不足，看不到将来，或要求太苛刻了，认为不值钱；另一方面，老师、科研人员也有问题，冰棍在自己的手里捏化了，也不肯转让。我们企业这方面可能挖掘不够，所以我们要自己去寻找，怎么把我校的优秀科研成果转化。有些我们自己做不了，如贝氏体钢非常好，但不可能盖一个炼钢炉产业化，只能转化、孵化到外面去。是不是应该研究一下，怎么把学校的有些好东西综合起来把它做好,创造什么机制和利用什么办法把它做起来。自己的知识不能评估，利用什么组织评价一下这些成果，结合搞得更好、优势发挥出来。首先向内，也不排除外面。外面有好的项目我们也买。有国外的企业来买我们的，我们也可以买别人的东西。总之要背靠学校、背靠学校的科技力量，把这个优势很好地发挥起来。

三、企业各级领导要加强学习

不光从政治思想上要加强学习，现代的管理、经营知识，我们都要加强学习。中央办的各省书记、省长和各个部长的金融学习班，学的就是金融知识。我觉得我们更需要学习，因为我们绝大部分人都不是科班出身，都不是学企业管理的，并没有丰富的管理经营知识，转行过来搞企业，所以经营管理知识欠缺。建立现代的企业制度，怎样使管理现代化、规范化？财务制度怎样与国际接轨？金融知识需要学习。还要学习科技知识，不一定钻得很深，不需要知道某一个技术的具体细节，但大的、当前科技发展的几个方面要说得出来。要有这样的知识，然后才能去发展。因为每个同志在校学过的知识如无线电、热能、核能等都是专业性的，但你领导的企业各个方面都有，没有相关知识的话就没有眼光、没有感觉，就不能站得更高、看得更远。我觉得很多企业家就是看准一个方向，有希望有前途的应该坚持做下去，就做成了。

如王选，最初看到电子排版这方向的，咱们学校也做过，与他同时代也有人做，但咱们没有坚持做下去，王选坚持做下去了，他搞成了大产业。你有没有这个眼光，站得高度够不够，这是一个很重要的问题。所以我觉得我们需要学习，开阔我们的眼界、眼光。企业集团和各个企业应组织一下，加强这方面的学习。

四、广泛吸引和容纳各种人才

企业中各种各样的人才都需要。有些怪才可能有很多毛病，但在某些方面非常优秀，就应该把这些人才能力发挥出来。企业的人不能全磨得圆乎乎的，这样发展不起来。所以我觉得需要容纳各种人才，要吸引一些拔尖的有创造性的人才。他有某一方面独创的东西，这样的人才需要容纳，抑制他的缺点，发挥他的长处、才能。吸引优秀人才要不拘一格，待遇也要不一样，他来了就带起一个行业、带起一个新产品，你就给他高待遇，甚至于比咱们的都高也行。将来用完了，你可以去搞新的，待遇再降下来也可以。企业在这个制度上应有更多的灵活性，应该比学校内要好做一些。实际上今后的竞争主要就在人才这方面。创造性人才，我觉得我们学生里面还有很多，我们也可以吸收一点。包括科技园，吸收这些学生办一些小企业，给他一点小投资，有一点个人股，就可以做起来。清华学生搞的创业计划大奖赛，根据一项科技成果，做出财务计划、市场分析，判断能不能创一个产业。我与他们座谈时，那些学生都很有想法。他们不想出国，想在这儿闯，问能不能研究生读一半，有了思路去办一个企业，学校给予一定支持，办成了就往这方面发展。办不成，还保留学籍，再回来念书。我说问题不大，可以保证。那些学生精力很旺盛，计算机系有一个辅导员组织了一帮人，说也不想出国，要创造自己民族的高科技企业。有个学生还是新东方的老师，自己没出过国也不想出国，组织了创业大赛。我们的学生在这儿念书，又去新东方教书，又组织创业计划大赛，我觉得这些学生都非常具有创新意识和创造才能。企业要物色、吸纳这些学生，推动我们企业的发展。这不是靠人事部门派的，也不是他自己找上门来的，需要我们去物色、看准，把他拉过来，团结过来。P&G、Motorola、IBM，这些公司在我们学生中活动得很厉害。P&G还设了一个基金，与咱们学校老师谈项目，有研究生上去做了报告，底下就议论，这个人有才能，把他挖过来，让他出国，给很多条件，随时开始行动。我觉得我们企业也要有这种精神，在底下物色、发掘人才，挖一批人进来，企业才能大发展。高科技企业不在人多，而在于质量，要精要好，所以我们要下一番功夫，提高队伍素质。比如紫光英力公司的一位博士很能干，又团结了一批博士，出去给企业做“诊断”，效果非常好。他的产值、效益也非常好，待遇也不错。就得这样搞。

五、学校各个企业之间要团结和联合起来

我们有个别企业，内部不团结，出去互相拆台，说坏话、窝里斗，这样不行。企业内部还有好多组。就说网络，很多企业、系都在搞，出去后系里与企业之间互相说坏话，这样很容易自己把自己搞垮。有些项目要联合去投标，一些工作要总裁、经理之间协商，你做这方面他做那方面，只有大家彼此支持，企业才会兴旺发达。如果企业之间不团结，企业内部也不团结，发展就没有希望。

六、企业要为学校多作贡献

希望企业能继续发展，为学校创建一流大学作出更大的贡献。同时随着学校的建设，企业也会更加兴旺发达。

提高认识，完善机制，做好新形势下的统一战线工作 *

（1999年7月18日）

这次会议的目的，一是提高我们对新时期统战工作重要性的认识；二是明确今后统战工作的任务；三是动员全党做好统战工作，团结全校教职工，为创建世界一流大学而奋斗。我们的会议得到中央统战部的支持，很多统战部领导亲自来做报告，在经费上、地点上也得到很大的支持，享受统战对象的待遇。刘延东同志专门打来电话，表示支持和希望。这主要是由于清华产生的统战部门的代表是参政议政友党的代表人物，他们起了很好的作用，因而统战部比较信任，期望值比较高。我们要不辜负中央的信任和期望。这次会议大家反映开得比较好，高效率、高强度，提高了认识，交流了经验，增强了做好统战工作的自觉性。校党委作了很详细、很充分的报告，我们还听了三个辅导报告。作为大会交流，我谈几点意见。

一、提高对新时期统战工作重要性的认识

在改革开放新时期为什么还要加强统一战线工作？

第一，统一战线永远是我们党团结人民、克敌制胜不可或缺的有力武器。在革命战争时期毛主席就提出来，统一战线是取得革命胜利的三大法宝之一。现在我们党取得了政权，成为执政党，还要不要统一战线？在改革开放的新形势下，还要不要统一战线？这是值得认真

* 本文是贺美英同志在全校统战工作学习研讨会上的讲话。

考虑的大问题。我国三代领导集体有很多这方面的论述，而且亲自做统战工作，给我们做出了很好的榜样。很多党外人士写回忆录，都谈到领导人亲自做统战工作，使他们转变了对共产党的看法，找到了今后的方向，一心一意跟党走，建设我们的国家。

当前统战工作非常重要，要大力加强。首先我们党要建设社会主义现代化，要实现国家的统一大业，没有全国各族各界人士的共同努力是不可能的。中国共产党在全世界也是大党，即使苏联没解体之前，我们也是最大的。我们党员有6000万，但是否靠6000万党员就够了？恐怕是不行的。全国有12亿人口，到下世纪初达到13亿，6000万只是1/20。党外有大批人才，而且有很多很优秀的人。很多优秀的人入了党，但不是所有优秀的人都入了党。我们只有团结全国亿万人民才能完成中国特色社会主义的伟大事业。革命时期需要统一战线，需要人民的支持，建设时期仍然需要。我们不能患难时需要人家支持，打江山时要人家掩护，要人家财力的支持、帮助，而取得政权后把人家一脚踢开。胜利了，执政了，假如我们把群众忘了，脱离群众，执政党就有亡党亡国的危险。如果我们只能共患难，不能同安乐，没执政时做工作努力，执政了当权了只有命令只有吆喝，不能团结大家共同工作，我们党就危险了。

第二，我们所处的国际环境，国内外的形势的要求，也需要我们加强统战工作。现在社会主义处于低潮，我们与美国为首的西方资本主义国家的关系时好时坏，它们一贯对我国实行“胡萝卜加大棒”的两手策略。在今天形势下，又采取利用宗教、民族问题来挑起事端，企图分裂我们国家。它们不断用“民主”“人权”问题来攻击我们，妄图在我国扶植反对派。南斯拉夫科索沃问题就非常典型：利用民族问题，打着人权高于主权的旗号发动侵略战争。这是一次实验，今后还可能更多地采取这种方式干涉别国的内部事务。这些年它们与我国也较量了很多次。如在西藏制造骚乱、在新疆扶植反对势力制造暴乱与分裂，妄图建立什么“东土耳其斯坦”国。在这种形势下，我们要保持稳定，就要更加牢固地把党外人士民主党派人士团结起来，把全国各族、各界的人民群众团结起来。

第三，执政党本身需要来自社会各界的监督。执政党要是没有监督就非常容易出问题，没有制约的权力就会恶性膨胀，产生腐败。一是党内监督，加强纪检监察机制；另外还需要来自党外人大、政协和社会舆论的监督。最近人大就公布了对一些国家部级单位的审查结果，曝光了一些单位拿国家的钱去盖楼、堂、馆、所，去炒股票等问题。政协也是重要的监督机制。我国共产党领导的多党合作和政治协商制度的“十六字方针”中就包括“互相监督”。我国实行的这种制度是一个伟大的创造。我们要把这个制度发展完善起来，永远坚持下去。

从这些方面看，在新的历史条件下统战工作都必须加强。在建设中国特色社会主义事业中，巩固和发展爱国统一战线，关系国家的统一、民族的团结、社会的稳定，关系到社会主义民主政治建设。

二、做好学校统战工作需要克服的一些思想障碍

我们党在大学中的统战工作，说到底就是知识分子工作。我们在学校中做知识分子工作，就是做统战工作。多年来在中央政策的指导下，校系党委及各部门努力工作取得了很好的成绩，各民主党派、无党派人士和党的关系总体上是比较好的，对党的大政方针是拥护的，对学校工作积极支持的。讨论“211 工程”，讨论创建世界一流大学，民主党派都开了多次座谈会。学校没有提要求让他们开，是他们自主积极讨论提出意见，十分热烈，比有些系还积极。民主党派在大事上很有大局观念，有事和党商量。人民代表和政协委员在参政议政中也起了积极的作用，提案在人大和政协的反映都是比较好的。对学校工作关心支持，提出很好的意见，是积极的，能响应党委号召的。少数民族的学生骨干能和学生部、统战部联系做工作。我们党组织从上到下，对统战工作是重视的，做了大量工作。但是要进一步做好统战工作，还要克服一些思想障碍。有这么几个问题。

第一，怕麻烦的思想。认为事够多了，还要做民主党派的工作，

还要做党外群众的工作；平常的事都忙不过来，还要开座谈会，听他们的发言，听他们提意见。有些年轻的干部上来蛮有魄力，做了决定就办，不愿意再去讨论什么，嫌啰唆。这样考虑就不很周全。我记得当年艾知生同志和学生系统干部讨论座谈说："民主是很费时间的。"这个观点我印象非常深。民主是要费时间的，西方的民主更是费时间。但现在的小麻烦就可以减少以后的大麻烦；事前的民主发扬比较充分，工作做得比较好，事后的矛盾就少。以后来补过，提意见，问题就很多。

学校在决策上也建立了制度。规定每次大的政策出台，先要请教代会讨论，各系主任书记讨论，人大代表、政协委员讨论。这样虽然比较麻烦，但是决策比较科学、比较民主、比较规范、比较公道，减少矛盾，减少出大问题、大漏洞。事前多做事，避免事后多麻烦。

第二，心理失衡的思想。认为党外有些人不怎么样，却升得挺快的。某某跟我是同学，上学时连团干部都没当过，这会儿一下当了政协委员、人大代表，就上去了，感到有些不平衡。确实有这个问题：有些党外的成员担任了相应的职务，就说明一定比党内的强？并不是这样。人大代表、政协委员中需要一个副主席、常委，需要选一个非党的院士出来，那党员院士是否就比他差？恐怕也不是这个样子，无论从哪方面讲都不是这样。刚解放时任命傅作义为水利部长，好些老革命想不通，认为当年在战场上他是我手下败将，现在让他做水利部长，我反而没有什么。在知识界同样也有这样的情况，一些领导当年参加"一二·九运动"，有同学出去留学了，成专家了，现在就被推为领导；而有些在国内坚持斗争的同志却荒废了学业。我们建设社会主义需要有知识的人，需要有能力的人，需要有一批各方面的代表人物，这才是一个丰富的、百花齐放的、多彩的国家和社会。如变成一种言论、一种声音、一种模式，这样国家的发展也很成问题。我认为我们党组织和党员应该心胸开阔些，要有海纳百川的气量。大海之所以浩大，正因为它能够容纳百川，否则就会枯竭。这也关系到我们党的形象问题，是宗派主义的、关门主义的，还是能够团结各方面的人才呢？我们要想得通、想得开，有的时候党外同志出面比党组织出面更有说服力。比如有些地方腐败很严重，党在克服腐败上确实做了大量的工作，但党员出来、党组织出来说这个话，有人会认为这是在替自己辩护；而非党同志出来讲，大家就容易接受。事实上，很多民主人士担任党派负责人、人大代表、政协委员后，反而对自己有了要求、有了约束，话不乱说了，比原来有变化、有进步。

第三，对个别人有看法。认为有些人有这样那样的缺点，入民主党派的动机不纯，特别是跟他一个教研组的、一个系的，跟他越近，看他缺点特别具体。其实这样那样的看法，无非是有些人个性强，思想比较片面，提意见讲得很激烈，说话很难听；有的人比较计较个人利益；有少数人对党有看法，疏远共产党。

我是这样看的，分析这些同志的优缺点要看主流、看大方向、看积极的方面。有的同志放弃了国外的优越条件回来了，总的还是爱国的。但他不愿加入共产党，对共产党有些看法，有些偏激，比较片面，提的意见不太对。你看他是要把共产党打倒，还是为共产党好只不过是提意见片面。我们一些民主党派的负责人，在他的教研组里，在他那个小范围内是有些毛病，但在大的方面，出去在九三、民盟讲话，在外边发言，不论在人大还是在政协会上都是拥护共产党的。有人在会上反对共产党，他还能发表正确意见。大方向还是可以的，应承认他的主要方面。对他的缺点，不是因他入了民主党派有缺点就成了没缺点，就不承认他有缺点了。对这些同志的缺点，要从爱护的角度，实事求是地进行帮助，要敢于批评、敢于做工作。只有在帮助的基础上，互相了解，克服缺点，团结才更有基础，工作才更能推进。当然，进行帮助要注意方式方法，注意政策，这样谈了后对这些同志是个提高，让他更好地发挥作用，而不是看到他的缺点，就讨厌他，嫌弃他，然后不理他，甚至千方百计把他拉下来。当然，个人的毛病也不是谈一次话就能改变的，就是我们的老毛病改也难，这些工作就是要反复做、反复帮，遇到具体事情我们就具体解决。

关于加入民主党派的动机问题，各类人情况很复杂，我们要分析。有的人长期申请入党，老发展不了，他认为退了团，要有个组织，加入民主党派觉得很温暖。有一年春节茶话会，咱们请了一个民主党派的负责人发言，他说今天让我代表民主党派讲话挺不好意思的，其实多年来我一直申请加入共产党，老入不了。这次入了民主党派，让我代表发言很不好意思。我觉得他很真诚、诚恳。咱们不要老是当赵老太爷，不许阿 Q 进步。人家要找一个组织，找温暖，就动机不纯？还有些人确实是对党有看法，或者对某些党员有看法，你说他入了民主党派就是要组织反对党来和党对抗？我看也不是这样，对他要有分析。比如，国外回来的人，有些在国外听了很多宣传，对我们有看法；有些人出国时办手续有很多麻烦有些看法；有些与原单位有历史疙瘩；有些人对党员表现有不满意看法。这些人的看法肯定有片面的地方，但是我们也要从这些看法反过来检查我们的工作。去年我们在青年教师中发展党员大约 20 人，民主党派也是发展了 20 人左右，民主党派和共产党发展得差不多。不要责怪民主党派负责人的积极性，我觉得民主党派负责人的积极性和热情值得我们学习。有些国外回来的博士和博士生留校，民主党派负责人一个个上门去拜访，宣传党派的宗旨和作用，争取一部分人加入。民主党派的负责人有这种工作积极性，那我们共产党的书记、党的干部、党员有没有这种工作精神？人家从国外回来了，我们能不能到家里去看看、谈谈，征求一下有什么困难、有什么要求？新的博士留校了，能不能了解一下、关心一下？这一条我认为我们不应责怪民主党派积极，恐怕要检查一下我们的工作到底怎样；要检查一下我们的党组织、党员是不是有些表现得不好的，所以人家有看法。

我们有些同志老说很忙，忙也应采取一下措施。青年教师留校了，要求入党，我们有些党的干部退下来了，你可以聘请他来做做这方面的工作。我们现在民主党派有些头是退休的主委，他积极性特别高，确实下功夫，到每家每户拜访，去做工作。咱们的书记确实忙，请退休的老干部去家访、做做工作行不行呀？我觉得这些工作是可以做的，我们共产党人也得有这种精神。有些同志多年申请入党，申请几十年还是入不了，这个我们也要检查一下。到底是不是原则问题？有些同志有些小缺点，问题不是很大，你老记着人家的历史旧账。可是现在人家入了民主党派，表现很好，积极性很高，还当了政协常委、民主党派副主席，很能团结人。怎么我们就不能做工作，不能发展人家呢？去年民主党派换届，老一代民主党派领导对新一代领导人谈要接受共产党领导，同心同德，荣辱与共。王维城回来对民盟换届也说要跟年轻人作政治交待，这说明民主党派是有政治要求的。年轻人如有不纯的动机，有不对的看法，我们党组织要做工作帮助他们树立正确的看法，不能不闻不问。你那个系如果只发展民主党派不发展共产党，也要研究一下。我们还是要把最优秀的同志发展到党内来，这需要我们做大量的艰苦工作。同时也要留出一些优秀的同志，补充到民主党派与非党人士中做他们的接班人。系里和统战部要沟通，加强统筹安排。民主党派做好政治交待，我们加强思想工作，修正有不正确看法同志的思想，慢慢转变，把工作做好。

知识分子工作，当前我们要特别研究一下青年知识分子问题。青年知识分子有些为什么不愿意入党、和党疏远？要研究他的历史原因、家庭原因、国外原因、现实因素。要了解青年知识分子当前有什么矛盾、困难、希望，针对不同的思想，一把钥匙开一把锁，帮助他们解决问题。要把握事业发展的机会，关心他们，建立感情，慢慢把他们转变过来，用党员的榜样去影响他们，只要做工作就会有变化。

当前我国实施“科教兴国”的战略，又提出要建若干所一流大学。在这种情况下，我校的发展面临很大的机遇，也面临建设一流大学很艰巨的任务，这是学校的中心工作。要完成这一目标，一是调动全体知识分子和教职工的积极性，另一方面是要深化改革。无论是体制改革、教学改革还是管理改革，都面临着利益的调整，都会出现各种矛盾。怎样处理好改革中出现的人民内部矛盾，化解矛盾，增加全校凝聚力，调动各方面的积极性，这是我们党的工作中的主要任务，也是新时期统战工作要解决的理论和实际问题。所以，我认为统战工作和学校的中心工作是完全一致的，做好统战工作有利于完成中心工作。

三、加强统战工作的几点意见

第一，首先要做好党的工作。无论从哪个角度看，完成中心工作、做好统战工作都要首先做好党的工作。昨天我参加第一组讨论，有的同志谈到这点，我是很赞同的。我们要首先发挥党组织的战斗堡垒作用和党员的先锋模范作用，有为人民服务的精神，关心群众生活，树立起党组织的良好形象。党的形象不好，人家就不信任你。为什么有些人和党疏远，是因为人家有看法，有些看法是不对的，有些是对的。人家有看法，我们更要在政治工作上、生活上、思想上关心知识分子，和他们交朋友。要学习毛主席、周总理、陈毅这些老一辈革命家，做好统战工作。党自己不正，自己的工作做不好，那么其他方面的工作很难做得好。

第二，要完善党委抓统战工作的体制。要发扬党政负责人亲自做统战工作的优良传统，把统战工作纳入各系各单位的议事日程。要求也不高，各单位要把统战工作纳入视野、纳入议程。不要你一天到晚讨论统战工作，但要把体制、制度建立起来。学校党委每学期的常委会要讨论一次统战工作，纳入日程；要定期向民主党派负责人、人大代表、政协委员通报一下学校的主要工作情况，召开一次座谈会，听取他们的意见，请学校主要领导参加；我们要帮助人大代表、政协委员开好人大、政协会议，帮助他们搞好提案工作。每次开人大政协会前，学校都请人大代表、政协委员来通报一下学校有什么困难，建议他们在会上提点什么提案,他们也很支持。我们帮助他们搜集一些情况，提出一些材料。好几次很有分量的提案都是我们帮助他们提出的，使他们参政议政的水平得到提高，使他们和学校的关系更加密切。我们希望各单位党委、系核心每学期研究一次统战工作，研究一次非党群众、民主党派代表人物思想动态，他们有什么困难，统战委员、系领导做了哪些工作，汇报一下，还要做哪些工作，还要解决什么问题。不一定要开一个单元，每学期至少有那么一个会，有一个议题，讨论一下这个问题。不光是研究日常的事务工作，要作为思想工作来研究，而且完全可以和研究组织发展工作结合起来。一年能否至少开一次系里代表人物、人大代表、政协委员座谈会，向他们通报系里的工作，听取一下他们的意见。

第三，建立联系民主党派主要成员和党外有影响人物的制度。系党委委员、系主任分分工，每人联系一个对象，每学期找他聊聊，听听他的意见，有什么缺点，谈谈话，帮助他一下。你找他谈话，他认为你重视他，你提出意见，他也听得进去。有特殊矛盾不好办，请学校帮忙谈谈也可以。最近有个系的两个单位要合并为一个研究所，有个院士就不干，谈话很激烈。系里书记和主任找他谈话，不行，找到学校来，请王校长谈谈。院士找院士谈话，王校长说行，就找他谈。各方面的工作要大家来做，建立一些谈话联系的制度。要建立全党抓统战工作的体制，建立一些制度把这项工作做好。

第四，做好民主党派和无党派知识分子工作。学校是知识分子最集中的地方，我们要担当为国家培养非党干部的责任。要抓好典型，抓好重点人物的工作，他可以帮助我们做好工作。我们抓好领头羊，做工作的影响就大，效果就好。要选择、培养好党外代表人物和民主党派后备干部工作，和党内抓后备干部一样。与民主党派、党外人士要真正做到“荣辱与共”，保证民主党派和党外人士中有一批和党一条心，有共同理想、共同目标的人士来一起工作，这一条很重要。高校是党外代表人物和民主党派干部的源头，知识分子代表人物占有特殊比重，我们清华在其中又占有很大的分量，全国人大代表 7 人，全国政协委员 10 人，北京市人大 5 人，市政协 13 人，是比较多的。去年换届一次，现在六十多岁的到 2002 年又要换届了。要争取下次换届中担任人大、政协的职务、数量、层次不比现在低，这要全校与各系共同努力，选择、培养好党外代表人物和民主党派后备干部。要关心民主党派干部的工作，承认他们的努力，肯定他们的成绩，在设岗聘任等方面要适当考虑他们的利益。

第五，做好少数民族学生的培养工作。我校少数民族学生的比例为 6%，这些学生能到清华来上学在少数民族中确实是佼佼者了。我们要关心他们，做好他们的工作，就是在少数民族中培养接班人，培养骨干。不要看他们现在的成绩有些差一点，有人有些毛病，但要多关心、多做工作。对少数民族学生我们要作为因材施教的特殊群体，特别要关心他们中党员的发展工作，能在少数民族中发展几个党员，将来他回到那个地方起的作用就很大。有的少数民族学生在我们视野中可能不是最好的，还有些毛病，甚至脾气比较急躁，有时打个架什么的。但他们都是特殊人才，不要嫌麻烦，把他们培养好都是对国家的贡献。

第六，做好归侨的工作。发挥他们的积极性，特别有一些老的归侨，当时是在东南亚国家反华、排华时回来的，他们现在经济上、生活上有些困难，我们应加以关心，退了休的系里也要关心他们。做好了就是建立海外联系，调动他们的积极性，为学校做出贡献。我们在中国香港、东南亚的捐款，侨联做了很多工作，这是很重要的。统战工作很杂，涉及很多方面，不需要各方面都花很多时间，但是脑子里哪方面都要有一格，定期都要扫描一下，关心一下。

第七，学校加强统战工作要充分发挥各职能部门作用。统战工作与组织、科研、教学等工作有关系，要做好统战工作与各部门的协调，为民主党派办公活动提供必要的条件。在这次研讨中大家提了很多意见，在此基础上，我们研究制定有关统战工作的规范和制度，今后照此执行。

总之，认识我校统战工作在全局中的地位和作用，是我们的责任。我认为做好统战工作的关键，一个是认识到位，一个是工作到位。这次基本解决的是认识到位，回去解决工作到位。

加强管理，发挥信息网络的积极作用*

(2000 年 12 月 22 日)

我校信息网络的发展，硬件的条件应该说已经达到世界先进水平，关键是把它利用起来，发挥它积极的作用。目前看，我们在网络应用上主要是三个方面。

第一方面是教学、科研方面的信息资源的获取，教学中课件的获取，还有答疑、电子邮件等。应该说这方面我们发展得比较快。当然，我们的课件能够上网的有 130 多个，还不是很多，课件的精美程度等方面还需要继续加强。科研资料的获取那就更多了，用得比较好，但是还需要继续提高。

第二方面是用于网络办公、管理。这方面正在逐渐向无纸化办公方向发展，我们的办公通知都从网上发，有很多资料可以在网上进行交流，利用网络传输办公信息。学校后勤建立枫桥网，用来与群众沟通、订票服务等。另外像“校领导信箱”，教师、学生等都有很多来信，还有给予答复的“回音壁”等。当然这方面也要进一步改进、完善。

第三方面是宣传教育的功能，包括对外宣传和思想教育。对外宣传就是宣传学校和各单位，特别是 90 周年校庆将至，如何向世界、向全国展示清华大学和各系各单位的成就、风貌、发展等。利用网络进行宣传思想教育，特别是网络对学生的影响很大。宣传思想工作不能停在外面，要主动进网络。我们在这方面的工作相对还比较薄弱，特别是在意识形态领域要有阵地意识，我们要占领网络这个阵地，提高

* 本文是贺美英同志在全校信息网络管理会议上讲话的主要内容。

我们思想宣传的实效性、覆盖面和影响力。这是很重要的方面，今天我们的重点也是希望加强这方面的工作。学校也成立了网络工作领导小组，成立了委员会，来负责这方面的工作。我也着重讲讲这个方面的问题。

先来谈谈发挥网络的作用，积极开展对外宣传。学校的主页、学校各院系单位的主页，在信息更新和主页的设计上问题都还比较多。我们希望各院系要利用网络宣传自己，如果到报纸登个广告，还不知道要花多少钱，中央台的广告按秒钟算的，一秒钟多少万元。我们在网络上宣传的机会不利用的话，是一个很大的损失。所以这方面一定要做好。90 周年校庆前，各院系一定要把自己单位的主页调整、更新工作做好。主页一个是本单位情况的介绍，另外，单位的人才状况，主要的教授、副教授的研究方向，主要成果，要进行这方面的宣传。这个不仅对学校，对各院系也很重要，对招生、提高社会知名度、扩大世界影响、开展国际交流都很重要，所以一定要做好。

再谈谈利用网络进行思想政治工作，这是一个非常重要的问题。

第一，要找到开展工作的好形式、好方法。刚才汽车系介绍了“红色网站”，工物系怎么做的，宣传部也讲了。各院系都要想想自己单位的办法，在宣传和思想政治工作进网络方面，我们各院系可以做些什么。希望各院系认真研究，开展一些专题调研，在这方面做出成果。

第二，要加强管理。主要是三个问题一定要严格掌握。

（1）要对学生进行网络道德和法制意识的教育。现在在网络上、BBS 上，包括各系的版块上，已经多次出现了不符合实际的消息，是杜撰、臆测来的。另外，有人对不满的事情进行谩骂、人身攻击、伤害同学、伤害老师，这种事情也发生好几起了。有人甚至在北大的网站上挂了一个“清华丑闻录”，把清华所有受过处分的同学的情况和老师的情况放在那里。我们知道，什么人受什么处分，在什么情况下、什么范围内公布，这是有规定的，你拿到全国、全世界去说这个事情是很不合适的。这也是对人的伤害。比如说哪个同学作弊受了处分，他是在这个范围内做的事情，在这个范围内给了处分，以后改了，他还是一个好同学。但是你把他的情况放在北大的网站上对全世界去公布，这对当事同学是一种很严重的伤害。还有人根据一些猜测，比如说，什么什么事一定是某个老师对我有意见，就怎么怎么样，就去攻击那个老师，还攻击学校领导，骂得很难听。有的人对不满意的事情，比如对后勤有不满意的事情，就说“后勤这帮猪”，再加上多少个惊叹号，这样去骂人，是非常错误的。我们后勤有很多很优秀的同志天天在那里不辞辛苦地工作，为师生员工服务，当然有做得不令人满意的地方，生活中哪有每件事都满意呢？但可以这么随意骂人吗？这是很不道德的，这种人身攻击是不允许的！网络要有道德规范，要负法律责任。人身攻击、污蔑、陷害、漫骂等，这都是不允许的。这种事情反映了我们部分同学在网络道德、法制意识上还有问题，这方面的教育有不足的地方。

（2）要严肃处理在网络上侵犯知识产权的问题。有的人盗用别人的账号，不负责任地下载，涉及商业目的或知识产权的问题。刚才发言中举的那些例子，就影响到了我们教学、科研的进行，也是很严重的问题。我们可以通过这些例子给大家讲清楚，不能允许这种事情的发生。发现以后，要严肃处理。发现哪个公司盗用，就停它的IP，还要罚它。如果是学生干这种事我们要处理，教师干这种事也要处理。

（3）要清除网络上的一些政治上攻击、反对党和政府的言论。有人把这些在网上肆意散布，这其中有校内的，也有外面来的。还有一些人不负责任地发布一些自己无权发布的行动通知，这是影响稳定的。有一个研究生，去年4月1日在网上发了一个通知，什么什么时候到哪里集合，上街游行，得到了安全部的批准。后来找到了那个同学，他说：“我觉得4月1日愚人节，我就看看有没有人上当。”他当时还坐在主楼上面看，到底有没有人来。后来，安全部查造谣查到他，这时他吓坏了，写检查，着急了。这种事情，就是要处理的。任何人无权在网上发行动性的通知，我校发通知都是通过系统来发的。

现在在网上出现的这些问题都是比较突出的，应该引起我们的重视。根据这些情况，一定要加强管理。一方面要进行宣传，加强思想工作，另一方面要加强管理。要求具体几件事：一是每个单位、每个院系领导里要有一个能调动人的同志来负责网络宣传教育和管理工作，每个院系都要有，书记、主任都可以。将来学校有事情，就要找院系主管的书记或主任，一定要有一个。这个同志负责网络管理，具体要调下面的工作人员做几件事情，一是把各自的主页搞好，二是管好各院系的BBS版，版主你们也都是能知道的，跟版主要建立比较好的关系。版主还是由大家推举，不要我们指定，院系不要去控制。但要跟版主说清楚，要掌握这几条管理规定，就是刚才说的那三个问题。版主要负起责任来，要把这个管好，把BBS版办好，办出各个院系的特色。三是要对学生和教师进行网络的法制意识和道德规范的教育，包括语言文明上的教育。这些是不是可以广泛地来讲一讲，哪些是可以的，哪些是不可以的。现在同学在宿舍都能上网，要对各个班的同学普遍讲一次，只在全系大会上讲两句不行，要分头到各个班去讲，要说一说这个要求，而且要鼓励大家把网络用好。另外，对学生还要进行一次教育，就是不要沉迷在网络里出不来，最后影响学业。我校已经有几个退学的同学，都是因为沉迷网络而不能自拔。网络有先进性，也有负面影响，是双刃剑，要在这方面对同学进行普遍的教育。

以后，每年新生入学的时候，对新入学的大一学生，对新入学的研究生，也要普遍进行一次这方面的教育。有一些事情是不能干的，干了以后会影响自己的声誉，影响系的声誉，也影响学校的声誉。今天会议是发动一下，大家要把网络这个新时代的新媒体用好，都占领网络这块阵地，加强管理和道德法制的教育，双管齐下，把这个工作做好。

在清华大学第五次教代会、第十七次工代会第一次全体大会开幕式上的祝词

(2001 年 6 月 26 日)

各位代表、同志们：

我校第五次教代会、第十七次工代会今天隆重举行，这是学校的一件十分重要的大事，也是广大教职工十分关注的一件大事。我代表学校党委、行政和上届教代会主席团向新一届教代会、工代会的召开表示热烈的祝贺。

我校第四次教代会、第十六次工代会是 1996 年 10 月召开的。四年多来，国家实施科教兴国战略，把教育放在优先发展的地位，为促进教育的发展出台了一系列方针、政策、法规，采取了许多得力的措施，为高等教育的快速发展提供了历史性的机遇。知识经济时代的到来，使高等学校越来越成为社会关注的中心，高等学校尤其是重点高等学校承担越来越多的社会责任。我校创建世界一流大学的奋斗目标也已经得到政府的有力支持，江泽民总书记在庆祝我校建校 90 周年校庆前夕亲笔题词“建设世界一流大学，为实现中华民族的伟大复兴而努力奋斗”。在 4 月 29 日庆典大会上，江泽民总书记发表热情洋溢的重要讲话，使我校广大干部和全校师生员工备受鼓舞，90 周年校庆大会成为我校在新世纪跻身世界一流大学的动员大会。四年多来，我们学校完成了“211 工程”建设并顺利通过国家计委、国家教育部和财政部的验收。目前，正在落实建设世界一流大学的“985 规划”，我们还进行了教育思想大讨论，实行本硕贯通的培养模式的改革，以及管理体制、

人事制度和后勤社会化等一系列改革。

教代会、工代会坚持每学期召开一次全体代表会议，讨论学校的大政方针，参与学校的中心工作。上次代表大会听取了王大中校长一届任期的工作报告和工会工作报告。其后的教代会全体代表会主要议题有：关于加强校园文明建设；关于加强精神文明建设，实施“九五”规划，为实现我校总体目标而奋斗；关于抓住跨世纪的历史机遇，向综合性、研究型、开放式的世界一流大学迈进；关于实施清华大学社会主义精神文明建设“九五规划”；关于转变教育思想，更新教育观念，推进教育改革；关于毕业生情况的调查；关于深入人事制度改革，逐步建立适应世界一流大学建设的管理机制；关于建设一流大学学科建设规划及其实施的若干问题等。

同时教代会代表组长会共召开30余次会议，对学校重要改革措施的制定和实施，如岗位聘任制问题，对与教职工切身利益有关的许多重要问题，如关于集资兴建蓝旗营、大石桥住宅及其户型等，进行了讨论和审议等。

教代会代表们关心学校事业的发展，为学校改革与发展积极献计献策，为维护教职工的合法权益努力工作，做了大量有益的有效的工作。教代会、工会是广大教职工参与学校民主决策、民主管理和民主监督的基本载体，大家的工作对学校工作起到了积极的促进作用，为学校重大改革措施的出台打下了良好的群众基础，因此教代会工作受到学校各方面的关注和重视。校工会除了担负教代会日常工作机构的任务外，还积极开展大量工作，组织了各种思想教育和文化体育活动，为学校的精神文明建设作出了贡献，为营造健康文明的校园文化发挥了积极作用。

实行政务公开，是党的十五大提出的一项重要任务，校务公开是实行政务公开的组成部分。去年，学校制定了“校务公开”工作的有关文件，进一步推进民主建设，规范学校管理工作，促进学校决策的科学化和民主化。通过教代会加强民主管理和民主监督，调动广大教职工参与学校建设的积极性，为学校的改革和发展、为学校全面工作的开展打下坚实的群众基础。

本次代表大会恰逢学校刚刚度过 90 周年校庆，又正值“985 规划”实施的关键时刻，也是学校进入建设世界一流大学攻坚阶段的重要时期。本次大会，除了教代会和工代会换届工作以外，还希望代表们重点讨论如何落实江泽民总书记的题词和讲话精神，在“十五”期间，为我校在百年校庆时跻身世界一流大学奠定坚固的基础。本次教代会将对学校的发展和建设起积极的促进作用，我们希望各位代表主动关心学校的发展建设，充分反映广大教职工的意见、建议和要求，做好民主管理和监督工作，也希望工会组织进一步发挥自身优势，利用多种形式，积极主动地开展工作，全心全意为广大教职工服务。

各位代表，同志们！从现在起的 10 年时间，是我国实现第二步战略目标、向第三步战略目标迈进的关键时期，是我校向着世界一流大学目标前进的关键 10 年。在新世纪的第一个春天里，全校教职员工要抓住机遇，为我校跻身世界一流大学而努力奋斗。

努力为国家的国防建设和军队建设作贡献*

(2001年12月26日)

任何国家的一流大学都要为自己的国家作出贡献，要不然就不能叫作一流大学。美国的麻省理工学院就为美国国防作出了很多贡献。清华也一贯认为应该为国家的国防现代化和国家安全作出自己应有的努力。在五六十年代，我校建立了一批新的专业，如工程物理系、自动控制系、无线电系、力学系，都是为国家的国防建设服务的系，而且都为国防建设做了大量的工作。

从学生来看，我们老一辈的科学家和五六十年代的学生在国防第一线是做出很多努力的。我们的校友为“两弹一星”工作作了很大贡献。投身国防建设也是我校学生的一个传统。今年我们90周年校庆，专门请了二十一基地的朱凤蓉少将代表校友发言，她是我们学校毕业的第一位女将军。她说：“我们是从清华毕业的极普通的学生，仅仅因为我们投身到一个伟大的事业中，仅仅因为我们把自己的理想追求同国家民族的命运结合起来，才体现了我们自己的人生价值。”这番话在学生里引起很强烈的反响，他们在网上大量引用她的话对人生进行讨论，认识到把自己和伟大的事业结合在一起，普通人也可以作出大贡献。

改革开放以后，由于毕业分配实行双向选择、自主择业，有市场机制的引入，这在学生就业的导向上起了一些作用。从80年代开始，往部队去，往国防工业去的毕业生少了。对此学校也很着急。到90年代初，我们在工程物理系先做了个试点，每年招两个定向班，到现在

* 本文是贺美英同志在国防定向生座谈会上讲话的部分内容。

累计已有300多名学生，毕业了两个年级，毕业生有100多人，他们都到了核工业的关键岗位上。试点定向班增加了我们的信心，学校将此项工作坚持了下来。前年，我带了学校一个代表团去访问了九院和二十一基地，为九院和二十一基地也办了定向生班。后来学校又陆续为其他部队办了20多个研究生班和工程硕士班，为部队培养人才。

另外，我们也和部队的院校建立有密切的共建关系，特别是和防化指挥工程学院，我们两校共建已经十几年，被评为北京市的军民共建标兵，这对两校发展有很大的支持。我们和65军、国防大学，在学生军训和军事课教学上，都有很多合作，还在不断发展。

这几年学校的国防科研有较大进展，这方面的科研经费也有较大增长，与国防科研合作的工作进展很快。

我校已经招收120多名国防定向同学，已有两个年级，每个年级两个班。明年我们还想在力学系再增设一个国防定向生班，我们希望在这个过程中进一步加强与部队的合作，为部队培养更多的人才。

在国防教育方面，学校开展了大量活动，国防教育主题日、军旅行、社会实践等。后备军官选培办公室做了大量工作。他们深入到宿舍去谈话，去做工作，大大增加了我们做好这方面工作的信心。我们今后要把为国防服务、为国防建设培养人才作为学校重要的任务，为我国的国防建设和军队建设作出应有的贡献。

加强对反腐败战略的理论研究 *

(2001 年 3 月 16 日)

清华大学一直致力于通过知识的传播和理论的研究，帮助国家解决各个时期的重大现实问题。现在，学校不仅在科学技术和工程建设方面，而且还正在国家的政治经济体制改革、政策和管理的教育与研究，以及其他的人文社科和艺术领域发挥作用。我国的改革进入了攻坚阶段，新的情况和新的问题不断出现，面对的挑战很多，这就需要我们大力加强对各项公共政策和管理的研究，以帮助政府等公共部门提高决策的科学性和执行政策的有效性。新的形势也使提升公务员素质成为提高政府工作效率、加大政策执行力度的前提和基础。正是基于这种认识，清华大学去年成立了公共管理学院，专门从事公共管理人才的教育和培训，以及各项公共政策的研究。

在公共政策和公共管理研究中，有一项极具现实意义的内容，就是对于腐败问题的研究。腐败现象是危害国家和社会的毒瘤，人民深恶痛绝。研究表明，腐败不但威胁着国家的政治和社会稳定，而且还会严重削弱国家能力、激化社会矛盾，从而影响国家的长治久安。我们党一直把反腐败作为一项极其重要的战略任务，视为关系到党和国家生死存亡的重大政治斗争。

同其他领域一样，在反腐败的问题上，理论研究是行动的先导。腐败不单单是中国的现实问题，而且是一个世界性的、历史性的问题。它也不仅是单纯的政治问题，而是涉及政治、经济、法律、道德、文化等多种因素的复杂问题。所以，要遏制腐败，就必须对腐败的产生

* 本文是贺美英同志在 21 世纪中国反腐败战略研讨会上的致辞。

原因和变化规律、对反腐败的斗争策略和方式方法等进行深入的研究。因此，加强理论研究可以说是反腐败工作的一个战略性基础。当前正值世纪之初，我国的各项改革不断深化，加入世贸组织也会使我国反腐败工作的外部环境发生一定的变化。这种新的形势要求反腐败工作的内容和形式也要进行相应的调整。这就使理论研究在反腐败工作中的作用变得愈发突出。

清华大学将反腐败问题列为公共管理和公共政策研究的重点方向。公共管理学院成立了廉政研究室，正是想使这项研究更为长期和深入。希望廉政研究室充分发挥清华多学科综合的优势，集合相关领域的专家学者，开展多种形式的国际学术交流与合作，使我们的廉政研究更加科学化、长期化和系统化。

反腐倡廉理论研究是个综合性课题，需要各方面研究机构和实际工作部门的密切交流合作。清华大学的廉政研究工作刚刚起步，更需要各实际工作部门和兄弟学术单位的大力支持。我们希望这次学术研讨会能够进一步推动各单位、部门之间的交流与合作，大家齐心协力，共同在反腐败斗争中建功立业。

让清华校友会更加生机勃勃 *

(2003 年 3 月 29 日)

我校建设世界一流大学要依靠国家的力量和社会各方面的支持，更要靠全校师生员工的不懈努力。在争取社会支持和激励师生奋斗方面，我校的广大校友是具有特殊重要意义的宝贵资源。我们校友会的主要任务就是要在学校和广大校友间建立和保持密切的联系，充分发掘和利用好校友资源，发挥校友的积极作用。校友资源对于学校工作的意义主要体现在几个方面：

一是校友在毕业后努力工作，在各条战线的不同岗位上为国家、社会作出贡献，推动经济发展和社会进步，提高学术水平，繁荣文化事业，提高了学校的声誉和地位，这是校友对母校的最大贡献。正如校友们所说："今天我为清华而骄傲，明天清华为我而自豪。"当然，校友中不好的表现，也会给学校带来负面的影响。

二是校友毕业后的工作经历和体验，是对在校学生进行思想教育的重要内容，对学校人才培养和教学改革起着重要的推动作用。20 世纪 90 年代以来，学校做过三次大规模的毕业生调查，校友的反馈对学生今后的发展有很强的指导意义。例如 1991 — 1992 年，学校通过校友调查发现，毕业生在责任心、事业心、爱国心方面，与五六十年代的校友有明显差距，引起了高度重视。由此，在全体教师中开展了"德育放在首位"的教育活动，提出"全员德育意识"，制定了第一个德育大纲，推动了学校的德育工作。1997 年、2000 年，又进行了两次毕业生调查，对教育教学提出了若干建议。之后，学校在学制、培养方式、

* 本文是贺美英同志在清华大学校友工作会议上的讲话。

学风建设以及提高教学质量等方面进行了多项改革。校友的经历、经验和教训对青年学生的成长是重要的教育资源。为了有效利用这种宝贵资源，学校组织学生开展了“探寻校友足迹、寻找人生之路”的活动，校友会也采访了部分优秀校友。通过校友们成长的生动事例，取得了很好的教育效果。

三是校友在祖国的四面八方与母校广泛联络、牵线搭桥，促进了母校与地方、企业的紧密合作，促进了母校与社会的联系，使学校更好地为国家和地方的经济建设服务。如学校与深圳合作建立了研究院，就是校友担任深圳市长时积极推动的结果。电机系与河南平顶山电气集团合作建立研究所，我们的校友就任研究所所长。通过校友的积极联络，学校与一些地方、行业开展了定向生培养和硕士生联合培养等，保证了清华向一些重点单位输送人才。

四是校友捐款捐物回报母校，为母校发展作出了实际贡献。如1941届老校友熊知行捐款60万美元设立基金，建设老年学研究中心。上海的王作求老学长已经90多岁，把自己多年积攒的古董、字画捐献给学校，经过专家鉴定，估价150万元。我专程去拜访他，看到他住得非常简陋，生活十分简朴，却把自己的收藏捐献了出来。加拿大一位老校友去世了，将一座房子捐献给母校。还有很多校友当年在清华学习时拿了助学金，现在表示为了感谢国家和母校，捐资设立奖学金。有的钱虽然不多，但支持了学校，也表达了对老师的一片心意。还有一个刚毕业几年的年轻校友，捐资支持登山队；一位年轻校友捐赠电脑，在校友总会建立了“校友之家”计算机室，供校友回校查询使用。校友对母校捐赠，不在钱多钱少，在于一份心意。国外把校友对母校的回馈作为衡量学校凝聚力的重要表现，在对大学进行评价时，把校友的回馈率当作判定学校优劣的一项重要指标。我们学校在这方面有好的传统，反映了校友对母校的热爱，体现出清华具有很强的凝聚力。

此外，广大校友不仅对学校，而且对在校和不在校的校友个人而言，也是促进自己事业发展、生活幸福的宝贵资源。校友之间的密切联系，为他们提供了一个信息交流、互相学习、互相帮助的优良平台，支持帮助校友个人完成学业、做好工作，尽快适应社会环境，取得事业发展，建立美好生活。每个清华人，无论身在何处，只要遇见了校友就会得到热情的关怀和帮助。

学校历来重视校友工作，不仅经常把校友请回学校，还经常出去走访校友、看望校友。学校也感谢各地校友会在这方面做的大量工作。

校友会的工作，重点主要有四个方面。

第一，凝聚人心。校友会起着团结校友的作用，如每年校庆期间的值年活动，还有针对一些有特点的特殊年级和校友，开展一些有针对性的工作。例如 1977 级是改革开放后招收的第一个年级，在他们毕业 20 周年时，我们不仅在国内开展纪念活动，还专门组织了一个代表团去美国，走访了四五个城市，参加他们的活动。

第二，增进交流。近几年，我们组织了信息技术、房地产、建筑、金融和文体等各界校友的活动，今年组织了辅导员 50 周年纪念活动，促进了彼此的交流。例如联想、方正、同方等品牌 PC 机的老总都是我们的校友，在信息技术行业校友交流活动中大家谈到，应该友好竞争，不要搞恶性竞争。房地产校友在业务范围上互补合作，促进了团结。金怡濂学长最近荣获国家最高科技奖，我们请他回校作了一次访谈，对学生影响很大。所以，校友之间的交流对学校工作也有很大的促进。

第三，做好服务。从毕业时间上看，我们的校友分为解放前、“文革”前、“文革”中、改革开放后的几个阶段。不同的校友有不同的需求，校友会要针对不同的校友有针对性地进行工作，做好服务。比如，老校友年纪大，要多关心他们、尊重他们，力所能及地为他们解决一些困难；年轻校友正在事业兴旺时期，需要事业发展中的支持，需要加强联络、促进发展；刚毕业的校友事业上还未站稳脚跟，要帮助他们走向成熟、走向稳定。

第四，争取回馈。校友们都在学生时代得到过老师的教诲，有的还得到过助学金或奖学金的帮助，当自己有条件时，就有意愿和能力给学校一定的回馈，给母校以帮助。这是一项重要工作。因此校友总会从今年开始，开展了校友年度捐款，不在钱多少，重要的是增加人气。

这几年，学校和校友总会特别加强了对中青年校友的工作，也希望各地加强中青年校友的工作。一方面，中青年校友的比重越来越大，“文革”后毕业的校友已占校友总数的56%，校友会工作的重心自然要向他们转移；另一方面，这些校友正值事业旺盛的时期，校友会吸纳这些校友才会更加有生机、有活力。校友会不能只是组织校友们每年见一次面，叙叙旧，回忆回忆过去……这样会越办越衰退。要通过多种活动加强校友特别是年轻校友的交流，促进他们的事业发展。各地校友会在这方面加强工作意义很大。校友总会除了《清华校友通讯》之外，专门办了一个刊物《清华人》，读者对象和宣传内容都以中青年校友为主，介绍他们的情况，加强他们的联络。老校友的经验是宝贵财富，老校友的精神值得后来者学习，对老校友应该充分尊重、充分关怀。但一个组织要有生命力，要发展壮大，就要重视后来者，要与时俱进。因此，要变换一下活动形式、工作方法，不断创新才能发展。

清华的校友遍布世界各地，改革开放后我校海外校友的比例更是大幅增加，当前在海外的年轻校友已有相当规模。他们在校期间多是班级中的佼佼者，现在国外则分布在高校、研究部门、著名企业等社会各界，身处全球科技社会发展前沿，有些人还取得了突出成就。他们是宝贵的人才资源，是学校引进国外优秀人才、加强对外交流合作的重要渠道，也是我们校友会工作的重要方面。

总之，不论校友总会还是各地及海外的校友会，都要互相勉励，创造新的经验，提高工作水平，团结更多的校友，让清华校友组织更加生机勃勃。

搞好基金会工作，促进高校发展*

（2004年8月26日）

一、多渠道筹集教育经费是高校的迫切任务

世界银行在一份报告中指出，目前高等教育的主要情形是经费“处于世界性危机之中”。虽然各个国家的体制不同，但全球高等教育成本的上升和高等教育大众化浪潮，使经费成为中外大学面临的共同挑战。为了提高教学质量和科研水平，保证充足的资金投入成为高校工作的当务之急。

改革开放以后，国家在给大学提供了相当的办学自主权的同时，也结束了大学“躺在国家怀抱中”完全靠拨款过日子的历史，国家鼓励大学自筹经费。多渠道筹集教育经费是必然的趋势。目前，我国已经初步建立起政府、受教育者和社会三方共同分担的教育投入机制。随着高等教育的发展，办学经费紧张仍然是困扰各校的难题。

第一，我国财政性教育经费投入严重滞后。这主要表现为，一方面，教育经费占国民生产总值的比例太低，早在1993年发布的《中国教育改革和发展纲要》中就提出，“逐步提高国家财政性教育经费支出占国民生产总值的比例，在本世纪末达到4%”，达到发展中国家80年代的平均水平。但其后的十几年里，这个4%的目标从来没有达到过，甚至在《纲要》颁布后的几年里不升反降，到1996年跌至2.44%。尽管上届政府尽了很大努力，教育经费每年增加财政收入的1个百分点，之后这个比例逐年回升，但直到去年也才占到3.41%，只是和1986年的

* 本文是贺美英同志应邀在第七次中国高校基金会工作研讨会开幕式上所作的报告。

比例基本持平，而去年发展中国家平均都达到了4%。另一方面，教育经费绝对数量的增长远远落后于高校规模的急速发展。尽管近年来随着国民生产总值的不断增长，国家对教育经费投入的绝对数量有所增长，但是从1998年到2002年，全国普通高等学校招生数提高了3倍，急剧扩张的学生人数使得人均教育经费不升反降，甚至出现了负增长。这样的教育经费投入状况，对我国快速发展的高等教育事业是远远不够的。

第二，高等教育收费等增长空间有限。自从实行高等教育收费改革以来，高等学校的学杂费收入迅速增长，例如2001年普通高校学杂费收入达到379.57亿元，是1995年的8.52倍，一跃而成为高等学校在国家财政拨款之外的第二大经费来源。但是由于受到我国特殊国情的制约，这种增长难以持续。一方面，我国的人均国民收入只有7900元左右，而本科生的学费已高达人均5000元，高学费的负面影响正逐步显现，在这种情况下继续提高收费标准是很困难的。另一方面，高等教育作为社会公益事业有其特殊性，不可能完全按照市场模式实行优质优价，学费标准仍然由政府统一控制。另外，科研经费提成和校办企业上交学校的利润也是有限的。

第三，社会投入不断增加，给我们提供了机会，但我们向社会筹资的能力也亟待加强。近年来，各高校纷纷成立专门机构向社会筹集办学资金，社会对高等教育的投入也逐年增加。就全国而言，有资料估计，社会捐赠占高等教育经费的比例也已达到3%。不过与国外大学相比，无论是在筹集资金的绝对数量上，还是在筹款的能力上，我们都还有相当大的差距。美国的一流大学一般都设有发展办公室等负责募集资金，机构十分庞大，因为这是学校的主要财源之一。我国经过改革开放二十多年来的发展，一方面，社会资本市场迅速扩大，城乡居民储蓄存款余额已达到8.7万亿元，其中私营企业主、外资企业高级雇员、国有企业高层管理人员和部分高科技人才在存款余额中占有较大比重，高收入和富裕人群逐步扩大，一个潜在的捐赠群体正在形成。另一方面，随着海外的华人和其他国际机构与国内高校的交往日益频繁，出现了一批为高等教育慷慨解囊、捐资助学的人物和机构，为我国高等教育事业的发展作出了重要贡献。因此只要提供有利的政策支持，社会捐赠将成为高等教育一个新的重要资金来源。

二、高校筹款工作中的问题

改革开放以来，国内高校日益重视社会捐赠对缓解学校经费压力的重要性，相继成立了基金会或其他专门机构，来筹集和管理社会捐赠的资金。但现阶段，高校基金会在筹款方面还存在诸多问题。

第一，由于国内高校基金会起步较晚，筹款工作尚处于探索阶段。高校基金会在国外已经有上百年的历史，实现了机构专门化和人员专业化，形成了一套完整的理论和工作程序。我国的高校基金会中，即使成立较早的也仅有10年左右的历史，一方面，自身组织和制度还不健全，有的基金会仅有一块牌子，而没有开展实质性业务；另一方面，从业人员大多没有接受过专门训练，专业化程度不高。

第二，学校领导对筹款工作的重视和投入程度不够。在国际上，大学争取社会捐助已成为一种传统，校领导的主要工作之一也是筹款。在我国，“君子不言利”的思想使得一些大学领导在筹款时羞于启齿，往往等待别人主动捐赠，有的缺乏方法和活动能力，也有的觉得机会少、投入精力多、收获少等，对筹款工作缺乏热情和积极性。

第三，文化传统和政策环境上的巨大差异，以及国内筹款难度比国外大，使国内高校基金会很难照搬国外的成功经验。国外高等教育经费捐赠历史悠久，大学成立之初，多是教会牧师或私人的捐赠，公民捐资助教的意识很强。大学的募捐还得到政府鼓励性政策的支持，例如给捐款人提供税收减免等。我国开展真正意义上的公益募捐不过短短二十几年，公民的公益意识淡薄，虽然富裕阶层的人数在不断扩大，但一个令人尴尬的现实是，包括高校基金会在内的绝大部分公益机构所获得的捐赠收入，还主要来源于境外。同时，公益捐赠的政策环境欠佳，虽然目前我国对公益捐赠制定了相应的税收优惠政策，然而这些政策并不具有普适性，一些政府色彩浓厚的公益机构（如红十字会、慈善总会等）享有更为优惠的政策。另外，企业对高校基金会的捐款必须是税后利润，免税比例很低，也没有遗产税法等。

第四，各高校筹款管理工作往往缺乏统一领导和协调。目前高校中，学校、院系、个人都开展筹款。这种体系可以充分调动全校上下的筹款积极性，但由于各院系的独立性增强，部门本位主义增长，各部门筹款信息交流不畅和对有限资源的竞争，也造成许多负面影响。

第五，当前资金市场运作风险大，收益低。基金通过运作享有较大增值比较困难。

三、我们的工作方向

正是因为社会捐赠在高校教育经费中所占的比重日益增大，也正是因为我们在筹款工作中碰到了这样或那样的问题，所以我们发起筹备成立高校基金会研究会，集全国高校基金会之力，集思广益，交流提高，共同为高校的筹款工作出谋划策。研究会应当有的放矢，建议从以下几个方面着手开展工作。

第一，开展学术研究。要总结高校基金会工作的实践经验，探索高校基金会工作的规律，开展高校基金会工作的理论研究，寻找适合中国国情的高校基金会发展之路。

第二，组织交流国内高校基金会工作及研究的信息动态，促进高校基金会工作的开展。目前国内一些高校基金会已经走在了全国高校的前列，形成了各自的特色，应当加强校际之间的交流，互通有无，共同发展。

第三，开展国际间学术交流活动，借鉴有益经验。要走出去、请进来，加强与国外同行的交流。在引进先进的经验和制度时，要结合中国国情，不能照搬照抄，真正实现“洋为中用”。

第四，配合有关部门对高校基金会工作人员进行业务培训，普及、传播相关知识。今年国务院颁布了新的《基金会管理条例》，根据新条例的规定，高校基金会只能注册为非公募基金会。因此，加强对新法规文件的学习和理解，研究新环境下基金会工作的新思路、新模式，成为各基金会的当务之急。研究会应当配合民政、教育、税务等部门开展培训，通过讲座、学习班等多种形式，帮助高校基金会工作人员提高业务水平。

第五，反映会员单位合理要求，为领导决策提供咨询和建议。目前，国务院有关部门正在制定与公益捐赠有关的政策和法规，研究会要收集整理会员单位的意见和建议，通过与政府官员的座谈和提交书面建议等形式建言献策，反映高校基金会的合理要求，为高校基金会的发展创造良好的政策环境。

目前，高校基金会工作已经开创了良好的局面，取得了一定的成绩，这是有目共睹的。我们还要再接再厉、求实创新、开拓进取，努力开创教育基金会工作的新局面，为高校发展服务。

五、学生思想政治教育和管理

在社会思潮纷呈起伏中学会做好学生思想政治工作*

（1987 年 1 月）

全面改革、对外开放的形势使高等学校思想政治工作面临一个新的环境——社会思潮纷呈起伏，或者说是议论纷纷的局面。如何深刻认识和主动适应这一变化的环境，是改善和加强高等学校学生思想政治工作的重要问题。

一、议论纷纷是改革开放形势下出现的社会现象

新中国成立 37 年来，我们走过了艰难而曲折的路。由于缺乏建设社会主义的经验，再加上我们党犯了一些错误，特别是 10 年内乱造成的后果，使我们的社会主义制度面临严峻的考验。党的十一届三中全会后，我党深刻地总结了历史经验，拨乱反正，制定了坚持四项基本原则、全面改革和对外开放的基本国策。但长期形成的“左”的路线、“左”的观念的影响仍存在，传统的习惯势力（包括封建主义的、资本主义的和半殖民地半封建的传统习惯势力）还根深蒂固；在改革开放的新形势下，否定四项基本原则的资产阶级自由化思潮趁机泛滥。怎样改革？怎样开放？在改革和开放中要不要坚持四项基本原则？在社会中，不同阶层、不同经历、不同地位的人们，不可避免地出现了不同的看法、不同的主张。

* 本文是贺美英同志与张德同志联合署名的文章，原文载《清华大学教育研究》1987 年第 1 期，这次编辑有个别字句调整。

正在深入进行的经济体制改革，以及将要进行的政治体制改革，是我国社会主义制度的自我调节、自我完善，是十分深刻的社会大变动。农村中实行联产承包责任制，城市中实行劳动力的合同制、聘任制，整个国家实行社会主义的商品经济，在共同富裕的基础上鼓励一部分人先富起来，进行物价制度的改革，从领导体制上实行党政分开、简政放权……其中任何一项改革措施都会触动和调整一部分人的经济利益、政治权益。社会上不同阶层的人们，自然对此有不同的反映：有的喜，有的忧，有的既喜又忧；对此也会发表不同的看法：有人赞成，有人反对，有人不置可否。从这个意义上说，在改革过程中，人们议论纷纷是必然的现象。改革对人们利益触及得越深刻，议论也将越厉害。

打破长期以来的闭关状态，实行对外开放，就像闭塞的房间打开了窗户，空气流通了，发达国家先进的科学技术、经济行政管理经验、许多有益的文化，值得我们吸收和借鉴；同时，难免从窗户里吹进一些污浊的空气——西方资本主义的腐朽思想、文化和生活方式。在这个背景下，国内少数人打出“全盘西化”的旗号，全面美化资本主义制度及其意识形态，对人民群众特别是青年一代产生了恶劣影响。社会主义是否优越？共产党的领导是否正确？马克思主义是否过时？人民民主专政是否必要？围绕着坚持四项基本原则的问题，人们展开了一场激烈的论争。

全面改革和对外开放，在社会主义实践中还是新生事物，只能“摸着石头过河”。某些影响因素十分复杂的改革措施，在执行中难免会出现这样那样的缺点、失误，党内、社会上也会有人搞不正之风。对此人们也必然会产生各种看法，议论纷纷。

近几年来，围绕着诸如“民主”“自由”“平等”“竞争”“金钱”“效率”“冒尖”“风险”“俭朴”等问题，众说纷纭，中华民族的传统文化遇到了挑战。在中西文化的撞击中，在对传统文化的反思中，不同观念之间展开交锋，议论纷纷也是不可避免的。

这不是什么坏事。在比较和鉴别过程中，真理会越辩越明。在不同思潮的撞击中，溅起的将是真理的火花。

二、议论纷纷的社会环境使高校学生思想政治工作面临新的局面

青年历来是社会中思想最活跃的部分，特别是大学生，作为知识水平较高的青年，对社会问题具有更突出的敏感性。列宁曾经指出："大学生是最敏感的知识分子，而知识分子之所以叫做知识分子，就因为全社会的阶级利益的发展和政治派别划分的发展，在他们身上得到了更加有意识的、更加彻底的和更加确切的反映和表现。……社会上有什么派别，大学生间也必然地和不可避免地有什么派别。"

在中国改革开放的形势下，大学生的这些特点也许表现得更加突出、更加鲜明。他们像是社会生活的晴雨表，对于任何一种改革措施，或者改革开放中出现的任何一种社会现象、社会思潮，包括资产阶级自由化思潮，都会做出各种不同的、强烈的反应，比社会上更直接了当地、更热烈地议论纷纷。一方面是对全面改革和对外开放政策的不断认识和评价；另一方面，又是建立他们自己的理想、道德和政治观念的过程。当代大学生与五六十年代的大学生相比，有许多不同的特点。

1. 具有迫切的成才欲望

80 年代，大学生是幸运的一代，他们赶上了"重视知识、重视人才"的好时期。这种客观环境的直接反应是青年一代特别是当代大学生的成才欲望十分迫切，普遍希望自己知识渊博、才华横溢，干出一番惊天动地的大事业。这是具有鲜明时代特点的正常现象。

但是，在大学生的成才意识中也夹杂着一些幼稚的、片面的、脱离实际的因素——有些大学生过多地从个人角度看待成才问题，还不能很好地把个人成才与四化大业联系起来；有些大学生把成才简单地理解成出人头地、成名成家，因此对成才抱着急功近利的态度，不愿扎扎实实地去基层工作，不愿默默无闻地艰苦奋斗；有些大学生以"人才"自居，目空一切，他们不了解离开了社会实践的锻炼和检验是谈不上成才的，在校学习的大学生，充其量不过是"潜人才"；有些大学生脱离祖国需要，脱离四化建设的实际，抽象地谈论"成才"，盲目地追求高学位、高学历，不安心平凡的工作岗位，稍不如意，就埋怨社会未

给自己创造成才的条件。

大学生在成才的追求中出现这样那样的问题是可以理解的，这毕竟是朝气蓬勃的一代大学生在前进中碰到的一些问题，我们有责任帮助和引导他们树立科学的成才观，走上正确的成才道路。

2. 具有强烈的自我意识

当代大学生自我意识很强，十分重视个性的发展和自我价值的实现，普遍追求自我设计、自我奋斗、自我表现、自我完善。这种对个人价值、个性发展、个人利益的关心，是与商品经济相联系的。这是改革开放带来的价值观念变化在大学生中的反映。他们中多数人不再属于“只讲奉献，不讲索取”“毫不利己，专门利人”那种“理想型”的青年，他们追寻的是自我价值与社会价值、奉献与索取、创造与享受的结合和统一。

在过去“左”的路线下，对“自我”“个性”“个人价值”有所忽视。现在改革开放的形势下，鼓励竞争、创新、开拓。这一切反映在学生的头脑中是自我意识的增强，有其历史的必然性。当然，也不必讳言，其中也反映出西方价值观念的深刻影响。我们应该积极地引导大学生正确地对待“自我意识”“自我价值”“个性发展”，使其发挥出应有的积极作用，而避免“自我意识”恶性膨胀，甚至陷入西方极端个人主义的泥坑而不能自拔，后一种危险是确实存在的。

3. 普遍要求独立思考

青年历来是社会上思想最活跃的成员，当代青年尤其如此，特别是大学生。他们在改革开放的形势下博览群书，信息渠道多、数量大，因而视野开阔，不满足于接受现成的真理，要求独立地探索真理。他们对马克思主义的真理性、社会主义制度的优越性、党的领导的正确性这些过去不容怀疑的公理，也要问为什么，重新进行证明。在政治上，他们要求发表自己独立的见解。对西方资产阶级民主制度，有更多的大学生不是以批判的眼光，而是以借鉴的眼光去观察分析。

应该看到，独立思考和政治上的自主意识是有积极意义的。独立思考是造就开拓型人才的肥沃土壤，而政治上的自主意识是实现政治上高度民主的必要条件。但是也应该看到，当代大学生还没有很好地掌握科学的思想方法，对社会实际情况（包括中国和世界、历史和现实等）的了解也不深入，若不加引导，这种独立思考也容易脱离实际，甚至迷失政治方向。

越来越多的高校思想政治工作者认识到当代大学生的这一系列特点，但是清醒地估计这些特点的深刻内涵，预见它们对高校思想政治工作的长远影响，却不是轻而易举的。改革开放的形势，议论纷纷的环境，对于高校学生思想政治工作而言，既是挑战，又是机会。一方面，在改革开放的形势下如何对大学生进行理想教育、形势任务教育、道德纪律教育，在议论纷纷的环境里如何引导和教育一代大学生，确实是一个严峻的挑战；另一方面，在改革开放的形势下，大学生的信息更丰富了，知识更新颖了，眼界更开阔了，思维更活跃了，议论纷纷的环境也可成为他们在不同思潮的对比中认识和掌握马克思主义的条件，这一切又给我们培养四化建设需要的新型人才提供了良好的机会。

三、在议论纷纷中做好学生思想政治工作的几个问题

为了迎接新形势的挑战，充分利用新形势带来的机会，我们必须认真贯彻中央的路线、方针和政策，解决好大学生思想政治工作中的几个问题。

1. 在议论纷纷中坚持思想政治工作的高标准

在议论纷纷的环境里做大学生的思想政治工作，确实存在一些困难。一方面是社会思潮（包括西方社会思潮）的影响处处存在，而大学生还缺乏足够的辨别是非的能力；另一方面，由于极“左”路线的后遗症，有些大学生对马列主义理论的灌输、对德育缺乏应有的热情，甚至有一些抵触。于是，一些同志对学生思想政治工作望而却步，甚至埋怨“社会大气候”不尽人意，滋长了无所作为的思想。还有另一些同志对当代大学生的弱点估计不足，而对他们身上的积极因素估计过高，因而主张让大学生自由地发展个性，没有必要对他们进行教育，

这将导致“学生思想政治工作无用论”。

这两种倾向有一个共同点——否定大学生思想政治工作的必要性，或降低大学生思想政治工作的标准。《中共中央关于社会主义精神文明建设指导方针的决议》提出了两个理想层次：共同理想即建设有中国特色的社会主义，把我国建设成为高度文明、高度民主的社会主义现代化国家；最高理想即建立各尽所能、按需分配的共产主义社会。那么，在高等学校学生思想政治工作中，如何正确处理这两个理想层次的关系呢？有的同志主张，按共同理想培养大学生就可以了，最高理想只是对少数党员学生适用。我们认为，这种看法忽视了高等学校的特殊性。第一，高等学校不同于其他企事业单位，它是培养人的部门，而且是培养较高层次建设人才的部门。不仅振兴中华所需要的技术骨干出自这里，而且未来的各层管理干部也大多出自这里，他们之中应该有一批青年马克思主义者；第二，高等学校的学生属于当代青年中知识和觉悟层次较高的部分，其中绝大多数是党团员。因此，在理想教育中，在坚持分层次、各按步伐原则的同时，应该更多地用共产主义理想教育全体学生，使他们当中尽可能多的人初步树立对共产主义的信仰。这是由高等学校在建设社会主义精神文明中的地位和作用决定的。实践证明，经过努力，这一要求是完全可以达到的。

近几年，我们坚持继承清华学生思想政治工作的好传统，要求学生在理想层次上登上三个台阶——坚定爱国主义的立场，坚持社会主义的方向，树立共产主义的理想。1981 年以来，学校先后举办了八期党课学习班，参加学习的学生将近 3000 人，有更多的学生自愿参加了班级马列主义学习小组。目前，在全校学生中，7%~10% 加入了党组织，毕业班的党员比例为 20%~25%，在学潮的考验面前，绝大多数学生党员的表现是好的。

2. 在议论纷纷中保持清醒的头脑

从事学生思想政治工作的同志若想在议论纷纷的环境中把工作做好，必须努力提高自己的马克思主义水平，始终保持清醒的头脑。一部分大学生涉世不深，辨别是非的能力较差，“唯新是好，唯外是新”，这八个字形象地概括了他们是非观念的幼稚，需要班主任、辅导员和一切高校教育工作者从不同方面对他们引导、帮助。这就要求后者能比他们站得高些、看得远些，能分清主流、支流，能区分现象、本质，不被任何时髦的论调迷惑，始终坚持正确的政治方向。

议论纷纷的环境要求思想政治工作者的信念能经得起来自各方面挑战的考验，通过摆事实、讲道理，拨开云雾，澄清是非，进而以自己清醒的认识，启发大学生用马克思主义的立场、观点、方法去分析各种社会思潮和社会现象，自觉地在政治上与中央保持一致，在议论纷纷中沿着正确的方向前进。

近两年来，我们组织学生思想政治工作队伍和社会科学系教师对社会上存在的各种思潮进行了剖析，首先在教师党员和学生干部中进行讨论，并且在实际工作中努力与资产阶级自由化思潮划清界限。我们不但没有取消辅导员制度，而且针对存在的问题，加强了辅导员队伍的建设，在 1985 年、1986 年暑期，每年召开一次学生思想政治工作研讨会，尽力从理论上、思想上和工作方法上提高辅导员队伍的素质。同时我们抓了大学生中党的建设，重点抓了新党员的政治质量，开展了群众评议党员的活动，要求学生党员在支部内进行严肃认真的批评和自我批评，收到了一定的效果。我们分析有些大学生之所以在“民主”“自由”“两种社会制度对比”“知识分子地位和作用”等问题上认识模糊，一个重要原因是不了解社会、不了解工农、不了解国情，就大力组织学生参加社会调查、社会服务、勤工助学等社会实践活动，使他们不仅在知识能力上，而且在政治思想上都受到了锻炼、得到了提高。当然，由于各种错误思潮的长期影响，因素也很复杂，思想工作中还存在薄弱环节，学生中的问题不是一朝一夕能够解决的，要充分看到思想政治教育工作的长期性和艰巨性。

在不同思潮的斗争中教育学生，只能用摆事实、讲道理的方法，用启发、疏导和自我教育相结合的方法。要讲出道理，把道理讲透，就要加强理论研究。高等学校所有从事学生思想政治教育的同志应该时时关心理论界、文艺界、新闻界、教育界的动向，针对不同时期提出的不同问题，用马克思主义观点深入分析、辨别是非、明确方向。

3. 注意引导大学生掌握科学的思想方法

当代大学生的思想是在议论纷纷的环境中走向成熟的。这个成熟过程，是思想矛盾运动的过程。当一种更符合客观实际因而是更正确的认识代替了原有的认识时，思想就出现了飞跃。实现这一飞跃，不仅需要适宜的客观条件，而且需要适宜的主观条件——追求真理的强烈欲望和正确的思想方法。

全面改革和对外开放的政策，带来了空前的民主环境——议论纷纷的环境，这是促使大学生思想成熟的良好客观条件。大学生的求知欲和独立思考意识强，是他们思想成熟的重要主观条件，但这还不够，他们还应该掌握科学的思想方法，而这正是当代大学生所缺乏的。

由于当代大学生自我意识强，自我教育成为他们认识真理的重要途径。如何正确地引导他们进行自我教育，成为改革开放的形势下学生思想政治工作面临的重要课题。

从思想方法上说，唯物主义辩证法是最完整、最科学的，它已经被迄今100多年的实践一再证明。当代大学生博览群书，古今中外、数理文史无所不看，《圣经》、野史也要拿来浏览一番。其中有大量的知识、信息，也夹杂着各式各样的政治主张、哲学观点、道德观念，自然在他们思想中诱发各种问题。在五花八门的著作里，怎样识别香花和毒草？在扑朔迷离的现实中，怎样透过现象、抓住本质？在鱼龙混杂的浪潮里，怎样分清主流和支流？在议论纷纷的环境里，怎样辨别真理和谬误？一个时期以来，某些鼓吹资产阶级自由化的人把大学生作为主要对象，正是利用许多大学生在思想方法上尚未成熟的弱点。我们相信，在正反两方面的对比中，大学生会更快地成熟起来。一旦掌握唯物辩证法，他们就可以驾驭独立思考的轻舟，在思潮起伏中破浪前进。

引导大学生掌握科学的思想方法，不是权宜之计，而是培养和提高其全面素质的重要内容，对于他们将来在四化建设中的作为具有深远的意义，应该予以高度重视。

4. 注意引导大学生接触社会、接触实践

当代大学生有着相近的经历——从学校到学校，从中学的“重点保护对象”到大学的“天之骄子”。由此也带来了他们相似的弱点——对复杂的社会现实缺乏了解，对占人口 90% 以上的工人农民缺乏接触，他们的一些观点多来自书报杂志和社会上某些议论。他们对人生、对社会某些片面的、幼稚的看法，都与这个弱点有关。在议论纷纷的环境里，若想让他们真正成熟起来，还必须引导他们接触社会、接触实践、接触工农群众。

1986 年暑假，清华大学有近 6000 名学生走向社会，参加赴陕西、新疆、黑龙江、山西、河南等省的科技服务队或社会考察队，或者参加赴唐山劳动学习营进行 10 天义务劳动和参观访问，结果在能力上和思想上都满载而归。不少大学生过去轻视工农，觉得工人、农民没有文化、愚昧落后，自以为担负着对工农启蒙、“唤醒民众”的使命。走到工农群众中后，耳闻目睹的事实纠正了他们的这些偏见。一位大学生深有感触地说：“在一个普普通通的工人面前，我高傲的心第一次感到自愧。”

由于不了解社会，不了解国情，年轻的大学生容易被一些蛊惑人心的言论迷惑。走到社会中去，在生动的事实面前，一些错误的想法很快得到纠正。一批大学生在山西偏关考察一个“万元户村”时，发现带领大家走共同富裕道路的正是村党支部书记。事实改变了他们以为“改革后农村各顾各，党员变坏了，党的领导不灵了”的片面看法。

为什么要坚持四项基本原则？为什么要走中国式的社会主义道路？社会需要什么样的大学生？当代大学生应该树立什么样的理想和价值观念？这不仅是理论问题，更是实践问题。离开社会实践的大课堂，大学生很难深入体会这些道理。因此，引导大学生走与工农群众相结合、深入社会实践、在四化建设的伟大实践中锻炼成才的道路，是在改革开放的新时期、在议论纷纷的环境里对大学生进行思想政治教育的重要途径。

处理好加强学生管理工作的几个关系*

（1988 年 10 月 31 日）

对学生应如何管理，要不要严格要求？有两种看法：有些同志认为，清华管得太多了、太严了；有些同志认为，学校应该管但个人不管，别人应该管但自己不管。这两种想法都是不对的。对学生管严一点儿好、还是松点儿好，中外教育史上历来有不同看法。中国古话说："教不严，师之惰。""严师出高徒。"我国航天工作者提出："严是爱，松是害。"许多著名学校都有严格要求、严格管理的传统。我们学校解放前是严的，解放后也是严格要求的，提倡"严谨、勤奋、求实、创新"。当然，历史上、社会上也有松的、主张自由主义的教育思想。所以对学生管理宽、严的问题，应该提高到办学指导思想上来看。

在社会主义初级阶段，为发展社会主义商品经济，高等学校一定要培养出适应现代化大生产需要的、能建立社会主义商品经济新秩序的人才。不能把这个任务简单看成经商赚钱，让学生成为不讲理想和纪律、只图实惠和捞钱的人。现代化大生产总是要求人们有秩序、注重质量、完成任务准确无误、责任心强、与在集体共事中能团结协作，社会主义商品经济要求人们遵纪守法、诚实守信。这都是基本的，应在学生中认真培养。

现在看来，学生的思想政治道德素质将成为影响我们教育质量的重要问题，大家一定要下决心，共同把严格管理搞好。

在加强学生管理工作中，有几个关系要处理好。

---

* 本文是贺美英同志在本科生班主任、辅导员和研究生工作组长大会上讲话的部分内容。

一是要把严格管理和民主治校结合起来。各项规章制度、校规校纪、国家法律法令都是严肃的，一定要严格执行。当然，我们制定制度时应该听取各方面意见，并且通过试行逐步完善。与学生切身利益相关的事情，吸收学生会、研究生会参加讨论，聘请一些同学参加管理，这就是严格管理和民主治校的统一。

二是要把严格要求和搞活教学结合起来。严与活是辩证的统一。活指的是搞活教学，而不是搞乱教学秩序，放松要求；“严”指的是严格要求，严格管理，而不是扼杀教学活力。严与活是相辅相成的，即教学内容要活，教育要求要严；教学方法要活，教育管理要严；教育思想要活，规章制度要严。严与活两者要统一在提高教学质量上。从这个角度看，我们过去严得不够，活得也不够。

三是要把管理和教育结合起来。有人说，清华风气已经比社会好，或比其他学校好，不必要求更严。这种看法不正确。对大学生的要求应该比社会上一般公民的要求更高，因为他们受到国家、人民更多的培养，是未来社会的骨干力量。大学生的道德面貌、思想品质应该要求高一些，在执行纪律方面、在服从社会需要方面，应该在广大公民中起模范作用。我们应该在教师和学生中研究一下什么是清华的传统。例如，我们有挚爱祖国、热爱事业、事业心和责任感强、凝聚力强、比较实干等好的传统，“文革”中也出过造反、打砸抢等不好的事情。所以，加强管理过程中可开展一点讨论，举办一些有关学校传统的讲座，使学生在思考、讨论、学习中辨别是非、提高认识。管理也是一种教育。通过严格要求，培养学生好的作风和品质，也是教育的一种形式。

四是要把严格要求和改进工作结合起来。学校各部门应共同努力，提高教学质量，搞好后勤服务，改善生活条件。学校各部门、各系机关工作人员及全体教师都要树立认真负责、热心为学生成长服务的工作作风。这是高校对全体教职员工的要求，也是每一位同志的义务和责任。

寄语清华女学生 *

（1990 年 3 月）

科学研究和许多事实都证明，女性的智力并不比男性差。但某些先天加后天的因素却确实阻碍了不少女性的成才。

如何处理事业与生活的关系？根据亲身体会，我觉得对于受过高等教育的女性知识分子来说，这并非是一对不可调和的矛盾。清华的女孩子大都聪颖灵慧、勤奋严谨，只要把握好自己，就能够大有作为。在现在和将来的生活中，不仅能做一名好学生、好教师、好干部，也能做一个好女儿、好妻子、好母亲。如果一名女性有理想、有抱负、事业心强、有所成就，那么不但个人对国家有更多贡献，而且会使她更具吸引力，还会扩延生活视野。这样，将来组成家庭时，夫妻之间就不仅会有生活上的彼此关怀，还有事业上的共同追求和共同语言，从而使生活更加充实丰富、多姿多彩。

对于在校学习的女同学来说，应当以学业为重，这是成才的根本。在交友、恋爱的问题上，我想诚恳地告诉女孩子们应当慎而又慎，要作全面认真的考虑，不要简单从事，不要图虚荣，或只是满足个人感情一时的需要，更不能玩弄对方的感情。对于男友，不要只追求一时潇洒风度，而不去探寻其道德品质、学识才华等更为本质、内涵的东西。另外，女孩子对自己要自尊、自爱，要有自己的追求和事业，不应以别人的好恶来塑造自己。有个性的人往往更有光彩。女孩子大都

---

* 贺美英同志在长期担任学校学生工作负责人和党委书记期间，特别关心女生的全面成长，曾在很多场合以自己切身的体会与女生座谈、交流。可惜这些很少留下文字、录音材料，现在只能找到一些简短的祝词，有的刊登在学生刊物上，有的是手稿。本文是发表在清华大学团委主办的刊物《水木清华》1990 年第 1 期上的刊首语。

敏感而细腻，这固然有其好的一面，但处理恋爱问题时又容易心胸狭窄、感情脆弱。因此，我觉得女孩子应该心胸宽广、乐观开朗一些。

女同学分配难的问题，在社会上和同学中议论较多。从这几年我校女同学分配情况看，这种情况不算严重，我校女生分配的结果都还比较好。但是确有一些单位表示不要女同学，导致这一现象的原因有两个：一是某些用人单位存在重男轻女的思想，我认为这个问题要通过立法去逐步解决；二是与女性自身因素有关。除了有些部门由于生理因素不适合女同志之外，也有某些女性对自身素质要求不高，事业心不强，不受单位欢迎。路是人走出来的，只要女性能够注意克服自身弱点，吃苦耐劳，图强奋进，踏踏实实地干出成绩来，路总会越走越宽。这一点可以从我校许多卓有成就的女性身上得到证实。

总之，路，还是要靠自己去闯！女性能否成才的关键在其自身。我想，自信、自强、自尊，可以作为女性发展的三条原则。清华的女同学们，让我们共勉！

向女同学祝贺“三八”妇女节*

（1997年3月8日）

“三八”妇女节到了，首先向女同学们祝贺节日！

希望今天的女同学，将来成为国家栋梁之才，能为21世纪我国的腾飞作出贡献！

希望女同学们：一要关心国家大事。站得高了，眼界才能开阔，心胸才能宽广。二要勤于学习，善于学习。不仅学好书本上、课堂上的知识，还要增强各方面能力，扩大知识面。只有提高自己的全面素质，才能适应社会的需要。三要有自强、自尊、自信的精神。只有这样，才会有自己的事业，才能自立于社会。

愿以此与同学们共勉。

* 本文是贺美英同志为学生刊物所写祝词的手稿。

学校的奋斗目标和对同学们的希望*

（1993 年 9 月 17 日）

今年 2 月，中共中央和国务院颁发了《中国教育改革和发展纲要》，这是我国教育事业的纲领性文件。《纲要》提出，为了迎接世界新技术革命的挑战，要全面贯彻教育方针，提高教育质量，重点建设 100 所左右的大学和一批重点学科。力争到 21 世纪初，有若干所高校和一批学科点在教育质量、科学研究和管理方面达到世界较高水平。这被称为“211 工程”。清华大学作为一所在国内外有较大影响的国家重点大学，从学校的历史和现状、具有的声誉和发挥的作用看，必须跨入我国教育改革和发展的先进行列，应当争取成为“211 工程”第一批重点单位。7 月 31 日，国务院副总理李岚清来校与师生座谈，对学校工作提出了殷切希望。8 月底，校系两级主要干部开了一周工作会，讨论如何抓住当前时机，进一步规划好学校发展蓝图，加快学校的建设发展。

我们总的奋斗目标是：到 2011 年，清华大学建校 100 周年，争取把我校建成世界一流的具有中国特色的社会主义大学。

我们认为一流大学的主要特征是：①应在国内外有很高声誉，能吸引众多的英才而育之，培养出一批社会公认的优秀人才，并且有自己的办学特色和优良传统；②应具有一批国际一流的学科，有一批高水平的教师队伍，有一批世界级的学术权威和大师；③应具有高水平的科研能力，取得一大批有重大影响的、创造性的、开创性的成果；④应具有很强的综合实力和充足的办学经费，有设备优良的实验室、图书馆、文明优雅的校园；⑤应成为国家和地区发展的重要支柱，加强学校直接

---

* 本文是贺美英同志在全校本科生大会上讲话的部分内容。

为社会服务的职能；⑥应有广泛的国际联系，是面向世界的开放性大学。

随着近年的发展，我校在人才培养、教育质量、设备、校园、科技等方面已有了一定基础，但困难、差距还很多，如我们具有世界高水平的学科和大师还太少，科研成果能开拓新领域、在国内外有重大影响的也还太少，学校经费、综合实力上差得就更多。因此，在 2011 年即还有将近 20 年的时间达到世界一流，还是一个需要大家共同奋斗的艰巨任务。

为此，学校提出“调整结构、着重提高、改革体制、优化队伍、增强实力”的思路，以及实施目标和措施。我下面围绕与同学们关系密切的几方面做一些介绍。

第一，加强学科建设，调整专业结构，提高人才培养水平和教研水平。

在学校建设上，首先要保证和发展我校工科的优势和在国内的领先地位，高度重视理科在提高教学水平、学术水平和建设世界一流大学中的地位，大力发展经管学科，重视文科建设。最近学校要成立人文社会科学学院，注重文、理、工的结合、渗透。另外，相近的系和学科逐步联合，将向学院的方向发展。对有良好基础和优势的学科，要努力提高水平，争取有 40 个学科达到国内重点学科水平，其中 20 个左右达到国内领先水平、10 个左右达到国际先进水平。

教学上，要保持本科生教育的优势，大力发展研究生教育，全面提高培养质量。本科生在校人数保持在 11000 人左右，硕士生保持在 2200 人规模，博士生招生规模 1995 年达到 500 人，在校人数逐步达到 2000 人。清华大学的毕业生应该成为社会上声誉最好的那一部分人才。

在科研上，要发挥我校多学科的优势，加强联合，力争科研经费数、获国家级科技奖数、学术论文发表数均在全国领先。我们已得到北京市委、市政府批准，在学校南面再征地 224 亩，建设清华科技园，加速学校科技成果转化为生产力，以“孵化”和“辐射”的方式，推动首都的经济发展。到 2000 年争取科技产业达到 2.5 亿 ~3 亿元。学校还准备建 25~30 个国内先进水平的国家重点实验室和现代化教学实验室、工程研究中心等科研基地。

第二，深化教学改革，提高同学们学习的主动性。

一是在数学、物理等几个系试点的基础上，逐步在全校推行较灵活的学分制。现在是学分制，但还太死，必修、限选太多。首先在大类（如电类、机类等）范围内打破专业和系的界限，同一类课可以互选，承认学分。另外，逐步扩大校系选修课比例，争取达到30%，各系要组织一批高质量选修课，指定辅修课组供其他系选修。搞好面向全校同学的机械和计算机系列课程改革。

二是进一步改革一些专业面过窄的问题，调整、合并、拓宽一些专业，按社会要求设立一些新专业，如国际金融会计专业今年招生，并适当增加转专业的灵活性。

三是采取措施，培养拔尖人才，继续搞好因材施教，如3个“200人”，即200人校级优秀生、200人双学位、200人二级技工培训等，鼓励有各种才能的同学脱颖而出。今年在新生中还要办2个理科基地班，加强基础理论培养，提高数、理、化水平。

四是在本科高年级分流，大部分同学“4+1”，五年毕业；一部分“4+2”，本科硕士衔接培养，6年内获得硕士学位；再一种5年后直接攻博。学校鼓励研究生学科交叉，每年留出一定名额，跨系、跨学科推荐。

五是进一步搞好课外科技活动，在办好“挑战杯”科技竞赛的同时，将举办机械、电子、建筑结构和数学模型等四个设计竞赛，培养学生的创造才能。学校还设立10万元的“教学改革基金”，支持教改实验。

第三，加强思想政治工作，严格管理，保证人才培养质量。

学校要进一步加强党的建设和思想政治工作，努力促进同学们又红又专、德智体全面发展，成为祖国现代化建设需要的合格建设者和接班人。

为鼓励同学们刻苦学习、全面发展，学校将进一步完善奖、贷学金制度，今年要适当提高奖学金、贷学金金额，表彰和奖励优秀学生和先进集体。在加强教学灵活性、奖励优秀的同时，要严格管理，实行淘汰。对前2年有4门或4门以上补考的实行黄牌警告，对试读标准也做了修改，除一学期四门不及格须试读外，若一学期3门不及格、不及格科目的学分超过五分之三，也要试读。

为保证同学们按照国家的要求、社会和家长的期望努力成才，在增强学习的主动性和灵活性同时，进一步严格管理、严格执行各项规章制度是十分必要的。

下面对同学们提几点希望。

1. 希望同学们加强形势学习，明确自身的责任

十一届三中全会以来，我国面临两个大的转变，一是由“以阶级斗争为纲”转向“以经济建设为中心”，二是从高度集中的计划经济体制转变为社会主义市场经济体制。十几年来几经波折，第一个转变在人们思想上比较一致，在遇到政治风波和苏东剧变的情况下，也没有转向，反而抓住时机，使我国经济跃上一个新的台阶。第二个转变现在刚刚开始。什么是社会主义市场经济体制，没有现成的模式，还要在实践中摸索、创造。正因为如此，在建设社会主义市场经济的过程中就有一些混乱，各种人对社会主义市场经济的理解也不一样，引进国外先进经验，有的把一些腐朽的东西也“引进”来了，例如搞假冒伪劣，这在资本主义的市场经济中也是不允许的，还有种种腐败现象近年也有发展的趋势，大家对此极为痛恨。近一年来，中央为建立社会主义市场经济体制，加快改革步伐，采取了一系列措施，如清理、整顿金融秩序，转换国营大中型企业经营机制，以及最近开展的反腐败斗争，都是为了解决我国经济发展中的一些问题，为我国经济发展再上新台阶创造了良好的条件。

近几年来，我国在外交上也取得很大成绩，是新中国成立以来周边环境最好的时期。但是我们也要看到，一些国家是不甘心我们顺利发展的。美国搞霸权主义，它是世界上最大的武器输出国，占市场50%以上，还向中国台湾出售进攻型武器，却对我们向巴基斯坦出售导弹横加指责，搞什么制裁，最近发生的“银河号”事件更是欺人太甚。我们国家虽然提出了强烈抗议，但由于总体实力还不强，反制措施是有限的。因而，必须发奋把我们国家建设得更加强大起来。

同时我们还要看到，随着经济的搞活和发展，对人才的需求、对科学技术的需求比以往任何时候都更加迫切。我们应当主动适应社会要求，提高自己各方面的素质，担负起历史的使命。另外，我刚才讲了“211 工程”和学校争创社会主义世界一流大学的目标，要创建世界一流大学，就要有世界一流的大学生，同学们要负担 21 世纪国家建设的任务。所以希望同学们参加到创建世界一流大学的任务中来，也欢迎同学们提出意见和建议。

2. 希望同学们在市场经济的大潮中注意提高思想修养，树立正确的人生观、价值观，培养艰苦奋斗、勇于创新的精神

在发展社会主义市场经济过程中，人们认识尚有不同，宣传上也有混乱，什么大款一掷千金、突然暴富、“馅饼教授”等，社会上也有很多阴暗面，搞得人们性情浮躁、思想混乱，使得有些人认为无商不奸、竞争就得不择手段、不黑不富等。在当前形势下，还要不要为人民服务？要不要有奉献精神？应有什么样的人生价值观？许多同学在理想与现实、知与行的问题上产生了矛盾。那么，真正的社会主义市场经济到底需要什么样的人才？今年校庆前后，学校召开了几次校友座谈会，包括学校解放后第一届团委同志的座谈会，他们当中很多人现在担负了领导工作，也有的成为中国科学院学部委员；还召开了国防战线校友座谈会、部分公司经理总裁座谈会等。在座谈中，广大校友对同学们在思想作风上提出的希望和要求几乎是一致的，就是要有事业心、责任心，为国家、为集体肯于奉献，有艰苦创业的精神，虚心学习、善于团结同志，与人共事、合作。公司老板也不要做自私自利、只顾自己的人。他们认为这是清华的优良传统，在发展市场经济中这些不是不需要了，而是更应该强调。他们一致希望大学生学习期间要集中精力搞好学习，因为机会难得，不赞成学生经商。我想这反映了社会的实在声音。

我认为有几个观点应当和同学们讨论。首先，市场经济讲“等价交换”、利益原则，与我们讲为人民服务是否矛盾？“等价交换”是经济的原则，经济中当然要有效益观念、利益原则，力求最小投入、最大产出，不等价交换就要赔本，不能赢利企业就要垮台。但企业中的

技术人员、管理人员，厂长、经理，在工作中必须有强烈的责任心，要能够艰苦奋斗，善于互相协作，有奉献精神，只有这样企业才能发展，并用高质量的产品为人民服务。“等价交换”是经济原则，不能搬到政治生活中去。

我国市场经济尚在探索中，要使其完善还得一大批有事业心和使命感的人付出心血和代价，创造出与社会主义基本制度相吻合的社会主义市场经济体制。社会主义市场经济本身也需要集体主义，就连资本主义社会中发展比较成功的、有信誉的企业，也要有敬业精神、服务精神，需要艰苦劳动、信誉为本。李嘉诚说他成功的经验，一是勤业，二是信用，三是不断地研究学习。他在创业最初的10年，每周工作7天，每天工作16小时。他说：“运气只是小因素，艰苦努力才是创业最基本的条件。”社会主义市场经济更需要服务、奉献精神。我们一些同学到社会上不能很好地发挥作用，往往是因为只顾自己、不讲信誉，或者不能与人协作共事。

尽管经济活动是一切社会活动的基础，但经济原则不是维系社会的唯一原则，很多东西的价值是无法用金钱衡量的，对于我们来说，有比金钱更宝贵、更崇高的东西。因此，我们要反对拜金主义，人们不仅需要经济上的实惠，还有精神上更高的追求，还要有对事业的执着追求。

我刚才讲不能把“等价交换”原则用到政治上生活中，但不等于我们队伍不受侵蚀。我们要看到商品经济的两面性，好比一把两刃刀，既有积极面，又有消极面，一些腐朽的东西侵蚀到某些单位和个人。这些现象对学校也有侵蚀。所以，我们要树立正确的人生价值观，反对拜金主义，也希望各个党支部、团支部对这些问题开展讨论。

3. 希望同学们保持和发扬清华“严谨、勤奋、求实、创新”的优良学风，勤奋学习，掌握扎实的基本功

今年新生开学典礼上，张孝文校长对新生语重心长地讲：“高等学校要主动适应经济和社会发展的需要，深入进行教育改革。但教育又有其自身规律，不能简单地把教育推向市场或用市场规律办学。同学

们选择了上大学，选择了来清华，就要明确一个基本目的——在校期间主要是打好基础，为今后更好地发挥作用学本领，而不要受各种影响动摇这一目的。作为大学生，你们的任务就是学习、学习、再学习，要珍惜在清华园学习的宝贵时光，努力掌握现代科学技术和文化知识，培养分析问题、解决问题的能力，为离开校门走入社会打下牢固的基础。”我想，这段话不仅是对新生的，也同样是对全校同学的。当前，我校总的学风是好的，但由于经商、下海潮的冲击，也有滑坡的危险，有少数同学放松了学习。现在，在我国经济文化还很不发达的情况下，每年国家为培养一个大学生要花 7000 多元，你们今天能够上大学，国家和人民希望学校把你们培养成高级专门人才，而不是小商小贩，今后你们毕业后竞争也是很激烈的，因此同学们要有长远眼光，绝不能对自己降低要求。

为了维护良好的校风、学风，保证同学们有一个良好的学习生活环境，上学期，学生工作指导委员会发布了《关于加强学生经济活动管理的通告》，对学生及学生团体争取社会资助、募捐、开展有偿服务等都做了具体规定。例如对同学开展有偿服务，规定要遵循“业余、服务、诚信、合法”的原则，提倡有组织地开展科技开发、咨询服务，不准搞登门叫卖、摆摊设点等经销活动，更不能参加陪酒、陪舞等活动。对于这些要求，希望同学们自觉遵守，学校有关部门也要认真检查这些制度的执行情况，对违反者批评教育，直至进行必要的处理。

4. 希望同学们树立良好的道德风尚，在精神文明建设中做表率

大学生是青年中知识层次最高的群体，在道德修养、思想品质、文明风尚等方面也应成为青年的榜样。在校园内，同学们要讲礼貌、讲文明，互相关心、互相帮助，维护校园秩序和环境，巩固校园文明建设的成果。在校外，更应该注意自己的言行，维护学校的声誉和形象。

这里我还要特别讲一下申办奥运的问题。北京申办 2000 年奥运会，这是全国人民的希望，也是大学生的心愿。两年多来，我校同学支持北京申办奥运，组织了许多有意义的活动，如学生会举办了“心向奥运”体育活动月，还邀请伍绍祖、张百发、刘吉、万嗣全等同志来校做报告，

向奥申委赠送了上万名清华人签名的大型条幅，向全球大学生发出了“积极行动，为申办奥运作贡献”的倡议，学生业余电台设立了申办奥运特设台，向 100 多个国家的无线电爱好者发出了支持北京申办奥运的呼吁等，这些都充分表达了大家的心意。今年 9 月 23 日，国际奥委会将投票决定 2000 年奥运会的申办城市，这件事举世瞩目，大家当然也期待北京会有好运。据我听到的一些信息，北京申办成功有一定的希望，但由于投票中各种因素影响很多，实际上很多著名城市首次申办也都未能如愿，因此我们也一定要有申办不成功的准备。无论申办成功与否，通过申办已表明了我们国家具有举办世界级运动会的实力，反映了国力的增强，更体现了我们的参与精神。奥林匹克精神就是重在参与，希望同学们保持良好的风貌，即使成功了，我们困难还很多，任务很重，不要狂热，还要继续为我国承办奥运尽力；申办不成功，也不要愤怒、发泄、做出错误的事情，而应保持冷静，振奋精神，以大学生的良好风貌为今后继续申办而努力。

继承小平同志遗志，做好学生政治思想工作 *

(1997 年 2 月)

失去伟人的哀痛随着日月的交替似乎减轻了，更多的是对今后工作的理性的思考。近来，在重温《邓小平文选》二三卷时，我的心中仍有深深的震撼。在 1989 年 3 月至 9 月这短短半年的时间里，小平同志一而再、再而三地大声疾呼“十年来我们的最大失误是在教育方面，对青年的政治思想教育抓得不够”“十年最大的失误是教育，这里我主要是讲思想政治教育，不单纯是对学校、青年学生，是泛指对人民的教育。对于艰苦创业，对于中国是个什么样的国家，将要变成一个什么样的国家，这种教育都很少，这是我们很大的失误。”“我们最大的失误在教育，对年轻娃娃、青年学生教育不够……”在这些话语中，我感受到的是一位真正的共产党员对祖国、对党的前途和命运的深切关注，对年轻娃娃、对青年学生的思想政治教育让他放心不下。

小平同志对青年学生的思想教育是一贯重视的。回顾他生前对清华学生思想教育工作的关切和指导，令我们每一个在清华学习和工作的人感动。

早在 1957 年 1 月，身为中共中央总书记的邓小平同志就曾亲自到校为学生做过长达 5 个多小时的形势教育报告。“过去，我们部分的战士不爱听报告，屁股坐不住，讲怪话，说‘不怕飞机大炮，就怕政委作报告’。今天，我这个政委来给你们作报告，你们怕不怕呀？”诙谐幽默的话语一下子拉近了同学们与总书记的距离，全场响起了欢快的

* 贺美英同志这篇文章发表于 1997 年第 2 期《思想教育研究》杂志。

笑声和热烈的掌声。当时，在苏共二十大后接连发生了波匈事件，国际上反共浪潮喧嚣一时。在这种情况下，一些人包括一些青年学生产生了思想困惑："马列主义还灵不灵？""社会主义制度到底有没有优越性？"针对同学们关心的问题，小平同志从俄国十月革命的历史到社会主义的发展，从无产阶级专政的历史经验到完善社会主义制度，从波匈事件到中国共产党的立场和态度，侃侃而谈。他教青年学生如何分析和认识国际上错综复杂的形势，告诉同学们怎样看待共产主义运动中出现的一些问题，他给大家摆事实、讲道理，说明怎样判断一种社会制度的好与坏；他给学生们剖析所谓的"大民主"；他希望青年学生不要忘记艰苦奋斗的老传统，为了国家和人民，要向革命年代的青年人学习，甘于当"傻瓜"；他希望大家把眼光放远一些，为了国家的繁荣昌盛，为了后代的幸福，学革命先辈，学过去的青年，艰苦奋斗，顾全大局，建设社会主义。

小平同志的报告可以说是做青年学生思想教育工作的一个范例，当时曾受到毛主席的表扬。毛主席说："现在我们的总书记邓小平同志，亲自出马到清华大学作报告，他请你们大家都出马。中央和省市自治区党委的领导同志，都要亲自出马做政治思想工作。"小平同志报告中所表达的那种中国共产党人的原则性和坚定性，体现的那种观察问题、分析问题的立场、观点、方法，那种高瞻远瞩、高屋建瓴的气势，朴素、平易、亲切的老一辈革命家的风范，直到今天都是我们从事党的思想政治工作的同志学习的极好教材。

十一届三中全会以来，党的工作重心转移，国家经济体制转变，对外开放日渐广泛，在繁重的教学、科研、开发等"硬"任务面前，思想政治工作有一定程度的"软化"。针对这种情况，邓小平同志自 1978 年以来，对坚持四项基本原则、加强思想政治工作有过一系列的指示。1983 年 10 月，小平同志在十二届二次会议上指出："在工作重心转移到经济建设以后，全党要研究如何适应新的条件，加强党的思想工作，防止埋头经济工作、忽视思想工作的倾向。各级党委首先是党委主要负责同志，要密切注视和深入研究思想战线的形势和问题，采取切实有效的办法改进这条战线的工作。”这里，小平同志向我们提出了如何在新形势下做好思想政治工作的历史性课题。

清华大学有幸在“文革”结束后刚刚开始拨乱反正之时就得到小平同志的关切关怀，特别是在坚持思想教育的问题上得到过小平同志很具体的指示。

1978年春，教育部就清华大学的情况写了专题调查报告，呈报中央。报告很快送到邓小平同志的案头。6月23日，小平同志接见方毅、蒋南翔、刘西尧、刘达等同志，听取他们关于清华大学的情况汇报，并就许多问题作了重要指示。

最后，小平同志说：“清华的工作，突出的有教师问题、学生问题、房子问题。更大的问题还是思想教育问题。……在学校工作的干部，本身要懂行，最主要的经验是这个。清华过去从高年级学生和青年教师中选出人兼职做政治工作，经过若干年的培养形成了一支又红又专的政治工作队伍，这个经验好。”当时，“四人帮”刚刚垮台，清华作为一个遭受“四人帮”严重破坏的“重灾区”，问题堆积如山。在纷繁复杂的形势下，小平同志敏锐地抓住了关系学校恢复和发展的根本问题——思想教育问题，指出培养形成一支又红又专的政治工作队伍，才有可能真正按办学校的规律把学校办好。就是根据小平同志的指示精神，在刘达同志的主持下，学校里一大批又红又专的党政干部回到了领导岗位，带领全校师生员工推翻“两个估计”、平反冤假错案，从思想上清除极“左”思潮的影响，使清华大学迅速摆脱了“文革”的阴影，走上正轨。学校恢复了学生辅导员制度，坚持又红又专的方向，培养了一批又一批既懂业务又善于从事政治思想工作和党政管理工作的干部，保持发扬了清华的传统和作风。

1980年3月，邓小平同志在中央军委常委扩大会议讲话时又谈到清华坚持做学生政治思想工作的情况，他说：“今天上午我看了清华大学一个报告。清华大学提出一个很重要的问题，就是学生从到校第一天起，就要对他们进行政治思想工作。学校的党组织和所有的教员都要做学生的政治思想工作。他们这样做很见效，现在学校风气很好。

清华大学的经验应当引起全国注意。又红又专，那个红是绝对不能丢的。”小平同志的这段话是对清华以往学生政治思想工作经验的肯定，也对我们提出了新的要求：一是要坚持对学生进行政治思想工作；一是学校的党组织和所有的教师都要做学生的政治思想工作。这十几年来，我们一直遵照小平同志的指示，发扬我校重视思想政治工作的优良传统，不断探索适应新形势要求的行之有效的做法，针对学生中较具普遍性的思想问题，坚持“分层次，有重点”的方针，开创性地做好思想政治工作，坚持把“爱国主义、社会主义、共产主义”三个台阶作为学生思想政治工作不同层次的要求，充分发挥学生工作队伍、任课教师、研究生导师等各方面人员以及教学中的各个环节在学生思想政治工作中的作用。1983 年，学校提出了“教书育人”的要求，十几年来坚持不懈地开展了“教书育人、服务育人、管理育人”的工作，取得了较好的效果。在《中共中央关于进一步加强和改进学校德育工作的若干意见》和《爱国主义教育实施纲要》两个重要文件精神的指导下，我们加强了“两课”改革，引导学生运用学到的理论和马克思主义的立场、观点、方法去观察和分析问题；注意发挥党员、入党积极分子在学生中的表率作用，坚持业余党校、党课学习小组等活动，通过高水平报告会、主题教育、马克思主义理论课和人文选修课、社会实践教育、国防教育、专业教育、集体主义教育等有效的爱国主义教育手段，引导学生把自身的成长和国家命运结合起来，把爱国主义的感情上升为使命感、责任感和奉献精神，为将来投身于社会主义现代化建设的伟大事业做好准备。

我感到，作为在学校工作的党的基层干部，对小平同志的最好纪念，就是按照他一贯强调的要教育青年学生成为“有理想、有道德、有文化、有纪律”的新人的指示，认真探索新时期政治思想工作的规律，把青年学生培养成为社会主义事业的建设者和接班人，让小平同志放心，让党和人民放心。

端正入党动机，坚定政治信念，发挥先进模范作用*

(1997 年 3 月)

一、端正入党动机，努力做到思想上入党

明确自己为什么入党，即端正入党动机问题。

入党动机是一个人要求入党的基本出发点和目的，是支配一个人入党前和入党后行为的内在动力和方向。只有入党动机正确，才会使自己的思想行为朝正确的方向发展；入党动机不正确，可能一时积极，但最终会和党背道而驰。

现在要求入党的同学中，入党动机的情况如何呢？据我了解，多数同学思想是积极的、向上的、要求进步的。但由于当前社会上和党内都还存在许多消极因素，而我们同学们实际锻炼少，思想不够成熟，容易接受个人主义、实用主义思潮影响，因此也有些同学入党动机不太正确或者包含错误成分。因此,为什么入党？每个同学都要扪心自问，不是口头上说的，写出来交上去的，而是要自己灵魂深处回答的：到底是为自己？还是为国家、为人民？自己是否在任何情况下都能坚持信仰不动摇？

通过我们与一些同学的深入探讨，可以归纳出这样几种情况。有一些同学从爱国主义感情升华，认识到要祖国富强就要热爱领导国家发展的中国共产党，参加到组织中来，共同奋斗；有些同学抱着追求真

* 贺美英同志长期坚持为学生讲党课。1997 年 3 月，她为本科生、研究生和毕业班的党员及入党积极分子讲了多次党课，本文是几次党课的主要内容。

理的态度，探索人生价值、社会理想，认识到马列主义是真理、是科学，自己要投身到这一伟大事业中来，入党是因为热爱祖国、追求真理，这是一种情况；有些同学是简单的上进心，认为入党光荣。或者外力推动，如父母是党员促进自己；有的看到同学入党了，周围人写了入党申请书；有的觉得自己当了团干部，应该入党；等等。这些同学有上进心的促使，但他们的思想存在表面化倾向，有的也夹杂了个人的东西。还有的人是出于某种个人打算，对党员身上应承受的责任和义务缺乏认识，心里想的是党员称号可能给自己带来的好处，比如看到有些党员当了干部、领导，羡慕他们手中的权力；有的觉得自己学的经管、社科等专业与政治关系密切，不入党对自己事业发展不利。这些同学觉得入党对自己发展有利，入党可以受到信任，在出国、就业上可能会得到什么好处。正是这些人有时又怕入了党会失去什么，比如党员要带头到艰苦的地方去就业，为了工作需要可能暂时放弃出国，要花很多时间去做辅导员等，他们在思想上常常患得患失、忽冷忽热。还有的同学想今后从政当干部，所以要求入党；当然也有人从反面说：我又不从政，入党干吗？这样把入党和从政联系起来是很片面的。我们校友中如今当国家领导人、当干部的绝大部分并不是自己的初衷，当干部是在群众工作中表现突出被推举到领导岗位的。

也有一些同学，或者看到周围有的党员表现不好，或者看到社会上党组织中存在不正之风，因而不要求入党，就想做个党外好人。入党是自愿的，不会被强迫。我们到党内来是通过组织的力量，实现共同理想，找到自己政治上的归宿，我们个人的力量总是有限的，组织的力量才是强大的。个人可以洁身自好，改变我国面貌是伟大事业，要靠组织的力量。我们学校有很多老专家，一直信奉技术救国、教育救国，但奋斗大半生最终还是加入到党组织中来。

入党动机能否检验呢？有人觉得思想深处的问题，谁知道呢？其实，一个人的入党动机是可以通过他的行为来加以检验的，在很多特殊情况下要受到考验。

在革命斗争形势尖锐的时候。比如在大革命时期，当革命到达高潮时，很多人纷纷加入共产党；而在革命暂时失败、处于低潮时，很多人就跑掉了。在蒋介石叛变革命、共产党员血流遍地的情况下，这时革命队伍中出现三种人：一种人是更加坚定，擦干身上的血渍继续前进。如徐特立找到党组织，他说："顺利时多一个少一个人没关系，困难时多一个人增加一分力量。"另一种人是脱党，翻开当时报纸，每天都有退党声明，什么"本人年幼无知，受了共产党欺骗……"等。第三种人是叛变革命，投向国民党反动派，成了革命队伍的可耻叛徒。在土地革命、抗日战争、解放战争时期也一样。只要有战争，有生与死的考验，做地下工作有被捕、酷刑、杀头的考验，就可以检验一个人革命的坚定性，可以检验他的入党动机。从某种意义上讲，正是敌人在帮助我们清党。

解放后，情况有了很大变化。特别是现阶段，虽然也会有偶发的特殊情况，但生死考验毕竟不那么尖锐了。但是我们仍面临着现实的考验。执政的考验：和平时期，入党没危险，而且党员当干部的多，所以到党内捞好处的人相对多了。改革开放的考验：改革开放，各种社会思潮和价值观涌入，能否分辨清楚；多种所有制、多种分配制度并存，利益不同能否正确对待；发展商品经济，一方面带来经济的活跃繁荣，一方面是金钱关系诱惑。

这些考验具体到学校里，有什么表现呢？

首先，政治风浪的考验。一些政治运动中黑白颠倒、是非混淆。如"文化大革命"中，文教战线被说成"'文革'前17年资产阶级专了无产阶级的政"，搞"踢开党委闹革命"，干部们都被打成"走资派"，年轻党员被骂成"修正主义苗子"。这时候大部分党员顶住压力，一些同志与"四人帮"进行斗争。但也有的人出来控诉什么"17年没说过真话"，声明退出"法西斯党"。一些造反派头头跟着"四人帮"跑，对人民犯下罪行。"文革"以后这十几年，也经历过多起政治风浪。这样的考验今后还有可能发生。

其次，在工作中，在日常生活中也能考验我们的入党动机。在工作中是否代表群众的根本利益，是廉洁奉公还是以权谋私，是否依靠群众、和群众打成一片。在这方面，我们有许多正面的先进典型，也有一些贪污腐败分子是反面的例证。我们有的本科生、研究生，在社会工作和科研工作中，也搞一些拉关系、谋私利、无诚信的不正之风。这还刚刚是在学生阶段，将来如何面对权力、金钱的诱惑，是很大考验。

即使没有做社会工作也不是干部的人，他的入党动机也是可以检验的，要经得住群众的考验。日常生活中是否一事当前只为自己打算，学习、生活中是否自私自利，同学们很清楚。有的人在老师、领导面前一套，私下又一套。有一次在食堂两个同学问我："贺老师，你认为你们的党员都是坚定的吗？"我说："不能保证都是。"他们说："有的党员骂共产党比我们群众还厉害，我不信共产主义可以原谅，我不是党员，他是党员就不该。"又如一个同学，前几天还在宿舍讲要入民主党派，说看来当民主党派吃香，但几天后又写了入党申请书。这些事同学看得清清楚楚。还有的人为自己竞选搞小动作，做不利于团结的事，同学们心里也很清楚。端正入党动机，就是要使自己要求入党的出发点、入党的目的和党的要求一致起来，不断用工人阶级先锋队的面貌来改造自己的世界观，而不是用自己的面貌去改造党。这个过程就是毛泽东同志曾着重指出的"思想入党"的过程。任何一个人入党，都不仅要履行严格的组织手续，做到组织入党，而且要使自己的思想达到党的要求，做到思想入党。组织入党和思想入党本来应该是一致的，但由于实际生活中的复杂情况，所以两者有时又会有差距。从一定意义上讲，做到思想上入党比组织上入党更困难、更根本、更重要。组织上入党一生一次，而思想上入党问题却是长期的、一辈子的事情。

端正入党动机，做到思想上入党，应体现在三个方面。一是正确认识和处理个人同党的奋斗目标的关系，要把党的目标化为自己的人生理想和追求。二是认清党的宗旨，正确处理好个人利益和人民利益的关系，真正树立全心全意为人民服务的思想。凡是把个人利益置于人民利益之上、凡是对人民利益漠不关心的人，就违背了党的宗旨。三是正确处理好个人同党的组织纪律的关系，要有坚强的组织观念和纪律观念。正确处理好上述三个关系，是不容易的，需要主观做出巨大努力，也需要在实践中学习和锻炼。

二、党员要关心政治，坚定政治信念

改革开放以来，我们强调以经济建设为中心，把我们国家的建设搞好，使国家强盛起来，这是大家共同的愿望。但是近年来，我们有些同志头脑中政治这根弦少了，认为只抓经济就行了。脑子里只有“赚钱”，对政治淡化，淡漠，甚至厌倦。有的人以为我们搞社会主义市场经济就是搞资本主义，认为什么是资本主义，什么是社会主义谁也搞不清楚，因而对社会主义的前途、共产主义信念产生动摇，政治方向和政治观点模糊。我想我们作为共产党员，作为争取入党的积极分子，这一点必须搞清楚，做党员不能做政治上的糊涂人。

共产党是政治组织，不是经济俱乐部，也不只是“好人”的“集合”。因此我们做党员，就要认识党的阶级性和政治性。我们有很多党员在关键时刻不清醒，有一条重要原因，就是忘记了或者根本不懂得党的阶级性和政治性。列宁关于阶级、政党和领袖有精辟的论述，简要地说：政党不是俱乐部，不是经济团体，任何政党都是以一定阶级为基础的，在政治上代表这个阶级或这个阶级的某些阶层的利益，为这个阶级的利益服务的。一个阶级的政党大都由本阶级中政治上最强的中坚分子组成，有一个反映本阶级利益和意志的为本阶级人们所拥护的纲领，从而成为这个阶级的核心力量、组织者和领导者。所谓党性，就是阶级性的集中表现。看一个党属于哪个阶级，不能光看它的名称、成分，而要看它的行动纲领和政治策略是对谁有利的，代表哪个阶级的利益。

我们中国共产党刚建立时，虽然农民和小资产阶级知识分子成分比较多，但一开始党就有明确的阶级自觉性，一贯注意代表工人、农民和人民大众的利益。从1921年建党起到1949年全国解放，党的中心任务是武装夺取政权，因为“一切革命的根本问题是国家政权问题”。我们建立了由工人、农民、小生产者和民族资产阶级组成的新民主主义的中国，经过社会主义改造又建立了社会主义制度。这个过程包含深刻的阶级的政治的斗争。那么，今后我们以经济建设为中心，还要不要讲政治呢？我想，讲政治是我们无产阶级政党的题中应有之义，是任何时候也不能忽视的。

我们要努力搞好我国的社会主义经济建设。世界上综合国力的竞争也是事关社会主义成败的政治问题，保证经济建设这个中心，也要注意政治。经济是基础，政治是经济的集中表现。我们一定要学会辩证地认识和处理经济同政治、经济同其他各项工作的关系。没有强有力的政治保证，经济建设是搞不好的。去年中央通过“加强精神文明建设的决议”正体现两手抓两手都要硬。同样在经济战线，我们要搞外贸，要引进外资，开展对外合作，也面临国际市场上的“经济战”问题。我们要互惠互利，它们搞不等价交换，可以说这是目前发达资本主义国家对发展中国家进行剥削最主要手段。千方百计地要你降低关税，放开市场，希望长驱直入，而对你的产品到它们那里则设置层层障碍。保护知识产权也是一场激烈经济斗争。西方在知识产权上占优势，它们保护知识产权的目的是垄断技术和市场。而我们有一些名牌商标和专利轻易被侵犯，我们有些名牌产品商标被收买后停止生产，使这些品牌从此消失。还有不正当竞争，这些方面有很多例子。所以经贸斗争中，要有政治意识，切实保护国家和民族利益。技术谈判中也有政治。把社会主义政治制度与市场经济的规律结合起来，是我们党的一项创举。在实践过程中，必然会出现许多问题和矛盾，如国有大中型企业的改革问题，贫富差距拉大的问题，党内和社会上出现的腐败等丑恶现象等。对这些问题，我们是按社会主义方向努力去克服困难、解决矛盾、和丑恶现象斗争，还是丧失信心甚至同流合污，对每个党员都是具体的考验。

政治上的坚定来自理论上的清醒。封建社会代替奴隶社会，资本主义代替封建主义，社会主义经历一个长过程后必然代替资本主义，这是社会历史发展不可逆转的总趋势。小平同志说：“我坚信世界上赞成马克思主义的人会多起来，因为马克思主义是科学，最近有的外国人议论，马克思主义是打不倒的。打不倒，并不是因为大本子多，而是因为马克思主义是真理，颠扑不破。”因此我们要加强马列主义的学习，从更结合中国实际、更通俗易懂的角度，要多学毛泽东、邓小平同志的著作。学习要着重立场、观点、方法，特别是周总理提出的四个观点——阶级观点、群众观点、劳动观点、辩证唯物主义和历史唯物主义观点。对这些基本观点弄不清楚，就会在复杂的情况下分不清是非，只会人云亦云，跟着流行的东西走。流行的东西不一定都是正确的。哪些对哪些不对，还需要有正确的立场观点去分析、鉴别，还要经过实践的检验。

三、党员要发挥先锋模范作用

学生中的党员应如何发挥作用？这个问题，我觉得主要不是怎样讲的问题，而是在实际生活中怎样做的问题。在现实生活中，我们确实有一些党员发挥作用不够。在研究生中现在党员比例达到30%，如果一个党员能带动两个同学，我们研究生的工作面貌就会有很大的变化。因此发挥党员先锋模范作用问题，应当引起我们的高度重视。我讲几点意见。

1. 党员应成为又红又专的榜样

清华党组织历来把又红又专作为对党员的基本要求。又红又专既反映在我们努力学习好、搞好论文的同时担负一点社会工作的“双肩挑”上，更反映在我们要把自己事业的成功和祖国的发展、国家的命运联系在一起，就是既要有扎实的业务功底，又要有很高的思想境界。这是清华的传统，是我们许多校友取得成就的经验所在。

最近，学生部、毕分办访问了西北核技术研究所。这个所是1963年按周总理的指示建立的，最早在新疆，1986年迁到西安市。所长、科技委主任都是校友。60年代在戈壁滩，研究人员和解放军战士一起艰苦创业，为我国成为五个世界核大国之一作出了重要贡献。在该所成长起来的十几个将军中有五位是清华校友，三十多名研究员中有清华校友十几人。现在该所迁到西安，创造了很好的工作和生活条件，很多先进设备是国内独一无二的。80 年代以来我校有 20 几名校友在此工作。如工物系研究生刘国治，1986 年硕士毕业到该所工作，仅半年就完成了一项重大课题。后来又送他回清华攻读博士学位。1992 年博士毕业后又回所工作，现在从事高功率微波的研究，成为我国该研究课题的 863 专家组最年轻成员。由于他的突出表现，被破格提升副研究员，晋升中校军衔，成为最年轻的室主任。他谈自己的感受："在这样的单位工作，课题多，研究经费充足，只要自身努力，可以很快成长。"近几年，他曾多次到美国、俄罗斯出席国际会议和访问。他大学同学不少在美国学习和工作。他说："和他们相比，我最大的体会是我感到我是在为自己的国家作贡献，而我的同学告诉我，他们只是在为老板打工、干活。"很多同学相信机遇，刘国治选择祖国的核事业，把自己的命运和祖国强盛结合起来，同时他本身也得到了充分的发展和成长。我看这也是一种必然的机遇吧！刘国治的成功正是红与专完美的结合。

2. 关心同学，联系群众，成为班级团结的核心

密切联系群众、理论与实际相结合、批评与自我批评三大作风是我们党的优良传统。清华自 1926 年建立第一个党支部至今 70 多年，我们党组织一直坚持这个传统，深深扎根于人民群众之中。因此白色恐怖年代，冯友兰、温德、叶企孙等知名教授和普通工友都曾冒着巨大的危险掩护过许多地下党员和进步学生。同学们也曾奋力从警察手中把蒋南翔等地下党员抢回来。今天我们学校所以能不断发展，学校领导班子和党组织团结一致、党员在各条战线发挥了先锋模范作用是重要的保证。我们学生中的党员同志和要求入党的积极分子也应密切联系群众，和同学们交朋友，能和他们真诚地交流思想。自己是党员就要时时把大家放在心上，同学们有困难、有苦恼我们要及时帮上一把，而不能在日常生活中一事当前先为自己打算，有什么好事自己占先，奖学金、睡什么铺位等都斤斤计较，就是不能表现得很自私。另外，我们党员也应担负一点社会工作，为同学服务。有同学认为入党前要做社会工作，以便表现自己，入党以后就该歇一歇了。有人把做社会

工作只当作提高自己能力的手段，觉得本科生时我已当过干部了，锻炼过了，研究生期间就不愿干了。这种想法都是很不全面的。不管我们做不做干部，积极参加党支部和班级活动、为同学服务都是党员应该自觉做的。另外，要搞好班级团结，对一些不良的现象和行为，党员也应态度明确、是非分明，对有的同学抄袭作业、不顾别人、不遵守作息时间等错误做法应及时制止，找他们诚恳地谈话。不要怕，自己态度鲜明又诚恳，反而会得到尊重。联系群众，还要及时向组织反映大家的思想动态，反映群众的意见。

3. 要诚实、守信

讲信义、表里如一应该是做人的基本人格。但是这几年，同学中包括少数党员中，这方面出问题的人不少，给工作造成损失，在群众中造成很坏影响。例如有的人表面一套，在老师、领导面前一套，背后又是一套；有的人外面接了活，回来找同学做，自己成了二包工头；有人把科研组的成果、软件私自 copy，准备出国作为自己的敲门砖；有人把科研组成果、软件私自卖了，侵占学校知识产权；也有人为了出国不择手段，涂改成绩单，伪造导师推荐信甚至私刻学校公章，这是违法的，是可以起诉的；有的同学考研或工作签约了，同时又联系出国，上了研又违约出国。录取一个研究生，导师教研组要联系，争取项目，才有经费和科研条件和题目，你走了，把工作丢下影响国家任务，同时也使别人失去了上研究生的机会。对这些现象应该形成批评的舆论，这些事情虽然出在少数人身上、个别党员身上，但造成的影响是很不好的，社会影响也极不好。杨振宁为我校一研究生伪造导师签字、改成绩单的问题，专门写信给王校长，认为在国外给清华大学声誉造成极坏影响。党员这样做，影响就更坏了。现在很多单位来招聘人，第一条就希望能守信用、有责任心，不欢迎那些一心只顾自己的人。

4. 积极参加社会实践

学校每年暑假都要组织大批本科生社会实践小分队，奔赴各地农村厂矿开展社会调查。研究生期间，每个同学都要参加社会实践，还要参加课题组的实际任务，将来工作后也一定要有基层锻炼的经验。

我们党员同志自己要积极参加，还应组织好同学的社会实践活动，我觉得这对我们个人成长是很有益的经历。我们很多校友都有这个体验，连外电报道中都说："清华毕业生在国家部门当领导干部多，但他们开始都是在基层搞技术工作的。"我自己"文革"中被下放，在有血吸虫的鲤鱼洲劳动了近三年。当时的知识分子政策是错误的，清华下放到鲤鱼洲的教职工中有 1800 多人感染了血吸虫病，也包括我在内。但是这段经历的锻炼让我终生难忘。在艰苦劳动中才感到个人的渺小，才体会什么是工人、什么是农民、什么是工农的价值观，才真正明白社会主义是干出来的，不是用嘴说出来的。另外，也只有在实践中才更能学会团结同志、处理好各种关系，才能学到实际知识，而不只是书本上的东西。因此，参加社会实践是个人成才的重要条件，也是党员做群众工作、发挥模范作用的重要方面。

在学生迎香港回归万人签名仪式上的讲话

（1997 年 6 月 1 日）

同学们：

再过 30 天，我国政府就要对香港恢复行使主权了。今天大家聚集在这里，举行签名仪式，我认为这是很有意义的。

今天的签名仪式不是一种简单的形式，它表达了清华同学喜迎香港回归的热切心情，同时它也反映出同学们面对这一伟大历史事件的深入思考。可以说，香港的历程就是中国近代史的一面镜子，一种鲜明的写照。我们这个民族在近代受尽欺凌，饱经压迫。100 多年前，香港的割让是民族屈辱的象征，是满清政府无力行使国家主权、民族独立得不到保证的结果。只有在新中国成立后，在中国共产党的领导下，中国人民才真正地站立起来，中华民族才真正赢得了独立。因此，香港的回归是国家主权得以行使的体现，是民族独立得以保证的体现，是中华民族强大昌盛的体现；香港的回归来自于邓小平同志“一国两制”的伟大构想，来自于在邓小平同志建设有中国特色社会主义理论指引下，中国共产党人领导全国各族人民进行改革开放社会主义现代化建设事业所取得的伟大成就；香港的命运从来就和祖国的命运联系在一起，未来的香港也必将随着中国的发展而更加繁荣昌盛。

同学们，当代大学生是跨世纪的一代，努力成为中国社会主义事业的建设者和接班人是时代和社会对大学生的必然要求。如果说，在几代先驱者的手中，民族得以独立、香港得以回到祖国的怀抱、社会主义中国得以日益强大，那么在下个世纪，中国将以一个什么样的面貌屹立于世界民族之林，这是历史赋予今天大学生义不容辞的责任。目前校园里同学们正在讨论的热门话题“振兴民族经济”，正是这种责任的具体化、现实化。如果说香港的回归象征着国家的独立、象征着民族的振兴，那么她同时也象征着未来对我们青年人的召唤。我相信，清华的同学一定能响应时代的召唤，为中华富强而奋发成才，而奋斗献身。

谢谢大家！

在共青团清华大学第十八次代表大会上的祝词

（1997 年 12 月 6 日）

各位代表：

首先，我谨代表中国共产党清华大学委员会向我校共青团第十八次代表大会的召开表示热烈的祝贺，向各位代表致以亲切的问候。

我校共青团组织有着光荣的革命传统，多年来学校各级团组织团结带领广大团员青年为完成党的任务——培养德、智、体全面发展的高质量人才发挥了重要作用。从上次团代会至今的三年来，我校共青团组织在学校各级党组织的领导下，围绕学校“培养人”的工作中心，坚持“加强团的思想教育功能，加强团的基层组织建设”的指导原则，努力推动共青团组织上思想政治教育第一线。大力开展邓小平理论学习活动，思想教育活动，尤其是“以中华富强为己任，为民族经济作贡献”主题教育活动，在广大同学中引起强烈的反响，收到良好的教育效果；深入开展校园文明建设和道德文明教育活动，使校园的文明状况和广大同学的道德文明素养有了很大的改观；继续加强团的自身建设，一批批先进班集体、团支部脱颖而出，一支又红又专的团的干部队伍得到进一步发展。

三年来，团组织在校风学风建设中也做了大量工作，发挥了良好的积极作用，校园里创新的学术气氛，健康的文化氛围和朝气蓬勃的体育锻炼风气更加浓厚。三年的工作表明，我校的共青团组织是一支政治坚定，思想活跃，作风过硬的先进青年群众组织，不愧为党的助手和后备军。党的十五大号召全国各族人民高举邓小平理论的伟大旗帜，把有中国特色的社会主义事业全面推向21世纪。党的十五大召开以后，我国的改革开放事业掀起一个新的高潮，目前我国的高等教育也正处于改革的高潮。我们贯彻落实党的十五大精神，举旗帜、讲政治，重要的是要落实到培养人中去，就是要解放思想，抓住机遇，转变教育思想，全面推进我校教育改革。这一段时间全校上下正在开展轰轰烈烈的教育思想大讨论，就是要通过这次大讨论转变思想、统一认识，为打好教育教学改革的攻坚战作好思想准备，朝世界一流的有中国特色的社会主义大学的宏伟目标不断前进。

这次教育思想大讨论中有一个重要问题就是学校的培养目标和学生的全面素质培养问题。我们讨论过多次，清华培养人才的目标是什么？我想我们培养的人才，应该是“名牌产品”“登山队”，应是科学技术、生产经营、治国安邦等各个领域的骨干和中坚。从前一段时间学校组织的毕业生调查的情况来看，这几年总的社会反映是清华学生政治素质、业务素质都还是好的。但对当前大学生的政治思想素质、知识结构和能力也提出了不少意见，突出的是要求学校要加强学生全面素质尤其是思想道德素质的培养，这也对学校的德育工作提出了更高的要求。学校的各级组织包括共青团组织都要以高度的责任感和对事业极端负责的精神，进一步把学校培养人的工作做好。

我校的共青团组织过去一直在学校的育人事业尤其是德育工作中发挥着重要的作用。希望全校各级共青团组织今后能够继续发扬优良传统，全面加强团的各项工作，尤其是要下大力气探索适应新形势高校德育工作有效的载体和方法，配合学校教育教学改革的深入推进，在人才培养中发挥更加重要的作用。

青年是祖国的未来，学校各级团的干部和广大团员青年要加强对自己的培养，下一世纪有中国特色社会主义事业的繁荣和发展就在我们这一代青年的手中来实现，大家一定要珍惜现在在学校的良好学习条件，提倡刻苦钻研的学习风气，自觉全面培养自己，努力适应社会和时代的需要，用科学的理论武装自身，成为又红又专的知识分子，成为优秀的社会主义事业的建设者和接班人。

同志们！这次大会是本世纪我校共青团组织的最后一次代表大会。我相信这次大会一定会很好地总结过去学校共青团组织的优良传统，部署好跨世纪的下一阶段的共青团工作，使之在学校各项工作中发挥更好的作用。

最后，预祝大会圆满成功！谢谢大家！

青年学生要努力成为面向 21 世纪的高素质、高层次、多样化、创造性人才 *

（1998 年 5 月 16 日）

这次大会不仅要总结过去两年学生会的工作，还要回顾我校学生活动的历史，这是一件很有意义的事情。20 世纪是中华民族命运发生伟大历史转折和巨变的世纪。辛亥革命推翻了封建帝制，“五四运动”打出了科学与民主的新文化大旗。中国共产党诞生后，领导中国人民经过百折不挠的斗争，实现了民族的独立和解放，在世纪的上半叶建立了新中国。又经过努力奋斗和艰辛探索，在世纪的下半叶终于走上了建设有中国特色社会主义的正确道路，中华民族开始了向现代化强国的腾飞。在这个历史进程中，总的来看，我们学校的学生组织是进步的，是沿着党所指引的方向成长和发展的，和我们党和国家一样，也经历了挫折。清华的同学有两点坚持得很好，就是爱国的传统和自强不息的精神。我们正面临着“跨世纪”，总是要带 20 世纪优秀的东西进入新世纪。下面，我想通过学代会代表和全校的同学交流几点看法，表达一下对大家的希望。

第一，我们的青年学生要以接班人的觉悟努力学习邓小平理论。邓小平理论的历史地位是在我国社会主义改革和建设的实践中逐步形成的，是马克思主义在今天这个时代、在中国这个国情下的新发展。当代青年要担负起下个世纪国家建设的重担，而清华的同学要努力负

* 本文是贺美英同志在清华大学第 33 次学生代表大会上的致辞。

起更大的责任，把中国特色社会主义的旗帜一直举下去。我们有些同学在这方面想得太少。青年学生要做有中国特色社会主义事业的建设者和接班人，要保证下个世纪的中国沿着正确的方向并保持良好的发展势头，就必须有一个经得起考验的思想武器，邓小平理论就是这样的思想武器。学习邓小平理论，一是要抓思想精髓，二要全面系统地理解和掌握,这两者是统一的。没有全面系统的理解就抓不住思想精髓，抓不住精髓和本质就会犯片面和教条的毛病。最近,同学们正在开展“学小平理论，与改革同行”的主题教育活动，希望大家在活动中切实学好理论，结合我国改革开放的实际，提高思想认识和理论水平。

第二，我们的青年学生要以跨世纪的眼光对待我们自身全面素质的培养。应该说，这是前一段时间全校师生教育思想大讨论的一个共识。清华要培养面向21世纪的高素质、高层次、多样化、创造性的人才，这里面包含着一个核心的思想是：我们培养人，要传授知识，要培养能力，更本质的内容是要提高素质。这个教育思想的转变，从学校来讲，是建设社会主义一流大学的要求；从我们同学来讲，是下个世纪国家建设和发展对人才的要求。目前，在全面素质培养上我们希望同学们特别加强两个方面的锻炼：一是全面的思想道德素质的提高，二是创造性和能力的培养。去年学校进行了毕业生调查，用人单位反映清华的毕业生在敬业精神和与人合作方面与五六十年代老一代清华毕业生相比还有差距，这也是一种思想道德素质，而且是比较基本、比较重要的素质。我们强调思想道德素质要全面，是时代的要求，也是由新一代青年学生与以往青年不同的成长经历所决定的。清华培养出来的学生，不能做“孤家寡人”，要做带头人，能在一个单位或者一个领域里带领大家干事业，这才体现出高层次的人才培养目标。

第三，我们的青年学生要以主人翁的姿态积极关心和参与国家、学校的改革。今年是改革开放20周年，同时也是国企改革和机构改革的关键之年。青年学生要做改革的坚定支持者。改革的过程必然伴随着阵痛，现在对国企员工下岗的问题政府和老百姓都很关注。作为国企摆脱困境的一个必经阶段，要提高国有企业的生产效率，优化国有经济的结构和布局，这可以算作一定要付出的代价。最近有一些系的同学参加“为国企分忧”的活动，这是青年学生支持国家改革事业的一种积极表现。但是也有少数同学不关心国家和社会，只关注自己那个小圈子里的事。这不利于个人的成长。我们应该清楚，自己的知识和能力最终只有在人民的事业中才能真正体现它的价值。另外，关心和参与学校的改革也是培养我们这种归属感和价值观念的要求。现在学校正在全面推进“本硕统筹”培养方案的试点，这是一个面向21世纪的改革举措，目标是建立一个更为有效的培养机制。同学们一是要从面向21世纪人才培养的高度来认识和理解这些措施；二是要适应这种新体制，让自己的业务学习和素质培养与新的培养机制逐步合拍。建设社会主义一流大学，学校是有信心的，同学们应该更有信心，因为这是清华人共同的事业。

第四，我们的青年学生要以干大事业的胸怀对待学习，对待生活。北大今年搞百年校庆，党和国家给予了高度的重视，这里寄托着对一流大学和一流大学生的一种期望和嘱托。这样一些大学培养出来的学生，要有远大的理想，要有干大事业的胸怀。我们有一些同学喜欢陶醉在个人前途的憧憬中，缺乏社会责任感，缺乏干大事业的气魄，这对个人、对国家都是要不得的。总的来看，这几年学生活动氛围是好的，学校各个部门都在努力为同学们创造更多的条件和机会，去陶冶自己的情操，去拓展自己的全面素质。学生会应该利用好这些条件，把同学们组织好，让大家在交流和实践中培养这样一种胸怀。我们培养出来的学生应该经得起挫折，见得了风雨。最后，祝同学们在未来的成长道路上真正做到发扬爱国传统，提高全面素质，在跨世纪的伟大实践中奋发成才！

毕业生择业应以事业为重，要从自己的实际出发 *

（1998 年 12 月 25 日）

今天我们在这里召开毕业班党员会，因为还有半年同学们就要毕业了。最近正在召开各种招聘会，寒假后还有一次全校性的招聘会、北京市的招聘会，相当多的同学面临择业问题。因此，有些问题想讲一讲。

一、今年就业分配的形势

今年暑假毕业学生就业的情况比较好，绝大多数同学比较满意。今年从全国看大学生分配的情况是供需比下降，因为很多单位在调整体制、转换机制，下岗待业人员增加，对毕业生的需求减少，而毕业生数又比去年有所增加,所以供需比下降。但我们学校的情况仍然很好，毕业生的供需比是 1 ： 5。当然各专业也有不平衡，有的还要高，有的低一些。来要人的单位很多，是要求能到单位成为骨干、能做接班人的。因此，对研究生的需求量增多，供需比高于本科生。当然能否接班、成为骨干，还要看同学们的努力和表现，要在工作中考查，要得到群众的认可和拥护。最近已陆续有许多单位来要人，到明年三月底四月初截止时，估计供需比与今年相近。为什么呢？一是因为同学们赶上了好时机，改革开放，国家经济发展很快，各方面需要人才，给高层次人才就业开辟了广阔前景。同时，近几年内，“文革”前毕业的大学

* 本文是贺美英同志为 1999 年毕业班党员和部分积极分子所作报告的主要内容。

生大多数离退休，学校也好，企业也好，各部门都迫切需要年轻人接班，欢迎你们去。二是因为清华以前的毕业生在外面表现好，特别是五六十年代毕业的校友，成为我国许多骨干企业、国防安全部门以及国家领导机关的骨干。也就是说，我校学生质量得到社会的承认。值得高兴的是，近几年，一批“文革”后毕业的校友开始崭露头角，取得了很好的成绩。80 周年校庆时，回校 10000 多校友，其中杰出校友、有突出贡献的校友太多了，庆祝会安排谁上主席台都困难。今年 86 周年校庆仅 67 级校友就回来 1000 多人。校友们讲：“当年我为清华骄傲，今天清华为我骄傲。”正是由于校友的表现，前人种树，后人乘凉，前人为我们开了路。三是因为学校声誉比较好，社会舆论认为清华校风、学风好，生源好，教学质量高，管理比较严，动手能力强，学生比较实干等。正是上述原因，单位才来要人，然后就要看我们同学自己的表现。当然你们毕业后表现如何，又会影响到下面班级同学的出路。

二、关于树立正确择业观的问题

现在毕业分配实行双向选择，大家自由度大了，选择的机会多了，工作后调动的机会也多了。但自己若没有一个正确的目标，不能把握自己，选择也会眼花缭乱，也会给一些同学造成动荡。我希望同学们把握住这样几点：①择业时要把事业放在第一位。即选择自己能够有机会发展的事业，能为国家、为人民做实事，将来有所贡献，要把这些放在第一位。事业与金钱比，与工作地点比，事业第一。②择业时要从自己的条件特长出发，不要赶时髦，赶潮流，互相攀比。有同学希望找到一个单位，工作性质好，有发展前途，待遇又高，地方还要好——北京的要在三环路以内，外地的要能进北京，还要能出国，还要工作轻松，什么都占尽了，恐怕世上很难有这样的好事。

许多有成就的校友的经验中，搞经济也好、做学问也好，在事业上，只要认准方向，坚持下去，就会事业有成。最怕的就是三心二意，这山望着那山高，赶浪潮，赶时髦，互相攀比。有些同学老强调机遇，过分相信机遇，就会变成机会主义。机会主义的人一心出于个人打算，成不了接班人，事业上也很难有大成就。我校很多毕业生坚定地把事业放在第一位，经过几年的奋斗取得了比较突出的成就。

事业的发展要从自己各方面的条件和特长出发。自己理论思维强、基础好，适合搞科学研究；动手能力强，适合搞开发或到工厂；自己社交能力强，适合搞营销等。有的到了合资企业，虽然待遇高，但受不了外方的歧视，有的没有保障，后来又离开了。看来也不是外资企业都好。所以要从自己实际出发，不可能样样兼得。攀理论高峰，不能急功近利，要忍耐寂寞；到工厂企业，要摸爬滚打深入基层；搞经营，要奔波，精于计算，敢冒风险。在择业上劝大家要以事业为重，从自己实际出发，每个人都会找到适合自己的位置。只要自强不息、努力奋斗，都会事业有成。

三、怎样使自己适应社会需要

近两年，我们开过多次校友座谈会，不同行业、不同年代的校友从他们的切身体会和工作中接触到的近几年的大学毕业生，一致希望我们的毕业生应该是“政治坚定、品德高尚、业务优秀、身体健康”的，这样的同学最受欢迎。用人单位首先不是问分数，而是问这个同学有没有事业心，能不能安心工作。根据他们的经历和切身体会，我向大家提几条希望和建议。

1. 政治上要明辨是非，坚持方向

十五大报告中讲到，今后我们面临的形势仍然是错综复杂的，仍然会有风浪。五六十年代的大学毕业生、各方面骨干这几年大多要退出第一线，历史的担子必然会落在你们肩上。毕业后，无论是不是干部，只要是党员、积极分子，在风浪中都应该成为主心骨，成为中流砥柱。

在经济上，全世界50年无大战，竞争更加激烈。各跨国公司在抢占我国市场，我们的民族工业面临严峻挑战。经济竞争首先体现在科技和人才的竞争上，在大是大非问题上、原则问题上、涉及国家民族利益的根本问题上，同学们要旗帜鲜明，不能退让。今后你们接班，顶不顶得住？要有中国人的骨气，我们有些老前辈知识分子一身正气，像钱学森、孟昭英、华罗庚等都是这样的典型。

当前我国面临体制改革，适应社会主义市场经济，在理论和实践上还有许多新的问题要解决。例如，怎样既解放思想、大胆实践，又能作风严谨、遵纪守法；在激烈的竞争面前，做到既有强烈的竞争意识，又能协同工作、依靠群众；在商品经济环境中，做到既追求经济效益和利润，又能注重社会效益、不假冒伪劣。在外贸工作或三资企业中，做到既善于同对方打交道，积极合作，发展生产；又能维护国家及中方职工的权益，不能替老板挖国家墙角，偷漏税、欺压工人等。在出国留学或工作时，既能从西方文明中吸取营养，又永远热爱自己的民族文化，热爱自己的祖国。美国人在国家利益上是不含糊的，最惠国待遇等谈判都是符合它的利益。清华之所以有今天这样的声誉，是与几代校友在国家发展建设以及政治上发挥作用不可分的。

今后，我们国家经济能不能上去，国家的社会主义方向能不能坚持，就寄希望于你们这一代身上。怎样才能坚持正确的方向？一是理论上要清楚；二是立场一定要站在大多数人民一边，也就是我们的政策、措施，工作效果一定要对国家有利，对大多数人民有利，而不是只对自己有利；三是一定要坚持一切从实际出发，也就是坚持实事求是的原则，这也是清华的传统，不人云亦云，不作“风派”。这一点说起来容易，做起来不易，要加强学习，在实践中锻炼。

2. 对待事业，要有良好职业道德和执着追求

在对待事业上，首先要有执着追求的精神，选择了这个事业奋斗到底不怕挫折，才能取得成就。我们很多老一辈科学家正是有这种对事业的执着精神才取得成功的，如梁思成、马约翰。在这个问题上，不能三心二意赶浪潮，也不能急功近利，急切想出成果、想出头，整天埋怨没有伯乐，埋怨别人没给自己创造条件，跳来跳去，人生苦短，在埋怨中把生命浪费掉了。

另外，要有责任心、有高尚的职业道德，做到“人民为先，祖国至上”。

我们许多老一辈科学家，这方面是我们的榜样。

在这里也讲讲出国问题。我们不反对出国，很多老师都出过国，出国不是坏事，但要反对盲目性，随大流，跟着感觉走——别人出国，我不比他差也得出国。出国有个目的问题，出去是为了回来更好地建设国家。今年夏天去美访问，接触了大批留美同学。他们生活不错，待遇、条件等比国内好，但深谈中也可以感受到有些同学内心深处的痛苦：一是圈子小，难以融入美国社会；二是永远是为老板打工，上不去，到副教授的极少，有时觉得不知道自己为了什么。华罗庚当年回国时，有一著名的公开信，其中有一句话：“梁园虽好，非久居之乡，归去来兮！”。

3. 要从小事做起，从基层做起，要有艰苦创业、苦干实干的精神

周总理讲大学生要树立劳动观念。现在用人单位反映有些大学生“懒、散、狂”。市场经济讲利益原则，我们有些人就产生浮躁情绪，急功近利，忘记了世界是靠劳动创造的，国家发展是干出来的；有些同学不屑于平凡工作和小事，而这些又恰恰是我们同学出去后第一要注意的。真正在社会上站得住脚、比较成功、有信誉的企业都是靠艰苦工作获得成功的。香港首富李嘉诚就信守“一是勤业，二是信用，三是不断地研究学习”。创业最初 10 年，他每周工作 7 天，每天至少工作 16 小时。他说：“运气是一个小因素，个人努力才是创业最基本的条件。”同学们毕业后到单位工作，首先就得从具体事情做起，给人的第一印象可能是在迟到、早退、打水、扫地等这些小事情上，反映出这个人勤快不勤快。当然，也会碰到人家对清华同学要求高的情况。例如，昆明一位校友一次画图错了一个地方，人家说“你清华的怎么还错”？而昆工的学生画错六处没人说，说明人家对清华毕业的学生要求高。我们以后不要老把清华牌子挂嘴上。只要放下架子，不耻下问，虚心学习，就会很快适应工作。另外，工作中，不要等条件、等投入、等伯乐，怨天尤人、要从现在做起，争取创造条件，开创自己的事业。所以，要艰苦奋斗，从小事做起，从基层做起。

4. 善于团结同志，处理好上下左右关系

有些同学认为学会公关，就是请吃、送烟、拍肩膀、随声附和、

迎合领导和对方。这是一种误解。有的同学认为，现在搞市场经济，讲竞争还要什么集体主义精神？这种理解也是很片面的。清华同学常常有一种“精英”思想，总觉得自己比别人强，好为人师。同学们一定要树立群众观点，记住“人民是历史的创造者”“群众是真正的英雄，而我们自己往往是幼稚可笑的”。在大的生产中，大的任务中才知道个人的位置。核研院搞核反应堆，大的工程、尖端技术，几百人从 1958 年开始到现在才达到世界水平。他们的经验是“尖端分解为一般”。尖端是由许多个一般组成的，工作是集体干出来的。我校 CIMS 中心（计算机集成制造系统），获得美国机械工程学会的“大学领先奖”。它是我国 863 重点工程，从 1986 年立项到建成，也是 8 年抗战，几十个单位、几百人参加。北大方正也不是王选一个人，而是科研集体研究了 10 年，要有人去搞产品化，搞销售系统、技术支持服务才行。要学会与人合作，要尊重别人的劳动，不能认为你干的那部分最了不起。要尊重平凡劳动者。经常想想自己的成长是多少人心血、劳动的结晶：父母、家庭，从小学到大学多少老师、师傅、实验室人员，是几百人服务、帮助、教育的结果。他们又是为了什么？想起这些，你就不会骄傲。处理和领导的关系，不要阿谀奉承，但也不能一身傲气、清高得很。搞好关系，首先是尊重别人，善于帮助支持别人。当然，和领导之间、与同志之间有一个相互适应的过程。有些同学处处要拔尖，出去后有失落感。毕业后，身份变了，培养对象变成了工作人员。在学校，学生是中心，大家为同学服务；出去工作、生产、科研，任务是中心。评价一个人主要看你的工作，你对生产科研的贡献。要适应身份的转变，不是看清华牌子，而是看你工作的水平和清华牌子是否相适应。

5. 坚持实事求是

对工作要从实际出发，对组织对同志要坦诚相待，一定不要搞小动作。要诚实，不搞欺骗。

清华几十年发展有过困难挫折，但总体上看，这些年发展很快。很重要的一条就是各项工作坚持实事求是，从学校实际出发。“文革”

后有一段时间强调理论，不大重视实际。我们从学校实际出发，一直坚持理论和实践并重。前一阵子，有些人、有些报刊大讲，大学要为市场经济服务就是要把学校推向市场。学校认为，大学要为经济建设服务，适应市场需要，同时还得按教育规律办事，不能把教育推向市场。办公司、卖文凭、高收费，按利益原则办学是不行的。所以，我们学校强调，公司要和教学科研分流，保教学，收费也是最低的。同学们将来工作后，在工作中一定不要赶浪潮，而要从实际出发。

求实容不得半点造假和虚夸。要踏实刻苦，几十年如一日，从实事做起，切忌浮躁，力争在科技上有实在的贡献。求实要不断检讨自己的态度，要以事实为依据，以科学为准绳，敢于承认和纠正自己的错误，这样才能超越自己，产生新的突破。求实还要有尊重他人贡献的精神，在自己的科研工作中，一定要充分尊重他人的知识产权，不侵占他人的劳动成果。

为人要讲信义，要正派，正大光明，清正廉洁，不搞邪门歪道和欺骗行为。为什么要讲这些？因为市场经济下，一些人思想受个人主义、实用主义、拜金主义的影响，表现不好，给学校声誉造成很坏影响。比如，在找工作时，吹嘘自己，不讲自己能作什么贡献，只问条件，给人印象不好，人家不要；在介绍自己时比较实事求是，人家反而要。还要注意不能贪婪，不要贪财、贪物、贪图享乐。陈毅同志写过：“手莫伸，伸手必被捉！”人要有点精神，比金钱更宝贵更崇高的东西是共产党员的理想和信念。

四、毕业前希望同学们做好几件事

1. 抓紧最后几个月，好好学习

利用学校良好的条件，多学点东西。搞好毕业设计或研究生论文。保持良好的学风、班风。不要在学校时放松，毕业以后后悔。毕业后再没有这么多书、这么多老师、这么好的实验条件，真是机不可失，时不再来，所以一定要抓紧。

在座同学中读研究生的不少，但不能认为保险了。要念研究生，搞高一层次的研究，更要有高度自觉性。在国外学习的同学反映，我们研究生太松了，这是一大差距。

要从每个人的情况出发制订计划，理论、能力、实践、外语，缺什么补什么。现在知识翻新很快，在校内学习，毕业后还得学习，终身学习。

2. 毕业分配方面怎么做工作

党员要有点精神，毕业分配中起好作用。要首先考虑国家的利益，勇于吃苦在前，到相对艰苦的地方去。无论本人是要分配的，还是要读研的，都可以发挥作用。一是了解清楚国家的分配政策和学校有关规定，在政策允许的范围内双向选择，党员一定不要做违反规定的事；二是大家可以开展择业观的讨论和谈心。同学之间敞开思想、分析利弊，分析各人的特长，适合干什么，进行有益的探讨，形成良好的风气。

3. 多做化解矛盾的工作

几年下来，各个班级都可能积累一些矛盾问题。有些同学犯过错误，受过处分；有些同学考研、分配或毕业设计中有些苦恼；有不少要求入党积极分子，在毕业前，要帮助他们发扬优点，克服缺点，争取能发展一些同学入党；有一些同学毕业前还不能入党，要帮助他们分析优缺点，把他们的申请书和党组织对他们的评语转到用人单位。相处五年，有些同学之间难免有一些矛盾、意见，所以我们党员、干部、积极分子要多做一些化解矛盾的工作。各班可以开展一些小型的谈心、交心活动。毕业前同学之间的话是最真诚的、难忘的，因为同学之间没有任何利害冲突，共同生活几年又最了解。

4. 坚持良好的生活秩序

毕业班最容易生活不规律，有人开玩笑是颠倒黑白，生活无规律、也不锻炼，有的同学最后一年因病分配不了，所以希望不忘“健康工作五十年”。

希望所有的党员同学最后一年严格要求自己，真正发挥共产党员的先锋模范作用。希望所有要求入党的积极分子最后几个月更高标准要求自己，发扬成绩，克服缺点，争取入党。总之，希望大家最后几个月不是松下去，而是更上一层楼。

在1999届本科生毕业典礼上的讲话

(1999年7月6日)

同学们：

今天，我们在这里隆重举行1999届清华大学本科生毕业典礼，在座的2115位同学经过大学本科阶段学习之后，就要毕业了。在此，我代表学校和全体师生员工向大家表示衷心的祝贺！

同学们，在清华的这段时间里，你们学到了专门科学文化知识，拓展了全面素质，懂得了自己的社会责任；你们从普通的中学生成长为初步具备现代科技素质的专业工作者。这几年来，你们的成长也伴随着学校的改革和发展，通过转变教育思想，深化教育教学改革，我校在建设世界一流大学的进程中迈出了坚实的步伐。同学们把人生中最宝贵的一段青春年华留在了清华园，清华园也将给你们留下终生难忘的美好回忆。今天，当你们毕业之时，回顾你们在这里所挥洒的辛勤汗水和取得的可喜成绩，老师们为你们深感欣慰和骄傲。

同学们，在你们即将跨入新的学习或工作岗位时，你们一定要意识到，自己正处于一个伟大的时代。当今世界科学技术突飞猛进，知识经济已见端倪，中国改革开放事业正处于关键阶段，各项改革措施深入推行，国家建设事业蓬勃发展，社会对人才求贤若渴。在最近召开的全国教育工作会议上，江泽民总书记指出，劳动力素质和人才问题已经成为制约我国经济发展的一个主要因素，“国运兴衰系于教育”。同学们，历史选择了你们，时代呼唤你们，祖国需要你们，人民期待你们。放眼未来，希望你们豪情满怀，信心百倍，到建设祖国的伟大事业中一展身手。

在你们即将奔赴新岗位的时候，我们衷心地希望大家能够不辜负学校和师长的殷切期望，认清历史潮流，把握发展机遇，创造时代业绩。在这里，我向同学们提出几点希望。

第一，要坚持“祖国至上，人民为先”的理想信念。清华是有光荣爱国传统的学校，历代清华人都自觉地以祖国富强、人民幸福为己任，在各自不同的岗位上为民族振兴、为科技发展和社会进步奉献自己的青春和才华，在各行各业做出了突出的业绩，受到社会的广泛赞誉。许多校友的经历都告诉我们，个人的成长只有同时代和人民的要求结合起来，才能使自身价值得到充分的实现。在建设社会主义市场经济的今天，希望同学们能够树立正确的人生观、价值观，坚持祖国至上、人民为先，祖国和人民的利益高于一切，把个人的发展融入中华民族全面振兴的宏伟大业之中，为中华腾飞作出应有的贡献。

第二，要培养对事业执着追求的精神和良好的职业道德。对待事业，首先要有执着追求的精神，希望大家把事业放在第一位，选择了的事业，就要奋斗到底，不怕挫折，一定能有所成就。不要盲目赶浪潮，三心二意，也不要急功近利，更不能怨天尤人。另外，要培养高尚的职业道德，这是对高层次人才的一个基本要求。工作中要爱岗敬业，讲信义，诚实守信。对事业负责任，也对自己负责任。勤勤恳恳做事，踏踏实实做人，用自己勤劳的汗水去换取丰收的果实。

第三，要树立终身学习、不断创新的基本观念。当今世界，科学技术知识的发展日新月异，新知识、新技术不断涌现，“终身学习”的观念正被社会所重视，也就是说要“活到老，学到老”。今后大家要继续虚心学习新知识，尤其要向生产实践学习，结合实际工作提高自己分析与解决实际问题的能力。大家还要特别注意提高创新意识创新能力。创新是一个民族进步的灵魂。一个国家的发展正越来越依赖于这个国家的创新能力，人才的创造性越来越受到社会的承认和重视。希望大家能够不断地解放思想，发扬开拓创新的精神，在新的学习和工作中，发现新问题，提出新办法，开拓新领域，取得新成绩。

第四，要确立“从小事做起，从基层做起”的实干作风。我校学生曾经在80年代初提出“从我做起，从现在做起”的响亮口号，传遍全中国。伟大的事业中往往包含无数平凡的工作，事业总是一步一步干出来的，希望同学们在今后的工作中能够从小事做起，大事业是从小事开始的。要从基层做起，培养踏实的工作作风。大家还要注意深入基层，向群众学习，和群众打成一片。一定要记住，只有得到群众的认可，才能团结带领大家，真正干一番事业。

同学们，当你们走向社会、走向新的岗位时，希望你们能够记住曾经哺育你们成长的清华园这片热土，让“自强不息、厚德载物”的清华校训和严谨、勤奋、求实、创新的清华学风永远伴随你们去拼博人生。

“今日桃李芬芳，明天国家栋梁”，学校和老师们最大的骄傲永远是学生的成就。今天你们为清华骄傲，明天清华为你们自豪。最后，我代表学校衷心地祝愿大家身体健康、工作顺利、学习进步、事业有成。

谢谢大家！

在新形势下进一步加强和改进学生思想政治工作 *

（2000 年 9 月 14 日）

这些年总的看来，学校的学生思想政治工作是不断发展、不断进步的。特别是 1994 年中央两个德育文件下发以后，学生思想政治工作进一步适应改革开放的社会环境，紧密围绕学校改革发展和世界一流大学建设，努力探索新时期学生成长的特点和规律，拓展工作内容、改进工作方法，为提高学生全面素质做了大量工作，取得很大进展。现在学生中总的风气是好的，主要表现在五个方面：一是思想工作氛围好。“以中华富强为己任，为民族经济作贡献”“我的事业在中国”等主题教育不断线，这是校园的主旋律。二是学生骨干力量强。这几年认真抓了学生党的建设，培养了一批骨干，学生党员达到 1290 名，还有一大批积极分子。三是学生参与教学改革的积极性高。学生积极参加教育思想大讨论，全校开展了学风教育活动。四是第二课堂活动踊跃。课外科技活动和社会实践活动丰富多彩，坚持了十几年，受益面不断扩大，水平不断提高。调动学生自我教育积极性的素质拓展计划正在推进之中。五是学校已经 10 年保持稳定，在 1999 年的几次重大政治斗争中，经过努力工作，既轰轰烈烈开展了活动，又维护了校园的稳定。

在这几年的工作中，我们也切实地感到了新形势下学生思想政治工作遇到的许多新情况、新问题。从全社会来讲，当前我们处在一个多样化的社会环境里，反映到校园生活中，表现为信息渠道、文化生活、社团组织、就业方式等方面的多样化。在这种环境中，学生思想上出

* 本文是贺美英同志在清华大学全校教工党员大会上的讲话节选。

现了一些深层次的新问题，这些也是我们工作中面临的一些难点。

从政治方向来看，学生在整体上态度积极健康、思想情绪稳定，但有相当一部分学生在社会主义和资本主义、私有化等问题上有模糊认识，存在困惑。也有个别学生存在政治观点上的错误。这一代大学生几乎与改革开放同龄，生活在转折、转制、转型的社会生活中，如何帮助他们树立坚定正确的政治方向，这是区别于以往德育工作的新情况。

市场经济体制形成利益主体的多层次化，竞争机制也诱发功利观念。不少学生由于理想与现实的反差感到困惑，对于主旋律教育与某些社会思潮误导是非难辨，尤其在知行统一的问题上矛盾、徘徊。在切实帮助大学生树立以集体主义为核心的人生价值观方面，学校德育的实效性仍然不容乐观。

从学生成才的愿望与行动来看，学生成才的愿望与迫切性日益强烈，对发展自身全面素质的认识更加明确，对学校办学条件提出了更高的要求。一方面，今天的社会为青年知识分子带来了难得机遇和广阔舞台；另一方面，学生开始明显地感觉到社会竞争的激烈，校内同学间的竞争也给清华的学生造成了一定的压力，这些使得学生时刻表现出一种强烈的成才愿望。在强烈成才愿望的驱使下，学生热切盼望加快学校的改革与发展，尽快改善成才的环境与条件，对客观上已经不错的学校条件也时常表现得不满意。对于清华学生而言，机遇多，选择多，一些学生在众多的选择面前对成才目标缺乏正确的认识。急功近利、浮躁不实的情绪有所发展，而立志扎根基层、从小事做起的热情和耐心有所下降；不少学生对决心出国的解释只是“看到身边的同学出去了或打算出去，我也出去”，他们对自己今后到底怎么发展并没有清醒稳定的认识。

学生的心理素质普遍不高，学生中心理问题比较突出。近年来，由抑郁症发展到精神病的案例很多，而在学生中，因为经不住一点小挫折、处理不好同学关系等原因引发的各种问题很多。近年来还出现了学生因迷恋网络造成的网络成瘾综合征这种新型的心理问题，甚至导致不能完成学业。贫困生中存在许多心理问题，从1997级到1999级，新生贫困生的比例从20%增加到25%，特困生的比例从8%增加到15%。独生子女数量不断增加也是影响学生心理素质的原因之一，1997级、1998级、1999级新生独生子女比例分别为46.2%、56.7%、61.9%。学生的心理问题往往和学生思想政治工作交织在一起，使得学生思想政治工作变得更加复杂。

在这里，我还想谈谈近年来学生中出现的几个热点现象。

1. 关于出国问题

近年来，我校学生出国的比例与兄弟院校相比是比较高的，尤其是想出国的学生比例比较高。在上学期开展的调查中，大一年级的同学表示将来要参加TOEFL或GRE等出国考试的比例为76%，大五年级的毕业生中47%的同学已经参加过TOEFL或GRE等出国考试。

如何看待学生出国问题？我认为可以从两个方面来分析。一方面，出国留学是现在青年学生的一种正常选择。首先，国家对于出国问题总的政策是“支持出国，鼓励回国，来去自由”，由此不少学生选择出国是完全正常的。去年李岚清同志就针对一些人说清华、北大的学生出国得太多而明确指出，出国不是不好，23个“两弹一星”科技功臣中不是有22个出过国吗？他还说，工作的重点应该放在吸引人才回国上。再者，清华学生整体素质比较好。这几年学校的声望在不断提高，不少国外的大学都很欢迎清华学生去学习，清华学生联系出国往往成功率比较高，签证也比较容易。还有，现在社会、家庭推崇出国的风潮，也对学生有不小的影响；另一方面，出国现象中确实有人才争夺的问题。总的来讲，国内的教育资源、教育的质量与西方发达国家相比确实还有相当的差距，还不能满足学生的需求，因此在当今国际化的人才竞争中还处于劣势。从这个意义上讲，我们应该充分重视这个问题，站在争夺人才的高度，积极地开展思想政治工作，让更多的清华学生最终能够在国内创业。

出国留学问题是一个中性的现象，单看现象并不能反映学生思想上有问题或没有问题，关键要看学生出国的目的是什么。分析起来，我们可以把它区分为三种情况：一是为了深造，学习先进科技，将来更好地为祖国工作。这些同学基本上把自己的事业定位在国内，立志以后要回国，出国是为了以后在国内更好地发挥作用。二是逃避国内的现实,追求国外的生活环境与条件。这些同学大多对国内的现状不满意，在出国时就打算以后长期留在国外。他们有的是看中了国外优越的物质条件，也有的是喜欢西方的文化与价值观念。三是没有明确的目标，有较大的盲目性。这些同学对自己将来的发展没有明确的想法，或受家庭、社会出国风潮的压力或影响，或看到身边许多同学出去了，无形之中觉得出国光彩，出国是有能力的表现，或对于下一步在国内如何发展很困惑，先出去看看再说。

针对学生出国的问题我们应该积极地开展教育工作。

一是要确保学校正常的教育教学秩序，一方面，要教育学生不要因为出国而影响完成学校正常的教育教学环节，忽视现在的学习和对自身素质的培养；另一方面，要加强对教育教学的管理，明确教学要求，完善和落实有关的管理规定。

二是要加强有针对性的思想教育。总的来讲，重在教育学生确立“我的事业在中国”的志向，不管出国与否，都立志将来立足国内发展自己的事业。对于选择出国的,思想工作的重点要放在“学成回国”上。针对上述三种思想，应该有针对性地开展教育工作。第一种思想是正面的，对于这些学生应在充分关心、理解、支持的基础上，进一步帮助他们坚定信念；有第三种思想的学生往往有一定的摇摆性，应该帮助他们分析自身的情况，去除盲目性，选择好自己的人生道路。有第二种思想的学生可能是工作的难点，从根本上讲是一个人生价值观的问题，需要坚持不懈地开展深层次的教育工作。要用大量优秀爱国知识分子榜样的力量感染他们，增强他们的爱国主义情怀，做到无论何时何地都要坚持自己的中国心，不忘自己是中国人。

2. 关于创业问题

现在，我校有个别学生致力于创业，在校期间就办起了公司，有的还向学校申请休学创业。一些同志对学生创业问题提出了质疑，担心学生创业会引起全校学风的下滑。关于这个问题，也应该从三个方面来看。

（1）举行一些和创业有关的学生课外科技活动，对学生的培养有积极的作用。学校支持学生举行创业计划竞赛，发展课外科技活动的传统，主要是从适应教育改革的新形势出发，鼓励学生培养竞争意识、创新意识、风险精神、团队精神等方面的素质，同时也有助于少数特殊人才脱颖而出。创业是科技创新、发展市场经济的时代需要，培养创业型人才是世界上许多一流大学早已探索的工作。许多学生踊跃参加创业活动，是新生事物，而不是80年代“经商热”的重复。

（2）真正付诸创业行动的只是个别学生。目前，在我校两万多本科生和研究生中提出休学创业并经学校批准的学生共有12位。截至今年6月，落户学研大厦、有我校尚未毕业（在读或休学创业）的学生作为骨干参与（创办或有股份）的公司共有15家，而且其中大部分学生是在公司成立时都已经毕业或马上就要毕业。这当中，大家所知道的“视美乐”公司，其骨干除了邱虹云外，其他都已经毕业。邱虹云也没有休学，马上将攻读研究生。这个学生也确实是一个有特殊才能的学生，有很多小发明，多次获校学生科展一等奖，他现在在公司主要以科研为主，同时也按要求完成了学业。

休学创业只是个别学生的特例，这一点学校的态度是明确的。对于个别有强烈愿望而且确实有条件进行创业行动的学生，学校还是支持的。但是，绝大部分学生还是应该按照学校的学制安排，踏踏实实搞好自己本专业的学习。

（3）创业的社会潮流也确实助长了一部分学生的浮躁心理。从学生自己的反映来看，在今年4月份学生部进行的“教与学调研”中，其中一个问题为“你认为目前校内外的创业活动对学风有多大影响”，认为没有影响和影响不大的占83%，认为有较大影响的占15%。可见，虽然大部分学生并不认为创业活动对自己影响很大，但也确实有一部分学生受到了不良的影响。

前一阶段关于学生创业的问题之所以“沸沸扬扬”，很大的原因在于一些宣传媒体的炒作。媒体所炒作的新闻和观点与学校的实际情况、学校的态度、学校的看法都有很大的不同。这种炒作可能在社会上引起了一股创业热，同时也增长了一部分学生急功近利的思想，产生了一定的浮躁情绪。目前，一些媒体关于创业问题的炒作也正在降温，这个问题有一定好转。

对于一部分学生在创业问题上的浮躁心理一定要及时开展教育工作，要教育他们把踏踏实实做学问的作风和开拓创新的精神结合起来，千万不要走急功近利和浮躁的极端。

3. 关于学风问题

一段时间以来，大学生的学风问题为社会所关注。总的来讲，清华学生的学风应该说还是好的，在上学期开展的调研中，82% 的学生认为我校学生的学风是好的或较好的。在对教师的调研中，80% 以上也认为学风是好的。同时在学风中也确实出现了一些需要关注的问题，比如迟到、旷课、抄袭作业等现象比较严重。调研中，只有 29% 的学生从不缺课，只有 40% 的学生一直坚持独立完成作业。学风问题上的不良倾向至少反映出学生中的四种现状。

一是兴趣多样。不少学生的思想和兴趣比较多，兴趣转移的速度比较快。前面已经分析过的学生中的考托福考 GRE、打工赚钱、包括盲从创业潮流都在这方面带来了一些影响。有的学生把过多的精力投入到一些实用性技能的学习上，而在一些基础理论上扎实钻研的精神不够，也反映出学生中存在急功近利的思想和浮躁的心态。

二是缺乏自律。学生宿舍安装电视、电话和电脑网络后，学生的生活条件有所改善。但对于那种缺乏自律、不会合理安排时间的学生来说，容易在计算机、玩游戏、上网、看电视等方面花费过多的时间，对学习也造成了一定的影响。迟到早退、抄袭作业等现象实际上也反映出了学生缺乏自律和基本道德素质需要提高等方面的问题。

三是动力不足。一些学生学习动力不足，特别是学校实施本硕统筹后，读研更容易了，一些学生压力不足，对学习也有所放松。也有不少学生在学习目的上存在着不正确的认识。在学生学习动力的首要来源上，只有 21% 的学生选择报效祖国，40% 的学生选择谋求自己的美好生活，这也反映出学生人生价值观方面的一些问题。

四是认为课程无聊。一些学生认为部分课程设置陈旧，有些教师讲课缺乏吸引力，影响了学生的学习情绪。一些学生因为专业情绪也产生了厌学的思想。调研中，学生对缺课原因的选择，居前两位的是课程内容陈旧和对教师的讲课水平或方式不满。

总的来讲，学风问题需要从教与学两个方面来分析，其中既有学生主观方面的原因，也有学校的教育教学改革还没有完全到位、学校教学还不能完全满足学生要求方面的原因。

以上讲的几个问题，都反映出了新形势下学生工作碰到的新情况、新问题。我们必须适应新形势，进一步加强和改进学生思想政治工作，在内容、形式、方法、手段、机制等方面进行改革和创新。这学期我们要在学生中继续开展“我的事业在中国”的主题教育；切实加强学生工作干部队伍建设；在本科生中研究试点导师制；在研究生中落实按科研群体建立基层组织，研究网络环境下的德育工作等。

今天是全校教工党员会，我想特别强调一下全员德育意识的问题。学生工作系统与其他部门密切配合，学生思想教育活动与教书育人工作协同努力，这是我校当前加强德育、培养学生全面素质的一个重要途径，是提高学生思想政治工作实效性的一个重要思路。思想政治工作与教学、科研、人才培养工作的中心任务不能脱节，各方面教育资源要形成合力，不能“两张皮”。一方面，学生思想工作系统需要进一步与教学、科研、后勤等部门加强协作，相互配合，发挥教育、管理、服务的综合作用去解决问题，提高思想教育实效性；另一方面，我们需要进一步加强广大教师教书育人的责任感，特别是党员教师要树立全员育人的意识，通过与学生接触交流最频繁的教师，通过他们的为人师表、结合业务工作的言谈身教，在知识增长和思想进步两方面发挥教育作用。

尽快完成由中学生到大学生的转变*

（2000 年 9 月 28 日）

上大学，对同学们来说正来到一个生活的转折点，大家要尽快完成由一个中学生到大学生的转变。历年同学们到大学后，思想上往往会产生三个矛盾：一是自豪感与自卑感的矛盾。为自己考上清华自豪、兴奋，而到校后看到高手很多，一些方面感到自己不如别人；二是新鲜感与恋旧感的矛盾。对新的环境、新的同学感到新鲜，但又觉得不熟悉，有时会怀念父母、中学的老师和同学；三是轻松感与被动感的矛盾。高考压力消失了，不那么紧张了，但又不适应大学的学习生活，感到心里没底，因此被动。有些同学不能适应这个变化，虽然中学学习不错，到大学还可能掉队。因此新同学要自觉主动适应这个变化，只有在德智体等方面全面要求自己，才能取得进步。

一、在思想政治上的要求

同学们十七八岁上大学，开始走向成熟，要独立思考人生，要自己辨别政治是非。在这个人生观形成的时期，应该解决什么问题呢？我提出一些问题和同学们讨论，引起大家的思考。重点讲两个问题。

（一）要解决政治方向和人生理想的问题

清华学生一直有追求真理，要求进步，热爱祖国的传统。但是，在对外开放和建立社会主义市场经济过程中会有些错误思潮的负面影响，特别是“以我为中心”和“一切向钱看”思想影响，会使我们一

* 本文是贺美英同志给2000级大一新生所作的入学教育报告。

些同学在人生观、价值观上产生疑惑。

去年以来，学校在全校师生中开展了教育思想大讨论，明确学校培养人才的目标是具有高层次、高素质、创造性、多样化的各行各业的社会主义建设的骨干人才。去年胡锦涛同志与王大中校长和我谈话时提出：希望清华大学培养更多的学术大师、兴业之才、治国之才。这个要求是很高的。在教育思想讨论中，学校对 1000 名毕业生，特别是 90 年代毕业生和用人单位进行了调查，普遍反映清华的毕业生政治、业务素质大多数都是比较好的，与其他学校相比也是较好的。一家单位网上对 1000 人进行零点调查：A 最好的学校；B 最愿送子女上的学校；C 最希望要或合作的学生，结果清华都是第一位。但是用人单位也反映近几年的大学毕业生——当然并不只是清华——比起以前的大学生，特别是五六十年代毕业的大学生，“爱国心、事业心、责任心”有所下降，不少人遇事首先考虑个人利益，把个人利益看得太重，往往做出不讲信誉、不辞而别、不考虑单位利益的事情。校友和用人单位一致反映，希望学生成为“政治坚定、道德高尚、业务优秀、身心健康”的人；一致反映人才的思想素质是第一位的，强烈呼吁学校加强德育。因此，我们深感树立正确的政治方向和人生理想是我们上大学后第一个要解决的问题。

我想简单回顾一下我们学校的历史。清华的诞生是带有民族屈辱印记的。清华大学的前身——清华学校建立于 1911 年，是当时美国政府把八国联军侵略中国后，中国对美庚子赔款的一部分余额“退还”中国专门用来办的一所留美预备学校。美国当时甚至称清华为“赔款学校”。历史上一些爱国志士把这件事看成国耻纪念碑。美国的目的决不是对中国的友善，而是为了美国的利益。美当时伊利诺伊大学校长给美国总统的备忘录中说：“哪一个国家能够做到教育这一代青年中国人，哪一个国家就能由于这方面所支付的努力而在精神上和商业上取回最大的收获。……就能用巧妙的方式，控制中国的发展。”也就是要通过办学培养他们的代理人——成为“追随西方的精神领袖。”他们说：“商业追随精神上的支配，比追随军旗更可靠。”这就是帝国主义“关心”

中国教育的目的。但是清华深深植根在中国土地上，与祖国和民族的命运紧紧相连。与帝国主义的愿望相反，清华学生的主流和传统一直是“爱国、进步、民主、科学”，在祖国深重的灾难中更培育了一大批革命者。“一二·九运动”中，清华学生首先喊出了“华北之大，已安放不得一张平静的书桌了”，大批青年走上了抗日前线。在为中华民族求解放的斗争中，清华大学英勇牺牲的革命烈士有 40 多人。如上海“八·一三”抗战驾机撞毁日舰与敌同归于尽的沈崇诲烈士、著名小说《红岩》中刘思扬的原型刘国鋕烈士，还有韦杰三、施滉、张甲洲等。同时清华也培养了一大批爱国的科学家和学者。如朱自清在这里写下了《荷塘月色》，曹禺学生时代在这里创作了《雷雨》，朱自清“宁可饿死，不吃美国的救济粮”，闻一多拍案而起倒在国民党特务的枪口下。这些校友是清华争取民族独立，争取民主、进步，反帝反封建革命传统的代表。

清华地下党于 1926 年建立第一个党支部，只有三名党员。到解放前夕，发展到几百人，占当时学生总数的 10%。加上民青——共青团的前身等党的外围组织，革命势力强大，当时清华被称为“蒋管区里的解放区”。从 1926 年到现在的 70 多年里，虽然革命形势有高潮和低潮、有顺利和曲折，但党组织从未断线。正是在党的领导下，清华形成了爱国主义的光荣传统，正如闻一多的名言：“诗人的主要天赋是爱，爱他的祖国，爱他的人民。”1949 年新中国成立前后的一段时间，大批清华的留美学生冲破美国的阻挠，回到祖国参加新中国的建设。

直到今天，清华同学坚持了这个传统。老校长蒋南翔同志提出，清华的学生要逐步上三个台阶——爱国主义—社会主义—共产主义。清华绝大多数同学按这个要求锻炼自己，坚持又红又专。许多同学毕业后奔赴国家重点企业、重点工程、边远地区，几十年艰苦奋斗，为民族建功立业。解放前 38 年时间，如果不算西南联大的毕业生，清华总共毕业 2600 多人，而解放后 40 多年来我们为国家输送了 10 万多名毕业生。今天在全国各地都可以看到大批清华毕业生坚持社会主义方向，为祖国为人民作出重要贡献。在我国为原子弹、导弹发射默默作出贡献的科学家和技术骨干中有大批清华校友。国家表彰的23名“两弹一星”科技功臣中有14位在清华学习和工作过。我国的科学院院士（学部委员）和工程院院士中，清华校友所占的比例是相当高的。有大批清华校友走上了国家和省市的党政领导岗位。党的十五大选出的中央委员和后补中央委员有清华校友21人，政治局委员有5人，政治局常委有2人。历届副部级以上干部有300多人。还有各条战线一大批骨干都是在基层工作中做出成绩受到群众的信任、拥护，被推举到了领导岗位。他们取得成功的一条重要经验就是有坚定正确的政治方向，始终和党、人民站在一起。清华革命传统在新中国的体现就是全心全意为人民服务的精神，就是为社会主义祖国的富强、民主、文明作贡献的进取和奉献精神。

当然，解放后的40多年里，清华也有一些学生在国家和学校的曲折发展中走了弯路。“文化大革命”的红卫兵运动就是从清华开始的。后来打派仗、搞武斗，清华成了“文革”重灾区，学校受到严重破坏。那时的造反派头目中的一些人之所以走向反面，究其根源也是离开了党的领导和社会主义方向，脱离了广大人民群众，跟着“四人帮”跑，自我膨胀当什么“司令”，想控制全国的运动，最后给国家、学校造成巨大损失，自己也犯下严重罪行，被依法惩处，教训深刻。

“文革”和后来政治风波的教训以及苏东剧变都从反面告诉我们，在大学时期一定要树立坚定正确的政治方向和正确的世界观、人生观，这不是虚的、与己无关的问题，而是现实的问题。希望我们大一的同学在自己原有的基础上加强学习，努力提高自己，沿着爱国主义—社会主义—共产主义的方向逐步提高，达到更高的思想境界。希望有一批优秀的同学经过努力，决心把自己的一生和中国的富强、人民的幸福结合起来，和党的事业结合起来，能加入到党的队伍中来。希望所有同学都能有明确的政治方向，树立远大的理想，能够迎接今后各种风浪的考验，迎接21世纪的挑战。

（二）要树立良好的思想品德和集体主义精神

我们学校的老校训是“自强不息，厚德载物”。是从《周易》中“天行健，君子以自强不息”“地势坤，君子以厚德载物”两句中摘下来的，讲的是要有一种永远向前的奋斗不止精神，像日月星辰一样转动不息，还要有高尚的品德，德厚才能载物，承担重任。品德高尚，包容万物，用今天的话讲就是又红又专。清华要教给同学们不仅是怎样“为学”，还要同学们学会怎样“为人”，这方面我们大多数同学还是做得很好的。但是也有少数同学受社会上不良风气的影响，出现一些问题。在同学们刚刚入学的时候，提请大家注意。

首先，我们要树立集体主义的观念。同学们从祖国四面八方汇聚到一起，重新组成一个集体。大家远离家乡、远离父母，一是独立生活，二是集体生活。有些同学自理能力差，更需加强集体建设。班级就是我们的家，同学就是兄弟姐妹。大家都希望有一个好的集体，促进学习，催人上进，有了困难能互相帮一把。我校从 1954 年起开展创建先进集体的活动以来，已经 40 多年了。1990 年，学校又狠抓了班级建设，开展创建优良学风班和甲级团支部的活动，在此基础上评选先进集体。大学集体对一个人的影响是很大的。要建立好的集体，就要靠大家努力，每个人都要为集体做点奉献，而不是等别人奉献于你。大家都担负一点社会工作。有些同学上大学后，一心只顾学习，不愿担任社会工作，怕影响学习。我们提倡五年中同学都轮流担任一些社会工作，既是为同学服务，也是锻炼自己为人民服务的精神和与人协作共事的能力，培养团队精神。在毕业生调查中，我们看到一些同学不善于处理人与人之间关系。我们在校期间要学会与人融洽，进校都是尖子，但进校后不可能人人第一。同学之间既有竞争关系，更重要的是建立同志关系。

建设好班集体重要的一点是同学之间要坦诚相待。有了矛盾、意见，彼此真诚地提出来，相互包容，彼此尊重，化解矛盾，增强团结。同学之间没有什么根本的利害冲突，很多不团结都是由学习、生活中的琐碎的事引起的。不同地区的同学语言不通、衣着不同，特别是北京同学和外地同学要相互尊重，心胸要开阔。同学之间交流思想，真诚相待是搞好团结的基础。

在强调树立集体主义观念的同时，每个同学还要加强道德品质的修养。特别要注意这么几个问题。

(1)不能自私自利,要多想想别人。比如,有一个宿舍五年不打开水，总到对门要，结果人家在门上贴出“本室不是水房”。还有一个班毕业前讨论一个同学的入党申请，说他比别人好，不打水也不喝。大扫除，有的人只扫自己桌前一块。有的学习委员把复习提纲自己收起来用，不发给别人，考试前一天才拿出来。类似这样自私自利的行为是很不道德的。

(2)要热爱劳动，尊重别人的劳动。现在各种考试压力大，中小学劳动少。很多同学在家里成了重点保护对象，家务劳动几乎都是父母操劳。这几年迎新，年年都能看到父母背着大包、小包，孩子空着手的。今年迎新，我到一个宿舍，看到五个人搞卫生，铺床、收拾，全是家长，孩子不干。这不大好。自己不会干活，往往也就不会尊重别人的劳动。今年中秋节，许多同学到东西大操场联欢，自己高兴了，走时留下一地纸屑、烟头、蜡烛头，影响第二天上体育课，并且很危险，搞不好会酿成火灾。西操场学校花400多万元，刚刚修的，令人痛心！校内公益劳动挖河泥时曾出现过，四五十岁的女师傅跟班干，而有两个男同学抬不过女师傅，还把工具搞坏了。师傅批评时，他们还说：“我们正在长身体，不该干这样的活儿！”楼里清洁工刚扫完楼道，有人就把东西往外丢，水往外泼。批评他，还说：“我不扔，你不就没事儿干了吗？”班上组织勤工俭学，有两个女同学不参加，还说：“不就几块钱吗？我交给你算了。”她们不知道，钱是买不来吃苦耐劳精神的。当然，这些是个别现象，多数同学劳动中表现是好的，通过劳动提高了自己的思想境界。

(3)要遵纪守法，维护公共秩序。过集体生活，在公共场所必须遵守公共秩序。有的同学自己休息、学习时在宿舍不希望别人吵自己，但别人学习、休息时却开收音机去吵别人。有的同学晚上起夜关门很重，把别人震醒。有的上下铺不体谅，因摇动床铺吵架。有的人自己丢了东西，就去偷别人的。有的偷拆别人的信件。有的同学在食堂因排队的事打架。这些都不是小事，表现出缺乏基本的教养。

（4）要提倡艰苦朴素。重事业、不重吃穿是清华的好传统，大家看看学校的老师就可以发现这个特点。国家还在艰苦创业，你们毕业后也要艰苦创业，所以希望同学之间不要比吃穿，生活上更不要大手大脚。有些同学到了大城市，怕人看不起，觉得穿的衣服寒酸，把父母辛辛苦苦积攒下来的几百块钱用来买高档皮鞋，买新潮时装等。结果没钱买冬衣了，要申请补助。“文革”前说有的学生是“一年土，二年洋，三年不认爹和娘”，现在这样的人也是有的。清华的老师、同学从来不以衣着取人，而是看真才实学，看道德品质。

我讲这许多问题当然从全校看是极少数的。希望新同学一定要学习好风气，不受坏风气的影响，一进校就注意养成良好的道德风尚，这些是政治思想上的基本要求。

邓小平同志在1980年的一次谈话中讲道：“清华大学提出一个很重要的问题，就是学生从到学校的第一天起，就要对他们进行思想政治工作。学校的党团组织和所有的教员都要做学生的政治思想工作。他们这样做很见效，现在学校风气很好。清华大学的经验，应当引起全国注意。又红又专，那个红是绝对不能丢的。”又红又专的确是学校的好传统，也是一代代清华人成为栋梁之材的经验。这个红指的是什么？我想就是我们刚才讲的有坚定的政治方向、有正确的世界观人生观和远大理想、有集体主义的精神和高尚的道德品质。怎样做才能达到这些要求呢？我想主要有三点。

第一，加强马列主义基本理论的学习，学好有关的马列主义课程，积极参加学校和班级的政治活动，打好思想基础，提高自身觉悟。

第二，积极参加社会实践，在实践中锻炼自己。学校在教学计划中安排了相当多的实践环节，现在学校实行三学期制，在两个18周的标准学期中间，暑假有一个小学期主要安排实践环节，如大一有军训，一年级有军事课，希望有一些同学能达到预备役军官的水平。一二年级小学期有金工实习、电子工艺实习、公益劳动、社会调查、社会实践等。学校建立了勤工俭学指导中心，尽量开辟多种渠道吸收同学参加。

四年级有生产学习，除参加劳动外，还要为工厂解决一些实际技术问题，还有毕业设计。假期，团委和各系还组织多种社会实践和科技服务活动。同学们都渴望成才，我认为成才要通过实践，在实践中锻炼、成长，衡量才干的重要标准是实践的检验。

第三，思想政治素质的培养要脚踏实地地从现在做起，从小事做起。思想品德是在实践中培养起来的。我们明确了方向、理想，还要去实现、去实干。大礼堂草坪前的日晷上刻着“行胜于言”，这是清华的校风。“文革”后第一届（1977 级）的同学们首先提出“从我做起，从现在做起”，这一口号已深入人心。后来，共青团的活动中，同学们又加上了两句，就是“从我做起，从现在做起，从点滴做起，从身边做起”。要把追求进步和崇高理想与现实行动结合起来，一步一个脚印地积累。

二、在学习上的要求

学习是我们在学校中的主要任务。我们大部分时间用于学习，学好功课是学生的本分，也是每个同学的愿望。怎样才能搞好学习呢？

1. 要树立正确的学习目的

为什么上大学，动力是什么？有同学说，中学时动力很简单——考大学，一切围绕这个目标，多做题，加班加点，苦干。但上大学后，往往出现动力真空，不知下面的目标是什么了。当然，同学们思想上有很多积极因素：希望学到真本领，有真才实学；为了报效国家，为了改变家乡落后面貌；为了报答父母和中学老师；希望攀登科学高峰；等等，但也夹杂着为个人出人头地、只求个人解放的因素，如认为上大学就是为了有好工作，能多挣钱，或者为了摆脱农村艰苦生活和笨重体力劳动。以前有个同学说，接到清华的录取通知书时，正在水田劳动，上面太阳晒，下面热水蒸。接到通知书激动得不得了，想起了古诗“朝为田舍郎，暮登天子堂”，于是高喊：“别了，农村！别了，繁重的体力劳动！”我们不应只是求个人的解放，首先要求人民生活提高、劳动条件的改善。也有的同学上学是为了个人出人头地，为了争口气，拔尖或者以为上清华好出国等。只为自己，目的不正确、不健康，遇到一点波折或稍不如意，就会意志消沉，学习也搞不好。这几年出现过这样一些情况：有同学只为上大学，目的达到了，目标也没有了，认为该喘口气了，进清华就保险了。结果一松气，第一学期下来，四门课不及格，只得退学。有的同学中学时在班级里是拔尖的，上大学后开始也雄心勃勃，但到学校发现好手如林。原来全校第一、全县第一，到这儿来后就不一定突出了。对自己估计过高，期望过高、没有达到，情绪波动，心理不平衡，有的就颓废下来。有的同学自己觉得专业不满意，不理想，“进对了大门，进错了二门”，因此情绪低落，学习积极性不高，有的因此掉队。其实，我们绝大部分同学中学时对专业并不太了解，中学那点儿知识只是基础，谈不上有专长。兴趣是在对专业真正了解中培养的，是在奋斗中建立的。现在学校也在努力拓宽专业面，从 59 个专业下降到 30 几个专业，还放开了辅修课组，可以自由选修一部分自己喜欢的课程，使同学们能更好地适应社会要求。大学时打下扎实基础，出去工作后会有很多变化，并不框死在一个专业，选择机会是很多的。在学校，一年级后部分同学可以转专业，读研还可交叉学科。有的同学觉得清华不像原来想得那么好，“鸟语花香，书声琅琅”“神奇的土地”。其实清华也在发展中，困难很多，人们希望多招生，但是学校后勤跟不上，宿舍拥挤，洗澡也挤，吃饭不如家里可口，碰到有的课程教师新老交替，效果不理想等。学校是敞开大门的，因此治安会有问题，丢东西的不少。没有固定的教室，得跑教室等。有的同学说：“早知这么苦，不如回家当个体户。”学习是艰苦的劳动，要克服生活上、学习上的许多困难。如果只为赚钱过舒服日子，确实不一定要上大学。还有同学学习方法不适应，成绩不理想，心理压力很大，感到“无颜见江东父老”等。

总之，假如学习动力只为个人，一有困难、挫折就会波动，甚至学习都坚持不下去了。有一个同学写的年终总结，可能对大家会有一点启发。他写道：“考上清华，我当时认为这是我几年‘吃苦’‘奋斗’拼出来的，一种‘个人英雄主义’情绪已支配了我，我很得意忘形。

上了大学，奋斗目标已经达到，我没有新的目标和新的追求。我不知道这五年大学生活该做些什么，毕业后做些什么。我感到生活有些无聊和空虚。大学第一年，成绩非常糟，几乎是勉强及格，这时感到压力很大，产生了‘混’的念头，一种悲观、消极厌世的情绪落到身上。对任何事都无兴趣，对同学冷淡，对集体活动、政治学习消极应付。”后来在同学们的帮助下，他有了变化。他深感：“缺乏明确生活目的的人，把握不住自己，像一艘无舵轻舟，在生活的大海里随波逐流，不是被大海抛往礁石，便是被潮水弃在沙滩。”这个同学的体会很有代表性，说明学习动力问题是一个基本问题，本质就是人生观问题，正确人生观是管一辈子的。在上大学的问题上，我们不仅要看到自己的努力奋斗，父母家庭的关心、供养，还特别要时时记住国家和人民的培养。我们现在上大学一年交4800元学杂费，另外还有住宿费，对家庭是一笔不小的开支，但对培养一个大学生来讲是远远不够的。培养一个大学生每年国家和学校最少付出两万元。所以我们能上大学，自己、家庭不容易，国家更不容易！

还有，我们能上大学的同学只占全国同龄青年的百分之十几，而能上清华的则更少了。周总理在1964年对大学生讲的“想一想同龄人”，是非常深刻的。我们上大学不仅是个人的事情，是代表一代人来学习的。因此学习不是只为自己，不能忘记我们对国家、人民和对我们同代青年的责任！我们应当把个人成才的强烈愿望与“崇尚科学、追求真理”“振兴中华、实现四化”的大目标结合起来，并自觉把它化作热爱专业、刻苦学习的实际行动。只要我们心里时时刻刻装着祖国和人民，就不会因为考好一次而趾高气扬，不会因为遇到挫折而灰心丧气，也就不会互相攀比、互相忌妒，有勇气去克服学习、生活中的困难，就会有坚忍不拔的毅力去攀登科学高峰。

学习中不仅要有大目标，也要有具体目标。在大学，具体目标就是学习上要知识、能力、素质并重。因此不只是把课上的一点东西背熟、考分高就够了，要在学知识过程中学会分析问题、解决问题的方法。要培养自学能力，大学学到的知识是有限的，要有自己掌握新东西的能力，要有解决实际问题的能力，有动手能力。还要提高全面素质——思想道德素质、业务素质、文化素质、身心素质，这些素质是相互促进的。杨振宁先生数理好，父亲是清华的数学教授。一年暑假，他以为父亲要给他补习数理，而父亲却请了一位历史教授，讲了一暑假“孟子”。杨先生说，这对他以后科学上的发展很有作用。文艺社团出了很多人才，除学习外，社团的活动对提高全面素质特别是组织能力和团队精神很起作用。所以希望同学们除了学好课堂的功课外，也要积极担任社会工作，参加课外科技活动，勤工俭学，参与社团活动。工科的同学应选修一些人文及艺术类课程，通过这些提高自身全面素质。

2. 要树立良好的学风

清华多年来形成了“严谨、勤奋、求实、创新”的学风。清华担负着为国家培养高级专门人才的任务，你们进校就加入了攀登高峰的行列。攀登科学高峰是人们羡慕的美好事业，但也是很艰苦的事业，所以马克思说：“在科学上没有平坦的大道，只有不畏劳苦沿着陡峭山路攀登的人，才有希望达到光辉的顶点。”这一点，我们做老师的都深有体会。现在科学技术发展很快、翻新很快，清华老师要赶上世界科技发展的步伐，迎接新技术革命的挑战，现在课上特别是专业课上讲的东西很多，甚至大部分都不是我们学生时代学的东西了。所以，清华的特点是老师和同学一起刻苦学习，勤奋学习已经变成了习惯。这两年学校和外校教务处的同志抽查我们同学上自习的情况，晚上自习率都在 95% 以上。校友们说，清华的良好学风使自己终生受益。

“严谨”就是要严格要求自己，学习一丝不苟，不投机取巧。我想着重讲讲不要作弊的问题。这几年同学中有抄作业的；实验做不出，或和理论值不同而凑数据的；年年都发现有考试作弊的。这既是有无严谨科学作风问题，也是有没有求实精神的问题，还是一个道德品质问题。学校规定，考试作弊，无论是抄别人的还是让别人抄的，这门课一律记 0 分，且不许补考。到毕业前，根据表现再考虑给不给补考。作弊的一律取消考研究生资格。多年来都是这样严格执行的。去年有一个学生，怕外语四级过不了，火车上遇见语言学院青年教师，400 元可找人代考，结果被发现。家长、自己痛哭流涕，也没用了。其实一次考不过，还可补考重修。对学生来说，分数是很重要的；但我看宁可少得几分，也不要在道德品质上给自己留下污点。李开复讲过一件事：“我在微软研究院碰到一位来这里实习的交换学生，有一次出乎意料地报告了一个非常好的研究结果。但他的结果别人无法重复。后来，他的老板发现，这个学生对实验数据进行了挑选，只留下那些合乎最佳结果数据，舍弃了那些‘不太好’的数据。我认为，这个学生永远不可能实现真正意义的学术突破，也不可能成长为一名真正合格的研究人员。”希望同学们学习上能严格要求自己，从学校来讲要严格治校，严是对同学们的真正爱护。大家知道，美国航天飞机就因为密封圈质量问题发生爆炸。航天部二院贴着“严是爱，松是害”的警句。严格要求也是清华的传统，有许多这方面的例子在清华传为美谈。

我们提倡同学们在学习上有创新精神。学校也在多方面创造条件培养学生的创造性。学校成立了课外科技活动指导中心，设立了火花基金等多项基金，鼓励同学们参加课外科技活动；每年进行挑战杯科技比赛；支持同学们参加社会实践，用所学知识为社会服务。学校还实行双学位，同学可主修一个专业，辅修一个专业，扩大知识面；开展多种形式的因材施教，给学有余力的同学创造充分发展的机会；现在我校研究生考试改革以免试推荐为主，不只看几年学习分数，还要进行面试，看看你的基本概念、全面能力是否有新鲜见解、课外科技活动成果、工作组织能力、表达能力等。这几年教改中加强了培养同学们的创新能力，也希望同学们在学习上勤于思考，多提问题，真正做到“严谨、勤奋、求实、创新。”

3. 要改变学习方法，适应大学的学习

中学的学习基本上是一种应试教育，以考试为指挥棒，淹没在题海中，死记硬背比较多。为了高考，很多课程掰开、揉碎了反复讲。有同学说，高中的卷子堆起来几尺厚。大学呢？自由度大了，实行学分制，课程可以选不同档次的，可以多选，也可少选，还有相当多的选修课。外语也分了级，教师讲课很多不按教科书，讲得不那么细，有时一堂课一章就讲完了，几十页就过去了。听课的班也大了，大课从一百多人到三四百人，因此教师不可能手把手教。同学们要学会记笔记、自学，自己找参考书、看参考书，而不是做完作业就完了。我们有全国高校中电子化最好的图书馆，有 250 多万册书。还有很多现代化的视听、多媒体和查阅资料手段，同学们要善于利用图书馆。

听课要注意听教师的思路，学习分析问题、解决问题的方法，而不是简单地背结论。“文革”前清华就提出猎枪和干粮的问题：大学应该给同学猎枪而不是只给干粮。干粮总是要吃完的，有了猎枪，可以打猎继续生活。大学独立性、创造性余地更大了，要学会自己去获取知识，这是学习上很大的转变，转不好就可能掉队。希望大家找高年级的同学座谈一下，吸取他们的经验教训。

4. 要学会驾驭自己，培养良好的心理素质

很多同学在学习上栽跟头，往往是这几方面处理不好。例如有个同学，上大学后自由度大了，不能控制自己，不能科学支配时间。一看图书馆那么多书，那么多杂志，觉得中学太苦了，太贫乏了，一学期看了几十本小说，到图书馆北阅览室一看杂志就忘了时间。功课进度快，拉下一段不复习就跟不上了，课也听不懂了，学习兴趣下降，恶性循环。结果第一学期三门不及格，微积分只考了 6 分（百分制），创了纪录。后来班上同学对他帮、拉，勉强维持到四年级，年年有不及格，最后还是退学了。还有少数同学，一进大学就谈恋爱，分散精力，影响情绪，影响学习，也影响自己和班上同学的关系，甚至个别人搞得几门课不及格，因而退学的也有。所以我劝低年级同学不要谈恋爱，因为你们年纪太轻，不易处理好这方面的关系。还有一种情况，有些同学是中学尖子、地区状元等，以此自傲。但是我要提醒同学们，成绩只能说明过去。什么“状元”“神童”、这奖那奖、敲锣打鼓地欢送都过去了，现在要一切从零开始。

一年级相当多同学存在的共同问题是过分紧张，心理耐力差。心理咨询中心比较过，清华学生承受挫折、适应大学生活的能力较弱。因为以前是拔尖学生，在中学、在地区小有名气，有的考上清华还登

了地区报纸。到校后发现周围同学某方面比自己强，就觉得压力大；另外对大学学习不知深浅，生怕落人之后，结果对学习过分紧张，对分数过分在意。一次考试，成绩差一点就受不了，自己给自己造成很大的精神压力，怕人看不起，“无颜见江东父老”，中午也不休息，周末也不敢轻松一下。有个女生去看电影，坐在那里就心里不安，结果看了一半就跑回来了。有的同学觉也睡不着，甚至神经衰弱，得病休学。我希望同学们一定要记住，每个人上大学都是新的起点，有自己的长处，也有自己的短处，在这方面一定要实事求是。中学都是很好的，到大学一个班也还要重新排队，不可能都排第一。往往你这门课好一点，他那门课强一些。另外大学也不像中学考试都得 90 几分，甚至 100 分。大学 80 几分就很不错了。要在高手如林中力争上游，就要从自己的实际出发，发扬优点，克服弱点。又如，外语分班，本来各地外语师资条件不同，基础有差别，分班是为了从每个人的基础出发，使同学们学得更好，不是看不起谁。外语课，老师全用外语讲，有的同学听力不行，很紧张。有的同学找我哭，我说：“你着急什么？你听不懂，别人也听不懂嘛！过一段就适应了。”从历届的情况看，我们学校二年级后四级通过率都在 95% 以上，优秀率都接近 50%。总之，学习上也要各按步伐，共同前进。学习是长跑，要跑马拉松，不是跑百米，一定不要争一门课或一时一事的长短，一定要从自己的实际出发，把分数看淡一些，让心理承受能力增强一些。一个毕业班同学总结自己的经验：“在清华要有正确的心态平衡，这几乎是每一个进入清华学子的第一课，必须摆正自己的位置，千万不要有‘欲与天公试比高’的派头，‘人外有人，天外有天’，这句话在清华真是得到最好的证明。看到别人的‘强’之后，也不能一味看自己的‘弱’，莫以人之所长较己之所短，清华很大，每个人都可以找到自己的位置，拥有自己的天空。将来，走向社会也是如此，千万不能用‘清华’的金字招牌去垫脚，自以为‘高人一等’。”这个同学的体会值得大家参考。

三、关于“体”的问题

清华有两个口号：一是“争取至少健康地为祖国工作五十年”，二是“8-1>8”。第一句讲的是身体上我们的奋斗目标和努力方向。第二句是多年来同学们的体会，讲的是锻炼的风气和效果。每天8小时工作学习中，拿出一小时锻炼，使学习效果大于8小时。希望同学们来校后，积极投入到清华锻炼的洪流中去。希望有才能、有兴趣的同学，参加到体育代表队和文艺社团中去。在开学典礼上，大家都看到了我校军乐队的表演。文艺、体育代表队开学后都会在新同学中招生。

身体好的另一个重要保证是要有良好的生活习惯，遵守作息制度。如果睡不好，就吃不好，生活无规律就没有力气去锻炼了。我们有很多校友，学习好，身体好，运动水平也很高。毕业后还坚持锻炼，促进他们的工作，取得很大成就。二汽的原副总工程师胡方纲，研究生毕业，百米跑10.9秒，三级跳远第一名，是运动健将。哈尔滨量具刃具厂原厂长蓬铁权是万米运动健将，当厂长后，组织了哈市的马拉松赛，还组织了厂里的篮球队来校比赛。从他们身上可以看到，体育大大促进了工作。但是近几年清华新生的身体素质有所下降，高考压力大，不锻炼，甚至体育课也不正常上，眼镜很多。前一级同学进校时，2100人中三项达标测验有1400人没通过。考分很高，体能很差。今年一年级体检，发现健康状况不好的近500人，占新生的17%。上届大一有160多人一门不及格，其中体育不及格的有80多人。有一年我校同学社会实践参观葛洲坝，听总工（也是我们校友）介绍，咱们同学晕倒好几个。同时参观的河海大学的同学就没有倒。总工转告学校领导：“清华学生身体素质不如华东水电学院，体育锻炼传统不能丢，否则不能适应工作。”希望同学们养成良好的生活和体育锻炼习惯。

为了鼓励同学们努力做到德智体全面发展，学校设立了优秀学生奖学金和各种单项奖。还争取校友、爱国人士及国内外大企业的支持，在学校设立奖学金100多种。每年200多万元，有35%~40%的同学可以获奖。学校还采取多种措施，为生活困难的同学设立了助学金和困难补助、贷学金等。

同学们，你们赶上了我们国家加快改革开放和加速发展的好时期。学校确立了创建世界一流大学的目标。在这个时候,你们进入清华学习，国家和学校给同学们创造了优越的学习条件和环境，因此你们就有比同代其他青年更重的责任和义务。你们是世纪之交入学的学生，面临21世纪振兴中华的光荣任务。希望同学们珍惜大学的生活，严格要求自己，又红又专，德智体全面发展，成为受人民欢迎的大学生！

六、纪念文章与纪念活动讲话

学习童诗白先生敬业乐教的精神 *

(1996 年 12 月 27 日)

童诗白先生 1946 年从西南联大毕业后就在清华大学投入了高等教育事业，至今已过去了 50 周年。50 年来，童先生把他的精力和情感无保留地贡献给了教书育人事业，教材遍全国，桃李满天下。他始终秉持的严谨治学、敬业乐教的精神，是为师之道的根本，也是清华师德师风的精髓。关于童先生对自动化系、对学校、对高教事业的贡献，大家已经谈了很多。今天，我以一个童先生的老学生、一个自动化系系友的身份简单谈谈我的感受。

我从 1956 年进电机系学习，那时童先生已从美国回国，在系里工作，可惜我没有机会听童先生讲课。我从高年级同学那里听到，童先生讲课时，从口袋里掏出一个晶体管，展示给同学们，“这就是晶体管”。当年，国内讲课还只是讲电子管，童先生把世界电子技术的最新发展带进课堂，使同学们很激动。童先生为我国的电子学教学工作作出了重大贡献，是我国电子学教学工作的奠基人之一。

我做学生的时候，只是看着童先生在系里出出进进工作，却没有直接接触过。与童先生接触，还是我留校之后。特别是 1985 年，学校让我做系的书记。我觉得工作压力很大，系里矛盾不少，很多人都是我的老师，我担心工作不好开展，不能胜任工作。我拜访童先生时，童先生给我讲了许多，鼓励我大胆工作，还提了许多好的建议。当时，我很感动，觉得童先生真是一个豁达而坦荡的人。

童先生在教学上的成绩有目共睹。他的教材发行百万册，影响了

---

* 本文是贺美英同志在祝贺童诗白教授从教 50 周年座谈会上的发言。

几代人。以童先生为课程负责人的电子学课程，从1987年以来一直是学校的一类课，得到了学校的许多奖励，并且在1989年获得了“全国高校首届教学优秀成果奖国家级特等奖”的全国最高荣誉。他亲自编写的教材曾获得国家教委优秀教材一等奖和全国教材优秀奖。近年来，年事已高的童先生仍然团结教研组同志不断推进教育教学改革，改进实验教学，改进教学方法和考试方法，并亲自动手在国内率先为研究生开设了“现代电子学”课程，受到了系内外研究生的广泛欢迎。

今天，我们在这里庆祝童先生从教50周年，一方面是要感谢童先生为学校作的贡献；二是要号召大家向童先生学习：学习他的奉献精神和兢兢业业的敬业精神。特别是我们的青年教师，要以童先生为榜样，既然身为教师就要把教学作为自己安身立命的根本，争取在教学岗位上取得突出的成绩。

刚才童先生提到向教学“倾斜”的问题，这也是学校正在考虑的。我们学校的经费是按照本科生和研究生的人数由国家拨款的，这笔钱支付了全校教职工的工资。所以学校的基本经费来源于教学。没有学生，没有教学，学校就不成其为学校。学校要永远办下去，教学就要永远坚持下去。

学校对教学是非常重视的。早在几年前，学校克服了困难，给每个教学岗位上的教师每月岗位津贴300元，课程负责人每月400元。这个学期，又决定给大部分青年教师每人增加100元，这是学校为稳定青年教师队伍所做的努力。当然这也是不够的，但说明了学校的政策。今后对教学设岗要严格选择，同时逐步加强岗位津贴的力度。我们可以预见到将来，学校里的教师岗位将是很吸引人的岗位。大家要珍惜现在的岗位，勤奋工作。

学校对回国人员并不是来者不拒，今年来学校应聘的回国人员有150多人，我们只选留了23人。现在在待遇较低时坚持工作的教师，将来一定会有更好的条件。

今天的青年教师要学习童先生的敬业精神、乐教精神，要钻研教学法。希望我们的青年教师中今后能出现一批像童先生那样的教学大师。

闻一多精神在清华园永存 *

（1999 年 11 月 22 日）

各位领导，各位同志：

我们今天在这里纪念伟大的爱国诗人、杰出的学者、不屈的民主战士闻一多先生，作为清华大学的代表，我的心情格外激动。一多先生的一生有半数以上是在清华度过的；他曲折人生道路中的几个重要转折是在清华完成的。

在清华，闻一多由一个书生少年成长为一名爱国志士。1912 年，他踏入清华园时仅 13 岁。当时正值辛亥革命后复辟和反复辟斗争的关键时期，中国社会面临历史剧变的紧要关头。一多先生在刻苦攻读的同时，关注社会时事，积极参加学生社团活动。他首次引人注目是在入校的第二年：他在学生自编自演的独幕剧《革命军》中成功地饰演了一个在敌人刀斧面前威武不屈的“革命党”人。这个小舞台成为一多先生人生大舞台的起点，而他在这两个舞台上的角色又那样一致，这确实是令人称奇的。到 1919 年，一多先生已经成了学生爱国行动的领袖人物。五四运动爆发的当晚，远离市区的清华校园里贴出了一张大红纸，上面工笔抄录了岳飞气贯长虹的《满江红》，而这竟成了清华学生奋勇投入五四运动的动员令。25 年后，人们得以确认，此事乃一多先生所为。五四后，激越的爱国之情推动着一多先生投入了对旧清华弊端和对殖民地文化的批判。即使是在留学美国刻苦学习西方优秀文化期间，令他惦念不忘的仍是当时积贫积弱的祖国。当“身在异乡为异客”时，一多先生所思念的不是狭义的“家”，而是“中国的山川，中国的草木，

* 本文是贺美英同志在首都各界纪念闻一多诞辰一百周年大会上的发言。

中国的鸟兽，中国的屋宇——中国的人”；西方世界艳丽的“热欲蔷薇”他不爱，他从心底里热爱的是“我祖国的花”和“我如花的祖国”。对祖国的感情，使他提前结束了在美国的学业，归国投入了“救我中华”的实践。一多先生流芳百世的名言“诗人的主要天赋是爱，爱他的祖国，爱他的人民”，将永远激励一代又一代清华人为祖国、为人民奉献自己的聪明才智。

在清华，闻一多“拍案而起”，由一个象牙塔里的秀才转变为一个为民主而斗争的勇士。一多先生的一生是曲折的。他于 1925 年回国后，曾辗转北京、上海、武汉、青岛等地，信奉过“国家主义”，作过“新月派”文艺的中坚。因多方不适应而“转向内走”，回到母校潜心于中国古典文学的研究。1935 年“一二·九运动”爆发后，一多先生还对国民党政府存有一线希望。到 1937 年，因日寇进逼，清华不得不南迁长沙与北大、南开合组临时大学；长沙告急后，临大再南迁昆明，一多先生执意与学校男生一起徒步前往。他们跋山涉水，行程 3500 里，历时 68 天。整个南迁过程中，一多先生目睹了祖国苦难深重的现实，他蓄起了胡须，发誓抗战不胜决不剔除。此后的几年，尽管一多先生还是躲进小楼钻学术，但他心中的忧国之火越烧越旺，爱国知识分子的正义感，国民党政权专制、腐败的反面教员和共产党领导人民追求自由解放、人民民主的正面形象，终于使他在抗战后期踏出书斋，大声疾呼“现在只有一条路——革命”！他说：“我现在思想豁然开朗了，……爱国只能是爱新民主主义的国，现在为新民主主义而奋斗，将来为社会主义、共产主义而奋斗！”一多先生一旦选定自己的政治道路，就再无彷徨，义无反顾地走下去，坚定地站在斗争的前列，受到了广大爱国知识分子、青年学生和各界民众的尊敬，也招致反动派的仇恨。在与国民党黑暗势力的斗争中，面对血腥的镇压和暗杀，一多先生毫不畏惧，以他诗人特有的激情呼吁：“每个糊涂的人都清醒起来，每一个怯懦的人都勇敢起来，每一个疲乏的人都振作起来，而每一个反动者战栗的倒下去！”1946 年 7 月 11 日，民主战士李公朴被特务暗杀，一多先生不仅没作丝毫退避，而是更上前一步。他发表《最后一次演讲》时，

面对着国民党特务的枪口拍案“叫板”，实际上是在慷慨赴死，为自己的政治信念而献身。一多先生的榜样将永远引导清华人坚持又红又专，把坚定正确的政治方向放在第一位。

在清华，闻一多确定了自己的学术地位和做学问的风格。一多先生以一个青年学子在清华面壁 10 年，以“自强不息，厚德载物”的校训自勉，各科成绩优良。他读书喜欢思考，力求自己独到的见解，并在《清华学报》《清华周刊》上发表了大量作品。他的第一首新诗《西岸》于 1920 年 7 月发表在《清华周刊》上，此后又发表了 20 多首新诗，使他成为新诗歌的开拓者和我国早期的新诗人之一。一多先生在美术和戏剧方面的基础，也是这一时期在清华打下的。后来一多先生在清华任中文系教授，潜心于中国古典文学的研究，取得了丰硕的成果，在唐诗和先秦文献的研究方面有许多独到之处。郭沫若先生曾盛赞一多先生“眼光的犀利，考索的赅博，立说的新颖而翔实”，并以夏完淳“千古文章未尽才”的诗句痛悼一多先生的英年早逝。由朱自清先生等编成的《闻一多全集》中的许多作品，至今仍受到学者们的称道和重视。一多先生在学术问题上严谨勤奋的态度，永远鞭策着清华人坚持优良的学风。

在清华，闻一多是教书育人的典范，成为青年学生的良师益友。1932 年，一多先生回清华任中文系教授后，除讲授大一“国文”外，还开设了“王维及其同派诗人”“杜甫”“先秦汉魏六朝诗”“楚辞”等课程。他严谨执教，备课十分认真，对学生循循善诱，把讲课建立在自己独立的科学研究基础之上。在西南联大，他是认识学生最多的教授，是最受欢迎的老师之一。一多先生重视培养学生的独立思考能力，认为教师要交予学生的，是一把开启人类知识宝库的钥匙。他考试的方式也很独特，不赞成学生死记硬背，而是鼓励他们发表独到的见解，即使有发挥不当之处也不计较。他培养学生创新能力的教学目标和启发式的教学方法，至今仍被清华大学极力主张，并作为教育教学改革的重要内容。

闻一多先生的成长经历，得益于清华的优秀传统和特殊环境；清华革命传统和育人环境的形成，也得益于闻一多先生的精神典范作用。闻一多先生是我们中华民族的骄傲，更是清华人、清华大学的骄傲。他的精神永远在清华园中活生生地存在，他永远是清华不可分割的一部分。

毛泽东同志当年曾说过，“我们应当写闻一多颂”，因为他表现了我们民族的英雄气概。我们已经为一多先生写出了许多颂歌。作为清华人，今天应再写出什么样的颂歌呢？当年一多先生曾为清华文科的发展发挥了重要的作用，其在天之灵期望着清华文科的再度辉煌。我们要奋发努力，继承发扬一多先生的精神、气魄，建设好清华的文科，使之为创建世界一流水平的清华大学作出贡献。这将是我们献给闻一多先生的一首最美的颂歌。

谢谢大家！

施滉精神鼓舞我们永远向前*

(2000年6月22日)

今天，在即将迎来中国共产党成立79周年的时候，我们在这里隆重纪念施滉烈士诞辰100周年，这对我校全体共产党员、全体师生员工学习施滉烈士的优秀品质，继承发扬清华的优良传统，加快一流大学的建设步伐，具有现实的教育意义。

施滉是我校早期毕业学生中的优秀共产党员，也是清华留美学生中入党最早的共产党员，为中国人民的解放事业献出了年轻的生命。他是中国人民的优秀儿子，是革命年代清华优秀学生的杰出代表，是清华人不朽的光辉榜样，是清华永远的光荣和骄傲。在清华师生、校友的心中，施滉是一个极为崇高的形象。清华人为他在老图书馆门厅和三教的楼面筑起了纪念牌、纪念像。

施滉烈士年轻的一生，走过了从一个普通的求学青年逐步成长为忠诚的爱国主义者、先进的共产主义战士的道路，体现了清华爱国青年在革命洪流中从激情迸发走向政治成熟的觉醒过程。

施滉于1916年从云南省考入清华，1924年毕业于清华学校。那一时期，中国正处在从旧民主主义革命向新民主主义革命的转变时期。伟大的辛亥革命推翻了满清王朝的统治，但之后中国社会却陷入了军阀混战、政治腐败、民不聊生的境地。俄国十月革命的胜利促进了“五四”运动的爆发和中国共产党的成立，随之革命斗争风起云涌。中国的出路在哪里？中国社会向何处去？每一个寻求真理、投身革命的爱国青年都在思考、探索救国救民的道路。

---

* 本文是贺美英同志在纪念施滉诞辰100周年座谈会上的讲话。

施滉入学后，就被国际国内的革命形势吸引，热切关心中国的社会问题，探索中国的富强之路。从他热情投入“五四”运动，直到1934年最后英勇牺牲的15年革命生涯中，充分表现出他胸怀大志、关心祖国的命运、执着追求真理、为人类进步事业奋斗献身的崇高精神。

当年在清华同学中，不少人对如何改变军阀混战的局面感到前途渺茫，只想好好读书，准备毕业后出洋留学。施滉烈士却关心政治，喜欢阅读《新青年》等政治刊物，接受新思想、新文化，并在同学中组织“唯真学会”，成立“超桃”秘密核心组织，“研究学术，改良社会，以求人类底真幸福。”

那时，在社会上、在清华同学中流行着“实业救国”“教育救国”“科学救国”等各种思潮，而施滉领导的“唯真学会”“超桃”组织却提出了“政治救国”的主张，决心通过政治途径去改良社会。这在当时实为难能可贵。

施滉烈士和他的同学在孙中山和李大钊革命先辈的指引下，进一步走上了革命的道路，开始学习马克思主义，认识共产主义和共产党。1927年，蒋介石发动“四·一二”反革命政变，大肆屠杀中国共产党人，一些意志不坚定的人纷纷退出革命。施滉和“超桃”成员不畏艰险，在留学美国期间毅然参加了共产党，成为清华留美学生中最早的一批共产党员。施滉身在美国、心系故土，十分关心国内革命形势的发展，边读书边参加政治斗争。他担任美共中国局书记，团结广大侨胞和中国留学生，开展革命活动，发展党员，创办刊物，揭露蒋介石叛变革命的罪行，宣传、维护孙中山先生的“联俄、联共、扶助农工”三大政策，成立“华侨反帝大同盟”，并先后在加拿大、墨西哥、古巴等国的华侨中建立了共产党支部。1930年回国后，他以更大的热情投入党的地下革命斗争，直至被捕牺牲。

今天我们纪念施滉烈士，就是要学习施滉烈士那种关心国家大事、关心祖国的前途和命运、以天下为己任的崇高精神。施滉烈士坚定的共产主义信仰、勇敢站在时代的前列、积极推进社会变革、为中华民族的解放事业献身的革命精神，是我们所有共产党员学习的榜样。

施滉烈士对母校有深厚的感情，十分关心清华的建设和发展。在清华学习期间，他积极参与对学校办学方针的讨论，大力主张推进校政、校风之改良。他认为，“清华学校是享受国家特殊待遇的高等教育机关，清华学生是国内机会最好的学生”“清华亦当自觉其担负的重大使命”。他精辟地提出清华的使命有两个，一个是“对于国家，清华有解决国家问题的使命”；一个是“对于世界，清华有介绍中西文化的使命”。

他在1924年毕业离校准备赴美留学前夕所写的《对于清华各方面之建言》一文，对学校各方面工作提出的论述、建议，至今仍有现实指导意义。他在文中提出了清华培养人才的问题：“清华本是预备留美学校，所以一向的方针，似乎仅是培养预备留美的人才——能够入美国大学，能够应付美国环境的人才。这是把手段看做目的的错误。”“为中国造就领袖人才为清华教育的方针”，这就“务必要使清华人才能够应付中国环境，不可仅以造就能够应付美国社会的学生为满足”。他认为这几十年“中国是危弱的，纷乱的，污浊的。清华人才应该能够在这种环境中生活并奋斗”“若清华人才将来到了污浊的社会就同化，看见危弱的情形就丧志，遇着纷乱的现象就无所措手足，清华教育就算失败”。施滉烈士的这一重要建言，已为历史所证实。

几十年来清华为国家培养了大批治学、兴业、治国的人才，包括造就了一批领袖人才，为民族解放，为社会主义建设作出了重要贡献。今天在改革开放、社会主义市场经济的新形势下，展望21世纪的发展前程，清华如何继承历史的光荣传统，为中华民族的振兴培养人才，仍然是学校头等重要而十分艰巨的任务，我们决不可掉以轻心。今年我校将召开第21次教育工作讨论会，进一步转变教育思想和教育观念，深化教育改革，研究制定我校未来创建世界一流大学人才培养体系的行动纲领。我们要帮助学生建立正确的世界观、人生观、价值观，懂得什么是崇高的人生信念，树立“我的事业在中国”的鲜明意识。出国深造，学习发达国家的先进科学技术是件好事，但出国不是目的，爱国成才，报效祖国，才是我们终生奋斗的事业。正如今年89周年校庆时，1950届校友赠送母校的硬木屏中题词所言“强国富民，清华之志”。

施滉烈士在《建言》中向清华同学提出建造健全人格和培养团体精神的忠告。他希望同学们在校的时期内，“把人格建造好”“培养团体精神”，告诫同学“公私不可得兼的时候，当舍私为公，切不可舍公为私”“百利于我有害于公的事不做，百害于我有利于公的事一定做，这才算忠于职务”“盼望大家认真培养团体精神，预备做有利于国家的国民”。他还提倡刻苦的精神。他说：“不能刻苦，决不能处乱世，清华不是要造就能变乱世的人才吗？何以不培养刻苦的精神呢？要知道清华金钱不足惜，国家无人堪足悲！”施滉烈士的这些忠肯建言，和我们今天提倡的素质教育，大力培养学生爱国主义、集体主义、艰苦奋斗精神，是完全一致的。今天我们纪念施滉，就要牢记烈士的教诲，继承烈士的遗嘱，切实把学生培养成为国家的有用之才，栋梁之材。

施滉烈士诞生至今的100年，正是整整的20世纪。20世纪是中国发生翻天覆地变化的世纪，是中国发生三场伟大革命的世纪。上个世纪之交的庚子年间，八国联军入侵，满清王朝战败赔款，中华民族受尽屈辱；今年又值世纪之交，我国已经成为独立自主、初步繁荣昌盛、屹立于世界东方的社会主义国家。100年中，无数革命先烈为中华民族的解放献出了宝贵的生命。至今统计，清华就有40余名革命英烈，施滉是其中光荣的一员。我们怀着十分崇敬的心情缅怀施滉烈士，回顾他光荣的一生，将继承和发扬他的精神，在新的世纪努力为创建世界一流大学、为建设繁荣富强的社会主义祖国而奋斗！

施滉烈士的精神将鼓舞我们永远向前！

学习梁思成先生的爱国情怀和科学精神 *

（2001 年 4 月 20 日）

女士们、先生们、朋友们：

今天，我们在这里集会，隆重纪念梁思成先生诞辰 100 周年。梁思成先生是我校著名教授，创立并长期领导清华大学建筑系，曾经主持了中华人民共和国国徽及人民英雄纪念碑等重大设计任务，为我国建筑业和建筑教育事业的发展以及文物建筑保护工作作出了卓越的贡献。

梁思成先生出生于 1901 年 4 月 20 日，家学渊源，是我国近代著名的大学者、民主革命与文化启蒙运动的先驱者之一——梁启超先生的长子，自幼接受了良好的传统文化教育。梁先生于 1915 年进入清华学校，学业出色、兴趣广泛；1924 年，赴美留学，就读于宾夕法尼亚大学建筑系，刻苦好学、博览群书，以优异成绩获得硕士学位。

1928 年 8 月，梁思成先生回国后应聘去东北大学创立了建筑系。这是中国最早的两个建筑系之一，培养了一批中国现代史上的第一代建筑师。在繁重的教学研究活动中，他深感我们祖先留下的历史文化遗产无比丰富、辉煌，却在战乱中大量流失海外；有关中国古建筑的研究资料也多为外国学者撰写，本国学者对自己珍贵的建筑文化反倒缺乏系统的研究。目睹这种现状，梁先生忧心如焚，视之为民族耻辱。为此，他对工作和生活重新作出安排，放弃了到哈佛大学完成博士论文的计划，从此专注于中国古建筑的发掘、考察和古文献的整理、研究。

* 本文是贺美英同志在梁思成先生诞辰 100 周年纪念会上的发言。

1931 年 6 月，梁思成先生应聘到北京担任“中国营造学社”的法式部主任。在以后的十年间，他和营造学社的同仁们一起，实地调查了 2700 多处古建筑，足迹遍及华北、东北、西南等地区 190 余个县市。正是根据这些丰富的第一手资料，梁先生撰写出版了《中国建筑史》《中国雕塑史》和英文的《图像中国建筑史》以及一批学术论文。当时正逢抗日战争时期，梁先生和他的同事们在烽火硝烟中颠沛流离，居无定所，饱受病痛折磨，生活和工作环境极为艰苦。但他们始终以高昂的热情和惊人的毅力投身于对古建筑和历史文物的寻访、调查、测绘、研究当中，发现了许多湮没于历史尘埃中的文物建筑。他们的工作为中国建筑艺术和人类文化的传承写下了浓墨重彩的篇章。

抗战胜利后，梁思成先生深感国家的建设亟须建筑人才，于是他致书母校清华大学梅贻琦校长，建议创设建筑学科。1946 年，清华大学建筑学系正式成立，梁思成任系主任。其后，他应耶鲁大学邀请赴美国讲学，以一个中国人的民族自豪感将中国古代建筑文化研究成果充分展示在国际学术界面前，赢得了广泛的赞誉和崇高的声望。普林斯顿大学为此授予他名誉文学博士学位。1947 年 2 月，中国政府委派梁先生担任联合国大厦设计顾问团的中方顾问，与一些国际著名建筑师一起参加了设计方案的讨论。1948 年 9 月，梁先生被南京国民政府中央研究院选为院士。

1949 年 9 月，梁思成先生作为特邀代表出席了第一届全国政协会议，以极大的政治热情参与了中华人民共和国国旗、国歌的选定；他受周恩来总理之命主持了清华大学国徽设计小组的工作，发挥清华师生的集体智慧，参考中央美院张仃教授的设计思想，设计出以中国传统红色与金色表现、五星映照下的天安门城楼和齿轮麦穗及绶带围绕、具有革命内容和民族气派的国徽，并在政协全国一届二次会议获得通过，成为新中国的象征。1952 年，梁先生又担任了人民英雄纪念碑兴建委员会副主任和建筑设计组组长，为纪念碑的落成贡献了重要的实施意见。

新中国成立之初，作为北京都市计划委员会副主任，梁先生全身心地投入到首都建设工作当中，并多次上书周恩来、朱德、聂荣臻、彭真等领导同志，积极提建议、做方案。1950年年初，他与城市规划专家陈占祥一起，向政府提出了首都规划方案和《关于中央人民政府行政中心区位置的建议》，主张将行政中心放到北京的西郊而将旧城予以完整保护。他还专门撰写了《北京——都市计划的无比杰作》一文，从科学的角度阐述了北京作为世界上独一无二、保存完好的历史文化都城，应将城墙、城楼、护城河等尽可能地加以保护利用，在改建中保持它的传统风貌。今天我们重温先生的这一提议，更深切地领悟到他作为建筑学大师的远见卓识。

1953年，梁思成先生加入中国民主同盟；1955年，当选为中国科学院技术科学部委员；1959年，加入中国共产党。他一直担任清华大学建筑系主任，并亲自给低年级的学生讲授“建筑设计”课程；他十分关注学生德、智、体全面发展，经常用自己对新中国的认识和思想进步的过程来教育学生走又红又专的道路。他治学严谨，在学术上平等待人，是为人师表的楷模。尽管在“文革”中遭到迫害、身心备受摧残，但他始终忠于党，忠于祖国和人民，忠于自己无限热爱的建筑事业。1972年1月9日，梁先生带着他的才华和对中国建筑业的未了心愿与世长辞。

1984年，梁先生生前设计的“扬州鉴真纪念堂”荣获全国优秀设计一等奖；1987年，梁先生及其领导的科研集体由于在“中国建筑历史理论与文物建筑保护”的研究领域取得突出成就而被授予国家自然科学一等奖。

今年适逢清华大学建校90周年，全校师生正为把我校建成具有世界先进水平的一流大学而努力奋斗。清华大学的老校长梅贻琦先生曾说过：“大学者，非谓有大楼之谓也，有大师之谓也。”他精辟地论述了创建一流大学的基础在于人才，在于吸引和培养更多像梁思成先生这样学术领先、品德高尚、具有国际影响力的大学者，从整体上提高学校的学术水平。“山积千仞乃高、海容百川乃大。”我们正采取多种措施广纳贤才，并深化学校各项体制改革，从制度上保证创建世界一流大学工作的顺利进行。

清华大学的历史就是一部爱国奉献、科学报国的历史。在90年的岁月中，为祖国的建设发展、繁荣富强作出了应有的贡献。这其中，凝结着像梁思成先生这样的优秀学人和广大师生员工的无数心血。缅怀先贤、激励后人。我们纪念梁思成先生，就是要学习他的爱国情怀和科学精神，将他未竟的事业推行到底，以一流的目标要求自己，用一流的业绩告慰英灵，迎来清华大学更为辉煌的明天！

在清华大学老年学研究中心——熊知行楼奠基典礼上的讲话

(2001 年 4 月 27 日)

尊敬的熊知行学长，尊敬的曹锡光先生，各位来宾、各位学长、各位老师：

在校庆 90 周年的喜庆日子里，我们感到特别高兴的是我们 1941 级土木系的老学长熊知行博士为母校的九十华诞献上了一份厚礼：捐资兴建"清华大学老年学研究中心"。今天我们在这里举行奠基典礼。首先，请允许我代表清华大学，并以我个人的名义，向为建设老年学研究中心捐资的熊知行学长和香港杏范教育基金会表示衷心的感谢！向今天光临本典礼的诸位领导和各位来宾表示热烈的欢迎和诚挚的谢意！

人口的老龄化是一个全球性问题，对于我们这样一个提前进入老龄化社会的发展中国家来说，如何真正做到"老有所养、老有所医、老有所教、老有所学、老有所为、老有所乐"是紧迫的社会问题。清华大学老年学研究中心的建成，将为实现高层次的老年学研究与跨学科、跨专业老年问题的学术研究提供良好的外部环境。

为广泛、充分、合理地使用好这个基地，更有效地发挥它的作用，我们考虑在满足老年学研究中心有关常规研究工作所需场所的同时，为使我校更多的离退休老人达到健康增龄的目的，使他们继续为创办世界一流大学献计献策，发挥余热，我们还将建立适合离退休老同志身心健康需要的活动场所，使老年活动场所与老年学研究中心密切结合，为老年学研究提供必要的、可靠的数据并提高这些场所的利用率。学校将努力把老年学研究中心办成专业研究人员和热心老年事业的学者调研和探讨新形势下老年工作的新特点、新特色的试验基地，为我校老年学的研究、发展创造良好条件，同时为清华园的老年人提供一个休闲、娱乐、健身、学习的场所，为国家的稳定和社会的进步作出贡献。

清华大学老年学研究中心建设项目由香港杏范教育基金会和清华大学教育基金会共同投资兴建。为感谢熊知行学长对母校建设发展的支持和帮助，学校决定将这个中心的建筑命名为“熊知行楼”。

“集腋成裘、聚沙成塔”。清华大学能取得今日的成就，离不开社会各界的支持和帮助，离不开广大校友的珍爱和回馈。清华大学今后的发展更需要继续得到广大校友和社会各界人士的关注和支持。社会各界的厚爱将鞭策和鼓励清华大学全体师生员工发奋努力，力争在2011年清华百年校庆之时跻身于世界一流大学的行列。

谢谢大家！

《清华往事纪实》序

（2004 年 7 月）

传信同志的《清华往事纪实》要出版了。我仔细阅读了书稿，这是一本反映清华历史、充满感情、有很强可读性的书。

传信同志于 1944 年从昆明考入西南联大先修班，1946 年抗战胜利后复员到清华大学电机系学习，除 1950 年毕业后在短时间调到外校工作外，从 1953 年起就一直在清华工作。“文革”前，传言同志曾任无线电系党总支书记、系主任、校党委常委等职，参与了学校的部分领导工作，“文革”中受到冲击；“文革”后，1978 年恢复工作，曾任教务长、党委副书记、副校长、校党委书记，一直担负学校的主要领导工作。可以说，他这一辈子就是在清华学习和工作的。他亲历了清华从西南联大到今天的发展全过程。“文革”前对无线电系的发展做了大量工作，“文革”后担任学校的领导工作，在学校拨乱反正、调整、改革、整顿、提高的阶段大刀阔斧，使清华克服“文革”破坏所造成的困难，逐渐进入快速发展的轨道。他是对清华的历史和发展最有发言权的人之一，因此他的一些文章和报告就是清华部分历史的反映。《水木清华，人文日新》是对从 1911 年开始整个清华历史的回顾；《小平同志为教育事业指引航程》回顾了小平同志对清华的关怀；他回忆蒋南翔校长的两篇文章，是对“文革”前蒋南翔校长领导清华建设和发展的小结；《缅怀刘达同志》是对“文革”后刘达同志领导学校拨乱反正，使学校走出“文革”困境的记录；《四年来的教育工作》以及在学校第七次和第八次党代会上的工作报告，是 70 年代末到 80 年代末十年间学校整顿、改革、提高、发展的经验总结。在高景德校长和传信同志 80 年代领导学校这一时期，提出了“一个根本（培养人），两个中心（教育中心和科学研究中心），三方面结合（教学、科研和社会主义实践相结合）”及“着重提高，在提高中发展”的办学指导思想。他在多次讲话和报告中强调加强学生全面素质的培养，强调教师在加强学生思想教育中的责任，强调“长期坚持建设一支又红又专的学生思想政治工作队伍”，他在第 24 届学代会的讲话中总结学校长期形成的学风，提出了“严谨、勤奋、求实、创新”的学风，这些思想至今对指导学校工作仍有重要意义。特别要提出的是他在全校教职工党员会上关于彻底否定“文革”的报告。这是在“文革”后，极“左”的思潮泛滥、大家思想非常混乱的情况下，党委旗帜鲜明地领导全校党员开展了“彻底否定‘文革’的思想教育”，为整党作了思想准备。清除了“左”的思想影响，统一了全党的思想，为学校的改革、开放和建设奠定了思想基础，是那届党委对学校的重要贡献。另外，关于领导班子建设的经验总结等一些文章都是很有价值的。

我是在 20 世纪 60 年代初毕业留校在团委工作时认识传信同志的，当时只知道他是学校中比较“厉害”的几位总支书记之一，和他并没有直接交往。所谓“厉害”在我们心中有两层含义，一是说他领导的无线电系在各系中搞得比较好，目标明确发展得快；二是听说他批评起人来也很厉害。我真正与传信同志共事并对他有所了解是在 1986 年，我从系里调到学校做党委副书记、在传信领导下工作以后。传信工作有魄力，对棘手的问题敢于决断；他注重学校发展的全局，经常研究国家发展和社会思潮对学校的影响，思考学校的发展战略。在工作中他给过我许多具体的帮助和指导。同时我发现传信同志工作中还有爱才、重感情、很细致的性情中人的特点。这一方面也体现在他对学校和学校传统的深深热爱中。2000 年，他们 1950 级同学毕业 50 周年时，向学校赠送了“强国富民，清华之志”的木屏，这两句话是传信同志提出的，整个过程中谁写字、怎么制作都是他操办的。学校 70 周年校庆时，老同学发起为母校 70 周年立石纪念，也是他参与筹划的，以他和徐应潮的一首诗题经修改后用“清芬挺秀，华夏增辉”刻巨石，立于工字厅前的花园里。清华英烈碑也是他亲自关注并直接领导组织建立起来的。闻一多先生雕像的建立也是他亲自抓的，特别是雕像旁刻下的闻一多先生的名言“诗人的主要天赋是爱，爱他的祖国，爱他的人民”，是传信同志查阅闻一多先生的有关材料精心选择的。这些都反映了传信同志对学校的热爱，同时也把清华的优良传统熔铸在了校园里，使之潜移默化地影响着一代代清华学子。这部分内容在书中相关的文章中都有记述。

传信同志爱人才、重感情还体现在他平时的工作中。谈起学校和无线电系的人物，他总是如数家珍，不仅谈起了许多同志工作和业务上的成绩，他还谈出许多人的家庭情况。他对一些错误的人和事敢于公开批评，不留情面，有时他性情急躁，话说得比较重，事后他常常找到被批评的同志谈心，对批评不准确的地方表示道歉。在《清华往事纪实》的第一篇《回顾与怀念》中收录了他多篇对老师、对领导、对同志、对同学朋友的纪念文章，写得都非常生动、具体而富有感情。传言同志在《执著的追求和奉献——心香一瓣献吾师》记述与歌颂了常迵先生的一生，讲述了他们几十年的师生之谊、同志之谊。在常先生 1957 年被错划为“右派”，受到不公正待遇后，传信仍保持了对老师的尊重和爱护，在“文革”的风雨中还能互相关心，保持的不只是两个人还有两个家庭的友谊。他的《缅怀孟昭英教授》《我的好老师廖山涛》《怀念艾知生同志》《忆高景德校长》以及纪念孙俊人、宋硕等老领导的文章都是感人至深的。

我不会写序，就以这篇读后感作为此书的开场白吧！

大爱——纪念张宗植先生 *

（2007 年 3 月）

2006 年 12 月，又到了“一二・九”奖学金颁奖的时候。此刻，我们更加怀念“一二・九”奖学金的捐赠人张宗植先生。先生已经离开我们两年多了，但他的音容笑貌仍鲜活地浮现在我们眼前，令人永远难忘！

我最早知道张宗植先生是在 1987 年。当时我在学校主管学生工作，听正在北京医院住院的蒋南翔老校长说起，他“一二・九”时期的老同学、小同乡张宗植是旅日华侨，在日本做企业，改革开放后取得联系，要捐款 30 万美元设立“一二・九”奖学金，奖励优秀的学生和教师。这是当时学校得到的最大一笔奖学金基金，对促进青年学生的学习和青年教师的工作，将是重要的帮助和支持。我们都感到非常振奋，对奖学金名称、获奖条件、评审办法、奖金金额、监管人等都做了详细的研究，并征得张先生的同意，制定了相关规定。1988 年 9 月召开了第一次颁奖会，张宗植先生和夫人春江女士应邀参加，这是我第一次见到他。张先生个子不高，精干儒雅，文质彬彬，为人谦和，完全不像大家想象中叱咤商海几十年的企业家。在颁奖会上，他讲话简短深刻，鼓励同学们为中国振兴努力学习。他讲话虽然细声慢语，但内心却蕴藏着一股巨大的热情。我们感谢他对学校的支持和对学生的关怀，他却感谢学校给了他一次为青年做点事的机会。

张先生非常重视“一二・九”奖学金的工作，把他作为一项事业来做。

---

* 本文是贺美英同志为《张宗植纪念文集》（张宏、郭胜利主编，中国科学技术大学校友总会印，2007）所作。

上世纪 90 年代中，当他了解到由于物价上涨，银行利率不断降低，奖学金金额偏低，获奖学生人数也不得不减少等情况后，又千方百计想办法筹集资金，两次增加奖学金基金，使基金额达到 60 万美元。2000 年以后，他知道人民币对美元面临升值压力，又写信来建议把美金换成人民币，以减少损失。2004 年春天，张先生希望把“一二·九”奖学金基金增加到 100 万美元，这样就需要再筹集 40 万美元，但他把自己在新加坡的所有存款全部捐出来也只有 25 万美元。他的行动使他的秘书小出栗女士非常感动，小出栗女士是日本人，和张先生共事几十年，她非常钦佩张先生的为人，也为张先生对母校、对青年的深厚感情所感动，于是把自己存在新加坡的 15 万美元捐献出来，这样就凑够了 40 万美元，使“一二·九”奖学金的基金总额达到了 100 万美元。2004 年 5 月，我访问日本时去看望张先生，他身体还好，每天还乘地铁上班。我代表学校送他一幅芦荡白鹤的水粉画，庆贺他 90 岁生日，祝他健康长寿。那时他眼睛黄斑病变，已看不太清楚，但拿着画非常高兴。他当时还说准备努力把奖学金基金增加到 129 万美元。但万万没想到，当年 11 月 6 日他突然去世。他留下了遗憾，只有通过我们今后努力增值基金，逐步使“一二·九”奖学金基金达到 129 万美元了。

张宗植先生并不是一个腰缠万贯的大老板，他是靠劳动所得的高级经理人员，自己的生活非常俭朴。20 世纪 90 年代初，我访问日本时，曾到他“洗足池”畔的家中，他家周围的环境很好，但正如他的《海天一色》文集中《洗足池波影》一文中所描述的，房子是二战日本战败后，他以很便宜的价格买下的，至今已五十多年，已有些旧了，一点都不豪华，陈设简朴、雅致。他有一辆汽车，但基本不用，他说，怕上班堵车，另外养车花销也大，想把它卖了。家里所有家务包括收拾院子，都是夫人自己料理。他当时拿出 30 万美元的个人积蓄在清华大学设立奖学金，还曾拿出 20 万美元在中国科技大学设立奖学金，后来又三次为清华追加“一二·九”奖学金基金，是非常不容易的。这不是一般的慈善行为，完全没有功利的目的，他到底是为了什么？我们沿着他的人生轨迹就可以找到答案。

张宗植先生在上世纪30年代初“九一八”事变后来到北京，由表兄何凤元带他到清华大学旁听借读（他于1932年报考清华大学，由于体检有肋膜炎，未被录取），和何凤元、蒋南翔同是江苏宜兴人，友谊很深。他喜爱文学，当时选修的课程都是中国文学和外国文学方面的，他晚年出版的《樱花岛国余话》《比邻天涯》《海天一色》等几部书，文字优美，文风清新，受到“一二·九”时期他的朋友端木蕻良、韦君宜、王作民等我国文学界有很大影响的作家，以及未曾见过面的著名作家、诗人徐迟的赞扬和推荐，可见他的文学功底和水平。在那个山河破碎、国家危亡的年代，他受当时的中共地下党员、先后担任过清华地下党支部书记的何凤元、蒋南翔等的影响，参加了地下党的外围组织“读书会”和“社会科学研究会”，还参加了共青团，在学校参加进步刊物的编辑，与“一二·九”时期的许多热血青年为追求真理结下了深厚友谊，也形成了他们的人生理想——为中华民族的独立和复兴、为国家的富强而奋斗。由于积极参加爱国学生运动，他遭到国民党反动派逮捕，被押解到南京。后经家人多方营救，得以出狱，被家里送到日本念书。抗日战争全面爆发后，他回到国内，先在民生公司工作，后到广大华行工作，这两家都是爱国进步的公司，为抗日筹集资金和物资。抗战胜利后，他被派往日本工作。1949年年初，广大华行解散，与香港华润公司合并。他因已在日本成家，留在了日本。但他一直身在海外、心向祖国，关心着中华民族和国家的命运。改革开放后，他有机会回到中国，每次都看到国家的新发展和社会的进步。他说，从外面看中国的发展，更体会国家强盛的意义，更宏观地看到国家的巨大变化和进步以及在国际上的影响。他为此由衷地感到高兴，但总觉得自己为祖国做得太少。

自20世纪30年代被捕后，他就与“一二·九”时期的大多数青年伙伴失去了联系，直到80年代才陆续联系上，他形容那时是“欣喜若狂”，唤起了他关注国家前途命运的纯真热情，仿佛回到那激情燃烧的年代。他说，他想念最深的是在清华“一二·九”学运中的同志们，提到他们的名字，“就活现在我的记忆中，有说不尽的亲密感，觉得心志相通，无话不可谈”。因此，他每次回国，从不安排参观名胜古迹、旅游景点，主要就是看望当年的“小朋友”。他多次看望蒋南翔、高承志、旷壁城、韦君宜、端木蕻良、王作民等，何凤元在“文革”中过世了，他多次看望何凤元夫人张莹华女士。蒋南翔、韦君宜等同志过世后，他都写下了感人至深的纪念文章，对他们为国家和民族独立、解放和振兴所作的贡献，对他们在教育、文学等领域取得的成就感到钦佩和高兴。他觉得，他们做了他想做而没有做到的事情，他们是他理想的化身。他热爱这些同学，不只是“旧友相逢”，更是“理想与共”。他想念老友、热爱清华，这是他们学习知识的殿堂，是青春年少确立理想的地方。他为学校每一点进步感到高兴，总想为学校做点什么。

设立“一二·九”奖学金，正如他自己所说，是“为学校做点工作，给同学们一点小小帮助”的事情，是他对青年学生献出的一份爱心。他关心青年学生的成长，他虽已年过七旬，但多次来参加颁奖会，并精心准备讲话稿，给同学讲话。对获奖学生和青年教师的情况，他也认真了解，为师生们取得的好成绩感到欣慰。他说，当年他们读书时，“华北之大，已经安放不得一张平静的书桌了”，现在，同学们有这么好的学习条件，一定要努力学习、好好做人，把“一二·九”时代青年们的理想继承下去，为国家、民族的富强作出自己的贡献。后来他年纪大了，身体不好，不能出席颁奖会，就写信来鼓励同学们。再后来由于眼睛不好，不能写信，就打电话来。他不仅关心在校的同学，东京清华校友会成立时，他也亲自去参加，被选为名誉会长。每次校友会活动，他想到参加的绝大多数是在东京读书的留学生，因此总是为活动捐款。当知道有一些同学曾是“一二·九”奖学金获得者时，他非常高兴。他愿意和青年人在一起，希望清华的年轻一代、中国的年轻一代能把他们当年实现民族复兴、富国强民的理想继续下去，把他们还没有做到的事情继续做下去。这是他的厚望。

他爱学校，在这里开始了人生起步，形成了人生理想；他爱他的同学们，和他们一起追求真理、探讨人生、共同奋斗，在共同理想下建立了纯真的友情；他爱现在的青年学生，这是他的希望，希望他们能继续他的理想。他曾说："自己离开祖国太久了，对故国和对中华民族应尽的责任没有做够。"由此，我们可以理解，为什么他晚年要把建立"一二・九"奖学金作为一件大事来做，尽其所有捐赠基金，直到过世的前几天还在关心奖学金。我们也更明白他为什么要把奖学金命名为"一二・九"奖学金。这一切都体现着他的大爱啊！这也是他想为国家为民族作的最后的贡献，尽的最后的责任。

先生仙逝两年多了，但他的崇高品德将永存我们心中。

同学们的成长进步就是老师的幸福*

（2007 年 4 月 29 日）

在母校 96 周年校庆之际，1982 级的校友们从世界各地和祖国的四面八方返回清华园，欢度毕业 20 周年。

我是 1986 年从自动化系调到学校担任主管学生工作的党委副书记，你们是我担任这一工作后送走的第一届毕业生，所以对大家有着特殊的感情。我自己大学时所在的班是 1956 年入学，1962 年毕业，那时我们以毕业年份叫几字班，所以我们也是 2 字班！

今天来参加大家的聚会，我非常高兴。有些同学是我以前就认识的，也有的不大熟悉。20 年后再见到你们，觉得比以前成熟了，但很多同学样子没有大变。同学们重新相聚在一起，仿佛又回到了大学时代。看到同学们的成长进步，是老师们最愉快的时刻。我们作为老师，看到大家感到幸福，我想，这就是老师的幸福！

20 年来，同学们在各自的岗位上锻炼成长；20 年来，母校也发生了巨大变化。展望未来，学校提出了建设世界一流大学的奋斗目标，制定了“三个九年，分三步走”的发展战略，力争在 2011 年建校 100 周年时，能够跻身世界一流大学的行列；在 2020 年我们国家全面建成小康社会时，在总体上达到世界一流大学水平。母校取得的巨大成绩是全校师生员工努力奋斗的结果，也离不开社会各界特别是广大校友的大力支持；母校未来的发展仍然需要大家的关心与帮助。在在座的校友们毕业 20 周年之际，我向大家提出两点希望。

一是希望大家继续关心母校发展，支持母校建设世界一流大学。

---

* 本文是贺美英同志在清华大学 1982 级毕业 20 周年纪念大会上的讲话。

清华校友历来有着很强的凝聚力，非常关心母校的建设、发展。比如，有些校友积极促成母校与地方、单位的交流与合作，促进了学校的教育教学和科研开发；有些校友应邀回校与学生座谈、给学生做报告，以亲身经历教育、帮助新一代清华学子的成长；有些校友带队回母校招聘，引导清华毕业生到国家经济建设和社会发展的主战场建功立业；很多校友积极为学校捐款捐物，设立奖学金、助学金等。希望校友们今后继续通过多种方式关心母校的发展，帮助和支持母校实现跻身世界一流大学的奋斗目标。

二是希望大家发扬清华光荣传统，为国家和社会作出更大的贡献。清华的良好声誉在很大程度上来源于广大校友在国内外取得的优异成绩，得益于广大校友在各行各业作出的贡献与成就。我衷心祝愿全体1982级校友继承清华“爱国奉献，追求卓越”的优良传统，牢记“自强不息，厚德载物”的校训，弘扬“严谨、勤奋、求实、创新”的学风，践行“行胜于言”的校风，在各自的岗位上踏实肯干，勇于创新，开拓进取，为母校争光，为国家和社会贡献更大的力量。

最后，我还要说一句：学校永远是大家温暖的家！无论是你们取得成绩的“得意”时候，还是你们遇到挫折的困难时候，甚至是你们“倒霉”的时候，学校都欢迎你们回来！你们的成功，学校和老师们与你们一起分享；你们的挫折、你们的困难，学校也可以力所能及地帮你们解决。你们的成功与失败，还都是教育后面学生的有用的教材。学校是永远张开双臂欢迎大家的！所以，我希望大家——常回家看看！

在新清华学堂、音乐厅、校史馆封顶仪式上的讲话

（2010 年 8 月 29 日）

各位来宾、各位校友、各位领导、各位建设者：

今天我参加新清华学堂、音乐厅、校史馆建筑群的封顶仪式，非常高兴！这三个建筑项目自 2008 年 4 月起陆续奠基，2008 年 10 月正式开工。在这一年多的时间里，三个建筑陆续封顶，进入装修和设备安装阶段，很不容易！要特别感谢中建一局的领导和工程技术人员；感谢所有工人师傅的辛勤劳动，我们还记得去年冬天非常冷、今年夏天特别热，他们均克服困难，顽强奋战；还要感谢双圆监理公司的同志。由于各方面的共同努力，才按时优质地完成了这阶段的工程任务。

今天想特别讲讲这个建筑群的一大特点，三个建筑都是我们校友捐赠的：捐赠新清华学堂的是池宇峰、徐航、宋歌、方方；捐赠校史馆的是赵伟国；捐赠音乐厅的是老校友蒙民伟，他已仙逝于一个多月前，建好音乐厅是对他最好的纪念。还要说的是，建设施工单位中建公司的领导和项目经理、工程技术骨干中很多是清华校友，他们在一线保证工程的进展，同时还积极参与“清华新百年发展基金”的捐赠。还应特别提到，这个建筑群是清华建筑设计院李道增院士为首的团队设计的。雄伟的新清华学堂、音乐厅、校史馆建筑群，将成为我校百年校庆标志性建筑，也可说是清华校友的“百年盛宴”。

清华校友总会总结我校校友文化包含三个方面：爱国奉献、爱校感恩、团结互助。我特别说一下“爱校感恩”文化。它体现在对母校的怀念、感激，它也体现在对母校的捐赠支持。冯友兰说：“在清华的几十年是

我一生最幸福的时代。”季羡林说：“清华园，永远占据着我的心灵。回忆起清华园，就像回忆我的母亲。”王淦昌说：“我觉得我很有运气，有机会考进了清华大学，遇到了这么多好的老师、好的同学，在这样好的环境里读书。”朱镕基说：“水木清华，春风化雨，教我育我，终生难忘。”胡锦涛说：“清华园里奋发向上的政治空气、严谨求实的治学态度、艰苦朴素的优良校风深深地陶冶了我们，指导我们走过了几十年的历程，至今仍在我们身上起作用。”他们说的话代表了广大校友对学校的怀念和感激。从 1919 级捐赠喷水塔和 1920 级捐赠“行胜于言”日晷起，伴随学校走过的风雨历程，校友们对母校各种形式的捐赠——小到一石一木，大到宏伟建筑——绵延不断。在喜迎百年校庆之际，六位校友捐赠了这一建筑群，还有许多校友正进行各种捐赠。校友们为学校所做的一切，点点滴滴都与清华园永存，令清华人难忘，让我们感动，使我们陶醉，激励一代代清华师生奋斗不止。所以，这些大楼不仅有建筑的意义，也包含着清华人的情感和精神！

我们期待着新清华学堂建筑群的最后落成，期待着百年校庆的到来！期待清华大学跻身世界一流大学的腾飞！期待校友事业更大的发展！

谢谢大家！

高远其思 赤子其心
——纪念蒋南翔校长诞辰100周年*

(2011年4月)

蒋南翔教育思想及其在清华的实践，已经成为20世纪五六十年代清华大学历史的重要组成部分。不仅对那个时期清华大学的建设和发展有重要的指导意义，而且对于当时的历届清华学子也富有人生的指导意义。我于1956年考入清华大学，就读于电机系，毕业后留校任教，一直在清华工作，对蒋南翔校长的教育思想和实践有一些切身体会，而且受益终生。

一、坚定的马克思主义理想和信念，坚持社会主义的办学方向

蒋南翔校长在多篇文章、多次讲话中都着重强调坚持正确办学方向的重要性，对如何坚持正确的办学方向，也有很多精辟论述。早在1949年10月他就提出："学习知识不和加强思想政治教育相结合，那是错误的。"在整个清华大学和蒋南翔校长个人都历经"文革"磨难、拨乱反正后的1979年，他在总结"文革"前高等教育17年的基本经验时仍然坚定地指出，第一就是"要坚持社会主义办学方向，要按照国家的需要办社会主义大学"。1985年，已进入晚年岁月的蒋南翔校长在一篇总结性的文章中再次高屋建瓴地指出："我国长期的教育实践告诉我们一条最重要的经验，办高等教育必须优先考虑和解决两个根本

* 本文是贺美英同志为《清华之魂——蒋南翔教育思想论文集》(方惠坚、史宗恺主编，清华大学出版社，2011)所作。

性的问题，一个是方向问题，一个是质量问题。评价教育的成败优劣，归根到底，取决于这两个根本问题解决得如何。”方向问题之所以重要，在蒋南翔同志看来，是因为“这是解决为谁服务的问题”，从而“也是教育战线必须解决的首要问题”。我们的学校是社会主义国家办的社会主义大学，我们要坚持教育的社会主义方向，努力培养社会主义的建设者和接班人；我们培养出来的学生应该真诚拥护社会主义事业和中国共产党的领导，又红又专、全面发展，全心全意为人民服务，这就是我们的学校以及学校培养出来的学生所应有的方向。

关于教育的“方向问题”，蒋南翔校长有过很多生动、深刻的比喻，清华人至今耳熟能详，津津乐道。比如，他指出我们培养的学生应该是“又红又专”，那么如何理解“又红又专”呢？他说：“这里可以做个比喻，如我们从清华到天安门，天安门是我们的目标，我们是要解决方向问题，即政治问题。要到天安门只能朝东南方向走，不能往北走，往北走到清河去了，也不能往西走，往西走到西山去了，再也走不到天安门。这是方向问题，要解决。方向不对，就愈走愈远。”“有了方向，还要走路，然后你才能到达天安门，而且走路的时间比你辨别方向的时间多一些。就是大部分时间要走路，要学习。”“我们现在的目标是培养红色工程师，或者说政治上业务上都有一定水平的工程技术干部。”蒋南翔校长认为，在红与专的关系中，首先要解决的就是政治方向的问题。同时，在他看来，所谓“红”也不是整齐划一的，“红”有三个层次、三个境界：第一个层次是爱国主义，就是愿意承认自己是中国人，盼望祖国统一，希望中国逐渐地好起来；第二个层次是社会主义，就是支持、拥护共产党领导的社会主义建设事业；第三个层次，达到了更高的境界，就是有共产主义的崇高理想，愿意全心全意为人民服务。在大方向一致的前提下，我们要接受并面对同学们思想状况存在的多层次性，力争使我们的工作更具有灵活性，在实践中要有针对性地积极引导同学上爱国主义、社会主义、共产主义这样三个台阶，循序渐进，不断提高同学们的理论修养和精神境界，这样才能保证我们的教育事业，进而保证我们的整个社会主义现代化建设事业沿着正确的方向不断前进。他的这一思想在今天也是很有现实意义的。

二、高瞻远瞩宏观布局，脚踏实地追求卓越

我曾经参与过清华大学的主要领导工作，在工作中我体会到作为一个大学的合格领导者，应该有宏观规划、整体布局的宽广视野和战略眼光，尤其对于像清华这样被党和人民寄予厚望的大学，其领导者更应该如此。在这方面，蒋南翔校长堪称我们的楷模。他的很多宏观战略思想在清华大学从逆境中重新崛起、跃上新的高峰的历程中产生了深远的影响。我们这些后来历任的学校领导者也都是在新的历史条件下自觉地继承了他的这一精神遗产，并努力地将其发扬光大。

蒋南翔同志出任清华校长是在 1952 年 12 月底，那时大规模的院系调整已经基本完成。面对这一局面，原本对将理学院、文学院等院系调整出清华持保留意见的蒋校长，在执行中央决策的同时，开始思考如何在既有的格局中规划清华的长远发展。当时国家对清华的定位是“多科性的工业大学”，但对这个多科性的工业大学办什么、办到什么层次上去，并没有一个标准的说法。当年，蒋南翔同志即已接受中央对其担任清华大学校长的任命，但他并没有立即走马上任，而是带领一些同志到国家的一些重要工业基地如鞍山、沈阳、大连、哈尔滨等地参观、访问，还专门到学习苏联经验较早的哈尔滨工业大学和大连工学院学习教育改革经验，并与各地党政领导座谈，与一些在一线工作的校友座谈，了解当地发展经济尤其是工业发展的现状和需要。经过一个多月细致、深入的考察，他基本摸清了国家在大规模经济建设到来之际对高级工业专门人才培养的实际需要。1955 年，蒋南翔同志又率领中国高等教育代表团访问苏联，在莫斯科大学等一批大学和科研机构，就和平利用核能和专业设置、人才培养等问题，与苏联教育界、学术界人士进行了充分交流。这些围绕如何建设一个新型的多科性工业大学的实地考察，对于他后来为清华大学制定出既立意高远又脚踏实地的发展蓝图，奠定了坚实的基础。在这一时期，蒋南翔同

志思考较多的是新中国的高等教育尤其是清华大学如何更好地适应国家大规模经济建设和科学技术新发展的大势，怎样培养国家发展急需的优秀高级专门人才等一系列问题。当时，清华大学因院系调整，不仅文科、理科全部调出，而且工科中的石油、地质、航空等一批系科也从学校调出，只留下机电和土建方面的7个系，学校受到很大削弱。当时苏联专家也主张清华办成一个以土建、机械为主的专科学院。蒋南翔校长不同意这个意见，他认为清华大学应该有一个高远的目标定位，应该着眼于国家的长远发展。他克服阻力，提出清华不能等和靠，不仅要办好已有的专业，还应该发展国家急需的前沿尖端专业。因此，从20世纪50年代中期开始，清华大学充实和创建了工程物理、工程化学、工程力学数学、自动控制与计算机等一批当时的新兴前沿专业。他和党委调集了得力的干部和教师，组建新专业，还从各系抽调了优秀的学生到新系，使得这些系和专业逐渐发展起来，很快走在了全国高校的前列。

这些重大决策的制定、实施，非常有预见性地为国家培养出一大批日后发展急需的新兴科学技术人才，也使得经过院系调整的清华大学再一次焕发了新的活力，重新走在了时代前列。蒋南翔校长的战略家、领导者气魄，在这一正确决策中非常充分地体现了出来。在他的领导下，清华并没有局限于上级的安排、定位，而是在完成既定任务的同时，有主动为国分忧的担当和情怀，满怀着对国家、民族的责任感，不计较个人得失地开展工作；在他的领导下，清华更没有自缚于历史的包袱，循规蹈矩地沿着老路走下去，而是想得高、看得远、做得实，积极主动地开展工作，富有创造精神地开展工作。

三、因材施教，全面发展，始终将培养学生放在学校工作的第一位

蒋南翔校长始终把“培养人”放在学校工作的第一位，放在他校长工作的首要位置。他在如何培养学生、怎样培养出优秀人才等一系列问题上，有系统的、全面的思考和论述，这是蒋南翔教育思想的核心。

这些思想的精髓今天依然闪耀在我们的日常工作之中，很多行之有效的工作方法至今仍在继承、发展，并且会进一步地传承下去，发扬光大。

他在坚持正确的办学方向、引导同学们树立崇高的社会主义和共产主义理想信念的同时，积极探索如何能够更好地实现人才培养的目标。在我的印象中，他在如何培养人这一问题上，历来都是从学生的角度出发来思考：如何能够真正做到因材施教？如何能够真正促进学生的全面发展？针对不同学生在能力、兴趣方面的个体性差异，他积极鼓励同学们要“全面发展”，做到“各按步伐，共同前进”。“又红又专，全面发展”“各按步伐，共同前进”口号的提出，正是一种因材施教的社会主义教育观的集中体现。为了更好地实现因材施教的教育目标，他创造性地提出了很多切实可行的措施，并且将其升华、提炼成为很多形象生动、富有感召力的口号。这些措施和口号极大地鼓舞和促进了同学们的全面发展、健康成才。比如，他提出并建立了政治辅导员制度，即后来的政治工作代表队；对学习特别优秀同学制订专门培养计划，称为科学登山队；由文体特长同学组成文艺体育代表队。建立德、智、体“三支代表队”，就是要创造条件让这些同学在其中百花齐放，发挥各自特长，同时又要求他们也能做到“三好”，真正做到既因材施教，又全面发展。担任政治辅导员的同学，功课不能因为社会工作而落下来，文体代表队的同学唱歌跳舞好、体育成绩好，但功课也得好。在这样一种精神的强烈感召和制度的严格要求下，“三支代表队”的同学们不但做到了充分发挥自身个性、特长，并且还涌现出了很多全面发展的典型。我的同班同学胡方纲是校百米冠军、跳远冠军、三级跳冠军，他的一些纪录到“文革”后好久才被刷新。他不但体育好，同时又是一位学业上很优秀的同学，蒋校长说他就是又红又专的榜样。还记得60年代有一位同学，学习很拔尖，是学校“万字号”的人物，但是动手能力比较差，还不太善于与他人沟通，学校除安排导师指导他学习外，还专门安排他去部队参加军事夏令营，希望在部队的大熔炉中培养他的动手能力和集体主义精神。总之，对于学习好的同学就是不能只会念书，不能变成书呆子，还要着意安排他们接受其他方面的训练。

再比如，同样是为了学生的全面发展，蒋南翔校长提出“争取至少健康地为祖国工作五十年”的著名口号，要求学生努力做到“思想过硬、业务过硬、身体过硬”。他不仅用生动的口号激励同学们，而且身体力行。20 世纪 50 年代，下午经常可以在西大操场看到蒋南翔校长跑步的身影。桃李不言，下自成蹊，正是他的言传与身教，促进了全校同学积极参与体育锻炼，并在清华园内蔚然成风。

蒋南翔校长的教育思想不仅体现在那些深入人心的口号、切实可行的制度措施，还体现在他对同学们成长无微不至的关怀。那些优秀的运动员、优秀的文艺社团积极分子、相当数量的辅导员，他都认识，能当面说出名字来，这其实是很不容易的，因为他当时已经兼任教育部的领导工作，非常繁忙，可以说是日理万机。我自己就有这样的亲身经历。我本科刚毕业，留校在团委负责大一新生工作。一次新学期开学，我带着新同学代表去同蒋南翔校长座谈，在此之前我并没有同他有过直接接触，我想他不认识我。会上，我先一个一个介绍新同学，介绍完了以后，没想到蒋南翔校长接着向同学们介绍我说：“你们认识吗？这是团委的贺美英同志，她是优良毕业生呢，得过优良毕业生的奖状。”当时我非常惊讶，因为我觉得自己挺普通的，并不算出众，获优良奖状的人很多。蒋南翔校长竟然能知道我的情况。从这一件小事上，我深切地体会到他对同学们情况的了解和关心。我的情况应该不算特例，他晚年病重时还常常问起胡方纲、吴亭莉、倪以信等许多同学的情况。何东昌同志在一篇回忆蒋南翔校长的文章中也记录了类似的情况：“他对这些同学有惊人的记忆力，常常是新生入学时开过一次座谈会，便能记住不忘。记得 1963 年，我与学校几位领导同志商量，要把几位同志调离学校，名单到了他那里，他立即认出其中一位是入学时成绩优异的同学。”“这些不能只用记忆力来说明，只有那种对人才绝不是漫不经心的，而是有着高度关切和爱护的人才能做到的。”蒋南翔校长始终坚持因材施教、始终从同学角度出发思考问题、始终关心同学全面成长、始终将培养学生放在学校工作第一位的教育思想，正是在这些一点一滴的细微之处生动地体现出来。

四、实事求是的科学态度，坚持真理的大无畏精神

我一直在思考这样一个问题：是什么让蒋南翔校长提出了这么多深入人心的口号和切实可行的工作办法？是什么使得他在十余年的治校生涯中为清华留下了一笔如此丰厚的精神遗产，泽被至今？又是什么使得他在各个风云激荡、暗流涌动的历史关口依然能够坚持原则，岿然不动？我认为，这一切源自于蒋南翔校长对党和共产主义事业的无比忠诚，对国家、人民的赤子之情，尤其是对青年学生的深切关爱，特别是实事求是、探求真理、坚持真理的大无畏精神，令人敬佩。

1958 — 1960 年“大跃进”期间，运动风潮起来之后，大家热情高涨，尤其是年轻人，有很多比较简单化、片面化的事情，当时头脑发热，搞教育革命，开展大批判。我们系的同学曾批判麦克斯韦方程，没多久又批判维纳的控制论。当时有个小组在门口贴了个标语：“把控制论打翻在地，再踏上一只脚！”当时，我刚做辅导员，也觉得这是同学们革命热情的表现，在一次集体汇报时提到这一情况，没想到蒋校长当时皱起了眉头，严肃地说：“不可以这样子搞，我们后人都是在前人的基础上前进的，不要‘挖祖坟’，更不能‘踏上一只脚’，这是不对的。”老校长的神情就像是狂风暴雨中一泓波澜不惊的潭水，给处在集体狂热中的我留下了非常深刻的印象。

还有一次，也是在“大跃进”的时候，随着“超英赶美”“跑步进入共产主义”这些口号的提出，有一个班的同学为了提早进入共产主义，将那些属于个人的书七拼八凑地集中在一个房间的一角，然后由大家共同分享，以为这就是进入共产主义的表现。蒋南翔校长同样反对这种做法，他说，这样做是不行的，革命不是这么革的，这种做法是不对的。

到了 20 世纪 60 年代中期，我已经留校到团委工作。那个时候大家学《毛主席语录》、林彪大讲“毛主席的话，一句顶一万句”“句句是真理”，上级还派人来了解语录的学习情况，学生中也出现了单杠引体向上拉不动时就在旁边念《毛主席语录》，以期提高体育成绩的情况。当时团委的同志向蒋校长汇报时，他同样对这种做法很不赞成。他说，对于大学生来说，学习毛主席的思想应该以学习毛主席原著为主，应该学毛主席思想的立场、观点和方法，而不是只学他的只言片语。他还特别指出，毛泽东思想是真理，真理是系统性的思想，不是白莲教的符咒，我们不能把学语录庸俗化。现在想想，他在那个时候能够从理论的高度引导我们正确地学习毛主席著作，是很不容易的。

蒋南翔校长总是能够在大是大非面前坚持实事求是，不随风倒，有坚持真理的大无畏精神。在“文革”中，有些造反派学生斗他、打他，说他反对毛泽东思想。蒋校长说：“我没反对毛泽东思想。”批斗他的人又说：“林副主席说毛泽东思想是顶峰，你为什么说毛泽东思想是高峰？”他说：“我说的这个是对的。顶峰？到了顶了就没法发展了，所以只能说高峰，到高峰呢，毛泽东思想还要继续发展。”要知道这是在“坐飞机”批斗他的严酷场合下的对话啊！在那样的情况下，不是在敌人的刑场上，而是在受到委屈、遭到这种来自内部迫害的情况下，他同样有这种坚贞不屈的精神，坚定、清醒地坚持自己的观点。我觉得这反映出了一个共产党员的坚强意志和崇高品质。

上述这些往事一点一滴，历历在目。蒋南翔校长这种坚持真理的言行难得与可贵，当时我因为年轻并不能体会得太多。经过了“文革”的风雨，经过了岁月的大浪淘沙，现在想起来，他真的了不起。更为可贵的是，待到云开日出、迷雾散去，他并没有因为“文革”中经历了那么多委屈、经受了那么多不公正待遇而动摇了对党、对社会主义事业的信心，依然葆有青年时代的崇高理想和信念。

蒋南翔校长对同事、朋友私交很少，保持“君子之交淡如水”，他在大是大非的问题上，给大家留下了一个非常有骨气、坚贞不屈的高大形象。这是我们应该永远学习的。我们今天要培养我们的学生、培养我们的党员尤其是培养我们的干部，都要有这样一种实事求是、追求真理并且坚持真理、坚持原则的精神气节。这样，我们才更有希望，才有更加美好的未来。

在清华大学 1974 届毕业生纪念毕业 40 周年大会上的讲话 *

（2014 年 4 月 27 日）

我本来没想发言，就是来看看大家，看到大家以后挺激动，所以我还想说两句。

我要说的第一点，就是我们第一届工学兵学员进大学是非常不容易的，在大学中几年的经历也是非常不容易的，毕业以后的经历也是非常不容易的。因为在这个过程当中，碰到了“文化大革命”，受到了那个极左年代的影响。对我们来说，我们能够上大学，在那样的情况下有机会学习，而且大家经过努力学得很好，就是非常不容易的。同时，正是因为这样的年代、这样的经历，我们自身也受到了一些影响。同学们毕业以后，我也知道有些同学碰到过一些委屈。因为社会上有些成见，认为工农兵学员没有经过正规学习、质量不行等，不承认这批学生是本科毕业。所以后来在 1978、1979 年学校进行了争取，通知全国用人单位，说明我们学校所有的当时所说工农兵学员都经过了三年半的正规教育，学习合格，是本科毕业，不能按大专对待。这是学校经过认真考虑、认为这件事情必须要做的。

我要说的第二点，就是我们这届学员正是经历了这些曲折和风雨，所以在工作当中特别尽心，非常努力。每个人做的工作不一样，取得

* 清华大学 1974 届毕业生是 1970 年入学的，所以又称为 70 级。当时正值“文革”中，实行的是“群众推荐和组织批准”相结合的入学方式，这期间入学的大学生被称为“工农兵学员”，70 级是第一届工农兵学员。

的成就有大小，那是机遇的不同。但是我们每个人在自己的岗位上都尽力了，都努力了，尽到了自己的责任。这让我们这些做老师的都感到骄傲。所以刚才要我给你们题个词，我这个人最怕给人题词了，只是偶尔给校友、同学写一个，但我觉得应该给70级的同学写一个，写的是“人民送我上大学，四十年奋斗为人民”。我觉得这就是我们这批同学不改的初衷。所以我想一定把这些话说给大家。

另外要说的一点，就是那个年代你们上学期间，有些口号、有些做法是错误的，比如说什么上大学、管大学、改造大学，比如以工农兵学员的名义搞大批判等，这些都是错误的。其实这些并不是同学们的本意。在这些口号、做法之下，好像同学们与老师处在一种严重对立的状态中。实际上，我们同学和老师的关系大多数是非常好的。现在讲起老师和同学的关系，我听一些老教师说，和工农兵学员共同工作学习的这个时期，是师生关系很好的时期。关于这一点，我觉得也应该在正式的场合和大家说清楚。

历史是不能割断的，也不能跳过去。每一代青年都有每一代的责任，我觉得你们这一代也尽到了自己的责任，也在我们国家改革开放的历史时期完成了自己的使命。关于这一点，我们应该有一个明确的的认识。

我们这批同学现在大部分都六十多岁了吧。六十多岁就进入退休期间了，但是退休不等于离开了我们的社会，离开了我们国家的发展，离开了我们为国家继续做的工作。无论在哪个岗位上，无论做什么，我觉得我们都要记住至少健康为祖国工作五十年。现在还有一个说法：保八争九上不封顶，所以从这一点来说，我们在健康问题上大家都要有更高的目标。我就祝大家身体健康、家庭幸福！谢谢！

坚韧　执着　爱心——忆杨绛先生与“好读书”奖学金*

(2016年5月31日)

5月25日，杨绛先生安详、平静地走了。我们失去了一位杰出的校友，一位享誉国内外的作家；年轻的学生们、好读书的孩子们，失去了一位倾心关怀的人生导师；我失去了一位最好的老师和朋友。

奖掖后学

我和杨先生交往是在清华设立“好读书”奖学金的时候。2001年学校90周年校庆前夕，杨先生通过吴学昭老师，找到学校的老书记李传信同志，说杨先生想设一个奖学金。那时我是学校党委书记，还兼任教育基金会理事长，因此传信同志就找我一起去，与杨先生见面商谈。

杨先生对我说，在钱锺书先生病重时，他们一家三口人商量，用今后的稿费在清华设立一个奖学金，资助家庭经济有困难但好学习、成绩好的学生。奖学金不以他们的名字命名，而叫“好读书”奖学金。因为他们一生都爱好读书，最爱清华图书馆。当时决定把她和钱先生当年的稿费72万元及以后他们所有作品的报酬，全捐到“好读书”奖学金基金。

那一年，杨先生已90岁高龄，虽身材瘦小，头脑却非常清楚。很快，我们就签署了协议，第二年就发了奖学金。到今年，已积累奖学金基

* 贺美英同志这篇文章发表于2016年5月31日《光明日报》。

金达到 2434 万元，获奖受益学生达 614 人。

她让每个接触她的人感到温暖

从那以后，由于工作的关系，我开始和杨先生有了更多的接触。这十几年来，随着接触的增多，我们相互之间的了解也越来越多，感情也越来越深。在这十多年的交往中，杨绛先生给我留下了极为深刻的印象。

一是她的坚韧。杨绛先生身上蕴藏着一股很强的力量。从 1994 年开始，与杨先生几十年来相依为命的钱锺书先生生病住院，从此，她几乎每天奔波于北京医院和家之间；1996 年，他们“最好的杰作”钱瑗也因病住进北京西郊的一家医院，杨先生又每天两头跑，既要照顾自己的丈夫，又要关心女儿。不幸的是，1997 年春，钱瑗先于年迈的父母而去；1998 年岁末，钱先生又魂归道山。两位亲人的相继离去，使杨先生受到沉重打击。但她并没有因此而消沉下去，而是把对丈夫和女儿的爱化为继续前进的动力，仍然顽强地坚持工作，继续从事钱先生未竟的学术事业。这种坚忍和毅力是一般人难以想象的。

二是她的执着。杨先生为人坦荡、正直，非常平易近人，从无名人架子，但为人处世又很有自己的原则。20 世纪 80 年代，钱锺书先生的长篇小说《围城》拍成电视剧之后，在社会上引起了强烈反响。许多影视界人士纷纷前来商谈，希望能把他们二位的其他作品也改编成电影或电视剧。对此，钱先生和杨先生一概谢绝。他们不愿做任何炒作，丝毫没有沾染社会上种种浮躁之气，从不刻意迎合世俗的潮流。直到现在，钱先生和杨先生被改编成影视的作品只有这一部。2013 年，有人公开拍卖钱锺书先生的信札，杨绛先生坚决反对这种侵犯个人隐私的行为，反对利用个人之间的信任去进行商业炒作。为此，她以 102 岁高龄，亲自出面诉诸法律。她说这绝不是金钱或个人利益得失的问题，而是为了维护人与人之间的信任，是捍卫人的隐私权、捍卫法律的权威。他们不慕虚名也不为金钱，只是献身于文学和学术事业，始终规规矩矩做人、老老实实做学问，毕生都坚持学习、笔耕不辍，对学术和文学事业执着不已。她讲过，“文化大革命”时，他们受到冲击被迫离开中科院的住所时，舍弃了几乎全部家当，只带了两麻袋读书笔记出来。钱先生的读书笔记与众不同，这是他几十年读书的中外文研究心得，有重要的学术价值，钱先生将其视若珍宝。钱先生逝世后，杨绛先生倾注了大量的时间和精力，把这些中文笔记和外文笔记分别整理出来。而后，杨先生继续从事自己的创作事业，先后出版了《我们仨》《走在人生边上》和《裴多》等新作。她在百岁高龄之际,还如此执着于事业，实在令人敬佩。

三是她的爱心。她爱家人，爱事业，爱国家，爱母校。她生性低调，不张扬不说大话，而是把所有爱心都体现在实际行动之中。杨先生关爱家人，爱锺书，爱女儿。钱先生不幸逝世后，她在失去亲人的悲痛之中继续努力，最先想到的不是去写自己的东西，而是要完成钱先生的遗志，要把钱先生留下的学术成果贡献给世人。这其中蕴含的是她对丈夫的深爱。杨先生热爱文学事业，她把毕生精力都献给了文学创作和翻译事业。杨先生热爱自己的祖国，始终兢兢业业，为祖国贡献着她的才情和心血。杨先生热爱青年,热爱母校。她慷慨捐资助学，资助青年学子勤奋学习，报效国家，希望青年为国家好好做一些事情。记得在“好读书”奖学金的捐赠仪式上，杨先生深情地说：“这里我要提一提母校的校训：‘自强不息，厚德载物。’我们做学生的时候，好像对校训并没有很在意。现在我越老，越觉得母校的校训深有意义。‘自强不息’是从自身做起，努力学习、求知识、学本领，这是个起点。‘厚德载物’是个道德的标志。我们求知识、学本领,是为了谁？为了什么？这是值得我们深思、值得我们牢记在心的。如果只做到上半句，我们的努力就失去价值；而没有下半句,恐怕就达不到我们追求的道德标准。‘自强不息’是‘起’，‘厚德载物’是‘止’。八个字很完美。这个校训恰好也就是‘好读书’奖学金对于得奖学生的期望。”杨先生对青年殷殷期许，深情可感；而清华学子们也以实际的努力，向母校和社会交出了满意的答卷。

杨先生是一个极富有爱心的人，是一个心怀大爱的人。从对家庭之爱、对母校之爱，到对事业之爱、对祖国之爱，始终充满在她顽强的生命之中。她能让每一个接触过她的人都感受到温暖。

而今，杨先生走了。热心向学的学子失去了一位可敬可爱的导师，我也失去了一位最好的老师和朋友。我们永远怀念杨绛先生。

编后记

贺美英同志1956年考入清华大学直到今天，一直在清华学习、工作和生活，经历了从那时起清华大学曲折发展的各个阶段，对清华有不可割舍的深厚情感，对学校的历史有较为全面的了解，对学校发展体现出来的规律性有较为深刻、独到的认识。她担任校党委书记的七年，正值清华为建设世界一流大学而调整结构、奠定基础的关键时期。从她这一时期的文章、讲话中，可以清晰地看到在学校党政领导班子的共同努力下，学校改革发展和思想政治工作一系列重大决策提出和落实的过程。如：提出"综合性、研究型、开放式"的办学目标；深入进行学科发展现状的调查，开展教育思想大讨论；提出优化学生培养过程的教改方案并推动实施；进行学校领导体制的调整；开展人事制度、薪酬制度的改革；抓紧青年干部的培养；开展校内管理制度改革，从学校实际出发开展后勤服务体系的一系列改革；根据上级部署完成各种思想教育活动，讨论并提出清华党组织的光荣传统、以爱国奉献为核心的清华精神和清华师德等；展开多次毕业生状况调查并有针对性地进行各种形式的学生思想教育；从学校工作实际出发进行政治思想工作以及开展新时期共产党员标准讨论、"两弹一星"精神学习教育等大规模思想教育活动；等等。

贺美英同志在"文革"前就在学生工作系统任职，改革开放后在任校党委书记之前主要负责学生的思想教育和管理工作，而这正是学生思想工作面临较大困难的时期。贺美英同志带领学生工作队伍，理清思绪，端正认识，开展了大量卓有成效的工作，取得了改进学生思想教育和保持校园长期稳定的成果。她在学生中具有较高的威望和亲和力，并与一些在思想观念上有不同观点的学生，通过诚恳谈心、交流，成为相互信任的朋友。贺美英同志作风泼辣，为人坦诚、直率，讲话、发言很少念稿。那时文稿电子版尚未普及，录音、录像设备的使用也不方便，所以这个时期除了公开发表的文章外，大量为学生所难忘的会议讲话、座谈发言都没有留下文字，是为遗憾。贺美英同志卸任党委书记后，曾主要负责基金会、校友会等方面的工作，并兼任校史编辑委员会主任，在大力推进工作的同时还开展了一些相关的研究。她留下的一些纪念清华先烈、名师和老领导的文字，不仅有无尽缅怀，更归纳了他们的优秀品质、办学思想和实践、治学态度和成就等。她在一些校友的捐赠仪式、毕业纪念会上的讲话，不仅表达了对他们的深情厚谊，更阐释了清华的优良传统和爱国奉献精神。

编辑《贺美英教育文集》的准备工作，从清华大学百年校庆后着手进行。首先是从各个渠道搜集贺美英同志的文稿和有关影音资料。这一工作持续了较长时间，有些搜集工作直到文集编辑即将结束时仍在进行，总共搜集到的文章有几百篇。在这些文章中进行筛选、编辑——包括对文章的节选、拆分、合并等，最后收入文集的有 80 篇。筛选不仅因文集的字数所限和文章的重要性、重复性，而且有意选择了凸显贺美英同志特点的文章和讲话。编辑过程中对个别文字进行了调整或修改，并给一些文章增添了标题或小标题。

文集的编辑工作得到了贺美英同志的支持。她多次与编辑人员座谈，讲解文章的背景，谈对各时期校史的看法；她对文章的筛选、部分文章标题的确定、部分文字的调整等，提出了具体的意见。

在文集原始资料的搜集上，学校两办的王芹、博新宇，校档案馆张利做了大量辛苦工作。王芹还对部分文稿进行了初步编辑，并做了一些将音像资料整理成文字的工作。文集编辑组由白永毅、范宝龙、孙茂新、刘惠莉组成，白永毅、范宝龙为负责人，孙茂新为主执笔，刘惠莉对全部文稿和题注作了仔细校对，并对其中涉及清华历史的史实、人名、数据等进行了查证，提出了一些修改意见。

《贺美英教育文集》编辑组

2018 年 3 月